FUJIAN SHEHUI KEXUEYUAN XUEZHE WENKU

福建社会科学院学者文库

跨越海峡的历史田野

杨彦杰自选集

杨彦杰　著

江苏大学出版社

镇江

图书在版编目(CIP)数据

跨越海峡的历史田野：杨彦杰自选集/杨彦杰著
. — 镇江：江苏大学出版社，2021.6
ISBN 978-7-5684-1594-1

Ⅰ. ①跨… Ⅱ. ①杨… Ⅲ. ①台湾－地方史－文集②
社会发展史－台湾－文集③社会发展史－福建－文集
Ⅳ. ①K295.8-53②K295.7-53

中国版本图书馆 CIP 数据核字（2021）第 086644 号

跨越海峡的历史田野：杨彦杰自选集
Kuayue Haixia de Lishi Tianye：Yang Yanjie Zixuanji

著　　者/	杨彦杰
责任编辑/	张　平
出版发行/	江苏大学出版社
地　　址/	江苏省镇江市梦溪园巷 30 号（邮编：212003）
电　　话/	0511-84446464（传真）
网　　址/	http://press.ujs.edu.cn
排　　版/	镇江文苑制版印刷有限责任公司
印　　刷/	扬州皓宇图文印刷有限公司
开　　本/	718 mm×1 000 mm　1/16
印　　张/	22.5
字　　数/	390 千字
版　　次/	2021 年 6 月第 1 版
印　　次/	2021 年 6 月第 1 次印刷
书　　号/	ISBN 978-7-5684-1594-1
定　　价/	60.00 元

如有印装质量问题请与本社营销部联系（电话:0511-84440882）

出 版 说 明

　　《福建社会科学院学者文库》（以下简称《学者文库》）旨在集中展示我院具有一定代表性的学者的科研成果。作者范围包括政治学、经济学、社会学、法学、文学、历史学、哲学、图书馆·情报与文献学等诸多研究领域。为了尊重作品发表的原貌与时代背景，《学者文库》收录文章时，对其内容基本保持原貌。目前，我院正在积极探索推进哲学社会科学创新，编辑出版《学者文库》系列丛书是创新工程的一个组成部分。我们期待，《学者文库》能够为读者提供更多更好的研究成果。

《福建社会科学院学者文库》编委会

2019 年 11 月 19 日

前　言

　　1992 年，《荷据时代台湾史》出版以后，我就开始与劳格文（John Lagerwey）合作，从事客家传统社会的田野调查与研究。当时经常有朋友问我："你是做台湾史研究的，怎么做客家研究了？"我常笑着回答："台湾也有客家人啊！"其实，做大陆的客家研究就是为了更好地理解海峡两岸的历史文化。

　　在我看来，闽、台之间有很多事情是相通的。台湾的汉人绝大部分都来自福建和广东，他们中既有闽南人，也有客家人，而这些移民的后裔构成了今天台湾汉人社会的主体。因此要做好台湾历史文化研究，除了必须对中国乃至世界的"大历史"有深入理解之外，更需要眼睛向下，从普通民众的角度来观察这个地方社会的历史文化变迁。海峡两岸之间，闽南人和客家人，他们的社会构成、宗教礼仪、生活习俗、口传故事，乃至思想情感，都应该被当作有用的素材加以收集和利用。然而，作为长期习惯于利用历史文献进行研究的学者，要对大量无文字的田野资料进行分析处理，并把它与历史文献结合起来，这是很难的。客家田野调查给我提供了这方面探索的机会。可以说，它是我在学术道路上的一个转折点。

　　从 1990 年前后开始，我对闽、台之间的历史文化逐渐产生兴趣，此后对历史田野的考察愈多，感触愈深。在这二十多年时间内，我数次来往于海峡两岸，参加大陆、台湾以及海外的各种学术会议，在各类学术刊物上发表论文数十篇。这些论文大致可归为三类：一类是客家田野研究，我把它们辑成《走向客家的历史田野》一书，交广东人民出版社出版；第二类是台湾历史研究，主要是利用历史文献尤其是档案撰写而成的，收入"台湾史研究名家论集"的个人专集中，交由台湾的兰台出版社出版；第三类就是闽台历史文化研究，主要是跨越海峡的历史田野成果，我把它们编辑成书，作为我在台湾史和闽台区域史研究中的一个新探索。

本自选集共收入论文 20 篇，除了个别发表于 20 世纪 90 年代，其余都是在最近十几年完成的，里面探讨的都是跨越两岸或者与闽台历史文化有关的问题。全书分成五部分：第一、第二部分是两岸的客家研究，其中除了对台湾历史上的客家进行讨论之外，更多地集中于对"客家江氏"的考察，以期从个案入手了解汀州客家人在台湾的生存与发展。第三、第四部分是闽南人的跨海经营及其文化传承，包括跨越闽台的"林日茂"宗族、东石蔡氏及陈埭丁氏回族等，在神明崇拜方面涉及妈祖、清水祖师、城隍、陈元光及其部将，这些都是闽台历史文化研究中学者耳熟能详的题目，但它们是我用多年的田野调查资料撰写并发表的。最后一部分"跨越时空的历史记忆"收录了两篇文章，从个人和宗族历史命运的角度，看海峡两岸三百多年间的两次重大历史转折，以及这些人物的命运和经历是如何在不同时空背景下被记忆和呈现的。

闽台历史文化研究可以做的事情还有很多。如果我们能在积累文献的同时，转而从普通百姓的社会文化史出发，在海峡两岸的历史田野中多做调查和记录，把历史文献与田野调查结合起来，加强不同学科的交流与对话，相信还会有很多新发现和新思考。

编辑这本自选集让我心生感念。福建社会科学院是我从事学术研究近四十年来最主要的学习和工作的地方。从大学毕业至今，福建社科院给我提供了难得的环境，使我能够在相对稳定和平静的状态下一直做自己喜欢的事。谨以此书献给福建社科院以及关心支持我的领导、同事和家人，作为本人学术探索的一点汇报。

与此同时，我要感谢海峡两岸许多结识已久、感情至深的朋友，他们常给我帮助，惠赠资料，提供意见，给予诸多便利。感谢江苏大学出版社的编辑们，没有他们的辛劳与热情，要出版一本质量上乘的书也是不可能的。

本书存有不足之处，敬请大家批评指正！

杨彦杰

2016 年 12 月 28 日

目　　录

台湾史研究的客家视野

客家江氏与闽台文化

两岸交通与闽南人的跨海经营

渡海习俗与民间信仰

跨越时空的历史记忆

台湾史研究的客家视野

从客家视野看清代台湾史研究的几个问题

在清代台湾的移民开发史上，客家人是仅次于闽南人的重要群体，以往已有不少文章对客家人的渡台垦殖及族群关系、历史作用等问题进行探讨。作为族群社会史研究，客家人的移民迁徙不仅反映中国历史发展的大趋势，同时也展现了普通百姓的社会生活及其历史文化创造。从这个意义出发，从民间视角研究客家移民史，对于开拓清代台湾历史研究具有重要意义。本文拟根据笔者十几年来在客家地区做田野调查所得资料和认识，从民间历史的角度，就清代台湾史研究的几个问题谈点看法。

一、闽、粤与"福""客"

客家人移往台湾很早就有。清初成书的《台海使槎录》说："台湾始入版图，为五方杂处之区，而闽粤之人尤多……闽人与粤人适均，而闽多散处，粤恒萃居，其势常不敌也。"① 这大约是康熙末年台湾南部的情况。可见当时闽人与粤人移居人数约略相当，但他们聚处的模式和环境有很大不同。

这些在台湾南部喜欢"萃居"的粤人，指的就是客家人。客家是唐宋以后逐渐移入闽粤赣山区的汉人经与土著居民互动融合后形成的一个汉族民系（亦称族群）。由于他们的聚居地在闽粤赣三省交界区，长期的山区生活培养了客家人吃苦耐劳、团结性强、善于耕山垦殖的品格和习性，因此在台湾开垦时期，客家人常常成为闽南垦户的佣丁，与之形成相互依存的主佃关系。这种以族群结合进行土地开发的状况，在台湾移垦初期既是

---

① 黄叔璥：《台海使槎录》卷四《赤崁笔谈》，台湾文献丛刊第 4 种，台北：台湾银行经济研究室，1957 年，第 92 页。

一种社会现实，也是普遍的社会意识，在台湾地方文献中多有记载。如王瑛曾《重修凤山县志》引《诸罗杂识》云："佃田者多内地依山之犷悍无赖，下贫触法亡命，潮人尤多，厥名曰客；多者千人，少亦数百，号曰客庄……庄主（指闽人）多侨居郡治，借客之力以供其租；猝有事，皆左袒……斗六以北客庄愈多，杂诸番而各自为俗，风景亦殊剑以下矣。"① 由于这些佃田者大多来自内地山区，因此有的地方志干脆把他们称作"山客"，以区别于来自沿海的闽南人。

值得注意的是，清朝移往台湾的客家人大部分来自粤东山区。在雍正十一年（1733）以前，粤东嘉应地区仍隶属潮州府管辖，尚未设制，因此，这些来自广东的客家人往往被笼统地称作"粤人"或"潮人"。而这种笼统的称呼对后来却产生了深远的影响，以致现在的研究者经常把"粤"等同于"客"，把"闽"等同于"福"，即福佬人或闽南人。

其实，这种简单的二分法与台湾早期历史的实际相去甚远，对学术研究也是相当有害的。早在康熙末年朱一贵起义时，一些留心地方民情的官员、文人就注意到台湾南部的族群关系，并对他们有清楚记述。如当时的闽浙总督觉罗满保说：

> 潮属之潮阳、海阳、揭阳、饶平数县与漳、泉之人语言声气相通，而潮属之镇平、平远、程乡三县则又有汀州之人自为守望，不与漳、泉之人同伙相杂……（义民李三直等）纠集十三大庄、六十四小庄，合镇平、程乡、平远、永定、武平、大埔、上杭各县之人，共一万二千余名于万丹社，拜叩天地竖旗，立大清旗号，供奉皇上万岁圣旨牌②。

觉罗满保这个奏报是以"语言声气相通"作为评判标准的，此时他已清楚地知道同属于潮州府的"潮阳、海阳、揭阳、饶平数县与漳、泉之人语言声气相通"，即都讲福佬话；但同样属于潮州府的镇平、平远、程乡、大埔等县之人，与来自闽西汀州府的永定、武平、上杭等县移民"同伙"，即都属于客家人。因此，当时在台湾的"潮人"除了客家人之

① 王瑛曾：《重修凤山县志》卷三《风土志》，台湾文献丛刊第146种，台北：台湾银行经济研究室，1962年，第51页。
② 觉罗满保：《题义民效力议效疏》，载《重修凤山县志》卷一二《艺文志·上》，第343页。

外，还有讲福佬话的潮州人，把"潮人"或"粤人"等同于"客"是错误的。

同样的说法在蓝鼎元的文集中也有记载。雍正二年甲辰（1724），蓝鼎元《与吴观察论治台湾事宜书》说：

> 广东饶平、程乡、大埔、平远等县之人，赴台佣雇佃田者，谓之"客子"，每村落聚居千人或数百人，谓之"客庄"①。

可见，蓝鼎元也是只把广东的饶平、程乡、大埔、平远等县移民称作客家，与觉罗满保的上述说法十分相近（有不同的仅是饶平，因为饶平刚好是福、客参半的县份）。蓝鼎元还有一篇属于不同版本的《谕闽粤民人》文告，其中谈道：以后"漳、泉、海丰、三阳之人经过客庄，客民经过漳、泉村落，宜各释前怨，共敦新好"②。海丰属于惠州府，三阳（即潮阳、海阳、揭阳）属于潮州府，他们都是福佬语系。

福佬人与客家人的区分标准在于文化，亦是说，所谓民系或族群实质是文化的概念。而"闽"和"粤"是地域的概念，是以官方的行政区划作为标准的。把闽、粤等同于"福"、"客"，实际是用行政区划来代替文化的概念，其谬误不言而喻。可是随着时间的推移，特别是朱一贵起义之后，一般漳泉百姓习惯把主要来自广东的客家人称作"粤人""潮人"或"潮嘉惠人"，把粤人居住的村庄称作"客庄"。如"漳泉人呼粤庄曰客庄"③、"俗称粤人所居曰客庄"④、"客人者，皆粤人也"⑤、"台地所称客

---

① 蓝鼎元：《鹿洲全集》（蒋炳钊、王钿点校本）上册，厦门：厦门大学出版社，1995年，第49页。
② 蓝鼎元：《谕闽粤民人（代）》，引自范咸《重修台湾府志》卷二一《艺文》，台湾文献丛刊第105种，台北：台湾银行经济研究室，1961年，第633页。值得说明的是，这篇文告在蓝鼎元《鹿洲全集》中也有收录，但上引文字刚好没有，而且通篇文告亦有几处修改（参见点校本，下册，第586-587页）。目前初步判断是，《鹿洲全集》所录的当属稿本，而《重修台湾府志》收录的是修饰后正式公布的文本。
③ 瞿璨：《台阳笔记》，"粤庄义民记"，台湾文献丛刊第20种，台北：台湾银行经济研究室，1958年，第3页。
④ 《重纂福建通志·嘉义县》，《福建通志·台湾府》，台湾文献丛刊第84种，台北：台湾银行经济研究室，1960年，第208页。
⑤ 屠继善：《恒春县志》卷一《疆域》，台湾文献丛刊第75种，台北：台湾银行经济研究室，1960年，第9页。

庄者，乃指粤人所居而言，是闽又以粤为客矣"①，等等。在这种观念影响下，后期经过再度迁移聚集而成的桃、竹、苗地区，其客家族群认同与南部就有很大不同，已经包含了嘉应州四县，以及惠州府的海丰、陆丰和潮州府的大埔、饶平等地。而许多研究者往往不加细查，一看到"粤"就认为是"客"，地不分南北，时代不分先后变化，把闽粤械斗一概说成福佬与客家的械斗，把潮、嘉、惠不同族群普遍供奉的三山国王都说成是客家的"祖籍神"②。用这样的方法来"寻找"客家，只能使原本比较复杂的问题更加混乱。本来最有条件当客家的汀州人被忽视了，原来讲福佬话的部分"三阳人"、饶平人和海丰人（在南部），成了隐形中最隐形的群体，甚至说不出现在这些人究竟在哪里。这是台湾史研究中很值得关注的问题。

二、客家人如何渡台

与上述问题相联系的是客家人渡往台湾的移民路线、方式等，尤其是粤东的客家人，他们深居山区，离福建沿海甚远，如何渡台确实值得研究。

以往，两岸学术界对清代大陆移民渡台已经有很多研究成果。近年，陈孔立教授发表《清代前期福建平民偷渡台湾》一文，利用清朝档案对大陆平民偷渡台湾的船只、地点、组织、船费，以及偷渡客的命运等问题做了深入的探讨③，总结出当时大陆移民渡往台湾主要有两条途径：一是政府允许的民众，从正式口岸上船东渡；一是偷渡者，利用各种渠道从僻静小港潜出再换乘大船出海。然而，不管采取何种途径，都是从福建沿海渡往台湾的，还没有看到有从广东渡台的研究成果。

前面已经提到，清初台湾南部土地开垦过程中，有许多来自广东的客

---

① 卢德嘉：《凤山县采访册》，台湾文献丛刊第 73 种，台北：台湾银行经济研究室，1960 年，第 13 页。

② 在大陆原乡，信奉三山国王的既有客家人，也有讲潮州话（即福佬话）的人群，参见陈春声：《三山国王信仰与清代粤人迁台——以地缘认同的研究为中心》，中国史学会、全国台湾研究会主编《台湾史研究论集》，福州：华艺出版社，1994 年。

③ 陈孔立：《清代前期福建平民偷渡台湾》，《台湾研究集刊》，2001 年第 4 期。

家人成为闽南垦户的佣丁，由此形成主佃关系。这些负责拓垦草地的客家人是由闽南垦户招募来的，而且人数众多，成书于康熙五十六年（1717）的《诸罗县志》对此有段记载颇值得注意：

> 各庄佣丁，山客十居七八，靡有室家；漳、泉人称之曰客仔。客称庄主，曰头家。头家始藉其力以垦草地，招而来之；渐乃引类呼朋、连千累百①。

这些"连千累百"的山客居住于闽西、粤东山区，他们是如何与漳泉头家接上关系的，又如何"引类呼朋"到台？显然这里面还有很多细节并不清楚。

我们在闽西永定县调查时，曾听当地居民说，以前永定人出洋有条"过番路"，大致是从汀江顺流而下，进入广东后接韩江从潮汕出海。这条"过番路"成为清代中期以后永定、金丰等地民人出洋的主要通道。此时永定县商品经济已相当发达，南部"金丰、丰田、太平之民，渡海入诸番如游门庭"，来往十分方便②，当然也不排除有些人经此路前往台湾。在诏安县，原属二都的秀篆、官陂、霞葛等乡镇也是客家人的聚居区，至今仍是如此。笔者到那里调查，听当地居民说以前他们与广东的联系比诏安城关还要密切，因为从秀篆、官陂等地前往广东饶平，一路都是客家人的住地，而且路程不远，比前往城关进入闽南人的地盘还要方便，因此当地人外出也是经常走广东饶平这条路。从这些情况看，过去闽西的永定、上杭、武平属于汀江流域，地处闽南的诏安客家与广东接近，他们要前往台湾，比较可行的是走潮州方向出海。当然，还有一些地方属于九龙江水系，如永定县东部，以及南靖、平和两县，这里的客家人出洋更多的是走漳州、厦门方向。因此，从福建的情况来看，很多客家人渡往台湾，他们对出海口的选择是与所在地的山川水势、人文环境等因素相关联的，其中潮汕海口是可供选择的方向之一。

再看广东的情况。广东客家大本营在嘉应州，这里的河流与韩江相通，因此与潮汕的关系更加密切。事实上，在台湾的嘉应客家人的文化深

---

① 《诸罗县志》卷八《风俗志》，台湾文献丛刊第 141 种，台北：台湾银行经济研究室，1962 年，第 146 页。

② 道光《永定县志》卷一四《风俗志》。

受潮汕的影响（如三山国王、大伯公等），反而本地很有特色的文化（如公公王信仰）① 在台湾极少出现。这一方面或许说明潮汕文化在台湾有很强的影响力，另一方面恰恰说明在台湾的广东客家与潮汕有相当密切的关系。

这里很自然让人想到有关施琅禁止惠、潮之民渡台的记载。黄叔璥《台海使槎录》引《理台末议》说：

> 终将军施琅之世，严禁粤中惠、潮之民，不许渡台。盖恶惠、潮之地素为海盗渊薮，而积习未忘也。琅殁，渐弛其禁，惠、潮民乃得越渡②。

对于这条资料，两岸学术界多有讨论，认为可信者有之，认为不可信者亦有之③。确实，单靠这条资料要认定它的真伪是很难的。它出现在施琅去世几十年后，在施琅文集和清朝档案中都找不到相关记载，但清代台湾的一些府志也都移录了这条资料。因此，与其说它是一则可以确证的信史，还不如说它是当时人的历史记忆。作为社会的记忆，它是群体性的，反映当时人某种集体的社会意识，它未必就是某个历史事实的完整反映，同时也很难说它是空穴来风。通过以往的研究和成果积累，我们至少可以知道以下几个事实是确定的：

（1）在清朝统一台湾后，至少有将近二十年的时间，清政府一直采取招徕移民的政策，所谓"广劝召募""到台之日，按丁授地"，等等④。

---

① 三山国王的信仰范围主要在雍正十一年以后的潮州府、嘉应州全部，以及惠州府的海丰、陆丰二县（参见陈春声上引文），而核心区在韩江三角洲，嘉应地区已相对较少。至于大伯公信仰，作为村落或某个聚居区的保护神，也是分布在大埔以南的韩江三角洲区域。在嘉应州以至闽西整个汀江流域，具有村落或聚落保护神意义的神明已不是大伯公，而是"公王"。当地也有称作"伯公"的土地神，主要管辖田间地头或阳宅、阴宅，如田头伯公、土地伯公、大树伯公等，与韩江三角洲的"大伯公"含义不同。有关这方面的问题笔者将专文讨论。

② 黄叔璥：《台海使槎录》卷四《赤崁笔谈》，台湾文献丛刊第 4 种，台北：台湾银行经济研究室，1957 年，第 92 页。

③ 有关这方面的研究仅举几例：庄金德：《清初严禁沿海人民偷渡来台始末》（上），载《台湾文献》第十五卷第三期；杨熙：《清代台湾：政策与社会变迁》，台北：天工书局，1983 年；尹章义：《台湾开发史研究》，台北：联经出版事业有限公司，1989 年；邓孔昭：《清政府禁止沿海人民偷渡台湾和禁止赴台者携眷的政策及其对台湾人口的影响》，载陈孔立主编《台湾研究十年》，厦门：厦门大学出版社，1990 年；李祖基：《论清代移民台湾之政策》，《海峡两岸台湾移民史学术研讨会论文集》，1999 年。

④ 季麒光：《条陈台湾事宜书》，陈文达《台湾县志》卷十《艺文志》，台湾文献丛刊第 103 种，台北：台湾银行经济研究室，1961 年，第 228 页。

（2）施琅出兵澎湖、招降郑氏集团以后，在闽粤沿海拥有很大制海权，惠、潮的出海口亦在其掌控之中。临终前，施琅上疏保举的爱将包括广东南澳镇总兵杨嘉瑞、碣石镇总兵曾成、潮州镇总兵薛受益等就是明证①。

（3）施琅家族在统一台湾后拥有很大势力，在台湾南部大力拓垦，是清初台湾垦殖事业最主要的代表。他们拥有众多垦丁，其中如施世榜名下就有"相当多数的客属佃户"；施琅家族占垦的草地中，凤山县粪箕湖草地亦是"由粤籍垦佃集体开垦"的②。

（4）明末清初以来，广东惠、潮地区一直被认为是"海盗渊薮"，至雍正年间，哨船接济外洋"匪类"仍是当地一种难以根除的社会积习，是清政府相当关注的问题③。

从这些事实出发，我们可以知道：在施琅当政时期完全有可能加强对惠、潮地区的控制和管理，以确保台地安全；同时也不排除他会利用掌握海权的优势和人脉关系，尽量招募客家人渡台垦殖，以增加劳动力。在特定的时空背景下，采取禁渡和招募往往是一个事物的两面，其实质都与具体的政治、经济利益相联系。只是民众的历史记忆经常会凸现其中的某个侧面，而大量的历史细节和过程却被有意无意的"失忆"湮没了。

广东惠、潮地区的众多出海口完全有可能成为大陆移民尤其是客家人渡往台湾的口岸。清初蓝鼎元说：南澳地处闽粤要冲，"贼艘上下所必经之地。三四月东南风盛，粤中奸民，哨聚驾驶，从南澳入闽，纵横洋面，截劫商船，由外浯屿、料罗、乌纱而上"④。可见从航海的角度，广东船只是完全可以经由外浯屿、金门（料罗）渡往台湾的。而从闽粤客家人的角度，如果从惠、潮出海方便，很难想象他们会翻山越岭到福建再从厦门

① 施琅：《君恩深重疏》，《靖海纪事》（王铎全校注本），福州：福建人民出版社，1983年，第139页。

② 陈秋坤：《清初屏东平原土地占垦、租佃关系与聚落社会秩序（1690—1770）——以施世榜家族为中心》，陈秋坤、洪丽完主编《契约文书与社会生活（1600—1900）》，台北："中研院"台史所筹备处，2001年。陈秋坤另一份最新成果亦可参阅，《清代台湾地权分配与客家产权——以屏东平原为例（1700—1900）》，《历史人类学刊》（第2卷），2004年第2期。

③ 蓝鼎元：《与荆璞家兄论镇守南澳事宜书》，《鹿洲全集》（点校本）上册，厦门：厦门大学出版社，1995年，第41页。

④ 蓝鼎元：《鹿洲全集》（点校本）上册，厦门：厦门大学出版社，1995年，第40页。

出海。

笔者在台湾访问时，曾见到一份嘉庆九年（1804）陆丰人渡往台湾的契约。该契约记录的要点颇能说明问题，先移录于下：

> 立请约人彭瑞澜。今因合家男妇老幼共九人要往台湾，路途不属（熟），前来请到亲罗亚亮亲带至台湾。当日三面言定：大船银并小船钱，总铺插花在内，共花边艮（银）叁拾壹员正。其银至大船中一足付完。其路途食用并答（搭）小船盘费系澜自己之事。此系二家甘愿，不得加减。口恐无凭，立请约付炤。
>
> 批明：九人内幼子三人。
>
> 见请代笔兄瑞清
>
> 嘉庆九年正月二十五日立（花押）

这份契约原由提供者的祖父保管，他们祖籍广东陆丰，罗姓，现住新竹县湖口。契约中的罗亚亮即是罗姓在台开基祖的弟弟，一直做"客头"生意，后来不知所终。而立请约的彭姓与罗家是姻亲，显然是通过亲戚关系引渡到台湾的。契约中言定的价钱是"大船银并小船钱，总铺插花在内"，总共花边银 31 圆正。男女老幼 9 人，平均每人 3.4 圆。而所谓的"大船银并小船钱"，指的是从海边用小船载至大船，再坐大船渡海。这种情形及其费用，与陈孔立教授研究的清代平民偷渡台湾的情况完全一致①。有意思的是，这九人当中有三个"幼子"，他们是陆丰人，根本不可能拖儿带女到厦门来坐船；而且从客头罗亚亮与他们谈定的条件看，罗亚亮也只是负责他们从海边乘船渡海的事，其余路上的一切要自己负责。作为从没有出过远门的山民，他们要自己跑到福建坐船显然是不可能的。因此从这份契约看，实际上是清代陆丰人从惠州海口（碣石）渡往台湾的直接记录。

清代闽粤客家人渡往台湾者甚多，可以断定，客家人渡台除了部分从厦门等福建港口出发外，其余绝大部分都与广东的港口有密切关系。只是由于行政隶属方面的原因，负责台湾事务的闽省官员只关注福建的情况，而广东官员自然也不愿多事，因此留下的记录反而给人造成错觉，认为大陆平民渡台不管是明渡还是暗渡都是从福建出发的，其实如果多做一些田野调查，尤其是加强对惠、潮海口的研究，就知道以往的认识应该还可以深化。

---

① 陈孔立：《清代前期福建平民偷渡台湾》，《台湾研究集刊》，2001 年第 4 期。

三、民间传说与文化创造

移民前往台湾，不仅带去了自身的劳动力和技术，也带去了在家乡积累的生活经验和乡土知识，这一切都成为他们在新移居地进行历史创造的基础。

以往的史学传统，由于专业训练和研究者的知识背景，往往偏好文字材料，总觉得有文字记载是比较踏实的，至少可以拿来比较和考证。而对于乡野百姓的口头传说，大都不敢采信，也很难作为研究的资料。其实，在一个普遍文盲、半文盲的乡村社会里，一般劳动者保存和传递历史信息，口头相传往往是最重要的途径。这些口头传说反映的是老百姓的思想、情感和价值观念，与儒家知识分子通过文字记录下来的资料，在选材、叙事风格和思想内容等方面都有很大不同。

我们在闽西调查时，经常听到客家人讲述他们的祖先如何因为放养鸭子（或母鸡、母猪）得到风水宝地的故事。鸭子、鸡、猪都是传统社会中与百姓生活关系密切的家禽家畜，它们的繁殖力很强，依靠这些禽畜找到的风水宝地，寓意着宗族人丁兴旺，事业发达，是老天爷赐予的福气。这类民间故事在大陆原乡传播范围甚广，尽管有些细节略有不同，但基本内容是一致的。例如，武平县孔厦村有关吴姓的开基故事说：他们的祖先原先是到孔厦来种地的，在那里放养了一群母鸭。后来发现母鸭群每天都会到一个固定的地点生蛋，且一只母鸭每天都会生两个蛋，于是就请来风水先生。当得知这是一块风水宝地后，吴姓开基祖就想办法从亲家手中得到了这块地，并建起了祠堂①。在上杭县，官庄乡七里村的蓝姓畲民说：他们的开基祖四三公原先住在蓝屋驿，复迁水东坊，后来因发生洪水，"公迁于横头坝柯树下暂居，结果因放禽于七里，在七里详察了一处美地，于是又离横头迁至七里山永远开基"②。相同的故事在诏安县霞葛镇的江、林两姓那里都有听到，而且都提到一只鸭子每天会生两个蛋，生蛋的地点就

---

① 刘大可：《梁山村多姓聚居区的生存形态》，《闽西武北的村落文化》，香港：国际客家学会、海外华人资料研究中心、法国远东学院，2002年，第468页。

② 七里村《蓝氏历代宗源》，杨彦杰《闽西客家宗族社会研究》，香港：国际客家学会、海外华人资料研究中心、法国远东学院，1996年，第282页。

在建祠的位置。在广东省潮州，也有类似的故事在流传①。

令人感兴趣的是，这个在闽西南客家及其相邻地区广为流传的故事，居然在台湾也可以听到，而且事隔几百年没有发生多大变化。2004年，笔者在台南鹿陶洋江氏古厝调查。鹿陶洋江氏来自诏安县霞葛镇。其开基祖如南公据说是朱一贵的军师，善堪舆，后来躲过灾难就在这个偏僻的山区发展起来。江氏族人说，如南公原来住在附近，他放养母鸭，这群鸭子会跑到祠堂的位置生蛋，且每只鸭子每天都会生两个蛋，这样他们积累财富就比别人快，后来就在那个地方建了祠堂。江氏族人还说，以前某某人养的鸭子也是一天生两个蛋——似乎在增强故事的可信度。其实，江氏的发家史与早期渡台的客家人是一样的，也是从开垦草地起家，逐步从开垦过程中获得的永佃权转变成小租户，至清末已积累了一定数量的族产②。江氏的发家过程是否真与放养鸭子有关显然并不重要，重要的是这个来自原乡的故事后来成了江氏族人诠释历史的素材。普通百姓相信它是真的，一方面仍然在强调祖先风水与宗族发展的关系，另一方面也通过一只鸭子可以生两个蛋的细节使江氏的发家得到合理化的解释，由此构建起江氏族人对祖先和宗族的认同感，以及对自身历史的通俗说明。

其实，由普通百姓通过口传建立起来的"宗族历史"，并不一定符合学者和知识分子探究的历史事实，但它是乡村百姓的群体意识，它作为普通的乡土知识而存在并影响一代又一代人的思维和情感。而且，这种乡土知识有时也会进入官方的"大历史"。清初发生的朱一贵起义就在鹿陶洋附近，一般学者都知道朱一贵又叫"鸭母王"③，显然有关养鸭的故事在当地颇为流行。蓝鼎元《平台纪略》说：朱一贵"居母顶草地，饲鸭为生。其鸭旦暮编队出入，愚氓异焉"④，于是有了"鸭母王"的称号。其实放养鸭子是平常之事，群鸭"旦暮编队出入"也是农村常见的景象，根本用

① 陈春声、陈树良：《乡村故事与社区历史的建构——以东凤陈氏为例兼论传统乡村社会研究的若干问题》，杨念群、黄兴涛、毛丹主编《新史学》下册，北京：中国人民大学出版社，2004年，第475页。
② 关于鹿陶洋江氏在台南的垦殖发家过程，笔者将专文讨论。
③ 有关记载甚多，如《重修福建台湾府志》卷一九云："朱一贵原名朱祖，冈山养鸭。作乱后，土人呼为'鸭母王'"（台湾文献丛刊本，第489页），就是一例。
④ 蓝鼎元：《平台纪略》，《鹿洲全集》（点校本）下册，厦门：厦门大学出版社，1995年，第818页。

不着大惊小怪。能引起普通百姓惊异的并不是鸭子的一般习性，而是民间传说中经常把鸭子寓意为"阴兵"，甚至把养鸭人视同"将军"的传统观念①。这种观念经人为操弄后，很容易就能成为动员群众、自立为王的文化资本。蓝鼎元作为儒家知识分子，自然不愿意记录这种属于"愚氓"的民俗观念，而只是把"其鸭旦暮编队出入"与"愚氓异焉"连接起来，让人似懂非懂，从中反而透露出民间文化传统与官方文字材料之间的连接与取舍。

有关养鸭子的故事在台湾北部的客家地区也有流传。新竹县九芎林郑氏宗族流传着这样的故事：他们的祖先来自广东，刚开始在香山港上岸，后来移居到九芎林下山庄，在那里放养鸭子。他们家的每只鸭子每天都会生两个蛋，因此经常会将鸭蛋挑到城里送给郑用锡家。时间久了，郑用锡与他们家关系极好，又是同姓，郑用锡就送给他们很多的土地。现在他们的祠堂屋檐下还挂着一块以前复制的郑用锡考中进士的"进士匾"。这个故事同样是在强调一只鸭子每天会生两个蛋的细节，并通过这个细节来使他们宗族的田产来源合理化。有意思的是，郑用锡是闽南人，而九芎林郑氏是客家人，这个在客家原乡源远流长的民间故事，来到清末的新竹地区，已经没有了风水传说的义涵，转而用来解释当时的族群关系及宗族历史的发展。

综上可知，同样是一则简单的民间故事，从大陆原乡一直到台湾，由南往北，故事的母题没变，但诠释的内容却随着移垦社会的变迁发生了变化，显示出民间文化的生命力和历史感。民间故事往往是普通百姓用来传递历史、解释历史的工具。他们在创造物质世界的同时，也在用自己的方式创造精神世界，构建自己的历史。从这个意义上说，如果我们多收集和理解两岸乡村百姓的各种资料（包括文字和口传的），配合历史上积累下来的文献档案，多做比较和学科之间的采借、整合工作，我们对台湾史的研究应该会有更多的收获和认识。

（本文原载于《台湾研究》2006 年第 3 期）

---

① 这种观念亦存在于闽西客家地区，并有相关的故事，参见罗华荣：《石壁传统社会调查》，载杨彦杰主编《宁化县的宗族、经济与民俗》下册，香港：国际客家学会、海外华人资料研究中心、法国远东学院，2005 年，第 480-481 页。

客家移民台湾的历史记忆

明末清初以后，客家人相继迁移台湾，这是客家移民史的一个主要内容，在台湾历史上也居重要地位。客家人迁移台湾尽管不是有组织的集体行为，但它却反映了一个时代的社会发展趋势，因此留下了不少文献和口述资料。这些资料有的是官方记录的，有的则属于民间文化的范畴，但都是社会历史记忆的一部分。因此，利用这些不同来源、不同性质的资料进行比较分析，对于深入理解明清时期客家人迁移台湾及当时台湾的社会状况等，都具有重要的意义。

一、官方历史文献的记载

官方历史文献包括官修地方志，以及官员和文人形成的奏折、文稿、笔记、诗词等。有关客家人渡台的记载，最早当属成书于康熙五十六年（1717）的《诸罗县志》，该志卷八《风俗志》云：

> 佃田者，多内地依山之犷悍无赖，下贫触法亡命，潮人尤多，厥名曰客；多者千人，少亦数百，号曰客庄。朋比齐力，而自护小故，辄哗然以起，殴而杀人、毁匿其尸……及客庄盛，盗益滋。庄主多侨居郡治，借客之力以共其租；猝有事，皆左袒。长吏或迁就，苟且阴受其私……诸罗自急水溪以下，距郡治不远，俗颇与台湾同。自下加冬至斗六门，客庄、漳泉人相半，稍失之野；然近县故畏法。斗六以北客庄愈多，杂诸番而各自为俗，风景亦殊邬以下矣①。

---

① 周钟瑄：《诸罗县志》卷八《风俗志》，台湾文献丛刊第141种，台北：台湾银行经济研究室，1962年，第136-137页。

这则记载是从官方立场出发的，反映的是清朝初年统治者对台湾南部客家人的总体印象和描述。撰者关注的重点在于客家人的来源、职业、习性、族群关系及在诸罗县的分布情况。如：（1）关于客家人的来源，提到大都来自"内地依山"地区，"潮人尤多"。盖因雍正十一年（1733）以前，粤东嘉应地区仍属潮州府管辖，因此来自粤东的客家山民仍被称作"潮人"，有的方志干脆称为"山客"①。（2）这些客家人渡台主要是"佃田"，即成为垦户的佣丁，负责开垦草地，因此与居住在郡城的闽南"庄主"即垦户形成相互依存的佃、主关系。（3）这些客家人被认为多属无赖不法之徒，在官府的眼里是需要关注的人群，而且喜欢聚居，所谓"多者千人、少亦数百，号曰客庄""及客庄盛，盗益滋"，等等。（4）客家人分布的地点主要在府县城以外的乡村，离统治中心越远，客家人越多。因此不管从居住地看，还是从职业、行为习惯等方面看，在官方知识分子的笔下，他们都被描绘成一个处在社会边缘的群体。这是清朝初年官方对台湾客家人的基本描述，也是一种颇有代表性的刻板印象，在许多历史文献中多有类似记载，以下再引两例为证。

雍正二年甲辰（1724），蓝鼎元《与吴观察论治台湾事宜书》云：

> 广东饶平、程乡、大埔、平远等县之人，赴台佣雇佃田者，谓之"客子"。每村落聚居千人或数百人，谓之"客庄"。客庄居民，朋比为党，睚眦小故，辄哗然起争，或殴杀人，匿灭其尸。健讼多盗窃，白昼掠人牛，铸铁印重烙，以乱其号（台牛皆烙号以防盗窃，买卖有牛契，将号样注明）。凡牛入客庄，莫敢向问，问则缚牛主为盗，易己牛赴官以实之，官莫能辨，多堕其计，此不可不知也。

> 客庄居民，从无眷属，合各府、各县数十万之倾，侧无赖游手，群萃其中。无室家宗族之系累，欲其无不逞也难矣②。

蓝鼎元是朱一贵起义时随清军渡台的一名文人，他也是站在统治阶级的立场，以儒家知识分子特有的敏感来记述或谈论台湾的地方社会。从上面所引的资料看，蓝鼎元也是在强调客家人渡台是为了"佣雇佃田"，这群人好

---

① 王瑛曾：《重修凤山县志》卷三《风土志》，台湾文献丛刊第146种，台北：台湾银行经济研究室，1962年，第54页。

② 蓝鼎元：《鹿洲全集》（点校本）上册，厦门：厦门大学出版社，1995年，第49页。

斗、健讼、盗窃，"无赖游手，群萃其中"，同时他注意到当时客家人在台皆无妻室儿女、人数众多等，这些特征与《诸罗县志》的描绘基本一致。

雍正十年壬子（1732），蓝鼎元《粤中风闻台湾事论》又云：

> 广东潮、惠人民，在台种地佣工，谓之客子，所居庄曰客庄，人众不下数十万，皆无妻孥，时闻强悍，然其志在力田谋生，不敢稍萌异念，往年渡禁稍宽，皆于岁终卖谷还粤，置产赡家。春初又复之台，岁以为常。辛丑朱一贵作乱，南路客子，团结乡社，奉大清皇帝万岁牌，与贼拒战，蒙赐义民银两，功加职衔，墨渖未干，岂肯自为叛乱①。

这段记载与前述稍有不同，不再强调客家人多属无赖游手之徒，以及斗殴、健讼、盗窃等群体恶习，而是强调他们渡台"志在力田谋生"，并没有造反的"异念"，经常往来于两岸之间，因此是官府可以利用的一支社会力量。由于出发点不同，这两篇文字所采用的语气、措辞都有明显区别，显示官员文人保留下来的历史文献作为一种社会记忆，它的形成与作者当时的写作动机以及所处的"社会情境"是密切相关的，一群同样的人，在某种场合是"盗贼""无赖"，而在另一种场合则是"义民"，不见得历史留下的每份记录都能"全面、客观"地反映历史面貌。

由于客家人经常被描绘成群聚无赖和健讼盗窃的形象，因此早期文献中多有施琅禁止"惠、潮之民"渡台的记载。如雍正初年第一任巡台御史黄叔璥在《台海使槎录》中引《理台末议》说："终将军施琅之世，严禁粤中惠、潮之民，不许渡台。盖恶惠、潮之地素为海盗渊薮，而积习未忘也。琅殁，渐弛其禁，惠、潮民乃得越渡。"② 对于这条资料，信者有之，不信者亦有之③。其实这条资料出现在施琅去世之后，与其说它是一则可

---

① 蓝鼎元：《鹿洲全集》（点校本）上册，厦门：厦门大学出版社，1995年，第236页。

② 黄叔璥：《台海使槎录》卷四《赤崁笔谈》，台湾文献丛刊第4种，台北：台湾银行经济研究室，1957年，第92页。

③ 有关这方面的研究仅举几例。庄金德：《清初严禁沿海人民偷渡来台始末》（上），载《台湾文献》第15卷第3期；杨熙：《清代台湾：政策与社会变迁》，台北：天工书局，1983年；尹章义：《台湾开发史研究》，台北：联经出版事业有限公司，1989年；邓孔昭：《清政府禁止沿海人民偷渡台湾和禁止赴台者携眷的政策及其对台湾人口的影响》，陈孔立主编《台湾研究十年》，厦门：厦门大学出版社，1990年；李祖基：《论清代移民台湾之政策》，《海峡两岸台湾移民史学术研讨会论文集》，1999年。

以证明的信史，不如说它是当时人对过去历史的一种印象和追记。它的思想倾向与前引《诸罗县志》等文献的记述是一脉相承的，都在强调惠、潮之民具有"盗"的积习，是台地社会治安动乱的根源。至于施琅是否真正禁止他们渡台反而并不重要，重要的是在当时人的记忆里，作为撰述者的表达，以往历史上有些东西给凸显了，而另一些方面则被遗忘或"失忆"了。事实上，在台湾移垦初期，施琅家族在台湾南部占垦的大量草地中，就有许多是由粤籍佃户开垦的①。

因此可见，我们经常引用的历史文献，其中大量都是属于官方知识分子所为，他们关注的重点是社会治乱，反映的是主流、占强势地位的社会群体的声音。而客家人作为移垦时期的弱势群体，处在社会边缘，他们的声音是很难在官方文献中体现出来的。从这个意义上说，我们研究客家移民史，必须同时注意到客家民间的材料，并对这些材料予以解析和利用。

二、民间文献的记录

客家民间的文献资料包含甚广，最能反映移民历史的主要是族谱、契约、书信，以及由知识分子整理而成的歌谣、故事等。客家族谱浩如烟海，在广东潮、嘉、惠地区，以及福建汀州府的永定、上杭、武平和漳州府的南靖、平和、诏安等县，都能找到有关客家移民台湾的族谱资料。这些族谱都是为凝聚族众、体现认祖归宗的目的而编撰的，记录的是个人资料，因而往往比较零散甚至语焉不详，但对于某人属于某个祖先派下的关系却很清楚，这也说明民间族谱资料同样存在"记忆"与"失忆"两个方面。

尽管如此，我们仍然可以从族谱资料中得到来自民间的一些重要信息。在福建省诏安县二都，聚居着大量客家人。据当地霞葛《江氏族谱》记载，该宗族从康熙年间开始就有人迁移台湾，并且有的移民资料是比较具体的。如十一世德瞻公之第九子"士甲，字兴商，娶林氏，生五子。因

---

① 陈秋坤：《清初屏东平原土地占垦、租佃关系与聚落社会秩序（1690—1770）——以施世榜家族为中心》，陈秋坤、洪丽完主编《契约文书与社会生活（1600—1900）》，台北："中研院"台史所筹备处，2001年。

贼案伤人命往台，家破，生卒不详。长世砠，字声清，娶张氏，往台湾。次世确，因命案死于途中。三世砥，娶陈氏，反目改嫁。四世勇、五世强，均随父母往台"①。可见江士甲"因贼案伤人命"往台，随同一起迁台的有一家老小六人。又一本《江氏族谱》残本载：十二世"吕嘉公次子名队，字朝伍，生康熙庚寅年（1710）九月初五日戌时，娶□氏，生雍正己酉年（1729）十二月初五日申时，生五子：长天立、次□□、三天时、四天齐、五天检，俱住台湾"。夫妻相差将近20岁，可见江队渡台、娶妻生子的经历是颇为艰辛的，一家七口人都在台湾生活。十二世"列文公次子名揽，字提章，生康熙甲午年（1714）二月十八日子时，娶张氏，继娶林氏，传六子，长阿佑、次阿甘、三阿林、四阿宅、五阿庙、六阿室，俱在台居"②。也是全家八九口人一起在台湾生活，而且上述这些迁台个案的时间都在康熙末年至雍正年间，与前节所引的官方文献在时间上是一致的。

无独有偶，笔者在台南调查时，曾访问到江氏在鹿陶洋繁衍的一支。据鹿陶洋《江氏祖谱》记载，其开基祖是霞葛江氏的十二世，名如南，字信笃。"如南公早前亦有得无字天书，故能得借土坫法，亦能作法活掠雀鸟而来与小孩子游戏，本是天师神转世，故能为师之职位"，可见他原本是一个有法术的民间道士。他渡往台湾是因为"幼年时好赌博致破家资，积欠赌债止存叁石种田以奉母亲之瓮餐"，出于无奈，只好携长子日服避居台湾。当时正值朱一贵起义，江如南就辅佐有"鸭母王"之称的朱一贵，后来清军镇压躲过一劫，就在鹿陶洋附近隐居下来。他的次子日沟仍留在大陆陪伴祖母，九岁时随乡邻买卖果子，"十一岁窃贩私盐，稍有余利，方偿还父债"，不久祖母去世，至乾隆五年（1740）才只身渡台寻父，此后就在鹿陶洋地方发展起来③。这篇可能得自家族口传的文字资料，使鹿陶洋江氏从大陆到台湾的开基细节得到了较完整的保留。从中可以知道，所谓清朝初年客家人渡往台湾，每个移民的背后都有相当具体的生活场景，只是由于历史的失忆，很多移民事迹最后成了相当刻板的记述。上

① 《福建省诏安县霞葛江氏启昌公派下四房长房衍源族谱》，油印本，1993年。
② 霞葛：《江氏族谱》，手抄残本，年代不详。
③ 鹿陶洋：《江氏祖谱》，2002年重修本，第9页。

述这些移民个案，几乎都不是一个人渡台的，有的全家同往，有的孤身或只带一个儿子，但后来还是全家一起在台生活。由此对照官方文献中记载的早期"客庄居民，从无眷属"，"皆无妻孥"，可以让我们更加警觉，不至于简单利用官方或民间资料就做出过于武断的评判或结论。

这里自然让人想起台湾民间流传的"有唐山公，无唐山妈"的说法。陈孔立教授曾撰文对此表示怀疑①，笔者也有相同的看法。应该说，清代台湾汉族移民人口中性别比例严重失衡是不争的事实，但不等于说所有移民都只是男性一人渡台，携带家眷举家东渡的例子也可见到，尤其是清朝中后期台湾土地的开垦日渐成熟，全家渡台的例子就更加增多。笔者在台湾访问时，曾见到一份渡台契约就是这方面的明证：

　　立请约人彭瑞澜。今因合家男妇老幼共九人要往台湾，路途不属（熟），前来请到亲罗亚亮亲带至台湾。当日三面言定：大船银并小船钱，总铺插花在内，共花边艮（银）叁拾壹员正。其银至大船中一足付完。其路途食用并答（搭）小船盘费系澜自己之事。此系二家甘愿，不得加减。口恐无凭，立请约付炤。

　　批明：九人内幼子三人。

见请代笔兄瑞清

嘉庆九年正月二十五日立（花押）

这份契约是新竹县一位姓罗的朋友祖传下来的。他们祖籍在广东陆丰。契约中提到的罗亚亮即是罗姓在台开基祖的弟弟，常年做"客头"生意，后来不知所终。而与之立约的彭瑞澜等人与罗家是姻亲关系，因此，他们"合家男妇老幼共九人要往台湾"完全是通过亲属关系来实现的。值得注意的是，这全家九口人中还有三个是"幼子"，从广东陆丰出发的时间在嘉庆九年（1804）春节过后不久，可见此时广东惠州人渡台谋生已成风气，否则很难设想有这样举家迁移的举动。彭姓移居台湾后并没有依靠罗家生活，现在他们的后裔在哪里尚不清楚。

道光初年，居住在新竹城内的熊姓族人曾委托一个合伙做生意的嘉应人回乡寻亲，结果得到远在潮州府惠来县的族兄熊应茂回复的一封信。这

---

① 陈孔立：《"有唐山公，无唐山妈"质疑——有关台湾早期人口性别比例问题》，《台湾研究集刊》，1997年第4期。

封信当写于道光四年（1824），收信人是在台族弟熊唐隆，信中充满对骨肉亲情的眷恋感慨，并介绍和回忆了当年渡台的一些情况。现将此信摘录于下：

兄兰字应茂启：

予行年七十矣。忆叔祖往台湾时，茂年才十一，自后杳无音信，或存或亡，未得而知也。兹于六月初旬，忽按（接）长乐县曾将①荣高先生并附唐隆贤弟手书数番，欣快兼至，知弟与曾先生共开药材生理，曷胜欣慰！……季叔祖行三，讳在周公，晚娶祖婶蔡氏。前人子，姓郭名浩，长兄二岁；次子亲出，名荣，少兄三岁；三子名秋；四子则兄不识矣。往台湾时，家眷共五人，年系乙酉（按，乾隆三十年），至今六十载矣。考台湾治下四县，风俗淳厚，土地肥腴，现惠、潮两府多往生理。倘可营生，兄愿携眷而往。弟所开药室在竹堑街者，谅是府城外植刺竹为河沟名？烦为开载明白知来。余言不尽，仰祈留心，复惠好音。专此复

唐隆贤弟台电及惠邑兄应茂②

从这封信的内容看，乾隆三十年乙酉（1765）"季叔祖"熊在周渡台时，共携带全家老幼五人一同前往，而且信中还提到"现惠、潮两府多往（台湾）生理"，如果在台可以谋生，已经七十高龄的熊应茂也愿"携眷而往"。足见至少在嘉庆、道光年间，广东惠、潮两府人民前往台湾已成风气，而且不少是携带家眷前往的。需要说明的是，这里提到的熊氏原来住在程乡（今梅县），后来迁到河源，再迁潮州府惠来县，亦属客家无疑。清末台湾北部的惠、潮移民均被视为客家人，是否与清代原乡客家山民往沿海的迁徙移动亦有一定关系？值得考虑。

客家移民台湾除了通过亲戚接应之外，还有很多是由"客头"招募偷渡前往的，这些人所占比例很大，其命运更为悲惨。以下引录一首显然是用闽南语传唱却保留在客家族谱中的民间歌谣，用以说明清代大陆百姓偷渡台湾的痛苦经历，以及他们的共同历史记忆。值得说明的是，这首歌谣

---

① "曾将"疑系姓名，"荣高"是他的字。

② 引自熊氏《族簿转抄》，缩微胶卷，藏于台湾"中研院"民族所。

仍将台湾称作"东都",表明它的流行当始于清初。而歌谣中提到在台湾路边相遇的都是"查甫"(男人),与官府的记载如出一辙,足见早期台湾男性之多,给时人留下了极其深刻的印象。

劝人莫过台湾歌

　　在厝行无路,计较去东都。直行去海乾,想要去偷渡。无惊船仔小,生死天注定。身边带干粮,番薯加菜脯。十人就起船,九人呕又吐。托天来保庇,平安到东都。乘夜紧起山,暗暗摸无路。问人要去东,贼仔报汝西。银两提出来,无钱汝得害。祇好作奴才,谁人叫汝来。唐山过台湾,路边相遇的,全部是查甫。打拼一世人,免想要娶某。娶某娶番婆,算汝福气多①。

三、民间传说及其历史意义

　　民间口传资料包括传说故事、歌谣、谚语等,上面所引的渡台歌谣、鹿陶洋江氏开基祖的故事等,最早也是通过口头进行传播的,只是后来被文人记录下来,由此披上了"文字"的光环,成为学者比较喜欢的文献资料。

　　事实上,在一个普遍文盲、半文盲的传统社会里,普通百姓保留和传递历史信息,主要是依靠世世代代的口耳相传。人们通过一遍又一遍地重复、加工传说故事,来诠释自己认同的历史,构建属于乡村百姓的历史文化传统。因此,民间口头传说包含着普通百姓的思想、情感、价值观念,以及他们的文化创造,是底层民众认识过去、理解自身历史的通俗版本。客家移民也不例外。

　　笔者在台南鹿陶洋调查时,就曾经听到江氏族人在讲述开基祖放养鸭子的故事。其梗概如下:江氏开基祖刚来的时候,居住在鹿陶洋附近,穷困潦倒,以放养鸭子为生。有一天,他发现自己养的鸭子经常跑到一个地方生蛋,而且每只鸭子一天都会生两个蛋,这样他很快就富了起来,后来就添置了田产,并在鸭子经常生蛋的地方建起了祠堂。江氏族人讲述这个故事的时候满脸真诚,很多人都会讲,有的人还会插话说,以前某某人养

---

①　江光元:《江氏族谱》,1997 年编印,第 53 页。

的鸭子也是一天生两个蛋，以表示这个故事是真的。其实，作为经常在闽西做田野调查的笔者，早就对这类故事耳熟能详，没想到在台湾居然也可以听到！

在闽西以至闽南客家地区，所谓祖先放养鸭子（或鸡、猪）找到风水宝地的故事比比皆是，从宁化、长汀，到武平、上杭，以及地处闽南的诏安县等地，随处都可以听到，而且基本内容都差不多。在长汀县南安村，李姓开基祖的故事说他养了一只母猪，后来这只母猪自己跑到南安村的一个树林里产下九只小猪，主人发现后认为这是一块宝地，于是就迁到南安开基①。武平县孔厦村吴姓的开基故事说，他们的始祖原先来到孔厦种地，后来发现家养的一群母鸭每天都会到一个固定地点生蛋，而且每只鸭子每天都会生两个蛋，后来才知道这是一块风水宝地，并最终从亲家手里得到了它②。上杭县官庄乡七里村的蓝姓畲民，其开基祖最早居住在蓝屋驿，后来换了几个地方，此后又"因放禽于七里，在七里详察了一处美地"，就迁到七里山永远开基③。至于诏安县霞葛镇江氏，他们的传说故事也是开基祖放养的母鸭每天都会生两个蛋，而且地点就在后来建祠堂的位置。令人感兴趣的是，就在离江氏不远的林姓住地，笔者也听到了完全相同的说法。在与之比邻的广东省潮州，也有一只母鸭生两个蛋的传说④。一个相同的故事在客家及其邻近地区广为流传，尽管细节有点变化，但主题没变，其实质都在表达他们的风水观念。鸭子、鸡或猪都是繁殖力很强的家禽家畜，通过这些禽畜无意中得到的风水宝地，寓意着宗族会人丁兴旺，事业发达，而且这个"福气"是老天爷赐予的。因此，诸如此类的风水故事，与其说是真实地再现了某个宗族的开基史，还不如说是在同一个文化背景下不断被复制、加工出来的文化产品，是普通百姓价值观的一种体现。

---

① 张鸿祥：《长汀县濯田镇南安村民俗田野调查》，杨彦杰主编《汀州府的宗族庙会与经济》，香港：国际客家学会、海外华人资料研究中心、法国远东学院，1998 年，第 212 页。

② 刘大可：《梁山村多姓聚居区的生存形态》，《闽西武北的村落文化》，香港：国际客家学会、海外华人资料研究中心、法国远东学院，2002 年，第 468 页。

③ 七里村《蓝氏历代宗源》，杨彦杰《闽西客家宗族社会研究》，香港：国际客家学会、海外华人资料研究中心、法国远东学院，1996 年，第 282 页。

④ 陈春声、陈树良：《乡村故事与社区历史的建构——以东凤陈氏为例兼论传统乡村社会研究的若干问题》，杨念群，等主编《新史学》下册，北京：中国人民大学出版社，2004 年，第 475 页。

值得注意的是，这类风水故事也随着移民传到台湾。鹿陶洋江氏的祖居地就在诏安县霞葛镇，尽管乡民们不知道这个故事是如何产生的，但讲述者对此都充满真诚，相信他们所说的确是自己祖先的一段经历。对比两岸流传的这个故事，鹿陶洋江氏也在强调祖先祠堂与风水宝地的关系，这点与大陆一样；但另一方面，他们还强调一只鸭子可以生两个蛋的细节，用以说明该宗族比别人发达的原因，从而使宗族的田产积累得到合理化的解释。其实，鹿陶洋江氏的发展历程显然不会如此简单，但普通百姓更相信这个充满生活气息的传说故事，用这样的故事去理解和诠释本宗族的过去。

除了南部之外，在台湾北部客家地区也同样流传着放养鸭子的故事。如新竹县九芎林下山庄郑氏宗族，他们的故事说：开基祖从广东来时，最早在香山港上岸，后来才到九芎林。他放养了一群母鸭，每天每只鸭子都会生两个蛋，因此就有很多鸭蛋积累下来，每隔几天就用箩筐装着挑到新竹城内送给郑用锡家。郑用锡也姓郑，与他们关系极好，后来郑用锡家就送给他们很多的土地。笔者在那里调查时，确实见到在郑氏祠堂屋檐下还挂着一块以前复制的郑用锡中进士的牌匾，蓝底黄字，中间刻着"进士"两个大字。由此可见，这个故事也是郑家历史创造的一部分。故事中已经没有风水传说的内容，但同样在强调一只鸭子每天可以生两个蛋的细节，并通过这个细节来说明他们与郑用锡的密切关系，以及郑氏家族田产的来源。郑用锡是台湾一名进士，闽南人；而九芎林郑氏来自广东，是客家人。清末台湾北部地区许多山地的开垦是福佬人与客家人合作完成的。这个故事明显包含了当时的历史发展脉络和族群关系，也是人们根据实际经验加以改造的结果。

一个简单的风水故事，从原乡到台湾，从南到北，在客家地区广为流传。如果我们不做广泛的田野调查并加以比较，就很难清楚认识这类故事的渊源及其所代表的历史意义。人们在不断讲述祖辈传下来的故事，并且用当时人的理解加工和诠释这类故事，以在不同时空脉络下呈现出地方社会的发展轨迹。因此，这类经过长期历史选择保留下来的口头传说，其实也是普通百姓的一种记忆，是他们进行历史创造的一部分。

四、简短结论

通过以上讨论可以知道，历史上人们的活动是极其丰富多样的，今天我们所搜集到的各种文献资料和口头传说，其实质只是社会历史记忆的某些"碎片"。就客家移民台湾而言，官方和民间的记述明显不同。统治者关心的是社会治乱，因此在官方文人的笔下，客家人靠佃田为生，是一群无赖游手，对他们的评价也随"社会情境"的改变发生着变化。而民间资料则反映了具体生动的社会画卷，他们渡台经历了千辛万苦，大部分人因生活所迫只身渡台，但也有携带家眷前往的，尤其是中后期这种风气相当盛行。客家人在台湾奋斗都有很具体的生活内容，民间故事保留着老百姓的记忆，它们不是客观地呈现历史，而是在原乡文化传统的基础上表达自己对历史的理解。因此，不管是官方文献还是民间资料，都有"记忆"和"失忆"两个方面，都是从不同角度记录过去的某些片断。善用这些资料，尤其是对它们进行深入的解读和分析，对于我们理解客家人迁移台湾，以及他们在台湾的历史文化创造，才具有真正的价值和意义。

（本文原载于《福建论坛（人文社科版）》2005 年第 12 期）

台湾北部的汀州移民与定光古佛信仰
——以淡水鄞山寺为中心*

　　台湾客家主要由两部分组成：一部分来自广东，另一部分来自福建，即所谓的汀州移民。来自广东的客家移民占绝大多数，而来自汀州的为数不多，但他们所崇拜的定光古佛则是原乡最主要的神明，与义民、三山国王崇拜一起，共同构成了台湾客家人的民间信仰体系。因此，研究汀州移民及其定光古佛信仰，对于进一步理解台湾的客家传统社会是很有意义的。

　　台湾主祀定光古佛的庙宇共有两座：一座在彰化，另一座在淡水。在彰化的定光古佛庙兴建较早，然而在日据时期因扩建道路已被拆除了一部分；而在淡水的定光古佛庙至今仍保存完好，是研究台湾北部汀州移民及其神明信仰的一个很重要的切入点。因此本文拟以淡水鄞山寺为中心，利用闽、台两地田野调查所得的资料，结合历史文献记载，就上述有关问题进行讨论。

一、鄞山寺建造的历史背景

　　淡水鄞山寺即北部供奉定光古佛的庙宇，这个称呼实与闽西的汀江有直接关系。汀江是闽西客家地区一条最主要的河流，它发源于宁化，往南流经长汀、上杭、武平、永定等县，最后流入广东与韩江汇合，从潮汕出海。宋时，这条河流已被称作"鄞江"①。由于它是福建唯一一条自北往南

　　* 本文参加台湾"义民信仰与客家社会"学术研讨会（中坜市举行），2001 年 12 月 3-6 日。会上得到论文评论人的宝贵意见，特此致谢！
　　① 民国《长汀县志》卷三《山川志》，长汀：长汀县博物馆，1983 年重刊本，第 34a 页。

流的大河，"南：丁位也。以水合丁，于文为汀"，所以又被称作"汀江"①。长汀、汀州的命名均与这条河流有关。鄞山寺的得名亦来源于此，可见它本身就带有浓厚的地缘认同的象征意义。

　　鄞山寺供奉的定光古佛也是整个汀江流域最主要的神明。有关定光古佛的来历，最早加以详细记载的当推南宋胡太初撰的《临汀志》。该书《仙佛》部分有一篇"敕赐定光圆应普慈通圣大师"传，文甚长，概要如下：

　　　　定光原是五代宋初的一名高僧。俗姓郑，法名自严，泉州同安县人。十一岁出家。十七岁游江西，"过卢陵，契悟于西峰圆净大师"。北宋乾德二年（964）到武平，见南安岩石壁峭峻，风景奇异，决定在此驻锡。不数日，即大蟒、猛虎皆俯伏而去。"乡人神之，争为之畚土夷堑，刊木结庵"。乡民有事祈祷，常书偈付之，所求无不应。能制伏猛兽、除灾御患、呼泉治水，所到之处传奇圣迹甚多。主要活动于武平以及闽西、赣南的其他地方。景德初年，迁南康郡盘古山。大中祥符四年（1011），长汀郡守赵遂良"闻师名，延入郡斋，结庵州后"，不久又返回南安岩。祥符八年（1015）正月初六日圆寂，享年八十二岁。

　　　　定光在世时，乡民称之为"和尚翁"，灭度后，尊称"圣翁"。常显灵。北宋熙宁八年（1075），皇帝诏赐"定应"。崇宁三年（1104），加号"定光圆应"。南宋绍兴年间，加"普通"二字。乾道三年（1167），又加"慈济"，累封至八字大师。嘉熙四年（1240），又于八字封号内易一"圣"字，改赐"通圣"，全称为"定光圆应普慈通圣大师"②。

　　定光古佛之所以受到闽西客家人的普遍崇拜，与两宋时期皇帝的屡次加封是密切相关的，当然，也与他的生平事迹和灵验故事有直接关系③。时至今日，有关定光古佛的庙宇在闽西各地仍随处可见，其中武平南安岩（今属岩前镇）的"均庆禅院"仍是最主要的寺庙，而长汀城关的"定光

---

　　①　胡太初：《临汀志·建置沿革》，福州：福建人民出版社，1990年，第2页。
　　②　胡太初：《临汀志·仙佛》，福州：福建人民出版社，1990年，第164—167页。
　　③　有关定光古佛的研究，参阅 John Lagerwey. *Dingguang Gufo*：*Oral and Written Sources in the Study of a Saint*, in Cultes des sites, cultes des saints, ed. Franciscus Verellen, Cahiers d'Extrême-Asie10, 1998, pp. 77-129.

院"在历史上也发挥过很大作用。

移民信奉祖籍神明有着多重含义。它在台湾移垦初期，既是移民心理调适的一种寄托，同时也是识别族群、团结同乡的一个文化标识。

汀州客家移民何时渡往台湾？从现有的资料看，至少在清初就已经开始。康熙六十年（1721）朱一贵起义后，时任闽浙总督的觉罗满保曾在一篇奏疏中说："查台湾凤山县属之南路淡水，历有漳、泉、汀、潮四府之人，垦田居住"，其中属汀州府的有永定、武平、上杭三县之人①。可见，至少在康熙年间汀州移民就已经在台湾垦殖了。不过，觉罗满保这里说的是南路下淡水流域的情况，而非指全岛，这与台湾早期土地开垦的侧重点相吻合。

至乾隆年间，中部的彰化已经建起了定光庙。道光《彰化县志》云："定光庵：在县治内西北。乾隆二十六年永定县士民鸠金公建，道光十年贡生吕彰定等捐修，祀定光古佛。"② 彰化的定光庵建于乾隆二十六年（1761），如果考虑到一个庙宇的兴建需要有人力和物力资源的积累过程，那么汀州移民在中部发展大概应在乾隆以前。而且需要注意的是，这些鸠资建庙的"士民"都来自永定。

北部鄞山寺的建造比中部稍迟，它是在道光初年才建起来的。同治《淡水厅志》云："鄞山寺：在沪尾山顶，道光二年汀州人张鸣岗等捐建。罗可斌施田，咸丰八年重修。"③ 这是有关鄞山寺最早的记载。1985 年，李乾朗受委托去主持对该寺的调查和提出维修计划，他在研究报告中对鄞山寺的沿革做了很好的说明，认为鄞山寺应建于道光三、四年间（1823—1824），道光二十三年（1843）曾抽换了正殿的点金柱及付点柱，咸丰八年（1858）又对正殿神龛等进行过局部小修，此后直至 1966 年才请工匠对所有木结构重新油漆和彩绘，因此大体上完整保存了道光初年的建筑原貌④。不过，笔者在鄞山寺调查时，还见到一块"分被东宁"的匾额，是

① 觉罗满保：《题义民效力议叙疏》，乾隆《重修凤山县志》卷一二《艺文志》，台湾文献丛刊第 146 种，台北：台湾银行经济研究室，1962 年，第 343-344 页。

② 道光《彰化县志》卷五《祀典志》，台湾文献丛刊第 156 种，台北：台湾银行经济研究室，1962 年，第 158 页。

③ 同治《淡水厅志》卷一三《古迹考·寺观（附）》，台湾文献丛刊第 172 种，台北：台湾银行经济研究室，1963 年，第 346 页。

④ 李乾朗：《鄞山寺调查研究》，新北：台北县政府，1988 年，第 16-17 页。

"光绪甲午年九月重修"时敬立的。李乾朗亦在他的报告中提到了这块匾额①，但不知为何缘故，并没有说明此次"重修"的情况，是否当时的重修仅针对匾额而言？

鄞山寺坐落于淡水河口的大屯山下，坐东朝西，面向大海。寺前有一块禾坪和一口半月池，后有"化胎"，整个建筑格局与闽西的围龙屋十分相似。正殿正中供奉定光古佛，左右两边神龛附祀观音和土地神，那是道光三十年（1850）和咸丰八年（1858）分别添设上去的。左边护室还有一个小厅专祀建庙有功的先贤牌位，门额上题写"济阳"二字，为道光三十年所书。

淡水鄞山寺究竟是哪些人捐资建造起来的？前引《淡水厅志》说"汀州人张鸣岗等捐建，罗可斌施田"。张鸣岗是永定县人，此次建庙的"总理"。如今鄞山寺正殿内还悬有一副对联，落款为"道光四年仲春吉旦，总理张鸣岗敬奉"。另有一张供桌是他和他的父亲一起敬献的，桌脚题写："道光贰拾三年重修葭月吉旦，永邑弟子大学生张英才全男鸣岗敬奉。"此外，据《淡水厅筑城案卷》记载：道光七至九年（1827—1829）修筑淡水厅城时，"州同张鸣岗"还题捐了"城工银一百两"，由此受到清政府的表彰②。由此可见，张鸣岗在道光年间地位颇为显赫，他自己拥有"州同"职衔，父亲张英才也捐纳了"大学生"，由他来主持建庙便是情理之中的事了。

至于罗可斌，他的主要事迹是捐献埔地。鄞山寺存有多块清末《碑记》，其中同治十二年（1873）的一块称："并经罗可斌垦献埔地，以充经费。其地段并四至界址，均有契券可查。"又据日据时期的一份《调查报告》：罗可斌、罗可荣兄弟原在淡水东兴街开店经商，当时汀州人渡往台湾在淡水出入，均以罗氏兄弟的商店为集合点，由此罗可斌兄弟倡首集资建造了鄞山寺，落成后又捐出庙前一带的田地三段（租谷350石），作为寺庙经费③。由于有罗可斌兄弟的贡献，鄞山寺有了较好的物质基础，因

① 李乾朗：《鄞山寺调查研究》，新北：台北县政府，1988年，第15、63页。
② 道光九年《淡水同知造送捐建各绅民银数递给匾式花红姓名册稿》，《淡水厅筑城案卷》，台湾文献丛刊第171种，台北：台湾银行经济研究室，1963年，第109页。
③ 《淡水公学校长报告：鄞山寺》，《社寺庙宇ニ關スル调查》，台北：台北厅，1916年。此资料由康豹（Paul Katz）教授提供，谨此致谢！

此他们也一直被视为鄞山寺的有功先贤受到后人纪念。20世纪90年代以前，罗可斌及其弟弟罗可荣的坟墓就坐落在鄞山寺左侧，后来为了兴建商业大楼，才把它迁到庙侧右方，另建了墓塔，并且在上面加盖一座"罗公亭"以资保设①。这座墓塔的原碑上刻着："山甲，汀州永定金沙可斌、荣罗公墓，道光壬辰桐月吉旦重修，汀郡众姓仝立。"壬辰即道光十二年（1832），可见罗可斌在鄞山寺建后不久即去世了。

除了张鸣岗和罗可斌兄弟之外，当时参加捐资建庙的还有许多汀州移民。笔者收集了鄞山寺所有楹联、匾额和题捐资料，并制成一表（详见附表1）。从表上所列资料看，属于建庙时敬献的楹联、题捐共有十二例（序号1—12）②，涉及28个个人和6个姓氏。如按姓氏统计，江姓参加捐献的人数最多，共有12个；李姓次之，有5个；孔、胡、苏三姓，各3个；张姓2个。如果再加上捐献埔地的罗可斌兄弟，总计则有30人、7个姓氏。有一种说法，据现在寺庙管理人说：当年捐资建庙的"胡、苏、练、江、游及徐等六姓是主要支持者"③。其实，这里讲的"六姓"是后来的情况。如果回到道光三、四年间即寺庙初创时的情形，主要捐资者为江、李、孔、胡、苏、张、罗等七姓，而"练、游、徐"三姓在当时的镌刻资料中根本没有出现。有关这方面的问题以后还会谈到。

至于这些捐建者的祖籍，我们从上述资料（附表1，1—12号）可以清楚地看出，几乎都来自"永邑"。仅第一例题为"龙冈沫恩弟子江东清"，但如果对照其他资料，也可以证明他是永定县人。鄞山寺存有一块光绪二年（1876）立的石刻，原文云："兹昔日永邑弟子水尾江东清，先年移住台地上淡水半山处生基置业，喜助租谷壹拾陆石，以为古佛香祀之资，永远管业存炤。"由此可见，淡水鄞山寺的建造者主要是由永定县人组成的。这让我们联想到彰化县的定光庵也是永定"士民"所建。永定，在清代台湾的"汀州移民"中占有十分显著的地位。

汀州府在明清时期共辖有八县，除了永定之外，还包括长汀、连城、

---

① 1997年《鄞山寺修建纪事》碑，此碑立于鄞山寺内。

② 这一时期还有三块道光四年敬献的匾额（序号18—20），但它们均属于庆贺性质的，与捐资建庙无关。另外，序号11"粤东众弟子敬奉"的楹联也当属同一性质，因为鄞山寺是汀州人的庙宇，如果粤东人有出资参与，亦仅出于礼貌而已。

③ 李乾朗：《鄞山寺调查研究》，新北：台北县政府，1988年，第16页。

武平、上杭、宁化、清流、归化（今明溪）。但是由于地处内山，交通不便，真正有条件渡往台湾的仅是靠近南部的几个县。觉罗满保说，清初在下淡水流域的有永定、武平、上杭三县之人，指的就是这种情况。直至清末，这种状况似乎没有什么改变。

为什么清代移往台湾的汀州人主要来自永定、武平、上杭三县，而永定县的地位特别突出？这与该县所处的地理位置和当时社会经济的发展状况是密切相关的。永定县地处闽西最南端，往南可以沿着汀江、韩江从潮汕出海，往东亦与漳州地界相通，因此外出经商十分方便。乾隆以后，永定的商品经济已相当发达。道光《永定县志》云：

> 商之远贩吴楚滇蜀，不乏寄旅。金丰、丰田、太平之民，渡海入诸番如游门庭……乾隆四十年以后，生齿日繁，产烟亦渐多，少壮贸易他省，或间一岁或三五岁一回里，或旅寄成室如家。永民之财，多积于贸易。捐监贡及职衔者，人以千数；外地置产者，所在多有。千金之赀，故不乏人①。

上面提到"金丰、丰田、太平之民，渡海入诸番如游门庭"，而参与建造鄞山寺的那些姓氏，主要也是居住在这一带。如江、苏两姓聚居于永定县古竹乡，人口上万；李姓居住在湖坑镇，也是一大聚落；胡姓在下洋镇人口甚多；罗姓（罗可斌兄弟）来自"永定金沙"。上述这些乡镇除了金沙外，历史上均属于永定金丰里。由于这些地方外出经商的人很多，"渡海入诸番"已成风气，因此前往台湾的汀州移民中，永定人占了相当的比例。

我们在永定县调查时，所见到的族谱许多都有移居台湾的记载。如古竹苏氏《芦山派系始祖益公遗下族谱》云：十一世祖肖屏公，嘉靖丁未岁（1547）生，娶吴氏，生五子，"此系后代第十七、十八世有人到台湾"。十六世祖泰友公，生八子，"其中一房移居台湾"。十五世祖升槐公，生于顺治八年（1651），娶卢氏，生四子，"第十七世迁台新竹"。十五世祖升袤公，生于顺治十七年（1660），娶阙氏，生六子，其中次子癸舍、五子

---

① 道光《永定县志》卷一六《风俗志》。

德舍、六子春满皆迁往台湾，现在升葵的后代在台湾共 1000 多人①。苏氏是古竹的大姓，与之相比邻的江氏亦有同样情况。据《济阳江氏高头族谱（北山房）》记载：仅北山这一房，清代迁往台湾的就不下三四十例。如"十四世继湖公之子以春公、以光公、以茂公，及以省公之子一玉公，以及一金公之曾孙鹏伍（号南溟）、锡伍（号书九）、珀伍（号存敬）、凤伍（号丹山）等八公，往台湾居住谋生"。十九世建槐公派下，又有耀文、铭文、震文、鸿文、寿文、清文、焕文等"七文在台"，等等②。除此之外，据我们对湖坑李氏的一本族谱进行的统计可知：在明清时期，李氏族人前往广东、江西、四川、台湾及南洋各地谋生的近千人，其中前往台湾的共有 232 人，前往四川的 181 人，移往南洋群岛的亦有 126 人。这些移民大都集中于李氏第十七世至二十二世，亦即清朝初年直至乾隆、嘉庆大约一百余年间③。

在台湾，笔者查阅了江、苏、李共十八部族谱，里面有关移民的记载就更加具体。如江姓，其始祖原在永定高头开基，至六世以后分成东山、南山、北山三大房，每房都有人移居台湾。尤其是东山房，在查到的十一部江氏族谱中，至少有六部是属于该房派的。这些移民从大陆渡往台湾，比较集中的是在乾隆年间或者以后。其分布地点，除了少数在台中、彰化、宜兰外，绝大部分都居住在今桃园、苗栗、新竹，以及台北的中和、板桥、圆山、新庄、淡水、基隆等地（参见附表 2）。又据日据时期的调查，1926 年台湾全岛的汀州人共计 42500 人，其中台北州 17400 人、竹东州 5500 人，两项合计 22900 人，约占总数的 53.9%④。台湾北部是永定客家人相对集中的一个区域。据尹章义研究，早在康熙末年，永定客家人胡焯猷就已经渡台，开垦于台北新庄一带。乾隆十七年（1752），胡氏还献地在兴直山麓兴建一座观音庙，二十五年（1760）又在新庄街建造关帝

---

① 古竹苏氏《芦山派系始祖益公遗下族谱》，光绪二十一年（1895）手写本。按：引文部分似为苏氏后人所加。

② 《济阳江氏高头族谱（北山房）》，1999 年第 6 次重修，铅印本，第 48、99 页。

③ 详见杨彦杰《闽西客家与南洋的关系——以永定湖坑李氏为例》，新加坡"第三届国际客家学研讨会"论文，1996 年 11 月 10-11 日。

④ 台湾总督官房调查课编：《台湾在籍汉民族乡贯别调查》，台北：台湾时报发行所，1926年。此资料为康豹（Paul Katz）教授提供，谨此致谢！

庙，二十七年（1762）创办了台北明志书院①。在此背景下，大批永定人相继东渡，不仅为台湾北部的开发，而且为鄞山寺的兴建，奠定了重要的社会基础。

二、社会变迁与鄞山寺管理层的演变

鄞山寺主要是永定人建造的。由于清朝中叶以后，大批永定及武平、上杭的移民相继渡往北部垦殖、贸易，因此这座建于淡水河口的寺庙自然就成了汀州移民集聚的中心，在供移民崇拜祖籍神明的同时也具有会馆的功能。同治十二年《鄞山寺碑记》云："昔汀人在沪街后庄仔内，于道光三年建造庙宇，名为鄞山寺，供奉定光古佛，为汀人会馆。"我们在鄞山寺调查时，仍能见到这座道光年间建造的寺庙左右两边护龙共设有十四个房间，除了一间小厅供奉先贤神位外，其余都是作为接待同乡的客房而设计的。

随着汀州移民在北部的发展，鄞山寺的庙产资源和内部管理也在逐步变化。道光二十三年（1843），鄞山寺第一次维修，此时共有三副楹联新增在正殿内（附表1，13—15号），其中两副是永定江姓人敬献的，另有一副题为"武邑弟子练龙贵兄弟等仝叩"，这是武平练姓第一次在镌刻资料中出现。道光三十年（1850）和咸丰八年（1858），鄞山寺又增设了祭祀观音、土地和先贤的神龛或神堂，此时敬献的楹联全部来自江姓（附表1，17、18号），其中献给土地神的题为"锡口江姓众弟子仝叩"，而献给观音的是"永邑弟子江恩书"和他的三个儿子。更值得注意的是，此时在祀奉建庙先贤的神堂门额上，竟然题写着永定江姓的堂号"济阳"！充分显示至道、咸年间，永定江姓已经在台北（锡口）发展，并已在寺内拥有很高的优势地位。

在庙产方面，建庙初期罗可斌敬献了一片埔地，此后又经人投资开垦。同治十二年（1873）的《碑记》说："并经罗可斌垦献埔地……嗣经江日璋、江乾阳、游增上、胡焯焰、胡冻益、江和兴，各投巨资，开垦成

① 尹章义：《台北平原开垦史研究（1697—1772）》，《台湾开发史研究》，台北：联经出版事业公司，1989年，第72-73页。

田，作本寺祀费。"可见这些投巨资开垦的田地，是鄞山寺最主要的资产。而参与投资的有江、胡、游三姓，其中游姓在建庙初期的题刻资料中并没有出现，此为首例。

随着鄞山寺的庙产规模日益扩大，有关庙产管理的权益问题也逐渐显露出来，以致发生张林超与庙方之间的诉控案件。有关这一事件的最初结果，记载于前面反复提到的同治十二年《碑记》中，现将全文抄录如下：

> 钦加府衔特授福防分府调署台湾北路淡水总捕分府向，为出示勒碑以垂久远事。本年二月二十七日，据监生苏瑞图、江对墀、江万和、徐炳升、江节和、江超、江化霖、胡重光、游正春、练应龙禀称：昔汀人在沪街后庄仔内，于道光三年建造庙宇，名为鄞山寺，供奉定光古佛，为汀人会馆。并经罗可斌垦献埔地，以充经费。其地段并四至界址，均有契券可查。嗣经江日璋、江乾阳、游增上、胡焯�、胡冻益、江和兴，各投巨资，开垦成田，作本寺祀费。除开费外，储候寺宇修缮等款，由董事结算以备众览。后因董事徐升自请退办，再举苏子发接办。忽据张林超等控诉，幸蒙讯断批谕：簿内用度有章。图等遵谕，就于山埔内南畔山麓择冢地一处，定界为汀人寄葬坟地。四至界址绘图，并年应用经费额数，决议定章，禀官出示勒碑。议定章程，俾垂久远。兹据前情，除禀批示外，合行出示勒石。为此，示仰在淡汀民及该处人等知悉，汝等自应恪守章程，由董事秉公经理，不得稍事觊觎。至各业界址及冢地，亦不准附近居民越界侵占。如敢故违，许由该董指名禀究。各宜禀遵，毋违，特示。
>
> 同治十二年三月二十九日给　董事苏子发立

在这份碑文里，除了提到鄞山寺的创建和经营管理等方面的内容外，最令人感兴趣的还有两点：

（1）在同治十二年（1873）二月，代表庙方向官府提出禀告的是"监生苏瑞图、江对墀、江万和、徐炳升、江节和、江超、江化霖、胡重光、游正春、练应龙"等10人，再加上现任"总理"苏子发，这些人便构成了当时鄞山寺最主要的管理成员，涉及江、苏、徐、胡、游、练等六个姓氏，已与建庙时期的七姓不同。

（2）与上述人员发生争执的是张林超。当时双方争控的焦点显然是庙产问题，最后由官府裁示，立碑严禁，保设庙产；同时庙方亦遵谕在山埔内选择一块冢地，"定界为汀人寄葬"之所。但张林超是什么人、何时与庙方发生争执，此碑并未有详细记载。

有关庙产经营管理权的争执并非那么简单，尽管有官府示禁，但问题仍然没有得到解决。至光绪十八年（1892），渡往台北的汀州人"甚多"，有关利益上的纠纷由此屡屡发生，鄞山寺董事江沧汉等人又一次向官府禀告，要求示禁。其禀文内容据当年碑刻抄录如下：

> 具签禀：鄞山寺董事江沧汉、游梦熊、徐炳升、江玉和、江之中、李乾蔥、练树山、胡碧梅、江开瑞，为神祀攸关，不堪索借扰累，恳恩出示严禁，以垂久远而杜觊觎事。切念汀人来台营生，仗神呵护，于道光三年公建鄞山寺，崇祀定光古佛，寺在和美街后半山仔。又经罗可斌捐献垦地，再经江日章等增辟成田，以充经费。逐年祭祀、庆贺俱归实用，帐项则每年结清。所有余剩，俱各登帐，存为修缮费。有举必闻于公，所用皆归诸实，是以该祀业维持不坠。奈内地汀人游台甚多，无论何等出身，一到台北即欲冒取花红，并向总理借款。况公举总理又皆家道殷裕，朴实可靠，焉敢将祀项出借？若索借不遂，则诬告侵公，以快私图。如同治十一年有越县例贡生张林超将帐仇匿，反案控公庭。又光绪十一年间，有内地汀绅等来台，亦藉称算帐，捏控公庭。蒙刘宪谕令本地绅士邀全会算，至期众皆齐集，渠等独不到。经蒙刘宪挟明帐项，批斥销案。并恳出示严禁，俾知台北汀众公建神祀，与越县汀人无涉，与内地汀绅又更何涉？似此索借多端，将来神祀奚赖。情亟签乞仁宪大老爷，优崇神祀，俯顺舆情，恩准出示严禁，以垂久远。俾内地汀绅不得索借生事，藉端滋累，神人均感。切叩。
>
> 光绪十八年纳月　日

在这份禀文里，我们可以看到张林超的控案发生于同治十一年（1872），而此后的光绪十一年（1885）间，又有"内地汀绅等来台，亦藉称算帐，捏控公庭"的事情发生。鄞山寺的庙产一直被视为利薮所在，受到各方面的关注。

张林超的身份在这份禀文里提到，是"越县例贡生"。笔者查阅了

《淡新档案》等资料，发现在光绪二年（1876）以前，张林超还先后充任过后来属于新竹县的新埔街、九芎林等庄"总理"。如同治三年（1864）立于新埔街广和宫的一块碑刻云："本年五月二十四日，据竹北二保新埔街总理彭澄清、张林超……等禀称"，即是其例①。又据光绪二年一份谕充九芎林等庄"总理"的文献称：竹北一保"九芎林、五和庄等地方，大小三十余庄……前充总理彭捷科、徐安邦等，早已示革，即如现今张林超、刘世珍，近亦以次殂谢"②。可见光绪二年张林超已经去世，而他与鄞山寺的争控，是在其充任新埔街、九芎林等地"总理"之时。

张林超为何要与鄞山寺争夺庙产管理权，"将帐仇匿，反案控公庭"？其中的背景并不十分清楚。但有一点可以肯定，只要我们细读前引两篇碑文便会发现，鄞山寺的董事在具禀时只字未提"总理张鸣岗"建庙的事迹，而一再强调罗可斌"捐献埔地"及江日璋等人出资"垦辟成田"的贡献，这是有意回避还是无意的忽略颇耐人寻味。张鸣岗于道光年间捐建淡水厅城（在竹堑），可见他亦活跃于新竹一带。从张鸣岗到张林超，一前一后，活动地点相同，而且都是地方领袖，都与鄞山寺有关，他们之间是否有血缘关系无法断定，但有一点是清楚的：自同治十一年（1872）以后，鄞山寺的管理层中已经没有姓张的代表人物了。

另一方面，从"内地汀人"一到台北"即欲冒取花红，并向总理借款"来看，这里面似乎也不排除有些是当年出资建庙者的后代。他们作为继承人，想从先辈投资中获取某些经济利益的回报（"花红"）。这一点，我们可以从下引光绪十九年（1893）的碑文中得到反证。当时鄞山寺根据官府批示，订立了善后章程条款，其中第一款就强调"嗣后汀民不论罗姓（指罗可斌后代）及他姓者，均不得藉口攀引，希冀觊觎"云云，由此可见一斑。该碑文的全文如下：

> 奏调补用府候补清军府兼袭云骑尉代理淡水县翁，江沧汉等
> 禀，批：鄞山寺系崇拜神祇，凡寺内所存祀产公项，自应为寺内
> 祭祀香灯及修理寺宇一切公用，外来乡人既不能随缘乐助，岂可

---

① 同治三年六月《示禁赌博碑》，载佚名《新竹县采访册》卷五《碑碣》，台湾文献丛刊第145种，台北：台湾银行经济研究室，1962年，第251页。

② 光绪二年五月二十二日《淡新档案》12217.5。该档案缩微胶卷藏于台湾"中研院"民族所。

视同利薮，思欲取盈？此当由汝等自行筹议，或由寺中妥立条规，以昭信守。无待地方官宪预伸禁约。着即知照，勿违。

奉宪示禁，谨将鄞山寺公议善后章程列左：

一、鄞山寺基业原系山埔，前由罗可斌敬献，经本地绅董等增辟成田，以供祀典，将罗公设主配享血食千秋。但崇德报功，久而弥隆。公议嗣后汀民不论罗姓及他姓者，均不得藉口攀引，希冀觊觎。

二、寺中每年祭祀及一切费用，除遵照旧章办理外，公议仍将每年所开条目及存剩之款，列明清册，于新年春季祭祀时，付众公阅。既系实款，众无异言。不许非时索帐，藉词核算，致滋扰累。

三、鄞山寺系台北汀众公建，所有本寺祀业，应由本地汀人办理。公议有事项商确〔榷〕之处，亦由本地汀众集合议决。不许内地绅民越俎代谋，庶昭划一而绝弊窦。

四、公议鄞山寺对于各庙，本有互相庆贺之举，自应遵行。至于在地绅董实心办理，及实有与劳寺中善后各事宜者，若有喜庆应行恭贺，由董事闻众集议，妥筹办理。要因时制宜，不得援例。

五、公议不论汀绅官员来寺升挂匾额，只作敬神而论，不得另给挂匾礼仪，以防混滥。

六、公议董事必由汀众公议遴选殷实老练之人，秉公办理。倘遇有应行改易者，仍由众议公举接办，以垂定章。

七、公议每年春季祭典之时，各董事务宜整肃衣冠，早晨参拜，汀众亦然。如有违背时间，概不得索取旅费，以防怠慢。

右碑上系承官宪谕示，并我汀众公议善后章程，系我汀众团力所结而成。愿我汀众率由旧章，共维祀典于不坠，永荷神庥于无穷。是则我汀众之幸，亦我汀众之荣也。岂不懿哉！

　　　　光绪十九年癸巳蒲月吉旦勒　　新庄子言杜逢时谨书

这份善后章程的订立，是在官府支持下，经台北"汀众公议"完成的。与此同时，为了加强对寺庙环境的管理，还以"台北汀众"名义发布了一道"公启"，镌刻在石上，其文云："公议鄞山寺如遇祭祀演戏，不许闲人聚党纠众，以及在寺旁赌博，致生事端。倘敢故违，咎有攸归，与寺中无涉。此布。"标志着鄞山寺的管理更加制度化，而且益趋严密了。

鄞山寺从建庙初期到清末，其庙产的管理经历了一系列演变过程。在建庙初期，参加捐建的主要有江、李、苏、胡、孔、张、罗七姓，均来自永定。至道光二十三年，武平人"练龙贵兄弟"亦参加重修庙宇并敬献了楹联。与此同时，江日璋、江乾阳、游增上、胡焯煋、胡冻益、江和兴"各投巨资"，将罗可斌捐献的山埔"垦辟成田"，以为祭祀之费。道光末年以至咸丰年间（1850—1858），江姓已经在庙里拥有很大势力，不仅祀奉先贤的门额题上了江氏堂号，而且此时的楹联也大多是江姓人敬献的。此后直至同治、光绪年间，鄞山寺的经营管理权经过多次较量，逐渐转移到以江姓为主，结合苏、徐、胡、游、练等六姓人手中，而原来参加捐建的孔、张、罗三姓已没有人在管理层中出现了。这种寺庙管理权的改变，实际上是汀州移民在台北发展演变的结果，由建庙初期渡台汀众共建庙宇转为由在台北的汀州人进行管理。它的影响是深远的。至日据时期，鄞山寺的经费收入每年大约 400 余石租谷，参加管理的共有 20 人，其中正管理人 1 人、副管理人 19 人[1]。直至 1992 年重修庙宇时，主事者仍然是台北的江、苏、胡、游、徐、练六姓，与清末形成的格局没有什么两样[2]。

三、台湾北部定光古佛信仰的传承演变及其意义

定光古佛是闽西客家地区最主要的神明。传入台湾以后，随着移民社会的演变发展，定光古佛信仰究竟有无变化？在哪些方面发生了变化？这也是值得讨论的一个问题。

移民信奉祖籍神明具有地缘认同的社会意义，尤其是汀州移民，他们在台人数不多，因此维护和塑造祖籍神明的文化传统，便成为这个移民群体增强内部凝聚力、保持自身文化特色的一个重要手段。在鄞山寺创建初期，许多楹联都在表达他们与原乡的密切关系。如"法著汀南安境域，灵

---

① 《淡水公学校长报告：鄞山寺》，《社寺庙宇ニ關スル調查》，台北：台北厅，1916 年。

② 详见 1997 年《鄞山寺修建纪事》碑。此碑记载了 1991—1992 年参加修庙的"全体信徒"，包括修建小组成员共 25 人，其中江姓 14 人、胡姓 4 人、练姓 3 人、游姓 2 人、徐姓 1 人、苏姓 1 人，与清末形成的"六姓"格局完全相同。

棱淡北渡艨艟"（道光四年）、"北海普神灵显是鄞江圣迹，东都崇祀典依然汀郡人民"（道光二十三年），等等，把"汀南"、"鄞江"与"淡北"、"东都"直接联系起来，说明定光古佛信仰从汀州传入台湾的正统性和继承性。

鄞山寺的建造也完全继承了汀州客家人的传统。据说在建庙时，所用的建筑材料都是从大陆采购的①。直至1992年重新维修时，修建小组仍然做出决定：此次维修必须依靠自力，"不接受外来乐捐资助"；维修"为求完美，所有材料、工法应遵循古法修建"。甚至有些建材如瓦片、石块等，仍不辞辛苦远赴闽西龙岩和泉州地区采办更换。他们认为：保持寺庙的原有风貌，足以证明"我汀众后嗣维护我祖业之胸怀与精神"②。因此鄞山寺对于汀州客家人来说，是其人文精神的一种展现，是他们藉以表达自身文化自豪感和团队精神的一个重要方面。

鄞山寺供奉的定光古佛惟妙惟肖，其神态、相貌与我们在闽西常见的极为相似。李乾朗在他的研究报告中对此有详细描述：

> 定光古佛本尊为泥塑，神态庄严肃穆两手置于胸前，面貌清瘦，五官线条明显，上额皱纹浮现，眼睛略向下俯视，仿若真人一样，雕塑技巧上乘，整尊的比例与神情予人以非常生动之感③。

不仅是古佛造型，而且连同定光古佛的圣诞祭日和主要事迹也都被完整地传入岛内。定光古佛逝世于大中祥符八年（1015）正月初六日，此日也是他的诞辰④。以前每年正月初六日，武平南安岩"诸路云集，几不可容"⑤。直至今天，每年正月初一至初六日仍然是当地规模最大的一次庙会⑥。而鄞山寺也是在这天祭祀定光古佛。前引光绪十九年订立的《善后章程》说："公议每年春季祭典之时，各董事务宜整肃衣冠，早晨参拜，汀众亦然"；"寺中每年祭祀及一切费用……列明清册，于新年春季祭祀时，付众公阅"，等等。这里所说的"每年春季祭典""新年春季祭祀"，

---

① ［日］铃木清一郎著，高贤治、冯作民编译：《台湾旧惯习俗信仰》，台北：众文图书公司，1978年，第301页。
② 1997年《鄞山寺修建纪事》碑。
③ 李乾朗：《鄞山寺调查研究》，新北：台北县政府，1988年，第61页。
④ 胡太初：《临汀志·仙释》，福州：福建人民出版社，1990年，第165页。
⑤ 胡太初：《临汀志·寺观》，福州：福建人民出版社，1990年，第77页。
⑥ 李坦生、林善珂：《武平县岩前庙会醮会概况》，杨彦杰主编《汀州府的宗族庙会与经济》，香港：国际客家学会、海外华人研究社、法国远东学院，1998年。

指的都是正月初六的祭祀活动①，而且在活动期间还要公布一年的收支账目。日据时期，鄞山寺一年之中固定的祭祀活动有两次，除了正月初六定光古佛生日之外，七月二十一日还举行"普度"的祀典②。现在这两项活动仍然维续。

随着定光古佛信仰传到台湾，有关定光的一些传说故事也传入岛内。我们在鄞山寺调查时，仍能见到在寺内墙上分别塑有定光降龙、伏虎的彩色泥塑，形象非常逼真。降龙、伏虎是定光诸多传说中两个最突出的主题。如今在武平县岩前镇仍有一个村落名为"伏虎"，相传即是当年定光降伏老虎的地方。而在南安岩的前面，据说以前也有一片湖水称作"蛟湖"，此地即是定光斩除蛟龙之所。南宋胡太初所撰《临汀志》，对于定光能降龙伏虎的"圣迹"记述尤详：

> 定光之武平，"数夕后，大蟒前蟠，猛虎旁睨，良久，皆俯伏而去"。"淳化间，去岩十里立草庵牧牛，夜常有虎守卫，后迁牧于冷洋径。师还岩，一日倏云：'牛被虎所中。'日暮有报，果然。师往彼处，削木书偈，厥明，虎毙于路。""（大中祥符）四年，郡守赵公遂良闻师名，延入郡斋……复曰：'城南有龙潭害民，望师除害。'亦投偈而祸去。于是遂良表闻于朝，赐'南安均庆院'额。"③

可见定光能降龙、伏虎的传说故事早在南宋就有，如果联系到鄞山寺的早期对联"捍患御灾功昭宋代""宋代丰功传北阙"等，足见鄞山寺的创建者通过文字、雕塑等手段，极力弘扬定光古佛的悠久历史及其神奇事迹，其用心是良苦的。

随着移民社会的发展，鄞山寺及其定光古佛信仰也逐渐发生了一些变化。鄞山寺原来作为"汀州会馆"，为"汀人""公建"，可是后来越来越成为仅属于"台北汀众"的庙宇，其他汀州人均不可介入。有关鄞山寺的传说故事也明显增加了地方性的内容，其中一则风水传说故事的梗概如下：

> 传说鄞山寺的风水很好，是个"水蛙穴"，庙后面的两口水

---

① 光绪元年（1875）立于台南的《神佛诞辰碑记》云：正月"初六日，定光佛圣诞"，可见正月初六日祭祀定光是全岛普遍遵行的。见《台湾南部碑文集成》，台湾文献丛刊第218种，台北：台湾银行经济研究室，1966年，第711页。
② 《淡水公学校长报告：鄞山寺》，《社寺庙宇ニ關スル调查》，台北：台北厅，1916年。
③ 胡太初《临汀志·仙佛》，福州：福建人民出版社，1990年，第164-165页。

井相当于蛙眼，庙前面的半月池则代表蛙口，在这种地点建庙必然特别灵验。然而草厝尾街的居民却十分紧张。原因是草厝尾街的风水恰是一条"蜈蚣"，如果让水蛙开始活动，这条街就会受到很大影响。于是，在严重抗议不果的情况下，当地居民请来了风水先生：在草厝尾街高高立起一根钓竿，每天夜里竿头点火作为诱饵，鼓乐齐奏，频频念咒。汀州人也十分恐惧，极力保卫，甚至举行盛大祭典，最终才保住水蛙的一只眼睛，另一只被对方攻破，井水变浊，于是水蛙也成了"病蛙"。由于鄞山寺的风水遭到破坏，因此"据传尔后该庙的管理人，即使不死也要罹患重病。可是由于管理人有很多好处，所以人们仍然趋之若鹜"①。

这个故事有可能来自当地居民的口传（包括汀州人与非汀州人群体），而且也有本地风水师的影响。然而令人感兴趣的是，故事的内容主要在表达北部汀州移民与附近居民的关系：他们如何为了各自的风水利益相互抗争，而且把寺庙管理人的命运与风水传闻联系起来，做出因果关系的解释。整个故事已经没有早期建庙传说那种祖籍地的情节②，而更加突出汀州人在台湾北部生存、发展及其所面临的挑战，这是值得注意的。

从神明信仰与民众生活的角度看，鄞山寺的定光古佛信仰也有明显的地方特征。台湾的定光古佛信仰传自闽西，但与原乡相比，两地崇拜定光古佛的习俗及其社会功能却有显著的不同。

在闽西客家地区，乡村百姓对定光古佛的崇拜，很大程度上是由于他具有捍患御灾的功能，因此当地百姓经常把他请出来巡游，除虫、抗旱、保禾苗，当成农业神来祀奉。这种活动在整个闽西地区是十分普遍的，有的地方甚至形成了有固定日期、固定区域的集体性祭祀活动。如上杭县白砂镇，每年从五月初一开始，跃鳞溪两岸的民众就要把定光古佛抬出来轮流打醮，每村一天，依次而过③。在宁化县城关及其附近乡村，以前的巡

---

① ［日］铃木清一郎著，高贤治、冯作民编译：《台湾旧惯习俗信仰》，台北：众文图书公司，1978年，第301−302页。

② 有关早期建庙的故事，参见《台湾旧惯习俗信仰》，台北：众文图书公司，1978年，第301页。

③ 杨彦杰：《闽西客家宗族社会研究》，香港：国际客家学会、海外华人研究社、法国远东学院，1996年，第68−69页。

游"保禾苗"活动规模更大。每年从五月初三开始，定光古佛便被请出来在各村轮流打醮，每村停留一天，共有七十二个村参加，前后需要两个多月①！当地百姓把定光古佛信仰与日常的生产、生活紧密联系在一起，除了迎神打醮外，还有许多传说故事，诸如定光古佛以前当过长工，吃苦耐劳，有法力，能抗旱、治水、造陂，等等②。而这些故事我们在台湾却一个也没听到，也没发现定光古佛在岛内具有抗旱保禾苗的功能。

定光古佛在台湾更像是一尊佛教神明，被供奉在鄞山寺里。人们对他的崇拜除了祖籍神明的象征意义之外，平常则是为了祈求平安，甚至消灾解厄。笔者在调查中曾发现一张桃园温姓留下的算命"流年"。该算命者认为被算的生辰八字中有"冲破"，而且当年"犯天犬"，因此在流年上批道："卅六岁许定光古佛，葆以清吉。"③ 可见定光古佛在台湾民间还具有另一面的功能，可以为人消灾解厄、保佑过关。这种为人解厄的民俗传统与算命师的活动相联系，在岛内究竟影响范围有多广，无法臆测。但有一点是肯定的：这种功能在大陆原乡尚未见到。

更值得注意的是，在鄞山寺正殿内，除了供奉定光古佛之外，我们还见到左右两边神龛内附祀有观音和福德正神。"福德正神"是闽南人对土地神的普遍称呼，而在定光古佛的原乡——闽西客家地区却很少有这种叫法。闽西客家人通常把守护一方的土地神称作"公王"或者"社公"，如永定县高头江氏就称作"公王"，而且当地的"民主公王"是全村最主要的神明④。鄞山寺作为汀州客家人的主要庙宇，由永定人主建（高头江姓居多），在供奉祖籍神明的同时，也接受了闽南人对土地神的习惯称呼，并把他们和谐地放在一起。这种称呼至少在咸丰八年（1858）设置土地神龛之前就已经存在了。当年镌刻在神龛两侧的对联云："福无疆定安沪土，德至大永佑鄞江"，已经把"福德正神"的两个主要字眼都嵌入联内。可

---

① 邓光昌、黄瑞仪、张国玉：《宁化县民间信仰老佛、二佛、吉祥大佛的调查》，杨彦杰主编《闽西北的民俗宗教与社会》，香港：国际客家学会、海外华人资料研究中心、法国远东学院、岭南大学族群与海外华人经济研究部，2000年。

② 有关故事甚多，详见本文所引各种闽西和闽西北田野调查专集。

③ 该算命"流年"夹在桃园县观音乡一本《温氏族谱》内，单纸墨书。原件藏于台湾"中研院"民族所。

④ 杨彦杰：《永定县古竹乡高头江氏与妈祖信仰》，杨彦杰主编《闽西的城乡庙会与村落文化》，香港：国际客家学会、海外华人研究社、法国远东学院，1997年。

见它是汀州移民渡往台湾以后，在与其他族群互动过程中文化融合的一种结果。

汀州移民在台湾客家移民中属于少数，然而他们崇奉的定光古佛与粤东客家人崇拜的三山国王一样，都属于祖籍神明，共同构成了台湾客家民间信仰的一部分。从对淡水鄞山寺的研究来看，汀州移民信奉定光古佛具有浓厚的地缘认同的象征意义。尽管随着移民社会的发展，鄞山寺日益地方化，其崇拜习俗也增加了地方性的内容，但从大的方面而言并没有改变"汀州"认同的象征意义，人们仍然把鄞山寺作为汀州移民的重要庙宇，只是在功利层面上具体认同于北部台湾，鄞山寺越来越成为"台北汀众"的一面旗帜。

从另一个角度看，汀州移民的这种地缘认同，对于其他族群来说也具有普遍的意义。关键是来自不同地域的客家移民，他们如何在神明崇拜方面找到共同点？台湾自从朱一贵起义后，义民信仰逐渐在客家群体中发展起来。如果说三山国王和定光古佛分别代表粤东和闽西的祖籍神明，那么义民信仰则是与台湾本岛的历史息息相关。它对于整合岛内客家群体的作用如何，显然不可忽视。本文的重点在于探讨汀州移民与定光古佛的信仰问题，然而有关汀州移民与其他族群的关系，以及他们对义民信仰的参与程度等问题，仍然是今后需要继续加以探讨的。

附录：

表1　鄞山寺楹联匾额一览表

序	内　容	时　间	人　名
1	定之方中古貌古心留胜迹 光披四表佛缘佛法布鸿庥	道光三年吉旦	龙冈沫恩弟子江东清敬书
2	座镇屯山思法济 门迎海岛挹恩波	道光三年秋月吉旦	永邑弟子孔鳞甲、孔求恭、张王铣、孔红日全敬奉
3	功昭宋代巍巍庙貌尊千古 泽及盛朝灿灿金身显八荒	道光三年癸未岁吉旦	永邑弟子江恩长敬奉
4	宋代丰功传北阙 清时胜迹建东宁	道光三年癸未岁吉旦	永邑弟子江承喜、高长、承长、暨文敬奉

序	内　容	时　间	人　名
5	（无）	道光三年秋月吉旦	永邑弟子胡元良敬奉
6	（无）	道光三年秋月吉旦	永邑弟子胡鼎昌、耀宗敬奉
7	（无）	道光三年吉旦	永邑弟子江庆兆、朝辉、才芳、崇兴、文章、李崇文、荣显、荣波、威扬、标扬全敬奉
8	捍患御灾功昭宋代 庇民护国法显皇朝	道光四年仲春吉旦	总理张鸣岗敬奉
9	沧海龙蟠不二门 屯山虎踞无双地	道光四年夏月毂旦	永邑苏亮亭敬奉 永邑苏才孙、天孙全敬奉
10	官渡潮来皆法水 炮台日射尽恩光	道光四年荔月吉旦	永邑苏姓弟子全敬奉
11	古貌古心祥兴宋代 即空即色法曜台疆	道光四年秋月吉旦	粤东众弟子敬奉
12	法著汀南安境域 灵栖淡北渡艨艟	道光四年（？）	沐恩永邑贡生江尚猷敬叩
13	北海普神灵显是鄞江圣迹 东都崇祀典依然汀郡人民	道光二十三年夏月谷旦	永邑弟子江恩书敬奉
14	宋代宠恩纶锡福与天地而悠久 岩前昭佛法波光并日月以齐辉	道光二十三年桂月	武邑弟子练龙贵兄弟等全叩
15	古迹起汀南妙化妙法彰宋代 神灵昭溪北佛力佛恩震云岩	道光二十三年桂月	沐恩永邑信生江临坤敬叩
16	海国安澜： 紫竹青松无边佛法 祥云甘露普济民生	道光三十年岁次庚戌吉旦敬置	永邑弟子江恩书男坤兆、□兆、□兆全立叩谢
17	大德日生： 福无疆定安沪土 德至大永佑鄞江	咸丰八年戊午岁季秋月谷旦	锡□江姓众弟子全叩

续表

序	内　容	时　间	人　名
18	是登彼岸	道光四年甲申岁仲秋谷旦	赐进士出身翰林院编修国史馆协修永定巫宜福偕弟赐进士出身礼部主事前翰林院庶吉士巫宜禊盥手敬书
19	大德普济	道光四年仲秋吉旦	汀江众姓弟子全立
20	香拾灵台	道光四年谷旦	世袭云骑尉知台湾艋舺营参将事江鹤敬题
21	坐镇海门	同治五年丙寅季春之月谷旦	中式庚申科明经恩进士江有章偕弟雍进士加翰林院待诏职衔江廷章全立
22	分被东宁	光绪甲午年九月重修	台北绅耆暨众汀郡、董事苏发偕男国章等全立

　　注：1. 本表按内容分两类排列，1—17 为楹联、题捐，18—22 为匾额。每类均以时间为序。民国以后的匾额未入。2. 表上资料均原文照录。

表2　永定县江、苏两姓开基台湾一览表

序	祖　居　地	渡台祖	后代分布	出　处
1	永定县白石护芹菜洋大井边	江惠生	桃园县观音乡草漯村	江家历代簿
2	永定县金丰里半径甲高头乡北山	江立贤	桃园县龟山乡	江氏族谱
3	永定县高头乡	江资藩	台北县板桥、基隆市等	江氏历代祖宗系略谱
4	永定县	江苍番	台北县中和、板桥内圆山仔、台北市、基隆市	板桥内圆山仔江家苍番公子孙系统图
5	永定县金和里大溪乡土名寮下		台北县板桥、基隆市	济阳江氏历代宗支总谱
6	永定县	江演滨	台北县板桥、新庄	板桥江氏演滨公派族谱
7	永定县金丰里高头乡半径甲东山永东楼	江忠藩	淡水、台北等地	济阳江氏历代族谱

续表

序	祖 居 地	渡台祖	后 代 分 布	出 处
8	永定县金丰里高头乡半径甲东山永华楼	江正仁	基隆等地	江氏族谱
9	永定县	江登礼	基隆等地	江登礼先生讣闻
10	永定县	江洪俊	彰化县永靖乡	江家历代族谱
11	永定县芹菜洋白石后	江春应	桃园县观音乡	济阳堂江氏族谱
12	永定县金丰里		新竹县新埔镇等地	苏氏族谱
13	永定县金丰里苦竹乡		新竹县新埔镇等地	苏氏族谱
14	永定县	苏连华	苗栗县狮潭乡等地	苏家族谱
15	永定县苦竹乡	苏进兰	台北县永和、新竹县宝山乡等	苏氏家谱写作报告
16	永定县		竹东等地	苏氏家谱
17	永定县金丰里许德村圳下厝乡		台中县大雅乡等地	苏氏手抄族谱
18	永定县金丰里		宜兰县头城	李氏族谱

注：本表所引族谱均藏于台湾"中研院"民族所。按：由于上引族谱的记载有的过于简略或不完整，因此有关渡台祖的资料难以详备，具体渡台时间亦付之阙如，仍有待今后作田野调查时补充完善。

（本文原载于赖泽涵、傅宝玉主编《移民信仰与客家社会》，台北：南天书局有限公司，2006 年）

汀州移民与台湾的定光古佛信仰

——以彰化定光佛庙为中心

清代闽西客家人移往台湾，同时带去了家乡的祖籍神明定光古佛，成为汀州人在新移居地凝聚共识、增进族群认同的一个重要标识。

清代台湾供奉定光古佛的庙宇主要有两座：一座是彰化定光佛庙；另一座是淡水鄞山寺。有关淡水鄞山寺的研究，1988 年李乾朗发表《鄞山寺调查研究》一文①，后来笔者又结合各种史料做了进一步探讨②。而彰化定光佛庙的研究，台湾学者已有调查，但大都只记述定光古佛的来历以及彰化定光佛庙的建筑和牌匾楹联等，很少结合客家移民社会做深入的分析和讨论③，因而有必要再做专门探讨。本文拟依据笔者在彰化定光佛庙的调查资料，结合清代至日据时期的台湾文献，系统考察彰化定光佛庙建立的背景、沿革，以及客家移民社会与定光古佛信仰的关系。

一、汀州客家移民台湾中部的历史进程

定光古佛是整个汀江流域最主要的神明。这条河流自北而南流经闽西客家人聚居的大部分区域，因此定光古佛信仰与闽西客家人关系极为密切，影响深远。

---

① 李乾朗：《鄞山寺调查研究》，新北：台北县政府，1988 年。
② 杨彦杰：《台湾北部的汀州移民与定光古佛信仰——以淡水鄞山寺为中心》，赖泽涵、傅宝玉主编《义民信仰与客家社会》，台北：南天书局有限公司，2006 年。
③ 台湾学者发表的成果有：黄建伦：《定光佛与彰化定光佛庙》，彰化：定光佛庙，1996年；庄敏信：《第三级古迹彰化定光佛庙调查研究》，彰化：彰化县政府，1996 年；吴伟成：《定光古佛信仰与彰化客家》，载《彰化县客家族群调查》第三章第三节，彰化：彰化县文化局，2005年；等等。

有关定光古佛的事迹，南宋胡太初《临汀志》有相当详细的记载，其内容大致可归纳如下：定光原是五代宋初的一名高僧。俗姓郑，法名自严，泉州府同安县人。11 岁出家。17 岁游江西庐陵，契悟于西峰圆净大师。北宋乾德二年（964）到武平，见南安岩风景奇异，遂在那里驻锡。大中祥符四年（1011）应郡守赵遂良之邀到长汀，不久又返回南安岩。祥符八年（1015）正月初六日在武平南安岩圆寂，享年82 岁①。

定光生前主要在武平活动，也到过赣南和闽西的其他地方。他法力高强，传说中能斩蛟、伏虎、捍患、御灾，与百姓的关系很好，因此当地人称他为"和尚翁"。灭度后，又尊称为"圣翁"。北宋熙宁八年（1075）皇帝予以赐封，至南宋嘉熙四年（1240）已累封至"定光圆应普慈通圣大师"，此后民间普遍尊称为"定光古佛"。

如今在闽西地区的许多村落，经常可以听到有关定光古佛的传说故事，主要事迹都集中在抵御水患、帮助筑陂、抗旱、保禾苗、庇佑长工穷人等。每逢水稻扬花时节，客家乡民就要把定光古佛抬出来巡游，一村接着一村，依序而过，往往要出巡一两个月才回庙，乡民们把这个活动称作"保禾苗"②。可见定光古佛信仰在闽西客家人的心目中十分重要，与传统社会的农业生产与生活有着相当密切的关系。

闽西客家人何时渡往台湾，史籍无确切记载。一般论者都会提到明郑时有将领刘国轩是长汀人，此时他已率军驻扎台湾，不过他手下到底有多少客家人却无从知道。一般百姓渡台均与逃难谋生有关。据零星的族谱记载判断，明末已经有福建客家人渡台垦殖则是不争之事实。如诏安县霞葛镇《江氏族谱》载：十世祖江佐生于明末，因与人争斗被刺死，族人告官不成。其弟江石"因兄遇害，告诘复仇，兼大兵削乱，派办困苦，力不能堪，妻死而鳏，携一子逃入海岛台湾之地而屯耕"③。又，十二世祖江敦五，"移黄冈薛厝寮开荒，被海寇杀死……生一子名阿等，寇掳去台湾，

① 胡太初：《临汀志》，福州：福建人民出版社，1990 年，第 164-167 页。
② 相关田野调查资料，参见杨彦杰主编：《汀州府的宗族庙会与经济》，香港：国际客家学会、海外华人研究社、法国远东学院，1998 年；《闽西北的民俗宗教与社会》，香港：国际客家学会、海外华人资料研究中心、法国远东学院、岭南大学族群与海外华人经济研究部，2000 年；等等。
③ 江鸿渐：《江氏族谱》，手写本，康熙二十五年修。

不知其存没"①。这里的"海寇"指的是郑成功军队，可见诏安江姓族人渡台始于明末清初。另外，据彰化县《杨氏族谱》记载，这支来自于平和县的杨氏族人，其开台祖志武公17岁就到台湾，先拓垦于员林，后来才迁入埔心定居，死后归葬大陆。而"志武公生于万历四十四年八月初六辰时，卒于康熙五年七月十六日，年五十一岁"②。从杨志武的生年推算，他17岁渡台刚好是明崇祯五年或者六年（1632或1633，按虚岁或实岁计算），此时台湾还在荷兰人统治之下，彰化一带仍然相当荒芜，因此当时渡台的人数不会太多。以上这些例子都来自漳州府的诏安、平和两县。

至于居住在闽西山区的汀州客家人，大约在明末清初也已有人零星入台。特别是康熙统一台湾以后，移民入台垦殖逐渐形成高潮，远离大海的汀州客家人也有更多的机会向外发展。当时台湾的拓垦主要以台南为中心，分别向南、北两方向拓展，即凤山的下淡水流域和诸罗以北至彰化平原一带。康熙末年朱一贵起义时，闽浙总督觉罗满保就说：下淡水各义民"纠集十三大庄、六十四小庄，合粤镇平、程乡、平远、大埔、闽永定、武平、上杭各县人，共一万二千余人，于万丹竖立大清旗号，连营固守"③。这里提到来自汀州府永定、武平、上杭三县的客家人也参加了义民行列，可见他们在康熙末年已有不小实力，其移往台湾至少不迟于康熙中叶，甚至更早。至于台南以北地区，诸罗县的垦殖也相当迅速，而且拓垦的主要劳力同样是客家人。成书于康熙五十六年（1717）的《诸罗县志》云："佃田者，多内地依山之犷悍无赖下贫触法亡命，潮人尤多，厥名曰客；多者千人、少亦数百，号曰客庄……诸罗自急水溪以下，距郡治不远，俗颇与台湾同。自下加冬至斗六门，客庄、漳泉人相半，稍失之野；然近县故畏法。斗六以北客庄愈多，杂诸番而各自为俗，风景亦殊邑以下矣。"④ 下加冬在今嘉义县，斗六门在云林县。也就是说，离台湾府城（台南）越远的地方，聚集的客家人越多，在下加冬至斗六门之间，客家人与

①　井边《江氏族谱》残本，手写本，清末增订。
②　《彰化县客家族群调查》，第105页。
③　《重修忠义亭碑记》，《台湾南部碑文集成》，台湾文献丛刊第218种，台北：台湾银行经济研究室，1966年，第232页。
④　《诸罗县志》卷八《风俗志》，台湾文献丛刊第141种，台北：台湾银行经济研究室，1962年，第136-137页。

闽南人各半，而自云林斗六门以北，客家人就占多数了。

康熙末年，台湾的地方文献已经把客家人主要认定为"潮人"。当时嘉应地区仍隶属潮州府管辖，因此来自粤东的客家人均以"潮人"称之，并且认为"潮人尤多"，但是另一方面，从中也可以体会到当时在台湾的客家人除了粤东移民外，也包含来自闽西汀州府的客家移民①。

汀州客家移民除了在南部下淡水流域拓垦外，同样也在嘉义以北的云林、彰化一带发展。与嘉南平原相邻的彰化平原，是台湾西部沿海最重要的产粮区。早在康熙四十年（1701）前后，施世榜的父亲施秉已经招募移民过斗六门赴半线（今彰化市）开垦。而在此之前，广东饶平人黄仕卿兄弟亦招募大批佃人开垦于今天彰化的大埔心一带。当时，许多闽粤大垦首如施世榜、杨志申、吴洛、张达京等都相继来到彰化平原。至康熙五十八年（1719），经过十年努力，施世榜终于完成了彰化著名水利工程——八堡圳的修筑，溉田 50 余里，自此彰化平原的拓垦更加迅速②。雍正元年（1723），清政府在原诸罗县地分出百余里另设彰化县，以此为标志，显示彰化平原的移民垦殖已达到相当可观的程度。

在这样的背景下，汀州客家人更是大量移往彰化平原。据台湾学者丘彦贵、吴正龙等人最新的调查，在现在彰化县境内，还有很多能够追寻出来的"福佬客"，其中广东客家占多数，但也有一些来自福建，包括汀州客家。如居住在彰化县大村乡平和村的卢姓，其先祖来自永定，至今已繁衍八代，两百多年，可见卢姓这一支移入彰化当在乾隆年间③。永靖乡竹子脚以江氏为大姓，其先祖也都来自永定，其中一支开台祖江洪俊，据族谱载他"生于雍正七年己酉四月廿一日未时，卒于乾隆四十四年十二月十七日辰时"，也是在乾隆前期渡台到彰化垦殖的④。另外据《彰化县志》

① 如觉罗满保说："潮属之潮阳、海阳、揭阳、饶平数县与漳、泉之人语言声气相通，而潮属之镇平、平远、程乡三县则又有汀州之人自为守望，不与漳、泉之人同伙相杂"（《重修凤山县志》，台湾文献丛刊第 146 种，台北：台湾银行经济研究室，1962 年，第 343 页）。可见在康熙末年，觉罗满保仍清楚地知道来自潮州沿海的移民与闽南人"语言声气相通"，而另一些来自粤东山区的移民则与汀州人"自为守望"。文化不同导致族群的分野很明显。
② 以上参见黄富三：《台湾水田化运动先驱施世榜家族史》第三章，南投：台湾文献馆，2006 年，第 58-104 页。
③ 《彰化县客家族群调查》，第 66 页。
④ 《彰化县客家族群调查》，第 120-121 页；《江洪俊公派下族谱》，彰化：永靖乡竹子村，1994 年，第 69 页。

载，清代在彰化为定光佛庙捐助的汀州人曾玉音，他的家族在乾隆年间就已形成。该《县志》云：

> 曾玉音，字文玚，嘉庆癸酉岁贡。赋性淳厚，善事寡母。林逆之乱，挈眷避贼，旅次丧母，殡葬尽志，见者咸称其孝。生平乐施，见义必为：于家则立祠堂，修族谱，置书田，创祀业，笃宗族，恤亲戚；于乡则建文祠，修桥路，赈穷乏孤寡，助昏嫁丧葬；于邑则捐修圣庙、文祠、书院、学署、城寨、仓廒，靡不赞成，多赀弗吝……八十三时，适元孙弥月，犹能躬宴亲朋。巫太史宜福造其庐，见五代同堂，内外无间，称其雍睦可风云。卒年八十四，安坐而逝①。

巫宜福去拜访曾玉音在道光六年（1826）②，此时曾玉音83岁，以此按虚岁推算，曾玉音当生于乾隆九年（1744）。此时他们家族在彰化已经发展有年，后来叔叔曾明彰去世，叔母赖氏立志守节，嗣曾玉音"为己子"。待曾玉音长大后，即把家务托付给他③。而曾玉音对家族、乡里特别热心，"于家则立祠堂，修族谱，置书田，创祀业，笃宗族，恤亲戚"。可见大约在乾隆中期，曾氏家族在彰化已经有长足的发展，族谱、祠堂、书田、祀业皆备。家族的发展与地方社会经济的成长历程是息息相关的。曾氏在乾隆年间的成长壮大，可视为汀州人在彰化移垦、繁衍的一个缩影。

清代汀州人移往彰化，最多的当来自永定县。该县地处闽西最南端，往南顺着汀江可进入广东，从潮汕出海；往东翻越山岭就到达漳州，再沿九龙江抵达厦门。在乾隆年间，永定人外出经商的很多。所谓"商之远贩吴滇蜀楚，不乏寄旅。金丰、丰田、太平之民，渡海入诸番如游门庭"，"永民之财，多积于贸易"④。永定人大量渡台显然与当地的经商风气有密切关系。而这种风气一旦成为人们习以为常的谋生手段，向外发展就成为不可抑制的社会潮流。清代台湾两座供奉定光古佛的庙宇均以永定人为主

---

① 道光《彰化县志》卷八《人物志·行谊》，台湾文献丛刊第156种，台北：台湾银行经济研究室，1962年，第246页。按，据同书第237页及《台湾通志·选举》记载，曾玉音是嘉庆癸亥（1803）岁贡。引文的"癸酉"应为"癸亥"之误。
② 关于巫宜福在彰化的活动，待后详述。
③ 道光《彰化县志》卷八《人物志·列女》，第270页。
④ 道光《永定县志》卷一四《风俗志》，木刻本。

修建并经营①，实非偶然。

二、彰化定光佛庙的建立及其与官员文人的互动

有关彰化定光佛庙的记载，最早见于《彰化县志》。该书卷五《祀典志》云："定光庵：在县治内西北。乾隆二十六年永定县士民鸠金公建，道光十年贡生吕彰定等捐修，祀定光古佛。"② 乾隆二十六年即公元1761年，离雍正元年彰化设县还不到40年。

又据连横《台湾通史》载：彰化"定光佛庙：北门内，乾隆二十七年，北路营副将张世英建，祀定光佛"③。连横的这条记载与上引《彰化县志》的记载相比，主要有两点不同：一是将建庙时间改为乾隆二十七年（1762），另一是建庙人变成了"北路营副将张世英"。由于有这些差异，因此后人在记述彰化定光佛庙的兴建时亦采取模棱两可的办法。如《重修台湾省通志》云："清乾隆二十六年（公元1761年），永定县士民，北路总兵张世英等倡建，云龙石柱，庙貌颇为壮丽。"④ 杨仁江《台闽地区第三级古迹档案图说》亦云："彰化定光佛庙，位于县城内西北方，清乾隆二十六年辛巳（公元1761年），汀州府永定县士民鸠金公建，也有认为是北路副将贵州人张世英所建。"⑤ 把前后两条资料都抄录糅合在一起，但未置可否。

连横《台湾通史》的记载究竟根据何在？他是怎么写进《通史》的？这倒是需要厘清的问题。其实在连横著《台湾通史》之前，日本人在台做寺庙调查，就已经有了张世英建彰化定光佛庙的说法。据彰化定光佛庙"台帐"的记载，"乾隆二十年，月日不详，张世英发起，永定县民醵金建立"⑥。日本人的寺庙调查始于1915年，至1918年已经完成，因此这份彰

---

① 杨彦杰：《台湾北部的汀州移民与定光古佛信仰——以淡水鄞山寺为中心》，赖泽涵、傅宝玉主编《义民信仰与客家社会》，台北：南天书局有限公司，2006年。
② 道光《彰化县志》卷五《祀典志》，第158页。
③ 连横：《台湾通史》下册，卷二二《宗教志》，北京：商务印书馆，1983年，第418页。
④ 《重修台湾省通志》卷二《土地志·圣迹篇》，南投：台湾省文献会，1992年，第101页。
⑤ 杨仁江：《台闽地区第三级古迹档案图说》，台北市："内政部"，1996年，第344页。
⑥ 彰化定光佛庙"台帐"，台湾"中研院"编号01020-4。此寺庙台帐为林玉茹教授提供，特此致谢！

化定光佛庙"台帐"的填写当在这个时间内。而当时连横正在编写《台湾通史》，就住在台中、台南①，因而他完全有可能到访过定光佛庙，并且从管庙人那里得到了张世英建庙的说法。只是由于连横作为学者，他定会亲自调查来核实资料。彰化定光佛庙至今仍存有一块当年张世英敬立的牌匾，题为"西来花雨"，上下落款是"乾隆贰拾柒年岁次壬午阳月谷旦""协镇北路副总兵官带军功纪录二次张世英敬立"。因此，连横并没有接受庙方所谓"乾隆二十年"的误说②，根据牌匾改为"乾隆二十七年，北路营副将张世英建"。

但是张世英并不是汀州人，这一点已为学者指出（见上引杨仁江记述）。据《彰化县志》载："张世英，贵州南笼人，行伍。乾隆二十四年十一月任（北路协副将）。"③ 又载：乾隆二十六年，张世英重修"邑治北门内协镇署后"的天后圣母庙④。至乾隆二十七年七月，张世英仍在北路协副将任上，由于他的兵丁（五月初一）发生群殴淡水同知员役的事件而受到兵部议处⑤。十分明显，张世英当时是彰化县内级别最高的武官，《彰化县志》对他的出身、籍贯、事迹多有记载。如果说，张世英作为贵州南笼人发起兴建定光佛庙，那么《彰化县志》就一定会有记录。因为在这本县志里已经记载了他重修北门内天后圣母庙的事迹，而对于同期发起兴建定光佛庙这样的大事不可能只字不提。《彰化县志》是最早记录彰化定光佛庙的史籍，从史料来源看更靠近源头，应以此为准，即彰化定光佛庙的缘起是乾隆二十六年由永定士民鸠金公建的。建庙以后的第二年，张世英就敬献了匾额。这块牌匾与其说是张世英建庙的"证据"，不如说是建庙的"永定士民"为了提高庙宇身份与官方互动的结果。再者从另一个角度看，张世英敬献匾额在乾隆二十七年阳月即五月，此时张氏正受到兵丁群殴事件的困扰，因此他的这一举动也不排除存在希望能得到神明庇佑以度过危机的内在心理。

---

① 邓孔昭：《连横与〈台湾通史〉》，汪毅夫主编《连横研究论文选》，厦门：厦门大学出版社，2006年，第48-49页。
② 庙方后来也认为这个说法有误，见《彰化县客家族群调查》，第193页。
③ 道光《彰化县志》卷七《兵防志》，第204页。
④ 道光《彰化县志》卷五《祀典志》，第154页。
⑤ 《闽浙总督臣杨廷璋等奏折》，《台案汇录乙集》，台湾文献丛刊173种，台北：台湾银行经济研究室，1963年，第380-384页。

彰化定光佛庙建起来以后，永定士民确实在努力争取一些有身份的人士为庙宇立匾，以增添光彩。如今在庙内我们还能看到乾隆年间敬立的匾额，除了张世英那块以外，还有三块，即乾隆三十六年（1771）诸罗县儒学训导兼教谕钟灵耀敬献的"瀛峤光天"、乾隆三十八年（1773）己丑科进士沈鸿儒敬立的"济汀渡海"，以及乾隆四十一年（1776）北协右营守备黄正蕃敬题的"光被四表"。这些匾额都立于定光佛庙兴建以后15年之内，献匾或题匾人都是有名望的文人或者在台湾任职的地方官员。其中沈鸿儒的身份最值得注意。他在匾额下方题写的落款是"己丑科进士龙冈沈鸿儒敬立"。己丑即乾隆三十四年（1769），此年沈鸿儒中进士。"龙冈"，有学者认为在江西①，其实是在永定②，更确切地说就在今天的永定县城关③。因此，道光《永定县志》亦有他的传云：

> 沈鸿儒，字谈圃。父邦殿，庠生，好文学，后进多藉陶成。鸿儒承庭训，年十一县试，县令推为大器。乾隆己丑成进士，历任陆川、阳朔、兴业、桂平等县，署郁林州知州。判事明决，以老改教归，囊无余积。署延平府教授，调台湾府教授。任满归，龙岩州牧延掌新罗书院教。著《沈氏二世合课文集》④。

沈鸿儒到台湾任府学教授在乾隆五十五年（1790）五月⑤。次年（1791），他还为重修台湾府文庙捐银10元⑥。可见，沈鸿儒为彰化定光佛庙题写匾额是在他成进士以后不久，此时他还在广西任上，并未到台湾，因此彰化定光佛庙请沈鸿儒题写匾额，其中最主要的理由是因为他中了进士，而且是永定人。

另一个立匾人是黄正蕃，他题写的落款是"北协右营守备杭川黄正蕃敬题"。杭川为上杭县别称，可见黄正蕃是上杭人，当时在台湾北协右营

① 李乾朗：《鄞山寺调查研究》，新北：台北县政府，1988年，第16页。

② 杨彦杰：《台湾北部的汀州移民与定光古佛信仰——以淡水鄞山寺为中心》，赖泽涵、傅宝玉主编《义民信仰与客家社会》，台北：南天书局有限公司，2006年，第283页。

③ 《永定县地名录》，永定：福建省永定县地名办公室，1981年，第9、14、20页。

④ 民国《永定县志》卷二四《列传》，见《中国地方志集成·福建府县志辑》第36册，上海：上海书店出版社，2000年，第696页。

⑤ 《续修台湾县志》卷三《学志》，台湾文献丛刊第140种，台北：台湾银行经济研究室，1962年，第180页。

⑥ 杨廷理：《重修文庙碑记》，《台湾南部碑文集成》，第152页。

任职，就驻扎在竹堑①。还有一个立匾人钟灵耀，查不到他是哪里人，但他任职于诸罗县学。黄、钟两人都不在彰化县任职，而是周边的文武官员。

由此可见，上述四个献匾者中，一个是贵州人，一个永定人，一个上杭人，另一个不详，任职地也大都不在彰化县内。作为代表汀州人祖籍信仰的庙宇，为庙方所眷顾的立匾人是否出生于汀州或者是否在彰化都不重要，重要的是他们必须有身份、有地位、有影响。由此也可以看出庙宇管理人的价值取向，在彰化定光佛庙建起来以后的十余年间，他们想尽各种办法在努力接触官方和有身份的名人，以期通过这些人的立匾来为庙宇增添光彩，提高定光佛庙在当地的知名度和影响力。而从另一个角度看，当时汀州人在彰化并不多，属于弱小群体，因此努力拉拢官方名人也有利于增强汀州移民的自豪感并提升其社会地位，这对于当时在彰化谋生求发展的汀州人来说特别重要。

道光以后，又有两位永定名人与这座庙宇发生了关系，他们是先后中进士的巫宜福、巫宜褉兄弟。

巫氏兄弟祖籍永定泰溪（今大溪乡）。《永定县志》均有他们的记载，其中巫宜福传云：

> 巫宜福，字鞠坡，泰溪人。嘉庆己卯进士，授翰林院编修，充国史馆纂修。以亲老告养在籍。文章博雅，邑中碑铭、篆刻多出其手，书法秀劲，士林宗仰。道光庚寅，邑令方公履篯聘主纂修县志，地方文献赖以有征。著有《木屑编》行世②。

又载：

> 巫宜褉，字雨池，宜福太史弟也。聪敏好学……旋于嘉庆丙子、丁丑联捷乡会，入翰林反先于兄③。

巫宜福中进士在嘉庆二十四年己卯（1819），而巫宜褉在嘉庆二十二年丁丑（1817），先后仅隔两年，而且是兄弟先后中进士，这在当时影响是很大的。

---

① 道光《彰化县志》卷七《兵防志》，第191页。
② 民国《永定县志》卷二六《文苑传》，见《中国地方志集成·福建府县志辑》第36册，第711页。
③ 民国《永定县志》卷二四《列传》，第697页。

巫宜福中进士后，在翰林院、国史馆任职，大约在道光初年，就"以亲老告养"回永定原籍。此时，淡水鄞山寺正在兴建。道光四年（1824），巫宜福乘船东渡，当年仲秋八月为新落成的鄞山寺题匾"是登彼岸"，落款是"赐进士出身翰林院编修国史馆协修永定巫宜福偕弟赐进士出身礼部主事前翰林院庶吉士巫宜禊盥手敬书"①。其实当时巫宜禊并没有渡台，只是巫宜福题匾时把弟弟的名字也带进去。道光五年（1825），巫宜福来到彰化，他拜访了彰化县溪湖的巫氏宗亲，并以兄弟两人的名义题写了"有唐初祖兆汀先，千岁蕃昌子孙绵；支衍南安诒翼远，宗从宁化本源传"的楹联②。是年十二月，巫宜福以自己的名义又为彰化定光佛庙题写"智通无碍"的匾额。此匾至今犹存，只是落款最后一行字似为后人修补。道光六年（1826），巫宜福拜访了年已83高龄的耆老曾玉音，见到他"五代同堂，内外无间，称其雍睦可风"③。与此同时，他还来到犁头店街（今台中市）文昌庙，此庙为曾玉音等捐建④，巫宜福以"后学"的名义为庙题写一匾一联。匾曰"栽者培之"，联云"立天立地立人，古有通才，不外孝友为本；曰选曰俊曰造，实惟司命，此中尺寸无差"⑤。巫宜福在台湾前后三年，从北而南，几乎走遍了与汀州人有关的庙宇和巫姓祠堂。他以兄弟翰林的名义在台访问，确实为汀州客家人带来了无限风光⑥，也为彰化定光佛庙增添了一笔十分重要的文化资本。

道光十四年（1834），巫宜禊趁着回乡的机会也来到台湾一游。此时他还在北京任职，因此在台时间很短，目前只知道他为定光佛庙题写了一副楹联："活百万生灵蹟托鄞江留一梦，觑三千世界汗挥线地有全人"，上下落款是"道光十四年端阳月，永定巫宜福、禊仝敬题"。当时巫宜福并未同行，只是巫宜禊在题写楹联时把他的兄长也一并带上，有巫宜福《长

---

① 杨彦杰：《台湾北部的汀州移民与定光古佛信仰——以淡水鄞山寺为中心》，赖泽涵、傅宝玉主编《义民信仰与客家社会》，台北：南天书局有限公司，2006年。
② 巫德箕：《巫宜福与定光古佛》，载《台湾源流》第45期（2008年冬季刊），第150-152页。
③ 道光《彰化县志》卷八《人物志·行谊》，第246页。
④ 道光《彰化县志》卷五《祀典志》，第152页。
⑤ 参见台中文昌庙网站 http：//content. edu. tw/local/taichun/juren/008/ylj3/l4b15. htm，2010年12月21日访问。
⑥ 巫宜福在寄给台湾县学李春园广文的诗中写道："不是乘风破浪夸，三秋来泛海东槎"；又云："漫惊有客下蓬壶，到处旗亭锦帐铺。"表明他在台湾三年，受到十分隆重的接待。见巫宜福《无可恃斋诗草》卷四，道光十五年刻本。

夏怀雨池（时在台湾）》诗一首为证，此时他正急切地盼望宜禊归来①。在巫宜禊于定光佛庙题写楹联时，刚好台湾知府周彦也在彰化，并到庙里求晴，因此也为定光佛庙留下了一副楹联。周彦有题记云：

> 永定巫雨池仪部来游东瀛，为彰化定光佛前求书楹贴，适余审办匪类，住彰浃旬，久雨不止，于佛前稽求晴霁，即大开朗，因并纪之。

落款是"道光甲午仲夏"，即道光十四年（1834）五月，与巫宜禊书写的"端阳月"在时间上完全一致。

周彦是江西鄱阳人②，他作为台湾知府到彰化"审办匪类"③，并到"佛前稽求晴霁"，表明一个地方官员与定光古佛的现实联系，因此他题写的楹联为"是有定识拔救众生，放大光明普照东海"，把"定光"与"东海"台湾的治理联系起来。而来自大陆的文人，如沈鸿儒的"济汀渡海"、巫宜禊的"蹟托鄞江"和"汗挥线地"，则都在强调台湾定光古佛信仰与祖地汀州鄞江的关系。不同的表达反映出彰化定光佛庙与社会不同角色之间的互动关联，它随着社会需求的多样化发挥着日益凸显的社会功能。

三、彰化定光佛庙的修建及其与汀州移民社会的关系

彰化定光佛庙自乾隆二十六年（1761）兴建以后，至嘉庆十八年（1813）有一次重修，庙内至今还悬挂着当年"重修立"的匾额可以为证（参见附录）。次年（1814）又添置了一个木质方形香炉。道光十年（1830）再有一次重修。前引《彰化县志》说："定光庵：在县治内西北……道光十年贡生吕彰定等捐修。"此次捐修距离上次甚近，原因何在并不清楚。不过，根据《彰化县志》的记载，彰化定光佛庙从建立伊始一直到此时，都被称作"定光庵"，表明当时的规模还不大。至道光二十八年（1848），由于地震毁坏，庙宇又经历了一次修建。据日据时期的定光

---

① 《长夏怀雨池（时在台湾）》诗云："夕照林逾媚，新凉雨乍收。插花红入砚，啜茗碧分瓯。海阔曾凭梦，云闲不卷愁。长风应送客，天际有归舟。"见巫宜福《无可恃斋诗草》卷四。
② 见《重纂福建通志》卷一一七，台湾府知府。
③ 此事指道光十四年春间，彰化县犁头店地方林坤等纠众"潜谋滋事"的事件。参见《清宣宗实录选辑》，台湾文献丛刊第188种，台北：台湾银行经济研究室，1964年，第197页。

佛庙"台帐"记载："道光二十八年震灾破坏，信徒张连喜等发起，由原有信徒募集捐款，改建为现在的庙宇。"① 此次地震影响极大，《云林县采访册》说："道光二十八年地震；适重修受天宫，匠人多从屋上坠下。"② 云林县与彰化县比邻，地震的威力由此可见一斑。由于强烈地震造成了庙宇的破坏，因此此次修建规模是比较大的，甚至可以说是重建或扩建，从而奠定了现在称作"定光佛庙"的基础。

经过重修扩建以后的定光佛庙占地 0.1171 甲，约 1 亩多。整座建筑分三川门、天井、两侧走廊、拜亭、大殿和左右厢房，右边还有一间侧堂及侧堂的拜亭。后来经过日据时期街道扩建，前面的三川门、天井、走廊被拆除，只留下拜亭正对着街道，一进去就是大殿和右边的侧堂，规模缩小了不少。大殿正中供奉定光古佛，左侧神龛供奉妈祖，右侧供奉土地（福德正神），并配有一些附祀神，基本上与日据时期的调查相同。定光佛庙还拥有一些土地作为庙产，据日据时期的"台帐"记载，在西屯庄马龙潭、神圆新庄子共拥有土地 5 笔，其中西屯庄马龙潭 3 笔、0.591 甲，神圆新庄子 2 笔、1.6285 甲，合计约 2.22 甲，年收租谷 26 石③。

彰化定光佛庙与淡水鄞山寺一样，也是汀州人来台落脚和联络的中心，因此亦称为汀州会馆。许多汀州人来往于大陆和彰化各地，往往就要到定光佛庙暂住或者寻求帮助。定光佛庙不仅是台湾中部汀州客家人的信仰中心，同时也是两岸汀州乡亲联络情感、互相扶持关照的集结地和中转站，在中部汀州客家人移垦、经商、谋生等各种活动中发挥着不可替代的作用。

由于彰化定光佛庙的兴建和后来的历次重修、扩建倾注了很多汀州人的心血，许多地方官员、大陆名人也予以关注，敬献匾联，因此后来庙方就专门设立了一块禄位牌予以供奉。这块牌位就安奉在庙宇右边的侧堂内，其形制与一般客家人常用的大神主牌一样，正中写着"汀郡八邑倡义题捐绅士缘首董事禄位"，左右两边共书有 143 个人的名字。为了便于分

---

① 彰化定光佛庙"台帐"，台湾"中研院"编号 01020-4。

② 《云林县采访册》，台湾文献丛刊第 37 种，台北：台湾银行经济研究室，1959 年，第 42 页。另外，当年噶玛兰、淡水都发生大洪水，其中噶玛兰"暴雨狂风，水涌山裂"，灾情十分严重，但是否与此次地震有关并不清楚（见《噶玛兰厅志》卷五、《淡水厅志》卷一六）。

③ 彰化定光佛庙"台帐"，台湾"中研院"编号 01020-6。

析，先将这块禄位牌的所有人名整理成一表（表1）。

表1　禄位牌上的人名

位置	左边	右边
最上层 8人	赐进士出身历任江南知府台湾府教授沈鸿儒公、赐进士出身翰林院编修实录馆纂修巫宜福公、特授台湾彰化县儒学训导邱德孚公、特授台湾彰化县儒学教谕罗大鸣公	协镇北路副总兵随带军加二级张世英公、护理台湾水师副将印务中营游击廖光宇公、特授台湾诸罗县儒学训导兼署教谕事钟灵耀公、北协右营守备黄正蕃公
第一排 24人	贡生吕彰定公、岁贡生曾玉音公、贡生徐汝松公、太学生吕捷三公、简会益公、邑庠生游化贤公、吕立发公、恩授登仕郎吕玉亮公、黄际昌公、黄承兴公、吕光崇公、江华川公	太学生卢秉忠公、巫舜英公、黄只巨公、简赞星公、乡宾吕凤山公、吕章华公、邑庠生谢廷纪公、太学生卢道臣公、太学生黄国香公、苏次荣公、谢林让公、苏五标公
第二排 28人	右营中军副将陈福龙公、黄中显公、黄只仁公、徐必卿公、苏九三郎公、余石龙公、张京芳公、魏绍青公、熊保寿公、太学生黄庠珍公、江右蛟公、江盛联公、苏双庆公、太学生黄志能公	余荣长公、江鉴轩公、太学生苏国宝公、黄两仪公、黄秀忠公、吕彩蕃公、魏德宽公、苏来荣公、江仁河公、曾耀日公、曾增廷公、黄勋猷公、翁妈才公、胡达轩公
第三排 29人	陈善一公、王崇裕公、卢威伦公、苏能远公、张坤荣公、吕协吉公、黄怀仁公、贡生徐汝杭公、吕文京公、太学生曾居德公、黄旺春公、吕群岳公、江廷珍公、吕克昌公、苏进星公	太学生江爱亭公、林茂全公、郡庠生黄中理公、乡宾江盛飏公、黄介全公、卢庆德公、刘恒文公、郡庠生江培兰公、卢焕桃公、黄明庄公、苏贤彩公、江朗辉公、江受亭公、金耀池公
第四排 28人	曾俊能公、詹承长公、苏曾荣公、曾添麟公、太学生李志芳公、胡长骏公、熊春凤公、江元六公、杨怀义公、太学生黄仰增公、黄贵进公、吴明焕公、江西昌公、苏顺长公	周建江公、苏清进公、苏彩福公、林仁栋公、恩授州司马张鸣岗公、魏信亭公、江德川公、王球兴公、江国光公、黄文朗公、谢常兆公、卢文凤公、太学生江福进公、江应兴公

续表

位置	左边	右边
第五排 26人	郑佛赐公、江洪来公、太学生黄仰荣公、曾文思公、恩授登仕郎吕振山公、苏祥孚公、太学生黄仰清公、谢崇元公、苏龄源公、曾纯义公、太学生江云公、张连喜公、江焕成公、赖瑞节公	谢隆兆公、邑庠生江九成公、游曾玉公、卢梧冈公、董应妹公、江裕犹公、乡宾江在奎公、张兰瑞公、太学生江金长公、卢正直公、张登元公、谢德富公

整理原则：1. 禄位牌原为竖写，整理时改为横排。2. 表上的左、右，即禄位牌的左、右。如果面对禄位牌，看到的右边正好是牌（表）的左边，反之亦然。3. 左右两边的人名顺序，以牌的中轴线为起点，分别向两侧延伸，依序整理。

如禄位牌上的这些名字可见，上节分析的那些与定光佛庙互动的重要人物都在其中，包括张世英、沈鸿儒、钟灵耀、黄正蕃、巫宜福等，同时还有三个在台任职的官员也在最上层的光荣行列里，他们是邱德孚、罗大鸣和廖光宇。

邱德孚是上杭县人，廪贡①（一说福清县人，举人②），乾隆三十年至三十五年（1765—1770）在彰化县任儒学训导兼署教谕事③。罗大鸣亦是上杭县人，举人出身，嘉庆元年至六年（1796—1801）任彰化县儒学教谕，其中嘉庆二年（1797）、五年（1800）两次兼彰化县学训导，"卒于官"④。廖光宇则是永定县人，武举，乾隆四十四年至四十七年（1779—1782）任台湾水师中营游击⑤。五十二年（1787）四月以前以参将身份病故，是年四月二十八日上谕云："副将林天洛、参将廖光宇病故员缺，著常青……即遴选二员补授。"⑥

另外，还有第二排左边第一人陈福龙，他也是汀州府长汀县人，行伍出身，道光五年（1825）由台湾镇标右营千总兼署城守营右军守备，六年

---

① 《重纂福建通志》卷一百十七，训导。
② 道光《彰化县志》卷三《官秩志》，第85页。
③ 道光《彰化县志》卷三《官秩志》，第85-86、88页。
④ 道光《彰化县志》卷三《官秩志》，第86、89页。
⑤ 《续修台湾县志》卷四《军志》，第281页。又据《厦门志》卷一○、《金门志》卷六记载，廖光宇在乾隆四十三年（1778）署金门镇右营游击、四十八年（1783）任金门镇右营游击。
⑥ 《清高宗实录选辑》，台湾文献丛刊第186种，台北：台湾银行经济研究室，1964年，第427页。

（1826）升补为北路右营守备，引见①。八年（1828），兼署噶玛兰营都司②。道光十三年（1833），因上年的张丙事件"战守无方"被革职，当时他的职务是"署台湾城守营右军守备事北路右营守备陈福龙"③。

由此可见，这些被列入"汀郡八邑倡义题捐"而受到祭祀的官员，除了张世英是贵州人、钟灵耀籍贯不详外，其余大都可以确定是永定、上杭、长汀县人，尤其是永定、上杭更占多数。这是彰化定光佛庙为了立足地方必须与官方打交道的结果，也是在长期互动过程中积累下来的重要依靠对象。正是由于有这些汀州籍大小官员的支持，定光佛庙在台湾中部更显示出其作为"汀郡"祖籍信仰中心的地位。

除了上述9个官方人物之外，在禄位牌上还有134人，基本上可以说是来自"民间"。这些为兴建庙宇等活动做出贡献的捐助者，如果按姓氏统计，可以知道一共包含29个姓氏，其中人数最多的是江姓24人，其次黄姓22人、苏姓15人、吕姓13人、卢姓8人、曾姓7人、谢姓6人、张姓6人，其余徐、余、魏姓各3人，简、胡、林、王、游、熊姓各2人，陈、巫、翁、刘、詹、李、杨、吴、周、郑、赖、董姓各1人。江、黄、苏、吕、卢、曾、谢、张等姓显然是最重要的，这8姓共有101人上了禄位牌，约占总数134人的75.4%。江、苏、张等姓也是淡水鄞山寺的参与建造者，尤其是江姓，其人数之多，在两座定光庙中均占首位，很值得我们关注。江姓在大陆主要聚居于永定县古竹乡高头，从明朝开始就分出北山、南山、东山三大房，这三房人在清代都有人迁往台湾④。与江姓祖居地相比邻的是苏姓，这两大姓都是古竹最主要的姓氏，而且靠近漳州南靖，渡海入台十分方便。

张姓是鄞山寺的主要捐建者之一，其中张鸣岗是永定人。道光四年（1824），他以"总理"身份为鄞山寺落成敬献了一副楹联。道光七年至九

① 《台湾采访册》，台湾文献丛刊第55种，台北：台湾银行经济研究室，1959年，第130页。

② 《台湾采访册》，第137页；《噶玛兰志略》卷四（下）《武备》，台湾文献丛刊第92种，台北：台湾银行经济研究室，1961年，第174页。

③ 《清宣宗实录选辑》，第147-154页；《台案汇录甲集》，台湾文献丛刊第31种，台北：台湾银行经济研究室，1959年，第93-98页。按：另有一个陈福龙，福州人，道光十年（1830）任大甲中军守备（见《新竹县志初稿》卷四、《苗栗县志》卷一二、《淡水厅志》卷八等）。

④ 杨彦杰：《台湾北部的汀州移民与定光古佛信仰——以淡水鄞山寺为中心》，赖泽涵、傅宝玉主编《移民信仰与客家社会》，台北：南天书局有限公司，2006年。

年（1827—1829）又以"州同"的身份为修筑淡水厅城捐银 100 两。道光二十三年（1843），他与父亲"永邑弟子大学生张英才"一起奉献了一张供桌给鄞山寺①。这个在北部很活跃的永定人张鸣岗，也参加了彰化定光佛庙的捐助，"恩授州司马张鸣岗公"名字也赫然出现在禄位牌上（第四排右边）。

与彰化定光佛庙有关的"民间"捐助者，除了一般百姓之外，显然有一些人属于士绅阶层。这些人大都拥有功名，如贡生、郡廪生、邑庠生，以及太学生、登仕郎、乡宾、州司马等，总共 32 人，约占总数 134 人的 24%。这些拥有功名的地方精英，有的是通过科举途径成为贡生或各级儒学生员的，还有相当一部分人则是因为拥有财富，通过捐纳获得某种职衔或荣誉。如在这些有功名者中，贡生仅 4 人、郡廪生 2 人、邑庠生 3 人，而太学生高达 17 人，此外还有登仕郎 2 人、乡宾 3 人、州司马 1 人。如果按姓氏统计，江姓拥有功名的人最多，有 8 人，黄姓其次，有 7 人，吕姓 6 人，曾、卢、徐姓各 2 人，苏、谢、张、游、李姓各 1 人。江、黄两姓在禄位牌上的人数最多，他们中拥有功名的人物也最多，其分布趋势大体一致。这也反映出当时地方社会的发展状况，人多势众，拥有较多人口的家族总是比别的家族拥有更多的社会资源，反过来又促进这个家族更快地发展。

如果我们细读禄位牌上的所有人名，很容易发现有一些人名是有内在关联的，按照中国人的命名习惯，他们很可能是同辈兄弟。如江盛联、江盛飚、江爱亭、江受亭、江焕成、江九成、黄只巨、黄只仁、黄中显、黄中理、黄仰增、黄仰荣、黄仰清、苏次荣、苏来荣、吕凤山、吕振山、谢隆兆、谢常兆、徐汝松、徐汝杭等。当然，我们无意确认这些人都是族兄弟，但大部分可能性很大。这也说明在彰化定光佛庙建立以后，随着当地汀州人的繁衍发展，有些姓氏已经达到了相当的规模。

由于汀州客家移民社会的发展，一些拥有土地和各种资源的地方精英阶层相继出现，因此，彰化定光佛庙重修、扩建、添置庙产等就有了坚实的社会基础。这些地方精英不仅参与定光佛庙的各种活动，同时也热心于

---

① 参见上引文及道光九年《淡水同知造送捐建各绅民银数递给匾式花红姓名册稿》，载《淡水厅筑城案卷》，台湾文献丛刊第 171 种，台北：台湾银行经济研究室，1963 年，第 109 页。

地方公益事业。道光二十年（1848）彰化县学重修，在众多的题捐人名中，就有一些是汀州人士，他们是：贡生吕彰定捐银300员、贡生曾玉音捐银250员、监生（即太学生）卢秉忠捐银120员、贡生徐汝杭捐银100员、监生吕捷三捐银100员、卢道臣捐银100员、黄只巨捐银100员①。如果对照禄位牌的排列，这些人大都位于第一排的左右两边，可见他们在当地汀州客家人中的地位也是比较高的。

再有一点需要特别指出，在彰化定光佛庙的禄位牌上，有的人名并不代表个人，而是代表一个家族群体。如第一排左边"简会益公"。此人是简姓从江西迁入福建上杭开基的始祖。据大致写于明末的《范阳简氏洪源开基族谱序》载：

> 吾始迁祖会益公，原系江西临江府清江县民籍也。自宋高宗南渡而来福建南剑州儒训。宋淳化间开辟筑杭城，吾祖叨签督理……遂授太平里一图四甲里长，就籍于杭焉。

简会益是南宋初年的人物，现在闽台简氏后裔都尊他为入闽始祖②。还有"苏九三郎公"（第二排左边），他是永定县古竹苏氏的始祖。据《苏氏族谱》载：南宋末年苏刘毅参加抗元斗争失败，苏九三郎大约在元朝从广东枫朗迁入永定古竹避居。现在古竹苏氏均是九三郎的后代③。以某个祖先的名义捐款资助，这在大陆客家地区经常可以看到，它代表的是某个姓氏的共同利益，看来这种捐助习俗也随着定光古佛信仰传到台湾，并在彰化定光佛庙的捐助活动中得到了应用。

彰化定光佛庙的禄位牌设立于何时？根据名字排列及多种史料综合分析，可以判断当设立于道光十年（1830）重修定光佛庙以后不久，理由如次：

（1）道光十年重修定光佛庙是"贡生吕彰定等捐修"的，而吕彰定的名字就排在第一排左边第一个最醒目的位置。相比较而言，道光二十八年还有一次因地震重修，发起人是"信徒张连喜"，可是他的名字却在最后一排左边倒数第三个。很明显，此禄位牌的设立一定在道光二十八年以

---

① 《重修彰化县学题捐碑》，载《台湾中部碑文集成》，台湾文献丛刊第151种，台北：台湾银行经济研究室，1963年，第133—136页。
② 《范阳简氏洪源会益族谱》，上杭县洪源简氏族谱编委会编印，1998年。
③ 苏椿华：《苏氏族谱》，永定县古竹苏氏印，1993年。

前，否则就不可能是这样子。

（2）道光十四年永定巫宜禊、台湾知府周彦都为庙宇敬献了楹联，前已详述，可是这两个重要人物均没有出现在禄位牌上，说明这个禄位牌设立时他们两人都还没有到定光佛庙。

（3）"右营中军副将陈福龙公"（其实只是守备，详上）放在第二排左边较次要的位置，而与他同级别的"北协右营守备黄正蕃"却放在最上层显要行列。陈福龙因张丙事件于道光十三年被革职，或许这个事件对于他的排名有直接影响。

因此这个禄位牌的设立，准确时间当在道光十三年七月陈福龙被处分之后，至十四年五月巫宜禊到彰化之前。当然，它的酝酿过程或许更早，可能在道光十年吕彰定等重修定光佛庙以后就已经开始了。

客家人是很讲究礼节、规矩的，尤其像设立禄位牌这样的大事，它的排名书写显然需要经过反复斟酌，绝非简单应付可以完事。因而这块至今仍保留完好的禄位牌，它的排名及相关各种信息，对我们深入理解道光年间的彰化定光佛庙与汀州客家移民社会的关系，是十分宝贵的第一手资料。

四、彰化定光佛庙的文化特质与社会意义

彰化定光佛庙建立于乾隆二十六年，至道光二十八年重修扩建以后就没有大的维修，直至日据时期。这座庙宇与淡水鄞山寺相比，有几点是相同的：它们都供奉定光古佛，都是永定人为主兴建的，都作为汀州会馆发挥着同乡联络的功能，都以佛教寺庙为主要特征，每年正月初六都会祭祀定光古佛。正月初六日的祭祀活动是原乡的传统，至今在武平县南安岩每年仍有盛大的庙会活动①。

至于不同的地方，除了建庙的时间和地点之外，还有几点是值得注意的：

第一，彰化定光佛庙有一个从"庵"到"庙"的发展过程。由于这座

---

① 李坦生、林善珂：《武平县岩前庙会醮会概况》，杨彦杰主编《汀州府的宗族庙会与经济》，香港：国际客家学会、海外华人研究社、法国远东学院，1998年。

庙宇是乾隆年间彰化县①的汀州移民建立的，因此在初期它的规模不可能很大，这与当时汀州人的经济实力有关。而随着土地开发与移民社会的发展，从乾隆经嘉庆到道光末年，这座"定光庵"经过历次重修、扩建，最后变成了"定光佛庙"。它的成长经历是汀州人在台湾中部发展、壮大的缩影，与彰化平原的拓垦历程紧密相连。因此，彰化定光佛庙的发展背景更充满移垦社会的基本特征。

第二，由于彰化定光佛庙早期创立的背景，因此这座庙宇更带有结交官方的色彩。如果做细致比较，淡水鄞山寺尽管也有很多楹联匾额，但绝大多数都是永定信徒及其他信众敬献的，来自官方的很少②。而彰化这座庙宇就不一样，除了日据时期敬献者都来自民间之外，清朝时期则都来自官方（参见附录）。这些官员名人有的并不是汀州人，有的在大陆任职，但并不影响定光佛庙结交、攀附他们的热情。这与当时彰化平原的移民结构有关，闽南人占大多数，广东客家也比较多，而处于弱势的汀州人③就需要攀附名流官员来提升自己的社会地位。从这个意义上讲，彰化定光佛庙有特别多的官员匾联完全正常，是当时社会条件下庙方为求生存发展而采取的策略手段。

第三，与此相类似，彰化定光佛庙也更加凸显客家人团结聚拢的人文特质。淡水鄞山寺也有纪念开拓者的神位牌和独立的空间，但他们的神牌是比较小的，有单人或多人，分别供奉在神龛内。而彰化定光佛庙则是一个象征集体主义的大牌，上面有多达143人的名字。从乾隆时期立庙到道光年间，凡是有功于庙宇的捐助者，不论是官员、士绅，还是没有功名的百姓都在其内，显示彰化平原的汀州移民以这座庙为核心的向心力和团结精神。禄位牌的设立既是在表彰有功人员，也是对过往历史做一个总结，更是在激励后者，使定光佛庙真正成为"汀郡八邑"人集体向往的神圣中心。因此，道光十年重修定光佛庙及其后来设立禄位牌是一个相当重要的

---

① 清末以前的彰化县包括今天的云林、彰化、台中、南投。
② 杨彦杰：《台湾北部的汀州移民与定光古佛信仰——以淡水鄞山寺为中心》附表一，赖泽涵、傅宝玉主编《移民信仰与客家社会》，台北：南天书局有限公司，2006年，第299-300页。
③ 据1926年日本人调查，当时台中州853800人，其中祖籍泉州府341800人、漳州府361100人、广东省107700人，而汀州府仅8300人。见台湾总督官房调查课编：《台湾在籍汉民族乡贯别调查》，台北：台湾时报发行所，1926年，第4页。

转折点，它象征彰化汀州移民社会已经发展到了另一个新阶段。

第四，对定光佛庙的禄位牌进行仔细分析还可以发现，那些在牌上受到供奉的捐助者，有的是生活在台湾的汀州人，有的是宋元时期某姓的入闽始祖；有的姓氏捐助者很少，有的则人才济济，甚至是同辈兄弟一起上牌。这种现象说明，道光年间在彰化平原的汀州移民，各个姓氏的发展并不平衡，但家族化的倾向已相当明显，并且仍与大陆保持着比较密切的联系。定光佛庙从创立初期规模较小，到道光末年开始扩建，显然与移民社会的成长壮大有关。而强大家族和士绅阶层的出现，则是移民社会向定居社会过渡的重要标志。在这个过程中，彰化定光佛庙的资料也呈现出了当时的社会面貌。

历史是人民群众创造的。在历史演进过程中，各种势力都会在不同场合彰显他们的地位和作用，从而形塑历史。这里再引用一下前面已经用过的两份资料，以进一步理解在社会变迁背景下不同势力与庙宇历史之间的关系。

> 《彰化县志》载："定光庵：在县治内西北。乾隆二十六年永定县士民鸠金公建，道光十年贡生吕彰定等捐修，祀定光古佛。"

> 定光佛庙"台帐"载："乾隆二十年，月日不详，张世英发起，永定县民酿金建立。道光二十八年震灾破坏，信徒张连喜等发起，由原有信徒募集捐款，改建为现在的庙宇。"

这两份资料的性质完全不同，前者属于官修志书，而后者是日据时期庙宇管理者留下的记述。有趣的是，这两份前后出现的资料，对彰化定光佛庙的创建和重修表述完全不同。道光年间修的县志，强调永定士民"公建"和"道光十年贡生吕彰定等捐修"。而到了1915年以后，庙宇管理者却换了说法：创建者是张世英，重修改建只提道光二十八年的那次，并且是"信徒张连喜等发起"的。我们在这里无意否定张连喜或其他人发起修建庙宇的功绩，只想说明历史叙述在不同人的口中或笔下是会改变的，有它的"记忆"就会有"失忆"。道光年间编修《彰化县志》时，贡生吕彰定正是活跃的精英人物，因此县志和禄位牌都凸显了他的地位，而有意无意忽略了嘉庆十八年还有众人重修的那次。到了日本人做调查时，彰化定光佛庙的管理者已经变成了张显文，家住"大竹庄牛稠子字山脚三百七十八番地"①。因此，这个姓张的主导者把前两次都"失忆"了，将庙宇创建人说成张世英，并且强调张连喜重建的事迹，个中原因不难理解。

历史书写的背后，往往隐含着当事人的权力和利益。从这两份不同时期的资料可以发现，彰化定光佛庙的发展演变与汀州移民社会紧密关联。随着道光年间家族势力和士绅阶层的兴起，定光佛庙的经营管理就成为众人注目的对象，不同势力的竞争日益明显，并且反映在各自的历史记述中。从这个意义上讲，研究定光佛庙对于我们深入理解当时的汀州移民社会及其变迁，具有不可忽视的意义。

附录（详见表2）：

表2 彰化定光佛庙匾额楹联一览表

序号	内　容	时　间	捐献者
1	西来花雨	乾隆二十七年岁次壬午阳月谷旦	协镇北路副总兵官带军功纪录二次张世英敬立
2	瀛屿光天	乾隆三十六年岁次辛卯冬月吉旦	台湾府诸罗县儒学训导兼署教谕事钟灵耀敬立
3	济汀渡海	乾隆三十八年岁次癸巳桂月吉旦	己丑科进士龙冈沈鸿儒敬立
4	光被四表	乾隆四十一年岁次丙申菊月谷旦	北协右营守备杭川黄正蕃敬题
5	昙光普照	嘉庆十八年癸酉阳月吉旦	岁次癸酉年重修立
6	智通无碍	道光五年乙酉岁嘉平月谷旦	赐进士出身翰林院编修实录馆纂修永定巫宜福敬题
7	活百万生灵蹟托鄞江留一梦 觑三千世界汗挥线地有全人	道光十四年端阳月	永定巫宜福、褉全敬题

---

① 彰化定光佛庙"台帐"，台湾"中研院"编号01020-2。

续表

序号	内 容	时 间	捐献者
8	是有定识拔救众生 放大光明普照东海 永定巫雨池仪部来游东瀛，为彰化定光佛前求书楹贴，适余审办匪类，住彰浃旬，久雨不止，于佛前稽求晴霁，即大开朗，因并纪之。	道光甲午仲夏	浙江分巡宁绍台道知福建台湾府事鄱阳周彦书
9	定危有赖推移力 光被无惭造化心	（1907年）	黄倬其拜赠
10	定慧禅心见隐见微一片玄机菩提台上悬金镜 光明世界先知先觉三生因果阿耨城中济玉津	（1914年） 岁次甲寅荔月谷旦	信士柯金水、陈陪年、施贻安、林超英、吕腾蛟全敬立 郑鸿猷敬书
11	古迹溯鄞江换骨脱身空色相乎圆光以外 佛恩施台岛灵签妙谛示凶吉于前定之光	己未孟夏之月谷旦	南靖雁塔社生员徐芳传敬叩
12	古道照人间恤难救灾何止鄞江超宝筏 佛坛崇海表占祥卜吉竞来磺水乞灵签	己卯阳月谷旦	信士林以玉、仁和号、存耕堂、斯美号全敬献 蔡谷仁敬书

　　按：本表整理清朝至日据时期所有匾额楹联，1945年以后未入。表上内容均原文照录，以时间先后为序。

　　（本文原收录于邓孔昭主编《闽粤移民与台湾社会历史发展研究》，厦门：厦门大学出版社，2011年）

本堂瓦葺土角造平屋 三九.八 坪

拜亭瓦葺土角造平屋 一七.〇

三帝門瓦葺土角造平屋 二四.〇

左廊瓦葺土角造平屋 七.五

右廊瓦葺土角造平屋 七.五

廟瓦葺青甎造平屋 中太 七.〇

木瓦祠 一 五.二

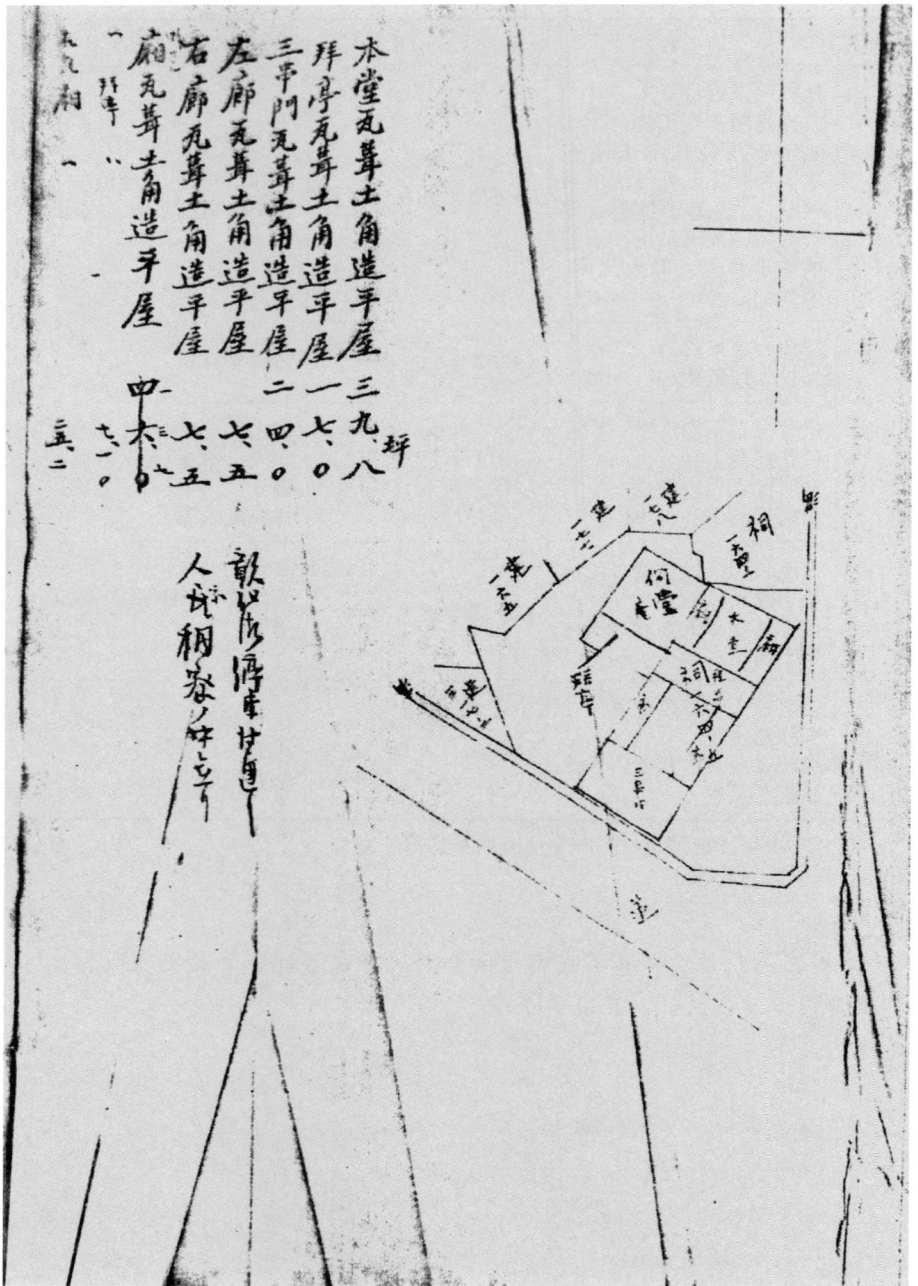

日据时期彰化定光佛庙平面测绘图

客家江氏与闽台文化■

追寻祖先：闽台《江氏族谱》的比较分析

　　中国民间族谱的编撰，其基本目标有两个：一是"收族"，即把某个祖先传下的后代都用一定形式编排记录下来，以便使族人能够相亲相爱，做到尊卑有序、人伦不乖；另一个是"敬宗"，即追寻祖先的来历，以让族人能够了解自己的源头，所谓木本水源，不忘根本。换句话说，民间族谱的编撰其基本作为都在于寻求本宗族的源和流，最终目的是团结族人，起到正本清源、凝聚人心的作用。

　　学术界对族谱刻意追寻祖先的做法是颇为关注的，尤其对民间族谱喜欢攀附名人、瞎编乱造的做法早有很多批评，这对于学者清醒认识族谱价值，正确使用族谱资料起到了很好的作用。但问题是，如果我们把民间族谱追寻祖先的努力当作一种社会文化现象来看待，哪怕它的结果是错的，却是一种历史过程。族谱编撰者"创造历史"的动机为何？如果是编撰者当时某种社会现实的反映，那么这个追寻的历程怎样？经历了什么变化？对该宗族的历史文化构建有着什么意义？诸如此类的问题倒是值得探索。

　　本文拟利用笔者接触到的闽台《江氏族谱》，对主要分布在闽、粤、台的"客家江氏"追寻祖先的历程做一番讨论，目的不仅在于理解民间族谱"历史创造"的真实含义，同时也希望通过这个个案研究，对闽台族谱作为学术资源的开发利用做一种尝试性的探索。

一、客家江氏的分布与族谱资源

　　江氏分布范围甚广，而且支派众多。本文集中讨论的所谓"客家江氏"，是指早期来自宁化，开基于上杭，后来繁衍于永定、平和、诏安及广东潮州等地，再从这些地方迁往台湾的这支江氏。他们在闽、粤、台的族人甚众。在永定县高头乡，江氏族人几乎近万；而在诏安县霞葛镇、平和县大溪乡，江氏人口也都在数千之列。笔者曾研究台湾南部的鹿陶洋江氏，他们的开基祖就是从诏安霞葛迁去的①。在清代中后期，台湾中、北部先后建起两座供奉定光古佛的庙宇，其主要参与者也都是来自永定的江氏族裔②。由此可见，我们探讨的这支以闽西为主要根据地的"客家江氏"，在闽、粤、台等地是一支人数众多、有密切关联的宗族群体。

这些据说拥有同一个祖先的江氏族人，他们之所以联为一体，其重要依据就是族谱。江氏修谱起源于明代中叶以后。据目前所见，最早修谱的是永定和诏安江氏。如永定县高头乡一篇写于清康熙年间的《续编济阳宗谱弁言》云：他们宋元时期的族谱无存，至明朝开始才有族人陆续编谱，流传后代。"大明（万历）四十六年秋（1618）心泉公续编一次，又崇祯十六年（1643）十五世元钦公、元标公同续编二次，又大清顺治十六年（1659）十六世际云公续编三次，又康熙十年辛亥岁（1671）十七世浣槐公字景斌续编四次，自明万历至今历年七十有四。"③可见在短短74年间，永定江氏已经密集地修了四次谱，目的就是要把散居各地的宗亲房派都尽量汇集起来，并形成系统。这种现象在修谱初期是很常见的。

诏安江氏的修谱也经历了这样的过程。据世居井边村（今属诏安县霞葛镇）的江鸿渐于康熙二十五年（1686）写的一篇《汇辑增删族谱小引》云：诏安江氏的族谱因战乱"亦或传或不传。迄崇祯年间我济公始修之，霖宇公续修之，家太史禹门公润色之，迄今又五十余年"④。50多年修了三次，平均每隔十几年就编修一次，这与永定县江氏早期修谱的频率差不多。

这些初期草创族谱的资料来源，有很多是根据家族口传记载下来的。如诏安最早修谱的江我济在《谱序》中说：他当年（天启、崇祯年间）80余岁，小时候经常在祖父身边询问家族之事，"承祖父口授，复得映台

---

① 杨彦杰：《移垦历史与宗族文化的构建——以鹿陶洋江氏宗族为例》，台南"第一届南瀛学国际学术研讨会：南瀛地区的历史、社会与文化"论文，2005年10月15-16日。
② 杨彦杰：《台湾北部的汀州移民与定光古佛信仰——以淡水鄞山寺为中心》，赖泽涵、傅宝玉主编《移民信仰与客家社会》，台北：南天书局有限公司，2006年，第277-304页。
③ 江俊昭编撰：《江姓大宗谱》，彰化县员林镇兴里江姓诒谋堂，1995年，第13页。按：该谱原文无标点，以上引文的标点系笔者所加，下同。
④ 诏安县霞葛镇《江氏族谱》，光绪三十三年（1907）手抄本。

私谱，内纪一二事实可信而可传者，修为私家谱"①。崇祯六年（1633），第二个修谱的江霖宇也说："先朝被难，谱失其传"，"早岁询祖父志其遗言，得其大略，称原籍自唐宋祖居宁化，转徙上杭、永定，迄元世分居二都林婆陈东坑，至泰定年间遭难孑遗三人，因肇基于井边"②。可见这两个人对早期宗族历史的记述都得自于祖父口传，即把江氏族人世代相传的口碑故事用文字书写下来。然而很值得注意的是，不管是永定江氏还是诏安江氏，他们在明中叶以后各自修起来的家谱，都异口同声地说祖先来自宁化，后迁居上杭，再从上杭分迁永定、诏安、平和、潮州等地（待后详述），这似乎表明在修谱初期他们家族内部已有祖先来自同一个地方的说法。这种异地同源的早期集体记忆究竟是如何产生的，已经很难追溯，但却为后来各地江氏进行实质性联合提供了重要的基础。

客家江氏早期的族谱都是各自编修的，而且都没有刊刻，一直处在各个不同房派族人不断抄录增补的状态，直至 20 世纪 60 年代以后才出现一些地方编修的印刷本，近年尤多。因此要研究这支异地同源的江氏群体，族谱资料显得相当丰富又极其零散。有趣的是，在这些资料中，大陆近期新编的所谓江氏房谱、家谱、族谱、宗谱，大都把早期的谱序和其他资料删除或重新整理了，而清代迁台的江氏族人有的却抄录了相当完整的资料并接上了自己的世系，予以刊印。如彰化县员林江姓诒谋堂近年编印的《江姓大宗谱》，就是由迁台祖的儿子于同治九年（1870）返回大陆原乡抄录再带往台湾续修的，里面保留了同治年间大陆祖居地——永定县高头乡江氏北山房的族谱风貌和原始资料。因此，利用这些现存于两岸的江氏族谱进行比照分析，有利于我们厘清某些不容易觉察的历史线索，其中江氏族人如何追寻祖先的历程就是一个重要方面。

二、从永定谱系到上杭谱系

前面已经谈到，明中叶以后，永定江氏和诏安江氏已经各自开始了修谱的历程，并且他们对祖先来源的记述同质性很高。先看永定族谱的记载：

---

① 《我济公重修古谱序》，广东《阳江市江氏族谱》，2004 年重修本，第 12 页。
② 诏安县霞葛镇《江氏族谱》，江霖宇《序》。

永谱载始祖至第四代来历

古云未有汀州先有宁化，此县原系江西省赣州府所辖，后唐开汀，江家始祖在宁化石壁村移来上杭胜运里绵村九磜居住，传下族大，移迁城内住者有之，又移各省州县住者有之。开山始祖前代失记，不知几代祖生一世祖江百念四郎、妣丘氏六娘，二世祖江百五郎、妣马氏四娘，三世祖江百七郎、妣戴氏八娘，夫妇自杭移来开永定金丰里大溪村土名寨下居住，生下七男列后。（略）①

这段记载之产生不会迟于康熙年间。从上述文字看，有三点值得注意：（1）他们对远祖的记忆越早越模糊，只记得曾经住在宁化石壁，但繁衍几代并不清楚。（2）从宁化迁到上杭开基有清晰的记述，不仅记载了夫妇姓名，而且明确记述繁衍了三代。（3）第三代到永定开基以后生下七男，即以永定为中心再播迁其他地方。

再看诏安族谱的记载。康熙二十五年（1868）江鸿渐据"古谱"抄录的《石壁起基源根序》云：

大唐元和间，自济阳堂迁居于此矣。因唐末黄巢作乱，渡江而东，四方云扰，兼此地毗邻江西，土瘠狭隘，农业勤苦，诗书礼义之化邈然寡俦，遂族人谋择地而居之。族人安土重迁，我祖因挈家自移于本州上杭县属下地名绵村九磜居住（今属永定县胜运里），生下三子。高祖殁后葬石燕岭下②。

又，抄录《金丰创兴》和《金丰分派》云：北宋末年，汴京失守，上杭遍地盗寇，田土荒芜，"迄寇削盗平之后，上司榜文招垦，我高祖三子缘是凭官招募永定县金丰里苦竹堡大溪居住，就佃垦耕，输纳王苗国课"。自南宋至元初，"绵村九磜公三子传八百余人，俱居金丰里大溪甲寨下，人众古谱无传，只传江百五郎、妻马四娘，生子江百七郎、妻戴八娘，生子七房"③。以上这些记载，也都在讲述从宁化到上杭再到永定金丰的开基过程。只是作者在"古谱无传"的情况下，居然能把远祖迁移的过程绘声

---

① 江俊昭编撰：《江姓大宗谱》，第16页。

② 诏安县霞葛镇《江氏族谱》，手抄本。

③ 诏安县霞葛镇《江氏族谱》，手抄本。

绘色地描述出来，表明作者发挥了足够的想象力，同时也为诏安江氏在其住地能拥有合法的籍民身份制造了历史依据。

永定江氏和诏安江氏在迁移开基方面的记载基本相同，对早期祖先的记忆也很类似，为了比较上的方便，以下先将永定、诏安两谱有关早期祖先的记载制成表1。

表1　永定、诏安江氏关于早期祖先记载一览表

谱名	一世祖	二世祖	三世祖	四世祖
永定谱	百念四郎（丘）自宁化迁上杭	百五郎（马）	百七郎（戴）自上杭迁永定金丰里	百八郎（周）移居本里高头 百九郎（黄）移居广东大埔 百十郎（何）移居广东大埔 百十一郎（胡）移居广东饶平 百十二郎（陈）移居本里陈东坑 百十三郎（蔡）移居本里莒溪 百十四郎（唐）不详
诏安谱	九碟公（？）自宁化迁上杭	百五郎（马）自上杭迁永定金丰里	百七郎（戴）	百八郎（周）移居诏安三都 百九郎（黄）移居广东大埔 百十郎（何）移居广东大埔 百十一郎（胡）移居广东饶平 百十二郎（陈）移居诏安林婆畬 百十四郎（蔡）移居本里莒溪 百十五郎（唐）移居本里莒溪

资料来源：江俊昭编撰《江姓大宗谱》，第16~17页；诏安县霞葛镇《江氏族谱》。

值得说明的是，诏安谱在四世祖百十四郎之后还注明他生了五个儿子，取名千一郎至千五郎，其中第五子千五郎即是平和县大溪江氏的开基祖。这一点与康熙中叶平和江氏修的族谱完全相同[①]。由此可见，不管是永定还是诏安、平和，当地江氏在明末清初编修的族谱都有很大的一致性，通过对早期祖先的记述把分散在闽、粤两省的相关宗亲都连接起来，形成了各地江氏族人对早期祖先历史的共同记忆。这个版本我们在此姑且把它称作"永定谱系"。

至康熙四十三年（1704），分居于闽、粤两省的江氏族人决定要在上杭城关建立祠堂，以祭祀共同的祖先。该祠堂于次年秋季动工，康熙四十

---

① 《平和世系千五郎派下江氏族谱》，手写本。美国犹他家谱学会缩微胶卷，台湾"中研院"民族所藏 MF789r. 8。

五年（1706）冬落成。这一举动不仅进一步增强了各地族人的向心力，而且为江氏寻求早期祖先带来了新的问题。

在永定、诏安江氏编修族谱的时候，上杭江氏也有了自己的族谱，然而由于没有联络，各自对早期祖先的记载却明显不同。祠堂建起来以后，不同版本带来的困扰就立刻显露出来。台湾诒谋堂《江姓大宗谱》抄录的早期资料云：

> 自康熙四十四年乙酉岁（1705）起建杭祠，夫杭祠谱载世系，其开山基祖先代亦失记，其第一世八郎公、妣张孺人、妾刘氏，第二世十二郎公、妣刘、钱氏，第三世则有十八郎公、妣丘十六娘，生六子，即今杭邑三坪并城内居者是三四房遗下，一曰百八郎、百九郎世系以下无传。此杭谱之所载也①。

十分明显，上引上杭谱的记载早期四代与永定谱完全不同，不仅名字不一样，就连第四代有几个兄弟、各住在哪里都很不相同。只有一点一致，即这两种族谱都在第四代出现"百八郎""百九郎"的名字，参见表2：

表 2　永定、上杭两种不同版本有关早期祖先对照表

版本	一世祖	二世祖	三世祖	四世祖
永定谱	百念四郎（丘）	百五郎（马）	百七郎（戴）	百八郎（周）移居永定高头 百九郎（黄）移居广东大埔 百十郎（何）移居广东大埔 百十一郎（胡）移居广东饶平 百十二郎（陈）移居永定陈东坑 百十三郎（蔡）移居永定莒溪 百十四郎（唐）不详
上杭谱	八郎（张、刘）	十二郎（刘、钱） 十三郎 十四郎	十八郎（丘） 念二郎 念三郎	四六郎，居上杭三坪四甲 五三郎，居上杭三坪九甲 百三郎，居上杭三坪三甲 五十郎，居上杭城内十甲 百八郎，不详 百九郎，不详

资料来源：江俊昭编撰《江姓大宗谱》，第18页。

---

① 江俊昭编撰：《江姓大宗谱》，第11页。

　　面对永定谱和上杭谱的困扰，永定江氏的知识分子马上进行"学究式"的思考，并且认为应该以上杭谱为准，还为此特地写下一篇比较长的文字，引录于下：

　　　　弟（第）思杭、永两谱之不同，岂有非一气之讥也？曰非也。夫杭、永两谱依见，还是上杭谱为真，何也？吾家始祖来永杭邑，历代老成俱云如此，故百八郎公永谱列于四世，杭谱亦列于四世。特以不同有三耳：一曰两谱以上四世郎名不伴也；又曰永谱载四世同胞七人也；三曰永谱载三世来永也。今先以郎名论之。夫郎者乃杭、永流俗愚信，虚无之数，教父曰某子亦曰某郎，乃浑同不清之字耶，（不）若今世所称先人某讳某号之不可混也。次以四世祖有同胞七人。杭谱载四世六人，永谱载七人，而百八郎公行长，余弟六人亦以某郎名，移在广东、漳州者安知是百八郎公之子孙或曾或元也。又以三世来永论之。夫杭谱载四世来永，百八郎公无系可考，其谱昭然。而三世祖考妣两坟杭邑现在，即今吾侪秋所祭十八郎公、妣丘婆太是也。永谱载三世百七郎来永，如何三世永地并无其迹？矧百八郎公瘗玉现葬在大岌巷，坐丁向癸……而百七郎父也，百八郎子也。矧自大溪移居高头，非千里之遥，况且本里隔几何，如何子坟尚在，父坟杳然？以情势推之，谅无此理。毕竟世远年深，先代修谱者传闻附会之讹耳，犹之编鉴史盘古氏天人皇云耳。予所谓杭谱可信者，此也。然终不敢自决以为真是真非，以淆谱序。今两存之，以待后有高明详察者，折哀（衷）其真伪可也①。

　　尽管这篇文字最后写得很谦虚，但作者的倾向性却很明显。他认为应以上杭谱为准，内心的出发点是永定江氏来自上杭，不能让外人有"非一气之讥"的议论，因此不管论证如何，这种早有的思维定式必然要引出最后的结论。只是作者还是进行了千方百计的论辩，所有议论除了百八郎的坟墓还在永定、为什么父亲百七郎的坟墓不见踪影比较像是有力的推论之外，其余并没有多少学术依据。然而，从这篇议论却可以看出永定江氏在当时为寻找祖先所做的努力。

---

① 江俊昭编撰：《江姓大宗谱》，第11-12页。

在此之后，永定江氏便逐步放弃他们原来记载的早期祖先，变成以上杭谱的记载为准，即百八郎的父亲不再是百七郎而换成了十八郎（参见表2）。但是，这一转变直接影响到平和、诏安等地江氏的来源。诏安江氏的开基祖叫千五郎，好在他们找到永定高头的始祖百八郎生了两个儿子，其中长子也叫千五郎，于是就顺利转轨了①。而诏安江氏则没有那么幸运，他们的开基祖是百七郎的第五子百十二郎，只好一直坚守"永定谱系"原来的说法②。到后来，又有一些《江氏族谱》把永定和上杭两种谱系的第四代进行整合，以"百"字辈为序，重新命名编排，从而形成从百八郎到百十六郎一共9个兄弟的系列，这样就可以容纳更多的外地"房派"③。民间族谱往往都有一个远祖生下八九个甚至十几个儿子的记载，其实是后代编谱者为了连接各地同姓以扩大宗族规模而逐步编列出来的。这是一个渐进的过程，是宗族实践的结果。而在此过程中，宋元时期的"郎名"无形中起了很大作用。尽管这些名字被讥为"流俗愚信，虚无之数"，但却为各地宗亲比较方便地更换祖先提供了不小帮助。

三、追寻江万里

在永定谱系与上杭谱系寻求对接的同时，江氏族人对南宋名臣江万里的关注也已经开始。

早在明末，诏安江氏在编修族谱时就注意到了江万里后裔的动向。前引康熙二十五年（1686）江鸿渐《汇辑增删族谱小引》提到，明末先祖修的古谱有"家太史禹门公润色之"，这个江禹门即是江万里家族的后代。

江万里，字子远，江西都昌人，从小思维敏捷。入仕后，因为人耿直敢言，常与权臣贾似道作对，宦迹几经沉浮，后来官至左丞相兼枢密使等职。咸淳十年（1274）元兵破饶州，已经隐退在家的江万里见势不济，率

---

① 《（江氏）平和本派传下族谱》，1961年铅印本，第2-3页。美国犹他家谱学会缩微胶卷，台湾"中研院"民族所藏MF789r.8。

② 如清末抄录增补的诏安县霞葛镇《江氏族谱》就仍然坚持"永定谱系"，至2004年重修的《阳江市江氏族谱》仍然没有变化。

③ 这只是后续"变异"的一个例子，此例详见《济阳江氏高头族谱（北山房）》，1989年编印，第12-13页。

左右及子镐毅然投"止水"死。其弟江万顷亦被元军捉住杀害①。子侄因此南奔入闽，隐居于同安县汤坂里，后代大都在闽南发展，至明朝已有不少人入仕，如前述江禹门即是江万顷的后裔，居海澄县硕辅头，万历年间登进士，官至浙江处州兵备道等职，因此他撰写的家谱被称为"宦谱"②。有意思的是，诏安江氏是客家人，但在明末修谱时也把江禹门写的"宦谱"抄录其中，以光门面，可见宗族（同姓）的认同往往大于族群认同，在构建宗族、扩大族亲势力范围的过程中，族群因素反而是不重要的。不过，当时诏安江氏编撰族谱，也只是把江万里的事迹及其后裔抄录进去，并没有把江万里这些名人当作自己的祖先来看待。

康熙中叶以后，永定江氏在续编《江氏族谱》时，已经逐步有了寻找江万里作为名人祖先的意向。台湾诒谋堂《江姓大宗谱》收录的康熙年间《续编济阳宗谱弁言》云："窃闻国有史书，所以判淑匿，别贤否；族有谱序，以序昭穆，敦伦序，是则谱之为义大矣哉……吾郡曰济阳者，乃肇于宋季万里公之后也。慨世远年深，先代谱序遗落，故致失传。自宋迄今四百余年，往事已予人以不可复识矣。"③ 在这里，作者已经明确提出所有以济阳为郡望的江氏族人，都是江万里的后代，只是由于古谱失传才无法追溯。至嘉庆十一年（1806），远在琼州乐会县的八郎公裔孙举人江元川在撰写《江氏族谱引》时又说："我江氏自伯益受封，晋宋以来，代有闻人。今闽粤所共祀者，以八郎公为始祖，相传由宁化石壁来，而不知皆三古五斋之苗裔也。"④ 这里所谓的"三古五斋"，指的是江万里三兄弟及他们的五个子侄⑤。可见，作者对闽、粤两省江氏共同以上杭的八郎公为始祖仍不满足，他的意见是必须以江万里家族作为祖先，这样才能保持江氏自古以来"代有闻人"的传统。

然而，要把江万里纳入自己早期祖先的行列并不容易，这需要对原有

---

① 《宋史》列传第一七七《江万里传》，北京：中华书局，1977 年。

② 诏安县霞葛镇《江氏族谱》，手抄本。

③ 江俊昭编撰：《江姓大宗谱》，第 13 页。

④ 普宁县《江氏族谱》，1988 年印行，第 29 页。

⑤ 据江氏族谱载，江万里三兄弟皆以"古"为号，其中江万里号古心、万顷号古岸、万载号古山，合称"三古"；而他们的五个子侄，镐号义斋、铸号直斋、镗号侃斋、锜号祥斋、钥号慎斋，合称"五斋"，故有"三古五斋"之说。不过，民间族谱对江万里及其兄弟、子侄的记载极其混乱，以上所述仅可约略作为参考，不可深究。

祖先的世系进行"开创性"的改造，大致在清末的时候，这方面的工作终于有了进展。

笔者在台湾曾查阅一本订于光绪十八年（1892）二月的《江氏族谱》手写本，该《族谱》来自永定县高头江氏北山房，其中已经把上杭谱的世系江八郎—十二郎—十八郎与江万里的父亲、弟弟、侄儿一一对应起来。为了便于了解，以下先把这份《族谱》的原文做些摘要抄录：

> 壹百零九世祖考　八郎公，字文明，讳晔，号伟斋，赠太师周国公，配刘九娘、张一娘，继配陈二娘，三位俱封国夫人。生三子：万里、万载、万顷。八郎公生于宋淳熙三年丙申二月廿一日吉时，葬于七都灵芝山庵边，夫人葬于七都府，各立石碑于墓。

> 壹百一十世祖考　万顷公，即十二郎公，字子玉，号古崖，配钱九娘、刘九娘，生五子：十八郎、念二郎、念三郎、念四郎、念五郎。公生于宋嘉定元年十月初十日辰时，明经乡举，提授常平史，详载于仕宦传。公偕长子铎赴饶州，伯兄所供。宋德祐元年乙亥岁元兵破饶州，俱执骂贼。而事闻，上赠武肃侯，谥敏毅。夫人钱九娘携子侄媳随叔古山公奉二王航海入闽，迁汀州宁化石壁下居焉。

> 壹百一十一世祖考　十八郎公，字国□，号子铎，万顷公长子，配丘氏十六娘，生五子：百八郎、百三郎、百五郎、四六郎、五三郎。公葬上杭元里龟子山，坟艮山坤向；祖妣葬上杭三迳上，坟艮山坤向。

从上面摘录的资料可见，作者对江氏远祖的此次修改，主要是把上杭谱的早期三代祖先直接加上江晔—万顷—铎的名号，同时把万里家族的抗元事迹载入其中。经过这番改造，江氏就不再是"开山始祖前代失记，不知几代"了，而成了源远流长、有着悲壮抗元历史的一代英烈之后裔。作者在抄录完这些远祖世系之后，还写下了如下一段话：

> 余录江氏伯益公乃开基始祖，传至上杭共成一百一十一世。后究录上杭传至永定高头，分枝别源各省州县居住，开列于左。传流后世，绵瓞子孙，庶免混淆宗派别流之根源，可知世代辈序尊称之来历也。此谱匪轻，宜堪珍惜。余虽粗知文墨，乃专心致

志考究抄录，如有错笔差谬，以俟贤者增补添注，是所厚望也。

时维

光绪十八年岁次壬辰二月中澣在坡角田舍之深处　济阳氏卓

立思齐订①

平心而论，这次江氏祖先的重大改变是否出自这位"粗知文墨"的卓立之手还很难说，但有两点可以肯定：其一，至少在清末已经有了江万里家族进入江氏世系的完整记述，这是目前笔者所见最早的版本。其二，这个"在坡角田舍之深处"潜心考究抄录的江氏族人，他的愿望也是要有一本完整且源流清晰的《族谱》留传给后人。他或者他的前辈确实完整创造了"宗族的历史"，我们今天所见到的如此完美的历史故事正是由这些乡村知识分子包括宗族的高级人才一点一滴累积起来的。

在清末直至民国初年，有关江氏来自江万里家族的说法越来越多，几乎成为一种时尚在江氏宗族内部流传。由于各地自行编谱，因此各种说法层出不穷，以下仅举两例为证。如民国初年，江氏二十七世孙江士忠抄录的台湾《济阳江氏历代族谱》之《序》云："（前略）又数传至晖公，生三子，曰万里、万载、万顷……凡散处于闽各县属及台湾者，皆万里兄弟之裔焉。晖公号八郎，南迁汀州府永定县金丰里高头乡半径甲东山大路下开基为始祖。"② 这里已将"江晔"误写成"晖公"③，并且说他是迁到永定高头开基的始祖。如此一来，江万里兄弟就不是江西人而成为永定人了。不过，在这份《族谱》的世系里，却记载江万顷（十二郎）迁宁化石壁，其子十八郎迁上杭，孙子百八郎再迁永定，大致符合上杭谱系的说法。

还有一说是把"江晔—万里—铸—承肇"置于上杭早期四世的前面，即江万里的孙子承肇生八郎，八郎生十二郎，十二郎再生百八郎……把江万里的世系与上杭早期世系上下衔接起来。如近年根据民国旧谱重修的

---

① 《江氏族谱》，手写本，美国犹他家谱学会缩微胶卷，台湾"中研院"民族所藏MF7894230r. 137。

② 《济阳江氏历代族谱》江士忠手抄本，美国犹他家谱学会缩微胶卷，台湾"中研院"民族所藏 MF7894230r. 383。

③ 按：根据正史的记载，江万里的父亲名"烨"（《宋史》江万里传）。不过，"烨""晔"可以相通，但把"晔"改成"晖"就大不一样了。

《济阳江氏高头族谱（北山房）》就是采用这种做法①。这种改变与其说是新的发展，还不如说是作者更愿意当江万里的后代，对这位历史名人有强烈的认同感。因此，江氏宗族对祖先的追寻是各方努力的结果。各地作者相互参照又互有区别，由此创造了各种不同的说法。但有一点是相通的，即都在上杭谱系的基础上加上江万里家族的资料，把江万里或江万顷塑造成自己的祖先。

四、追寻祖先的社会文化意义

"客家江氏"对早期祖先的追寻，从永定谱系到上杭谱系再到江万里家族，期间经历了明清至民国如此漫长的过程。这种持续不断的求索显然是一种历史存在，是宗族建构过程中一种不可忽视的群体实践活动，其背后的社会文化意义也因此显得重要。

作为一个宗族，修谱是件大事。而族谱的编撰者如何书写本宗族的历史，往往与当时所处的社会现实密切相关。换句话说，如果我们把江氏追寻、更换的种种祖先都当成民间故事，那么这些故事的产生恰恰反映了编撰者当时的社会处境和现实需求。

在江氏刚开始修谱的时候，也是明王朝通过"大礼仪"讨论、宗族制度日益民间化的时期②。宗族制度在民间的普遍建立，意味着官方的主流意识逐步渗透到乡村，于是修谱不仅承接着官方的意识形态，而且也是确立自身合法身份的重要机会。如诏安县江氏在他们的《族谱》里就特别强调高祖是"凭官招募"到永定县金丰里开基的。"就佃垦耕，输纳王苗国课。"自南宋到元初，"传下三百余家，排位八百余名。奉准大元官司勾当里役，不敢违错"。后来由于地方狭小"难赡家口，其势不得不分"，才有族人散居漳、潮各地，出现"同宗异籍"的状况③。这样的表述，与其说是在记录祖先历史，不如说是在解释他们所处的"当前"。换句话说，族人在编修族谱的时候，他们对祖先的记忆是与当时所处的社会现实密切相

---

① 《济阳江氏高头族谱（北山房）》，1989年编印，第11—12页。
② 科大卫、刘志伟：《宗族与地方社会的国家认同——明清华南地区宗族发展的意识形态基础》，《历史研究》，2000年第3期，第3—14页。
③ 诏安县霞葛镇《江氏族谱》，手抄本。

关的。诏安江氏在修谱初期，关心的是能够联络到的"同宗异籍"族人，并根据各种传闻把这些散居在漳、潮各地的宗亲都编排在一起，用于说明宗族的来历和自己的籍民身份，至于遥远的祖先究竟怎么一回事，反而显得不那么重要。

康熙以后，随着经济的发展，社会各阶层的流动性增强，宗族的力量便成为族人上升发展的重要条件。而江氏族人开始对祖先的进一步追寻，也正是以他们在上杭联合建祠为契机开始的。《济阳江氏上杭建祠碑记》云：

余家济阳。始祖八郎公自宁化石壁村徙居于杭邑三坪乡，迄二世祖十二郎公生三子：长十八郎，即今居三坪与永定金丰里高头乡是也；次日（曰）念二郎，则居于永邑溪南武艺坪；三日（曰）念三郎，则迁于广东大埔之党坪，迄今传世九（凡?）二十余代。虽水源木本，异地同情，然尚未建以合于庙。岁甲申佥议卜地于杭邑城南。是役也，鸠工庀材，创始在乙酉之秋，落成在丙戌之冬。求基址者若而人，朝夕董理者若而人，首事倡率者若而人，其他趋奔走者不可殚述。中祀始祖以至九世祖，东西傍列十世以下配享。然为问祀期，则春秋二分一也①。

这篇以上杭谱系为主线写成的碑文，显示在上杭祠建成以后，参与建造者很快就都认同于杭谱记载的早期祖先，因而祠堂的建造实际上是宗族内部各派势力的重新整合，所谓追寻祖先即在寻找新的崇奉对象，是对现实利益进行权衡并最后妥协的结果。

上杭祠的建造吸引了来自上杭、永定和广东大埔的江氏族人，他们在新的祖先的旗帜下集合起来。而这些江氏族人的聚居地正好处在汀江下游与广东韩江的交汇处，是明清时期闽粤山区商品经济最活跃的区域之一。《永定县志》载：清乾隆年间，永定商品经济极其发达，"金丰、丰田、太平之民，渡海入诸番如游门庭"，到吴楚滇蜀做生意者亦"不乏寄旅"，有的几年一回里，有的甚至常年在外，成家立业②。而上杭县是整个汀江航

---

① 江俊昭编撰：《江姓大宗谱》，第9—10、12页。按：由于此谱抄录时错乱，此文被分置于两个地方。
② 道光《永定县志》卷一四《风俗志》，木刻本。

道的中转站和商品集散地，清朝时期航运十分繁忙，北上南下的货物都在这里汇集中转，城内店铺林立①。因此，江氏首先选择在上杭建祠并非偶然，而永定江氏及其他族人最后能够放弃自己的祖先而认同上杭谱系也不是简单的"瞎编乱造"即可评述。宗族对祖先的"记忆"是一种集体选择的结果。如果说族谱编撰者为新的记忆创造了文字依据，那么这种"创造"也是同联合宗亲、建祠、晋主、集体祭祀等活动联系在一起的。它的形成是宗族对现实社会的一种回应，同时也是宗族在进行实质性联合的过程中必然要做出的一种选择。

上杭祠堂建起来以后，各地江氏族人的联系就更加紧密，至康熙末年和乾隆年间，在永定、大埔又先后建起了两座江氏祠堂。抄录于光绪二十四年（1898）的《济阳江氏历代宗支总谱》云："清康熙四十年乙酉（1705，按应为康熙四十四年）众建上杭县祠堂，公遗下神位共长、次、满三房；清康熙五十二年丁酉岁（1717，按应为康熙五十六年）众建永定县祠堂，遗下神位共长、次、满三房；清乾隆十五年（1750）众建大埔县祠堂，遗下神位全广东、平和、高头三房。"② 可见在前后不到 50 年的时间内，以上杭为中心的闽粤江氏族人已经连续建起了三座共同祭祀的祠堂，而且在大埔县祠堂建起来之后，其神主牌上已经有了"平和"的位置，说明这个原先没有参与建祠的平和江氏很快也加入了宗族联盟的队伍。

宗族联盟的扩大与早期祖先的定位有非常密切的关系。在社会急剧变动的环境下，族人需要有广泛的社会网络，而随着需求的增长，要聚拢更多的人就需要有更具号召力的祖先。清末民初，宗族联盟已经演变成更大范围的姓氏联盟，各种宗亲会相续出现，因此寻找新的祖先就成为一种时代要求。1928 年，身居台湾的江蕴和为新编平和《江氏族谱》撰写《江氏缘起》一文，他在叙述江万里兄弟"共事宋室，力扶帝昺，以维国祚"的事迹以后说：

> 其弟侄辈由赣避闽，是为吾族入闽之先。凡散处于八闽各县

---

① 蓝汉民：《汀江上杭河段航运与商俗》，杨彦杰主编《汀州府的宗族庙会与经济》，香港：国际客家学会、海外华人研究社、法国远东学院，1998 年 6 月，第 493-520 页。

② 《济阳江氏历代宗支总谱》，光绪二十四年（1898）手抄本，美国犹他家谱学会缩微胶卷，台湾"中研院"民族所藏 MF7894230r. 150。

属及台湾者，皆万里公兄弟之裔焉。自闽至粤暨西南各省，凡我亲族，惟此血统之遗欤。只以年远代湮，数典或忘，虽宗亲恒莫往来，至以为憾！今兴蒙家族制风行于世，吾台各姓先后成立，惟我江氏独抱向隅，汀、漳、泉、台宗亲同此感觉。因有宗亲会之组织，嘱和草就缘起，据见闻所及谨叙其概略如此，愿我族人君子幸垂教焉①。

台湾当时还在日本的侵占之下，然而在台江氏宗亲已经感受到"家族制风行于世"的时代潮流，因此酝酿成立宗亲会。而在这种背景下，江万里兄弟抗元事迹不仅再次唤醒了人们的血亲记忆，而且作为江氏宗族的一面旗帜，在此时具有很强的号召力。

江氏宗族一路走来，从永定谱系到上杭谱系再到江万里家族，每一次新的祖先认同都与宗族制度的发展演变息息相关。我们承认族谱的书写往往是那些掌握书写权利的人所为，因此不同版本的表达不尽相同，但是如果把这些由不同作者书写出来的结果放在一起做整体观察，又会发现在分散状态下他们各自对祖先的追寻实际上是有迹可循的，是一种非组织的集体行为。在社会不断演进的脉络下，江氏宗族为了适应新的需求一直在探索追寻，从而出现了一连串渐进式发展的轨迹。

每一次新的祖先认同必然伴随着宗族文化的进一步改造。族人对祖先的最新记忆就意味着对过去某些常识必须"失忆"，新的解说和民间故事由此应运而生，久而久之，最终成为全体族人新的乡土知识和文化传统。如今，我们翻开新编的江氏族谱或宗谱，有的已经很难找到原始的痕迹，因为那些旧版的谱序和不合时宜的说法都已经被删除或重新整理了，而最新的说法成为人们逐渐熟悉并且被到处宣扬的"历史常识"。如 1991 年新编的《济阳江氏高头族谱（南山房）》，在"上杭开基始祖"一栏就这样写道："考八郎公字晔号伟齐讳文明，妣刘氏、张氏，俱封国夫人，生三子：万里、万载、万顷。公以万里贵生赠太国公。在广东省潮州府大埔县城内、上杭县城内南门、永定县城大街等处建祠堂并奉公为始祖。"② 如果

---

① 《（江氏）平和本派传下族谱》，1961 年，第 1 页。美国犹他家谱学会缩微胶卷，台湾"中研院"民族所藏 MF789r.8。

② 《济阳江氏高头族谱（南山房）》，1991 年编印，第 12 页。按：以上引文的标点笔者稍作修改。

我们对照前引的康熙年间上杭祠堂《碑记》，就可以发现当时供奉在祠堂内的始祖是"八郎公"，而现在这个"八郎公"已经成为江万里父亲的代名词了。在同一本族谱里，还有《济阳江氏流传歌》和《上杭三代流传歌》，用通俗易懂的形式向族人传达宗族的历史知识。

济阳江氏流传歌

伯益之后历夏商，成周开国入江湘。

裔孙以国为族姓，忠孝节义永传芳。

江氏郡望出济阳，悠悠世系瓜瓞长。

溯源立谱留为记，宋季精忠万古扬。

万里江公为宋相，忌奸休官隐南康。

父子殉国赴止水，弟侄尽节饶州亡。

一门忠烈垂竹帛，尚存叔侄各投荒。

流离搬迁入宁化，穴居野处石壁乡。

石壁乡中云僻陋，转徙移居到上杭。

上杭三代流传歌

入闽始祖立八郎，继室姓刘原配张。

二世十二郎为号，刘钱二妣内助贤。

十八郎公称三世，丘妣坟墓在上杭。

忠烈芳名传万代，都昌崇祀双忠堂。

分支别派闽粤地，瓜瓞蕃衍各绵长①。

这种朗朗上口的歌谣，在向族人普及宗族的历史常识方面显然是起到了重要作用。我们无法推断这些歌谣是如何产生的，但在永定高头江氏的其他房派族谱里，也都有类似的歌谣，只是对一些文字做了更改②。这表明在近年普遍修谱之前，永定高头江氏的宗族内已经有了这些歌谣的范本，后来由于各个房派都自己修谱，因此便有选择地加以利用了。

这些歌谣的出现显然是在江氏确认他们就是江万里兄弟的后裔之后，即在清末至民国初年这段时间。而歌谣的内容除了强调济阳江氏的渊源之外，一个重要内容就是在宣扬忠孝节义、精忠报国的精神。这种精神是中

---

① 《济阳江氏高头族谱（南山房）》，1991年编印，第1页。

② 如《济阳江氏高头族谱（北山房）》1989年版也有类似的歌谣，参见该谱第2-3页。

华民族文化一种十分深沉的积淀。如果把它放在清末民初国家正面临救亡图存的大背景下进行思考，江氏对万里兄弟的追寻和尊崇就显得更加具有时代性和重要意义。

因此，宗族对祖先的追寻是一种历史过程。尽管这种追寻并不具有学术的科学性和严谨性，也不是每个宗族都有如此完整的发展脉络，但却是民间社会进行宗族文化构建的重要组成部分。每一步追寻就代表新的历史记忆的产生。族谱的编撰并非一般族人所为，但族谱作为一个宗族的神圣象征则起到了凝聚人心的作用。一般民众不是通过文字阅读来了解宗族的历史，而是经过口传习染来更新和增强不断发展中的集体记忆。这种记忆的产生与宗族发展的需求是密切相关的，它离不开社会变迁的时代要求，也离不开中华文化深沉积淀所赋予的基本内涵和人文精神。

（本文原载于《福建师范大学学报（哲学社会科学版）》2007年第2期）

移垦历史与宗族文化的构建

——以鹿陶洋江氏宗族为例*

　　宗族问题历来受到历史学和人类学者的重视。近年来，科大卫（David Faure）和刘志伟通过对珠江三角洲的研究，认为明清时期在华南地区普遍发展起来的宗族，实际上是一种文化建构过程，是明代中叶以后儒家上层知识分子通过"大礼仪"讨论，改革国家礼仪并以此向地方社会渗透的一个结果①。庄英章研究台湾的族群文化，认为应该加强两岸的文化比较，并提出解释台湾族群文化三种可能的假设：文化传统的传承与延续、环境适应，以及文化接触与族群互动等②。如果我们把宗族看作一种文化建构过程，通过两岸的比较，我们就能够从某个个案入手，具体观察一个宗族是如何在新的环境下发展起来的，如何建构本宗族的历史及其文化传统，这其间是什么因素在发挥作用。

　　本文将以鹿陶洋江氏作为考察的重点。鹿陶洋位于台南县楠西乡，是该乡鹿田村的五个庄头之一。鹿陶洋江氏历史上没有出现什么名人，属于默默无闻的弱小宗族。近年来，由于该宗族保留了庞大的古厝建筑及为数不多的"宋江阵"，日益成为游客观光的热点，有关江氏的历史文化也成为人们关注的目标。1997 年，王明蘅、赖佳宏对鹿陶洋江家古厝的空间美

---

　　* 本文参加"第一届南瀛学国际学术研讨会：南瀛地区的历史、社会与文化"，台南县，2005年 10 月 15-16 日，得益于康豹（Paul Katz）教授的点评和惠赠资料。会后，又经两位匿名评审人的评审，提供宝贵意见，本文的修改得益于他们的这些意见和建议。有些建议由于目前资料和相关条件未备，暂时没有考虑，但对我日后的研究是相当有帮助的。谨在此向他们表示衷心的感谢！

　　① 科大卫、刘志伟：《宗族与地方社会的国家认同——明清华南地区宗族发展的意识形态基础》，《历史研究》，2000 年第 3 期，第 3-14 页。

　　② 庄英章：《客家族群历史与社会变迁的区域性比较研究——族群互动、认同与文化实作》，《客家文化研究通讯》，2001 年第 4 期，第 17-22 页。

化进行规划①；1999 年，又有江进富《宋江阵的故乡——鹿陶洋江家古
厝》和江明和《鹿陶洋与宋江阵》两书出版②。然而从学术研究的角度，
显然还有很多事情可做。本文拟以笔者在鹿陶洋和大陆原乡做田野调查收
集到的资料，结合在图书馆找到的契约文书等，就鹿陶洋江氏的来源、发
展，以及江氏宗族的文化塑造等问题做一分析和讨论。

一、鹿陶洋江氏的来源与开台经过

鹿陶洋江氏在台南开基甚早。据一本首修于 1947 年、最近又经过重订
再编的《江氏祖谱》记载，其开基祖江如南是清康熙六十年（1721）从福
建省诏安县井边乡二都下割社移往台南县开基的。江如南在诏安江氏的谱
系中属下层第十二世，现在他的后代仍按此接续排辈分，已发展到第二十
三世，即在台南鹿陶洋地方繁衍了 11 代人，历经 280 多年，这在台湾历史
上属于开基较早且相对稳定的宗族。

笔者到诏安县调查，发现江氏祖居地"二都"实际上是客家人的聚居
地，与邻近的平和县大溪、广东饶平县北部等地连成一片，形成相对完整
的客语区，至今仍是如此。诏安县二都以前辖有秀篆、官陂两个乡镇，江
姓聚居的"井边乡下割社"属于官陂镇管辖。1987 年又从官陂分离出来，
加上秀篆的一小部分组成霞葛镇（"下割"的谐音）。现在该镇共辖有十个
行政村，3 万余人，分成黄、江、林、田、陈、杨、罗、涂、卢、赖、李、
许、郭、张等十几个姓氏，江姓是当地的大姓之一，共有八九千人，如果
加上聚居于隔壁太平镇大元中的江氏族裔，总数至少 1.4 万人。

江氏在下割井边村（今属天桥行政村）的开基祖称启昌公，此为下层
一世祖。自启昌而上，族人直接追溯到南宋末年因抗元在江西投水自尽的
江万里，此为上层祖先，但其事迹和迁移过程与一般《江氏族谱》的记载

① 王明蘅、赖佳宏：《台南县楠西乡鹿陶洋江家古厝传统建筑空间美化计划规划报告书》，
台南：台南县立文化中心，1997 年。
② 江进富：《宋江阵的故乡——鹿陶洋江家古厝》，台北："文建会"，1999 年；江明和：
《鹿陶洋与宋江阵》，台中："文建会"中部办公室，1999 年。

基本雷同，有关江氏追寻祖先的问题亦需专文讨论，在此不赘述①。启昌公生有一子称宗贵，宗贵公生五子，后来分成五房，赴台开基的江如南即为长房第三子荣政公的后代。

自明代中叶以后，江氏人口日益繁盛，荣政公的后代开始有人移往广东的潮州、潮阳、饶平等地开基或谋生，如七世祖积万、其子水清、孙子怀廷、曾孙达清都在广东生活，死后大都葬在异乡。只有十世祖达清公生前从潮州回到井边，迁葬祖坟、修建祖祠、续修族谱等。而达清公就是江如南的祖父，在达清公去世前一年即康熙三十一年（1692），江如南出生。

江如南的父祖生活于明末清初战乱时期。当时广东的潮州、潮阳、饶平及福建的诏安等地一直是明郑与清朝势力来回拉锯的战场，很多人因此死亡、外迁或者参加了明清的战争，江氏家族在这种环境下也很早就与台湾发生了关系。据井边村的《江氏族谱》记载：十世祖江佐因与人争斗被刺死，族人告官不成。其弟江石"因兄遇害，告诘复仇，兼大兵削乱，派办困苦，力不能堪，妻死而鳏，携一子逃入海岛台湾之地而屯耕"②。又，十二世祖江敦五，"移黄冈薛厝寮开荒，被海寇杀死……生一子名阿等，寇掳去台湾，不知其存没"③。族人外迁的风气及当时诏安的生存环境，造就了江如南迁往台湾谋生的现实基础。

江如南从小失去母爱，长大后会做道士，也爱赌博，关于他携长子迁台的经过，鹿陶洋《江氏祖谱》有如下记载：

> 如南公早前亦有得无字天书，故能得借土地法，亦能作法活掠雀鸟而来与小孩子游戏，本是天师神转世，故能为师之职位……幼年时代好赌博致破家资，积欠赌债止存三石种田以奉母亲之瓮餐，计所屈无奈，离其长子日服避居台湾，时值康熙六十年扶鸭母王因作乱，幸天之佑，不几日大兵清平，保全其身后矣④。

---

① 笔者已撰文就闽粤台"客家江氏"追寻祖先的问题进行讨论，参见杨彦杰：《追寻祖先：闽台〈江氏族谱〉的综合分析》，上杭县"客家族谱文化学术研讨会"论文，2006年5月29日-6月1日。

② 江鸿渐：《江氏族谱》，手写本，康熙二十五年（1686）修。

③ 井边《江氏族谱》残本，手写本，清末增订。

④ 鹿陶洋《江氏祖谱》，2002年修订本，第9页。按：原文标点笔者稍作修改。

　　江如南渡往台湾后，其次子仍在祖居地陪同祖母一起生活，经历了不少磨难，至乾隆五年（1740）25岁时才渡台寻找父亲，于是父子团聚：

　　　　次子日沟同祖母沈氏仍居井边，祖孙二人性命相依，年方七岁，俯首自思，无父可靠，无母可待，潜焉出涕。及至九岁随从乡邻之人有买卖果子，十一岁窃贩私盐，稍有余利，方偿还父债。不幸祖母患疾之故而别世，独任慎终之礼三年服，至乾隆庚申五年亦移徒（徙）台湾地面，寻觅父兄①。

　　由此可见，江如南父子相继渡往台湾，主要是由于生活所迫。但有一点值得说明，上引资料说江如南渡台以后，其次子日沟仍同"祖母沈氏"在井边生活，其实根据大陆原乡的《江氏族谱》，如南公的母亲沈氏去世于康熙三十五年（1696），而江日沟出生于康熙五十五年（1716），根本不可能与沈氏一起生活。与江日沟同住井边的应该是如南公的继母田氏，她生于康熙十四年（1675），卒于雍正八年（1730），去世时江日沟15岁②。

　　江如南父子在台湾的创业过程显然是相当辛苦的。谱载他们在乾隆初年还住在"半天厝"，后来才再三迁移寻找住址。先在大武垄内埔尾，后来移往槟榔脚建屋，因发现被木工作祟，又迁到鹿陶洋定居下来。江如南的长子日服何时结婚并不清楚，而次子日沟直至三十六七岁才结婚，娶郑氏比他小17岁，生四子，其中第四子公月也是娶小他16岁的郑氏女子为妻，生四子，可见他的结婚年龄至少亦在35岁以后③。直至嘉庆末年即1820年前后，江氏男性的结婚年龄才算比较正常（参见表1），显示此时江氏的经济基础已经相对较好，但离江如南渡台开基的年代已有大约100年了。

----

　　① 鹿陶洋《江氏祖谱》，第9页。
　　② 《阳江市江氏族谱》，2004年修订本，第258页。
　　③ 江氏开基的地方为"茄拔"社平埔族住地，早期的婚姻状况及后来有不少养女招赘婚是否与平埔族的习俗有关？目前由于资料未备，无法回答，但这个问题相当重要。感谢康豹（Paul Katz）教授的提示。

表1 鹿陶洋江氏开台以后部分祖先结婚年龄比较表

第几世 （上下代关系）	姓名	生卒年份	夫妻相差几岁	估计男性婚龄
十三世 （江如南次子）	江日沟	康熙五十五年—乾隆五十三年（1716—1788）	17	36岁以后
	郑氏	雍正十一年—嘉庆元年（1733—1796）		
十四世 （江日沟四子）	江公月	乾隆二十三年—道光二十一年（1758—1841）	16	35岁以后
	郑氏	乾隆三十九年—道光十九年（1774—1839）		
十五世 （江公月次子）	江亨记	嘉庆元年—道光四年（1796—1824）	4	23岁
	罗氏	嘉庆五年—道光三十年（1800—1850）		
十六世 （江亨记长子）	江新龙	嘉庆二十五年—光绪九年（1820—1883）	-1	22岁
	林氏	嘉庆二十四年—光绪十年（1819—1884）		
十七世 （江新龙长子）	江必通	道光二十三年—光绪六年（1843—1880）	1	20多岁
	廖氏	道光二十二年—大正三年（1842—1914）		

资料来源：鹿陶洋《江氏祖谱》第9-11页。

二、江氏在鹿陶洋的发展

江氏在鹿陶洋的发展以日沟派下为基础。江日沟娶郑氏生四子（另有一子夭折），分别名为公取、公第、公先、公月，后来分成四大房。而这四个儿子又都娶妻生子，其中公取生二子马富、马余，公第生一子子路，公先生三子正都、正旋、正鉴，公月生四子元记、亨记、礼记、贞记①，因此至开台以后第三代，江氏家族内部已经拥有至少十个男丁，劳动力是大大增强了。

江氏渡台早年是以种田劳作起家的。《祖谱》云：江日沟抵台寻父以后，"几谏迁善，务农御车，伸余财利"，即是说靠种田和帮人运输，以出卖劳动

---

① 江氏这些名字均取自《祖谱》，但是有些名字很像是"公尝"的名称，不像原名。有关"公尝"问题下面讨论。

力为生。至公月成家立业时，已经积累了大约三十余甲的田产①。江氏是客家人。在台南土地开垦初期，客家人经常成为福佬人的佣丁，与庄主结成主佃关系开垦草地。康熙五十六年（1717）成书的《诸罗县志》云："各庄佣丁，山客十居七八，靡有室家；漳、泉人称之曰客仔。客称庄主，曰头家。头家始藉其力以垦草地，招而来之；渐乃引类呼朋、连千累百。"② 江如南父子刚到台湾贫困至极，只能成为庄主的佣丁靠力垦维持生计。而随着土地开垦的推进，原来的佃田者由于拥有永佃权而逐渐转变成为"小租户"，即对土地拥有实际的经营权和处分权③。鹿陶洋江氏显然也经历了这样的过程。光绪二十六年（1900），拥有鹿陶洋大租权的严家兄弟阄分家产，他们的分关契约中显示江家人有不少耕种严姓的土地。现将这份契约引录于下：

> 同立阄书字人严樟港、严清元（池）、严江淮等，有公置大租粟壹宗，大租户在鹿陶洋、东西烟等处。今因人口浩繁，同请公亲相议，将此大租粟石踏作四份均分，其樟港、清池、江淮等每人各应得壹份，余尚伸壹份，公同妥议，交付樟港历年掌收，以为祭祀诸费。此系二比甘愿，日后不敢异言滋事，口恐无凭，同立阄书合约字壹样叁纸，每人各执壹纸收执为照。
>
> 计开各房应份大租粟石列明于左：
>
> 一、议：严樟港大租粟控除完粮外，应分江全若干石，江察若干石，张登若干石，江心如若干斗，江锦成若干石，江宽裕若干石，江光记若干斗，以上共道拾玖石之左，抽付严樟港掌管，声明照。
>
> 一、议：严清池大租粟控除完粮外，应分田府元帅若干石，江长若干石，江界若干石，江淇泉若干石，江光取、江光先、江月、江路四人公若干石，江额婶若干斗，江兴若干斗，江税若干斗，徐玉升若干斗，江张若干斗，江再生若干石，以上共道拾玖石之左，抽付严清池掌管，声明照。
>
> 一、议：严江淮大租粟控除完粮外，应分江长记若干石，江

---

① 鹿陶洋：《江氏祖谱》，第9—10页。

② 周锺瑄：《诸罗县志》，台湾文献丛刊第141种，台北：台湾银行经济研究室，1962年，第146页。

③ 最新研究成果参见陈秋坤《清代台湾地权分配与客家产权——以屏东平原为例（1700—1900）》，《历史人类学刊》，2004年第2卷第2期，第1—26页。

贺自己若干斗，公需若干石，四条若干斗，江寅若干石，江再生若干石，以上共道拾玖石之左，抽付严江淮掌管，声明照。

一、议：存公需大租粟控除完粮外，江知若干石，江端若干石，江旺若干斗，江地若干斗，江鲍若干斗，江顺德若干斗，江彪若干斗，江光取若干斗，江贵若干斗，江道若干斗，江都、江贵四人公若干斗，江鸟、江元、江泰若干斗，江蚊若干斗，徐阿茂若干斗，朱懊能若干斗，江番慈若干斗，江深山若干斗，江文邑若干斗，江天宇若干斗，江阿留若干斗，江见共若干斗，张铁若干斗，以上共道拾玖石之左，并抽户名严先进、益隆所收租税店税，一切交樟港掌收，以为祭祀诸费，声明照。

　　　　　　知见人婶母江氏
明治三十三年拾月　日　同立阄书字人严樟港、严清池、严江淮
　　　为公亲人林　美
　　　代书人林　美①

这份契约可以分析的问题很多，这里指出三点：（1）这些向严家交纳大租粟的佃户，他们有很多都是属于鹿陶洋的江氏族人，在《江氏祖谱》中可以找到相应人名，如江察、江界、江税、江贺、江再生、江旺、江瓠、江彪、江道、江番慈等，大都属于十七、十八世祖。（2）有些名称显然是以祭祀公尝的名义出现的，如"田府元帅""江光取、江光先、江月、江路四人公""江长记"等，如果联系《江氏祖谱》中有"元记""亨记""礼记""贞记"等称呼，说明在江氏内部普遍存在着以神明或各房祖先名义设立的祭祀公业。（3）江氏族人耕作的这些大租田，原先是"郡城内油行尾陈钳"的祖父向人购买的，光绪十年（1884）典卖其中一部分②，光绪二十三年又卖出剩余的部分给严清池，双方在订立的契约中明载："其草地大租，随即踏界、对佃，交付买主前去掌管，收租抵利，永为己业。"③ 可见江氏族

① 临时台湾旧惯调查会：《台湾私法附录参考书》第一卷（上），台北：南天书局有限公司，1995年，第259-260页。
② 临时台湾旧惯调查会：《台湾私法附录参考书》第一卷（上），台北：南天书局有限公司，1995年，第257-258页。
③ 临时台湾旧惯调查会：《台湾私法附录参考书》第一卷（上），台北：南天书局有限公司，1995年，第258-259页。

人耕种这些土地由来已久，田主住在府城，每次大租权转移，都只是变换收租的主人而已，所以需要"踏界、对佃"，但对于耕佃者来说，其实际耕作权并未改变。

由于江氏族人从佃垦草地起家，根据习惯拥有对土地的永久经营权，因此至清末以后，江家人不仅有部分佃垦的土地出租，收取小租粟，而且还用积蓄购买新的土地，成为同时拥有小租权和大租权的中小业主。光绪二十四年（1898），顺源公派下几个兄弟分家，其分家文书就反映了他们同时拥有大租权和小租权的状况：

> 仝立阄书字人乐陶洋庄长房江足兵、二房江足帅、三房江足技，仝四房承继侄明顺、五房承继侄尚生、苍谋等，窃念张公百忍九世同居，田氏弟兄感紫荆而三人复合。我等非不欲欣然慕之而愿言效之也，特是焚炊日久，生齿日繁，衣食浩大，难为合爨之炊，自当分折（析）之谋，恐伤手足和气，爰是焚香开龛告祖，邀请族长公人承祖父遗下物业品踏均分，拈阄为定。此系至公无私，各无反悔。自均以后，各宜照阄掌管，勿得争长竞短，致伤手足和气。恐口无凭，特立阄书一样三纸，尔兄弟侄各执壹纸，为万代子孙存照。
>
> 一、长记吉春公业租税按作三大房轮流以供蒸尝之费，批照。
>
> 一、顺源公田园租税品踏存公作五大房轮收，以供蒸尝之费，上流下接，周而复始，勿得抗古，批照。
>
> 一、长孙吉顺应份得东西烟溪仔墘田小租谷贰拾捌石、大租谷贰石捌斗，永为己业，存照。
>
> 一、顺源公留存大租及斗六山佃税以及和箔溪洲园合共租谷五拾石，又有加冬园一段税金拾员，纳大租谷五斗正，仍品踏按作五大房轮流以供祀费，批照。
>
> 一、溪仔墘溪洲仔竹围内瓦厝八间，以及廊内家私、牛只等件，计共的银三佰捌拾三员，交付足兵掌收，以抵还他人借项，批照。
>
> 一、长房足兵拾得一号，应份得东西烟大圳南畔田一段，小租谷十六石，纳大租谷一石五斗五升正；又厝后南畔田小租谷2.4石，又带本庄下洋田一段，小租谷一十一石，带大租谷三石八斗；又内新寮龙眼一宅，带阿里山租银一钱；又带口霄厘番仔

埔园一段，税银十员零九角七占；又龟丹三重线园谷租 1.0 石；又北寮头份园税金八员；又应得伸手北畔瓦厝三间，缴连西畔旷地在内，现贴足帅金□□元。永为已业，存照。

一、次房足帅拾得三号，应得东势、北势洋田小租谷 32 石，带大租谷 3.4 石；又下坎园一宗，带大租谷三斗；又头二埔田园一段，纳钱粮二钱零七厘正；又口霄厘大船头园一宗，纳大租金一元，税金 14 元；又龟丹家天成借去 42 元，历年利谷□石；又江忠借去银 10 元，年贴利谷 1.5 石；又应得南畔茅屋三间，又瓦粟仓一间；又收来贴厝金 46 元。永为已业，存照。

一、三房足技拾得二号，应得龟丹浊水坑田一段，带阿里山租一石；又下烟后田一段，带大租谷 1.15 石；又东势前田一宗，带大租谷 1.2 石正；又龟丹家天成番仔寮田借去银□□（漏填）元，利谷 6.0 石；又应份得南畔瓦厝三间，应贴足帅银八十元。永为已业，存照。

一、四房承继侄明顺，应份得内埔口田小租谷 11 石，带大租谷一石。永为已业，存照。

一、五房承继侄尚生、苍谋，应份得东势田一宗，小租谷 13 石。永为已业，存照。

代笔人游德渊（画押）

在场公亲人族亲江以忠

在场房长江贺

长房江足兵

次房江足帅

明治三十一年梅月　　日立阄书字人三房江足技

四房承继侄江明顺（画押）

五房承继侄江尚生、江苍谋①

---

① 原件藏于"中研院"台史所，编号 T230 D201.059。按：为计算机录入方便，凡属原文用码子书写的数字，一律改为阿拉伯数字，其余不变。以下引用的契约、字据等均按此原则处理，不再注。

这份契约还有三处盖有"顺源信记"的印章，表明参与分家的江足兵等人，实际上是"顺源"公号的后代，而在分家之前，这些财产是作为他们房派的共有业一起经营受益的。江顺源在《江氏祖谱》中原名根，是吉春公（即江长记）的长子，属江氏第十七世祖。据《祖谱》载，他的儿子有角、税、坎枝三人，应该是契约中的江足兵、足帅、足技三房，另有两个儿子（四、五房）可能夭折，因此另立"承继侄"来继承香火，同时参与分析财产。而在契约中特别提到的"长孙吉顺"，即是十八世江角的长子，《祖谱》中有明确记载。

从契约记载的分家细节来看，"长孙吉顺应份得东西烟溪仔墘田小租谷贰拾捌石、大租谷贰石捌斗，永为己业"，可见江氏分家也是遵照"长孙抵尾子"的民间惯例进行的①。而江吉顺分得的这些田产，既可收入小租谷又可收入大租谷，显示他们同时拥有不同类型的土地，是大租权与小租权同时并存，而以收入小租的田地为最多。

这些土地显然是在江顺源手上逐步积累起来的。除了祖上遗留的田产之外，据目前能找到的契约，光绪十七年（1891）"江顺源号"出资 300 大洋从密枝岭顶庄江陈氏手上购买一块水田，"年带大租粟贰石捌斗道正，并带钱粮捌钱捌分捌厘捌毫正"，以后还可以"招佃耕种"②。光绪二十八年（1902）江吉顺与族兄江文拱签订一份契约，将吉顺祖父江顺源与文拱祖父江重植合买的一块小租田均分，这块土地当年各投资 205 大洋，共计 410 大洋，受种面积 0.8 甲，"共带江头家大租粟三石壹斗道正"③。江顺源的生活年代，大约在道光至光绪年间，显示此时江家已有相当的财力。从上引分家契约看，单是"长孙吉顺"就分得小租谷和大租谷 30 石余，江足兵等长、二、三房各得的田产与此约略相当，如果加上预留作为顺源祭祀公尝的大租及其他租税 50 石，以及四、五房继承人各得的 10 余石租谷，总共江顺源号的土地年收入大约在 200 石租谷，此外还不包括房屋及糖廍器具等生活和生产资料。

江顺源的富足与他的父亲吉春公有密切关系。江吉春属十六世，他所

---

① 有关民间分家的习惯法研究，参见汪毅夫：《闽台区域社会研究》，厦门：鹭江出版社，2004 年，第 55—70 页。

② "中研院"台史所馆藏古契文书，编号 T230 D201.049。

③ "中研院"台史所馆藏古契文书，编号 T230 D201.054。

遗留的公产一直以"江长记"为名在轮流经管。据笔者获见的清末安平县正堂发给的"粮户执照"，光绪十六年底至十七年五月间，江长记先后分九次向官府完纳光绪十六年（1890）的钱粮共计8.6462两银①，其中光绪十六年十二月的一次以"噍吧哖里粮户江长记"的名义出现，交纳5.2357两，剩下的八次均在十七年五月，都以"南梓仙溪西里粮户江长记"的名义出现，显示江长记号田产分布的范围颇广，参见表2。

表2　江长记完纳光绪十六年份钱粮一览表

粮户	完纳时间	执照号码	完纳钱粮数
噍吧哖里粮户江长记	光绪十六年十二月	76	5.2357两
南梓仙溪西里粮户江长记	光绪十七年五月	1151	0.833钱
		1152	5.997钱
		1160	8.676钱
		1161	4.885钱
		1162	2.880钱
		1163	4.321钱
		1164	3.534钱
		1165	2.979钱
合　计			8.6462两

资料来源："中研院"台史所馆藏古契文书，编号：T092 D92.054.1－8，T092 D92.058。

除了必须向官府缴纳钱粮的大租田之外，江长记还拥有一些需要向业主交纳大租的土地，这些土地如果再招佃耕种就是小租田。前引严家分关契约中，共有两处记载"江长"或"江长记"每年须向严家交纳大租粟"若干石"。又有一张光绪二十六年（1900）十月的"执照"，记载"江长记"向"得茂信记"缴纳当年的大租粟2.49石②。

值得说明的是，以公号交租和收租，甚至完纳钱粮或者买卖土地，在当时是相当普遍的现象。而这些公号往往是某个有财力的祖先生前就开始

---

① 按：这些钱粮数似乎不是江长记向官府完纳的光绪十六年份钱粮总数，因为在官府发给的执照编号中，1152—1160间尚缺七张，疑有阙失。

② "中研院"台史所馆藏古契文书，编号T092 D092.077。

使用了，死后分家又作为预留祭祀公业的名号被子孙继承下来。从江长记到江顺源，父子之间是如此，其他公号的设立也是如此，因此形成台湾南部客家人家族公业高比例的积累，也深刻影响着当地的土地经营制度和社会关系①。光绪十九年（1893），江"顺源信记"与"吉庆信记"联合向顶烟庄佃户江集安收取当年度东西烟田大租粟 2.2 石②，而在此前两年即光绪十七年（1891），江集安佃户将上述大租粟直接交给"吉庆信记"收存③，显示江顺源公号与"吉庆信记"也有相当密切的关系，或者说，他们在江氏宗族内部属于两个比较亲近的分支。

三、江氏的宗族构建与文化传统

宗族是一个构建的过程，是一群被认为拥有共同祖先的后代经过长期集体实践的结果。一般而言，一个宗族形成的标志需要有三个基本条件：祖祠、祭产和族谱，而这三者都不是在短时期内就能自然形成的。

鹿陶洋江氏自从开基以后，就在如南公父子早期居住的房屋两边逐渐增建护厝（又称护龙），以满足人口增长的需要，由此形成以祖厝为中心、两边基本对称的庞大建筑群。然而，对这个建筑群的中心建筑进行维修或扩建增建，则是清末以后才出现的。据 1971 年刻立的一块《鹿陶洋本殿重建缘起记事》碑云：现在供奉神明和祖先牌位的神明厅，原本是如南公父子开基时建造的茅草房，至光绪三十二年（1906）才予以重修，"为江氏中心地点"。以后由于日久不堪耐用，又于 1970 年经过宗亲会议讨论决定重建。而在神明厅的前面，即现在被称为"公厅"前的左右两廊灰墙上，笔者还见到两块立于民国十九年（1930）的古碑。左边一块云："昭和五年庚午分止，达清公所存金壹千四百八拾六元八拾四钱，筑祠堂壹栋五间，所用金壹千五百元也……会川公两廊及拜亭，昭和五年庚午新建

---

① 按：客家人的家族公田比例比福佬人高，这在大陆原乡就是如此，到台湾仍然延续这个习惯，因此研究台湾南部客家人公田比例较高的问题，实际上必须关注文化传统的延续和影响。杨彦杰：《闽西客家宗族社会研究》，香港：国际客家学会、香港中文大学海外华人研究社、法国远东学院，1996 年，第 9—10 页；陈秋坤《清代台湾地权分配与客家产权——以屏东平原为例（1700—1900）》。

② "中研院"台史所馆藏古契文书，编号 T092 D092.063。

③ "中研院"台史所馆藏古契文书，编号 T092 D092.061。

筑。"右边一块题为《仝立严禁约碑》，亦载："为昭和庚午年，始祖达清公、次祖会川公派下，协力共同建造三五四番敷地第三座壹座五间及两廊、拜亭"（以上参见本文附录）。由此可见，所谓鹿陶洋江氏的祖祠及其附属建筑，实际上是 1906 年以后，又经过 1930 年的大兴土木才形成的。其中 1930 年的建设特别重要，不仅建造了祠堂，而且新建两廊和拜亭。拜亭的出现标志宗族集体性的祭祀活动有了规范化的礼仪场所，也为如今江氏古厝所谓的"四进三落"主体格局奠定了基础①。

上面提到的"始祖达清公"和"次祖会川公"，是 1930 年大规模建设祠堂时两个重要的祭祀公尝，此前在江氏古文书中并未见到相关记载。所谓"始祖达清公"，实际上是江姓在大陆的下层第十世祖，即江如南的祖父，这一点已在本文第二部分述及。而"次祖会川公"即是江日沟（字会川），他在鹿陶洋的创业发展史上亦有突出的地位。因此以这两个祖先的名义设立祭祀公尝，显然具有整合族内各派势力的象征意义，是江氏进行宗族构建的一个重要步骤。笔者在鹿陶洋调查时发现，在会川公两廊的墙上题写着一副以"会川"嵌入的对联："会合后贤光阀阅，川长世泽振箕裘"；在公厅的大门两侧亦有一副以"达清"嵌入的对联："达和堂上新创造，清立阶前大规模"。这两副显然与祠堂建设同时出现的对联，再次表明主事者试图以达清和会川的名义来整合宗族之良苦用心。然而有意思的是，鹿陶洋江氏并没有把他们共同的开基祖江如南摆在重要位置上，江如南共生有二子：日服和日沟，然而在现在的宗族成员中，绝大部分都是日沟的后代，日服的后代很少，而且也没有他早期的事迹和完整的世系被记录下来。这一方面说明以"次祖会川公"名义设立的公尝，是人数众多的江日沟派下发起的，其意义与台湾常见的"小宗族"相似；而另一方面以"始祖达清公"名义设立的公尝，则用远在大陆的第十世祖来广泛团结族人，其用意与台湾常见的"大宗族"无异②，但实际操控权仍在江日沟后

① 鹿陶洋江氏古厝被称为"四进三落外加左六右七共十三条护龙的三合院"。其中心主体部位是"四进三落"，即由外往内分别为：拜亭、公厅、神明厅、祖祠堂四进，从第一进开始，每两进中间都有一个小院落，故称四进三落。

② 有关台湾"大宗族"和"小宗族"的讨论论著甚多，在此仅举一例，参见庄英章、陈其南《现阶段中国社会结构研究的检讨：台湾研究的一些启示》，载《社会及行为科学研究的中国化》，台北："中研院"民族所，1982 年，第 281-310 页。

代的手中。江氏有自己的开台祖先，而后来设立的这两个公尝都不以开台祖江如南命名，很值得关注。这说明，宗族的构建是族人集体实践的结果，但在这个构建过程中，现实利益和房派实力总是发挥着至关重要的作用。或者说，各种现实利益的较量和妥协最终决定着所谓"宗族"结构的面貌。

如果说设立公尝和建造祠堂是江氏构建宗族的重要步骤，那么编修族谱对于整合宗族所有成员来说，其意义更不可忽视。江氏编修族谱比建造祠堂和举行集体祭祀活动来得更迟。据 2002 年重修编印的《江氏祖谱》，第一次修谱始于 1947 年，由第二十世孙江万金完成。此后又经过 1954 年、1997 年和 2002 年的多次重修和再编，才形成现在的样子①。该《祖谱》除了根据大陆原乡的谱牒摘抄始祖源流外，还记录了江如南开基以后能够厘清的世系、若干人物资料及一些重要的事项。这些记载有的来自宗族内部传说，有的是根据以往的材料进行加工编排的，但其中有不少细节很值得探讨，反映了江氏族人在构建宗族过程中所体现的价值观及其对历史文化的传承与创造。

鹿陶洋江氏对祖先和神明的崇拜有两个方面特别引人注目：一是对"东峰公"（又称"东峰大帝"）的崇拜，二是与宋江阵有关的"田府元帅""李府千岁"崇拜。

对"东峰公"的崇拜据说与江如南有关，是他渡往台南时从大陆原乡带来的。《江氏祖谱》载：如南公"当时渡台有带两项物件：（一）上层第拾三代祖江万里即东峰大帝香火；（二）竹材想杯壹付，无论行到任何地方欲安息时，就用此付想杯在香火前乞示，按照指示可止即休息，不可就披星戴月亦继续进行路程，选择居住地点"②。江明和在他的《鹿陶洋与宋江阵》一书中说，东峰公不可能是南宋时的江万里，因为这两人生活年代不同，事迹也不一样③。江明和的推测是对的。但至今为止，还没有人对鹿陶洋江氏的"东峰公"来历产生过怀疑。

东峰公是永定县高头江氏东山房的一个祖先。他原名宽山，字东峰，

---

① 鹿陶洋：《江氏祖谱》，第 5 页。
② 鹿陶洋：《江氏祖谱》，第 5 页。原文标点笔者稍作修改。
③ 江明和：《鹿陶洋与宋江阵》，第 15–17 页。

号烈轩，生于明正德二年（1507）。嘉靖四十年（1561）因饶平张琏造反，侵扰金丰等乡，东峰公率众与之作战，不幸在苦竹凹误中埋伏身亡，时年55岁①。由于东峰公一生尚义刚烈，屡受官方表彰，其族人及外姓乡民也常到坟墓祭拜，规模日益盛大②。随着移民渡往台湾，东峰公崇拜也传入岛内。不过需要指出的是，东峰公生在永定，与诏安江氏虽然同姓但完全属于不同的派系。笔者到诏安县井边村调查，那里的江氏族人根本没有听说过什么东峰公，也未见有东峰公的香火。所谓东峰大帝的香火"是如南公从原乡带来的"，显然是一种误传，而这个众口相传的宗族故事，后来又以文字的形式被载入族谱，从而更增加了它的权威性。这个故事在鹿陶洋江氏内部流传已久。据一位60多岁的老人讲，他出生于日据时期，小时候就见到过东峰大帝的香火袋，黑色的。有一次，他的伯父到嘉义沟背做生意，见到那里的江姓人都在拜东峰大帝神像，于是他也塑了一尊金身，到后山开光。不过，开光时"老鹰没有来附"，所以就一直把神像放在神明厅的旁边。可见东峰大帝的香火很早就有，但不是如南公从原乡带来的，可能是在台南或从其他地方迎奉的。至于东峰大帝的塑像，那是以后的事情，至今不过60年左右的样子。

江氏族人把东峰大帝称为"祖佛"，即由祖先变成的神明。《江氏祖谱》把东峰大帝说成是远祖江万里，又说香火与如南公有关，这本身就是在强化神明的祖先地位，以拉近族人与神明的距离。时至今日，鹿陶洋江氏仍把东峰大帝视同祖先。每年六月二十日祭祀达清公，此日新丁登记。而在十月二十一日祭祀会川公，同时也祭拜东峰大帝，住在外地的族人都要回来祭祖，全台各地的江氏宗亲近年来也利用这个节日前来致贺联谊。笔者还听到一种说法：以前东峰大帝一直放在神明厅，而祖先牌位放在后面的祠堂里。然而后来有段时间江氏一直生女，不出男丁，就去问神明。神明指示说：你们的祖先既然已经成仙了，做神了，就有资格与神明放在一起。于是江氏就把祖先牌位移到前面的神明厅里，"坐分金位"，后来果真出男丁了。这个故事很多江氏族人都会讲，再次显示东峰大帝的特殊祖

---

① 永定江氏宗谱编纂委员会编：《济阳郡永定江氏宗谱》，永定县，2003年，第993页。

② 江南桔：《高东江姓海内外裔众祭祀东峰公记盛》，《永定文史资料》，1988年第7期，第111-113页。

先的地位，以及对族人崇拜观念的深刻影响。

笔者查阅《江氏祖谱》，确实发现在十九、二十世有很多都是女性的名字，如十九世"江藤长女""江碹长女""江质长女""江秀枝长女""江月长女""江招养女""江让养女""江红春长女""江缎养女""江西养女"，二十世"江寺养女""江梓骞长女""江循三女""江霞养女""江玉女养女""江锦惠长女、江锦丽二女、江锦莲三女""江菊养女""江笋二女""江摘长女、江束三女""江牡丹长女"等。这些人都没有兄弟，因此由她们招赘生子来接续香火①。有意思的是，《江氏祖谱》的编纂者仍然把这些女性的名字都编在世系里，而且这种观念一直持续到后来的第二十一、二十二甚至二十三世，凡是没有男丁或男丁较少的，就把女儿及其后代的名字都编入谱系。一般认为，宗族是由同一祖先的男性后代组成的，"男性继嗣群"成为人类学常见的概念之一，也是儒家正统观念的基本要求。然而，在一个没有多少读书人的普通宗族里，这种观念完全有可能由于某种现实的需要而改变，人们根据自己的理解来整合亲人、构建宗族，并成为自身的文化传统。

鹿陶洋江氏文化传统的另一个特点，就是宋江阵和祭祀田府元帅、李府千岁。江氏的宋江阵和田府元帅祭祀起源于何时，已经无从追寻。当地人有一种说法，大约至今260多年，但查无实据。现在我们知道最早有田府元帅的记载，是光绪二十六年（1900）严氏兄弟的分家契约，当时田府元帅作为佃户每年须向严清池交纳大租粟"若干石"（参见本文第三部分），可见在1900年以前江氏族人已经设立了祭祀田府元帅的公尝，这种崇拜由来已久。又据目前仍保留在江家的一支田府元帅头旗，上面写着"明治四拾贰年九月鹿陶洋庄置"。"明治四十二年"是1909年。江氏族人说，这是第二支旗，第一支已经烧掉了。现在还在的第三支头旗是1963年添置的。如果按一支头旗可用50年计算，江氏置第一支旗应该在1860年代，此时正是"江长记—江顺源"发家的时期，江氏已有一定的经济基础，是完全可能的。但如果从普通百姓祭祀的角度说，鹿陶洋江氏有田府元帅和李府千岁的香火必定在此之前，或许与东峰大帝一样，一直是江氏族人寻求精神寄托的崇拜对象。

---

① 鹿陶洋：《江氏祖谱》，第17-36页。

　　江氏族人把田府元帅称为"宋江爷"，又称武神，而李府千岁被称为文神，显示田府元帅与宋江阵有相当密切的关系。据当地老人说：宋江阵大约起源于清末。当时社会动乱，经常有贼伙从斗六门方向来，击鼓呼喊，抢劫庄头。鹿陶洋江氏古厝的周围都种满刺竹。有一天，田府元帅的乩童突然跳起来，说要保庄。于是就在刺竹围的四角搭建"客鸟巢"，以资瞭望，同时纠集庄内壮丁训练宋江阵，用于保卫庄头。据老人们回忆，在日据初年，宋江阵的教练是田府元帅的乩童叶达，后来又由新的乩童江瑞荣接手。每次操练都要拜"宋江爷"、批旗、拜四门等①，显示宋江阵实乃借助神明崇拜而演化成的民间自卫组织。宋江阵成立以后，对于保卫鹿陶洋及其周边地区的安全起到了重要的作用。至1937年，日本人加强对台湾百姓的统治，宋江阵也遭到压制，所有武器均被投入古井掩埋，只有田府元帅的头旗和一把关刀被族人偷偷保存起来，流传至今。至1963年，宋江阵再次被组织起来，此时已成为鹿陶洋江氏的一种文化传统，后来成为联谊、展示与观光的一个亮点。

　　笔者在鹿陶洋调查时看到，在公厅大门上方至今仍显挂着一块题为"圣德流芳"的古匾，落款为"明治四十四年九月吉置，鹿陶洋庄殿前弟子仝谢"。"明治四十四年"是1911年，而从"殿前弟子仝谢"的含义看，献匾者要答谢的"圣德"不是某个祖先，而显然是指"宋江爷"。这个事实如果联系到我们在前面已经讲过的——1900年已有田府元帅的记载，1906年江氏重修神明厅，1909年添置第二支田府元帅旗，便十分清楚，江氏在20世纪初年曾经有过崇拜"宋江爷"和大练宋江阵的高潮。而这个高潮对团结族人、凝聚人心起到了积极的作用，因此后来又出现达清公和会川公两个公尝，并于20世纪30年代建设祠堂、规范礼仪，最终编修族谱。神明崇拜与祖先崇拜相互连接在一起，这是鹿陶洋江氏在构建宗族过程中的一个显著特点。

　　时至今日，田府元帅仍在江氏的宗族生活中扮演着重要角色。每年二月十六日田府元帅生日②，当天上午就要把神明请到大埕供人们祭拜，下

---

①　有关宋江阵的操演详情，参见江明和《鹿陶洋与宋江阵》，第41-118页。

②　据当地人说，田府元帅又称"田都元帅""田公元帅"等。"田都元帅"本为戏神，各地的生日都不一样，参见叶明生《福建傀儡戏史论》，北京：中国戏剧出版社，2004年，第480-526页。鹿陶洋江氏把田府元帅的生日定为二月十六日，明显具有本庄土地福主的意味。

午举行"赏兵"仪式，晚上卜炉主，决定下年度主持仪式的人选。从十三或十四日开始，连续几天上演木偶戏以示庆贺。江氏族人把"宋江爷"安奉在神明厅的正中位置，左边为东峰大帝，右边为李府千岁，两侧各有一尊观音。在神明前面的案桌上，左右排列着两个"营斗"，上面放置帅印、七星剑和五营兵旗；案桌左侧竖有头旗，右侧置关刀，所有营斗、旗帜和武器上都贴着兵符。每月十六日，田府元帅都要"出兵"，以象征性的仪式寓意"宋江爷"的兵马保护着整个聚落的安全，同时演练宋江阵。六月十六日为"收兵"日，撤掉营斗、旗帜和武器上的所有兵符。农历七月由于是"好兄弟的节日，不能派兵阻拦"，因此此月没有兵马，至八月十六日又开始"放兵"，直至下年的六月份①。江氏族人通过如此有规律的"放兵""出兵""赏兵"和"收兵"活动，年复一年地展示着本宗族特有的文化传统，同时也不断演绎着神明的象征意义，进一步增强族人的向心力和认同感。

如果说，鹿陶洋江氏的神明崇拜主要是在当地发展起来的，那么江氏流传至今的风水故事则更多与原乡有直接的关系。

江氏宗族现在还有一个很普遍的传说：据说江如南来开基以后，先是辅佐"鸭母王"造反不成，后来就在鹿陶洋附近放养鸭子。江如南养的群鸭每天每只都会生两个蛋，地点固定在别人的一丘田里。由于鸭子生蛋比别人多一倍，地点固定，如南公就知道这是一块风水宝地，因此每天去捡鸭蛋，自己只吃一部分，另一部分蛋送给田主吃。时间久了，那田主过意不去，就把鸭子经常生蛋的田卖给了如南公。以后江氏族人就在那里建起了祖厝祠堂，家业也从此发达起来②。这个故事江氏族人大都会讲。笔者在那里调查时，还有人插话说：以前某某人养的鸭子也是一天生两个蛋，来证明这个故事是真的。其实，根据笔者常年在客家地区的调查，诸如此类的故事在闽西客家地区是非常普遍的。后来又到诏安县拜访鹿陶洋江氏的祖居地，结果发现在井边村江氏祠堂里，居然也可以听到几乎相同的故事，也是在讲开基祖如何养一群鸭子，每只鸭子每天都会生两个蛋，后来

---

① 现在改在九月十六日"放兵"，因为八月中秋太忙，所以又空了一个月。
② 这个故事在江进富《宋江阵的故乡——鹿陶洋江家古厝》一书中也有记述，参见该书第14页。

江氏族人就在鸭子生蛋的地方建起了祠堂，所不同的只是没有"鸭母王"造反和买田置地的说法。在离井边村不远的林氏祠堂，笔者再次听到了一模一样的故事。一个传说故事由于来源于普通民众的生活，经过世代口耳相传，故事母题基本不变，有变化的只是配合具体环境而出现的一些情节。鹿陶洋江氏的这个故事显然直接来自原乡的传说，并经过族人的不断复制、加工，成为现在的样子。有意思的是，江氏族人并不怀疑这个故事的真实性，他们认为这就是祖先历史的一部分，如同"东峰大帝的香火"一样，并且利用这些素材来建构自己的早期历史，诠释现在居住环境，以及宗族兴旺发达的原因。

四、简短结语

鹿陶洋江氏在大陆是客家人[①]，但迁往台南开基以后，经过将近三百年的演变发展，已经完全"福佬化"了。这个结果显然与他们所处的环境和族群互动的历史过程有关。

江氏开基的鹿陶洋原本是平埔族"茄拔"社的住地，可惜现有资料并没有留下什么相关记载，对早期江氏与平埔族的关系无从叙述。但从江氏开基的历程看，早年是相当辛苦的，后来由于江日沟生有四个儿子，至第三代又有十个男丁，添丁增加了劳动力，这对早期参与福佬人主导下的草地开垦极为有利，也使得江氏在嘉庆、道光以后就逐渐进入了经济发展的阶段。江氏在台湾的发展是一个多重因素相互交织的渐进过程。家族经济的解困和发展，来自于受福佬人雇佣的开垦经历，而与福佬人长期互动的结果，一方面增进了财富积累，另一方面也使得江氏日益"福佬化"了。至清朝末年，由于江氏在拓垦草地过程中获得永佃权，因此他们拥有了较多的佃垦土地并相继购买了部分大租田，集小租权与大租权于一身，并在此基础上逐步设立了各个房派的祭祀公尝。

江氏宗族的构建是从1900年前后才开始的。先是成立以田府元帅为中心的祭祀组织并组成宋江阵、重修神明厅等，接着以"达清公"和"会川

---

① 在原乡，现在的江氏族人还在讲客家话，由于他们的居住地是大片的客家人聚居区，与福佬人相隔甚远，因此仍然保持浓厚的客家习俗，也没有出现"双语"问题。

公"的名义整合各派势力，建造祠堂、两廊和拜亭，规范礼仪，订立禁约，并开展集体的祭祀活动。至 1947 年《江氏祖谱》编撰完成，标志着鹿陶洋江氏宗族的建构基本完成。

宗族文化传统的塑造与宗族的发展历程息息相关，是全体族人不断努力实践的结果。从鹿陶洋江氏的例子来看，国家礼仪及儒家正统思想虽然对地方社会产生影响，但是现实社会生活的具体环境和实际需要也在不断改变人们的观念。清末的社会动荡，进一步强化了族人对田府元帅的崇拜并促使他们组成宋江阵，从而留下了极其深刻的文化印记。日据初年，宗族"不出丁"的现实，既改变了祖先崇拜的观念，也调整了族人对宗族女性成员的看法，并把她们直接编入谱系。宗族的构建既是儒家知识分子主导下的一个过程，同时也是普通百姓集体实践的结果。以往的宗族研究，往往强调儒家知识分子的宗族理念，并以此来论述中国的宗法制度与宗族构成。科大卫、刘志伟的研究认为，明代国家"大礼仪"改革及官方意识形态向民间渗透，导致宗族制度在民间普遍建立，因此宗族是一种文化的建构过程①。科大卫等人的这个结论是很重要的。然而，如果我们更进一步，更加关注一些普通百姓的具体实践，就会发现所谓"国家意识形态"或者"儒家正统"在民众的宗族实践中其实是会被改变的。中国民间社会的宗族并不是完全相同的面貌。以鹿陶洋的实例而言，女性进入江氏的谱系就完全违背了国家的正统观念。这个问题之所以产生，原因之一是当时鹿陶洋江氏缺乏男丁，而平埔族文化的影响，以及主导江氏修谱的知识分子之构成及其文化背景等，也未尝不是重要因素，仍值得探究②。由此可知，在强调宗族是一种文化的建构过程的同时，更要注意它是民间集体实践的结果。对普通百姓在特定社会环境和历史条件下进行的集体的宗族实践，以及由此产生的宗族文化，应该在研究中特别予以关注。

从江氏流传的故事来看，所谓"东峰大帝的香火是如南公带来的"根本无据，但有关鸭子与风水宝地的故事则显然来自原乡。江氏的宗教生活与众多的传说故事和仪式行为紧密相连，并在社会变迁过程中不断发生变

---

① 科大卫、刘志伟：《宗族与地方社会的国家认同——明清华南地区宗族发展的意识形态基础》，《历史研究》，2000 年第 3 期，第 3-14 页。

② 有关这些问题有待今后继续讨论。

化。如今宋江阵越来越成为吸引游客观光的文化资源，而由一系列传说和仪式构成的象征系统仍然发挥着"保卫乡土"的作用。"东峰大帝"的香火被视为江氏宗族的特有文化，并把这种文化与连接全台江姓的活动联系起来，祭祖和同姓联谊浑然一体。如果我们把鹿陶洋江氏当作一个值得分析的个案，那么从这个个案可以看出，作为一个地方宗族，其用于形塑文化的材料是多元的，既可以来自原乡和儒家正统，也有环境适应和族群互动的影响，不同材料在人们的集体实践中不断被复制、加工、消化和改变，用于诠释宗族的历史，影响人们的生活和集体实践，并在现实生活中不断演进并形塑着本宗族的特有文化面貌。

附录：

鹿陶洋江氏古厝碑刻
（一）建造江氏祠堂碑记①

"昭和五年"庚午分止，达清公所存金壹千四百八拾六元八拾四钱，筑祠堂壹栋五间，所用金壹千五百元也，上下对除，不足金拾三元十六钱。一、批明，不足金及后来祠堂破坏者，即对于达清公支出使用，立出碑字以存后悉，决勿违言，此达神者。会川公两廊及拜亭，"昭和五年"庚午新建筑，收入支出列左：

江万金、江山羊、江物、江新分四人，代借出金七百七十八元贰拾六钱，无做工。

支出金人员：江雍金贰拾元、江向金贰拾元、江玉金拾元、江登传金五元、江廷英金五元、江金龙金五元、江财金五元、江见金五元。

江墙、江孽、江氏布、江拱文、江若吉、江清春、江清便、江苍天、江氏锦、江氏爱、江炳昆、江传枝、江振明、江仁、江田、江诰、江泉、江参、江篙、江然、江万焘、江顺明、江登垇、江登铨、江全二、江照、江金龙、江萍、江交涌、江朝荣，以上每人贰拾工。

庄外：江越20工、江文全14.4工、江新富13工、江德金20工、江天津12工、江氏桂花17.4工、江氏夜合10.4工②。

---

① 该碑原无碑题，此为笔者自拟。

② 按：此段原文用苏州码书写，为排版方便，一律改用阿拉伯数字。

建造祖厝土木日食理办人：江禄、江三枝、江氏摘。

（二）仝立严禁约碑

鹿陶洋会川公派下集合会议：官有正条，民有私约，家有家规。为"昭和庚午五年"，始祖达清公、次祖会川公派下协力共同建造三五四番敷地第叁座壹座五间及两廊、拜亭，恐有无耻之人提出恶行为，滥镇柴草、什物、器具及内养饲兽类，损害者，要罚金拾贰元充为会川公修缮费。众派下共立碑字，存为世世子孙证据，决无异议反诲。众派下仝炤。

再批明：或小孩子十岁以下损害者，父母自己积督；十岁以上损害者，要支出金拾贰元充为会川公修缮费，决无异言。又炤。

主事人：江万金　　副主事人：江山羊、江物、江新分

"昭和庚午五年"贰月仝立

（本文原载于林玉茹、Fiorella Allio（艾茉莉）主编《南瀛历史、社会与文化》，台南：台南县政府、南瀛国际人文社会科学研究中心，2008年）

台湾的客家移民及其宗族文化

——以彰化江姓"诒谋堂"为例

明清以后，大陆客家人大量迁往台湾，成为台湾土地开发的主要劳动力。迁台的客家人大部分来自广东，但也有一部分来自福建，包括闽西客家地区。这些客家人迁台以后，经过几代人的努力，又在新的居住地建立起自己的宗族，并形成了富有特色的文化传统。尽管有些宗族如今已经"福佬化"，但从他们的宗族史料仍然可以看出其来源及发展脉络。笔者拟利用在福建、台湾收集到的田野资料，以台湾彰化县江姓"诒谋堂"为中心，具体考察这支江姓如何迁台开基，如何在台湾传承和构建自己的文化传统，以期从一个侧面深入理解客家人移民台湾的历史过程及其意义。

一、永定江氏的来源与发展

彰化江姓"诒谋堂"来源于永定，因此在探讨"诒谋堂"之前，有必要先对永定江氏的来源和发展做些介绍。

永定江氏来自江西。其入闽始祖的早期历史并不清楚，直至清末才逐渐"清晰"起来①。据现在比较普遍的说法，江氏入闽与南宋末年江西的抗元名臣江万里有密切关系。江万里原籍江西省南康府都昌县，南宋咸淳年间进士，曾官至右丞相。后来因不满贾似道专权，乞休于林下，在鄱阳湖畔的北芝山后建屋隐居，创亭池曰"止水"。南宋末年元军攻陷饶州，江万里不肯降元，遂率家眷"三百口尽赴止水而尽"，仅留下三个儿子连

---

① 杨彦杰：《追寻祖先：闽台〈江氏族谱〉的比较分析》，《福建师范大学学报（哲学社会科学版）》，2007 年第 2 期。

同侄兄弟七人。他们奔闽避难，先在宁化县石壁村住一段时间，后来又迁往上杭县，再从上杭县分迁高头，此后就在高头定居下来①。

在江氏迁往高头之时，永定县尚未设立，因此高头及其附近的大片区域均属上杭县管辖。至明成化十四年（1478），官府在镇压了溪南里等地民众的反抗之后，才决定析出溪南、金丰、太平、丰田、胜运五里十九图另置一县，并取名为永定②。而在永定设县之初，高头江氏已经在那里繁衍至少六七代人了。据《济阳江氏高头族谱》载：

> 八世祖成海公，公生于明太祖二十九年丙子岁（一三九六年）……大明宪宗成化元年（一四六五年）乙酉岁至十六年（一四八〇年）庚子岁初开永定县，高头列为金丰里二图二甲，江成万户为里长，后吴大爹改为江添万户为里长③。

这里所说的"八世祖成海公"，实际上是从上杭算起的。因为江氏在迁往高头之前，已经在上杭繁衍了三代人，如果从高头的开基祖算起，则仅为五世④。

江成海生有五子：添沮、添济、添澄、添洧、添满。因此，上引资料说永定设县之初"江成万户为里长"，显然是以八世祖江成海这辈（"成"字辈）来命名并代表宗族的；而后来改为"江添万户为里长"，则是以江成海的五个儿子（"添"字辈）来命名的。这充分显示江氏在15世纪就已经有了一定的经济实力，在高头担任里长，承担着为官府收税纳粮、值年应差等义务。

永定江氏的发展自江成海以后明显加快。江成海生有五子，其中长子添沮、次子添济在高头繁衍三四代后分别迁往海澄、平和开基，而留在高头的另外三子添澄、添洧、添满则分别肇基于东山、北山、南山三个地方，由此形成了江氏宗族的三个基本房派，即东山房、北山房和南山房。如今，江氏在高头的总人口近万，其中东山房人数最多，4000多人；北山房次之，3000多人；而南山房亦有近2000人之众。这三大房派在明清时

---

① 永定县高头北山修谱小组：《济阳江氏高头族谱》，永定县高头江氏北山房，1989年，第1—3页。

② 方履篯：《永定县志》卷四《纪事沿革表》，道光十年（1830）木刻本。

③ 永定县高头北山修谱小组：《济阳江氏高头族谱》，第16页。

④ 以下所云几世祖，均以上杭开基祖为计算世代的起点。

期均有族人移居台湾，人数甚多，分散在台岛各地。本文所要探讨的彰化"诒谋堂"即来自北山房派下。

北山房的肇基祖为江添洧，据《族谱》记载，他生于永乐十二年（1414），号念四郎，娶邹十娘，生三子，其中长子源广、次子源厚无传，三子源深生一子宏宝。而宏宝又生二子，长子受端外迁广东，次子受銮则成为在北山发展的主力。受銮生五子：鲸、鳄、鲤、鲜、鲒。这五个以鱼字旁命名的儿子又各自娶妻生子，其中鲜迁往邻近的南溪茅坪发展，鲸、鳄、鲤、鲒均在北山开拓出居住的村落并建造土楼，此后人口越来越多，逐渐形成许多大大小小不同的房派和他们的居住空间。而在这四个小房派中，又以鲤的后代为最盛（见表1）。

表1　受銮派下开拓北山房住地一览表

世　系			后代居住地
12 受銮	13 鲸		寨角福寿楼
	13 鳄		寨角福寿楼
	13 鲤	14 有锦	
		16 凌冲	石圳下甘棠楼、拱辰楼、锐角楼、庵前楼、花萼楼、天助楼
		16 福海	湖竹洋，石圳下南箕楼、狮头楼
		16 章我	下山城，笃尾塘庆裕楼
		16 承九	石圳下中立楼
	14 有锗		丰下，老屋角，寨角振田楼
	14 有镇		谢屋坑崇德楼、东升楼、隆兴楼、新兴楼、和安楼，桥下角永昌楼、北辰楼
	13 鲒		石砌楼

注：表上世系仅列举有后代的较重要的祖先，并非全部。每个祖先前面的数字代表第几世祖。

十三世祖江鲤生于明正德九年（1514），至十六世已有曾孙辈50余人，可见人口增长之快。人口的迅速增长为宗族的发展提供了大量的劳动力，同时也为宗族的强盛积累了物质财富和人力资本。因此至明朝末年，江氏不仅建造了大量土楼，而且已经设立了祠堂，并开始编修族谱。

江氏的《族谱》最早出现于17世纪。据大陆的《济阳江氏高头族谱》和台湾的《江姓大宗谱》记载，《江氏族谱》首修于明万历四十六年

（1618），由江心泉编成；至崇祯十六年（1643），又有江元钦、元标两人予以重修；入清以后，还有顺治、康熙、乾隆多次续修；直至民国才再修一次①。族谱的修撰不仅需要有大量的人力和物力，而且需要有人才，表明江氏至少从明代中叶以后就已经开始培养后代读书，并很快拥有了自己的儒家知识分子，宗族制度由此得到了进一步完善和加强。

入清以后，江氏宗族进入了强盛时期。此时不仅人丁兴旺，而且人才众多。我们在高头北山房调查时，就发现在一座土楼内至今还存有三块康、乾时期的匾额。其中一块题为"邦家之光"，康熙四十八年（1709）仲冬月由永定县知县曾九寿、儒学教谕李世茂和儒学训导吴霖为"管带乡饮大宾江集成"颁立；另一块题为"兄弟选魁"，是乾隆九年（1744）福建学政吴华孙为当年考中岁贡生的江暹如、江天任两人颁立的；再一块题为"世德书香"，也是乾隆九年由福建学政吴华孙赠予江集成的，上面除了江集成的名字外，还有江建藩、江暹如、江天任、江蔚如、江云等祖孙三代共32人的名字。祖孙三代竟然有这么多读书人，足见康熙、乾隆年间江集成这一支派的繁盛。

江集成属北山房，江氏十八世祖，即前列表中十六世祖江凌冲之孙。据当地族人说，江集成是高头著名土楼——承启楼的主持建造者。这座大型圆土楼亦称天助楼，始建于明末，直至康熙四十八年（1709）才完成，历经三代人。楼高12.4米，周长1915.6米，最外圈有四层，每层72个房间，总建筑面积5376.12平方米。据说全盛时，全楼共住有80多户、600余人。江集成生有四子，其中江暹如、江天任即为江集成之次子、四子，岁贡生；而长子江建藩是庠生，三子江蔚如是监生。另据《族谱》记载，自江集成而下至二十世即孙辈，三代共有男丁25人，其中贡生4人、生员4人、监生13人，有功名的竟占总数的84%②。尤其是监生大量产生于二十世共计12人，这充分显示这一支派在江集成创下基业以后，很多子孙是依靠捐纳进入功名行列的。此时的江家已经拥有很强的经济实力。

乾隆四十八年（1783），江氏还在他们的住地兴建了文馨塔，以此作

---

① 永定县高头北山修谱小组：《济阳江氏高头族谱·续后记》，第100页；江俊昭编撰《江姓大宗谱》，彰化县员林镇兴里江姓诒谋堂，1995年，第13-16页。

② 江俊昭编撰：《江姓大宗谱》，第27-28页。

为宗族文脉兴盛的标志，具有象征意义。这个文馨塔是由江集成的堂孙、乾隆六年（1741）拔贡生江世春等人倡议建造的，江世春还为此题写了碑文①。至道光年间，江氏族人又捐资设立了"文馨课"，以鼓励学子读书。笔者在高头调查时曾发现有两块当年题捐文馨课的碑记，其中一块题为"新捐文馨课款碑"，上面共有63人的名字，均是捐谷，多者六桶、四桶，少者三斗、一斗；另一块为"新捐文馨课银碑"，共记载116人的名字，均属捐银，多者五两、三两，少者一元、半元。这两块题捐碑都刻立于道光二十一年（1841），足见当年江氏宗族人文荟萃的兴盛景象（详见附录）。

随着宗族人口的迅猛增长，江氏居住地越来越难以承受人口对土地的压力，很多族人开始外迁，寻找新的谋生出路。江氏居住的高头正处在福建和广东交界处，往东可以进入漳州，顺着九龙江从厦门出海；往南则通往广东，沿着韩江从潮汕出海。因此，江氏从明末开始，尤其是清朝，族人外迁逐渐成为一种风潮，渡往台湾是族人向外发展最重要的一个选择。

二、江利宾渡台及其创业历程

彰化"诒谋堂"的开基祖是永定江氏二十三世祖江利宾，他是道光年间渡台的，正好与江氏设立文馨课处在同一个时代。

关于江利宾的事迹，大陆《族谱》已经没有他的资料，而台湾的谱牒中则有详细的记载。据江俊昭编撰《江姓大宗谱》云：江利宾，讳曾广，江氏二十三世祖，生于嘉庆二年（1797），卒于咸丰七年（1857），享年61岁。江利宾属江集成派下，其世系脉络如下：

18 集成——19 建镛（讳暹如）——20 衍千——21 赞咸——22 雁五——23 利宾

前面说过江集成一脉出了很多文人，直至往后几代都是如此。如上面世系表所示：集成的次子建镛是贡生；建镛的三子衍千也是贡生；衍千生四子，其中第三子赞咸是监生；赞咸生四子，其次子雁五则是庠生；而利

① 永定县高头北山修谱小组：《济阳江氏高头族谱·附记》，第99页。

宾是雁五的长子，也是一名庠生。可见江利宾出生在一个读书世家，他的五代直系祖先都是有功名的人。

江利宾的父亲生于乾隆三十九年（1774），娶游氏，生有五子。据《族谱》记载，他的这五个儿子后来都没有在家乡发展，除了长子曾广（讳利宾）之外，次子曾瑞、三子曾顺均"不详"，而四子曾通"业儒，往台湾与曾广公同住，未娶而丧"；五子荣全"儒医，无娶，往台湾与曾广公同住"①。五个儿子有三个渡台，并且都依靠江利宾生活，说明他们早年的家境并不宽裕。

至于江利宾渡台前后的状况，《江姓大宗谱》中还有一段更加详细的记载，引录于下：

> 谨考我先父利宾公为人正直，志高性烈，聪明好学人也。一生总以读书为业，绝不染毫非当。其少年时，先祖大暨祖先咸知为廊庙之器，勤勤恳恳，不胜厚望焉。第是时家资匮乏，需费难充，困苦之下，人所难堪，而彼之发愤志愈力也。穷时读书，不获焚膏继晷，揣摩简练，不辞兀兀以穷。年十四入大学，十八九文堪进不果，延至二十六七加发愤始得志。又延至道光六年七八月间，由唐西渡而至台邦彰邑，于鳌棲港起船，始于犁头店街书院暂住。是时无一财并无物，囊橐罄空，告于何人，只有一腹经书耳，世人那［哪］知其故。未几会文一起，名声一出，济济多士，莫不受业而尊师。以下数年间又遭乱，屡次东西南北，未获宅身之所，之彼适此，良亦苦矣。迨至道光二十六年，方卜筑于员林街三块厝庄之下居焉。后门生进泮补廪者数十余人。一生勤苦之下，千言万嘱，总不外爱儿孙读书。今建有田园厝宅以遗后裔，皆由前时数节艰辛所致。事情湮没，人子奚安，因略叙其生平之大节，以为后代知恩，亦以俾世世子孙知所择业焉②。

这篇由儿子撰写回忆"先父"事迹的文字，较详细地记述了清代一个读书人是如何渡台谋生以至创立基业的过程。江利宾尽管出生于书香世

---

① 江俊昭编撰：《江姓大宗谱》，第30页。

② 《利宾公一生事情略记》，载江俊昭编撰《江姓大宗谱》，第32、31页。按，此文原无标点，题目"利宾公"原误为"刘宾公"，径改。又，原文移位错置，引文经笔者考订复原。

家，但小时候的生活却很穷困，家族给他的遗产只是"聪明好学""一生总以读书为业"这样的传统。他奋发上进，但得志较晚，二十六七岁才考上秀才（庠生）。道光六年（1826）夏季渡台，此时他已经30岁了。如果不是生活所迫，这种年纪早该娶妻生子，是不会两手空空跑到台湾去求生存的。

江利宾抵台后先住在彰化县的"犁头店街书院"。不过，这里有个问题需要澄清，清代彰化共有三家书院（即白沙、主静、文开），没有一家是在犁头店街的①，很可能这是作者追忆时的笔误。据道光《彰化县志》载：清代犁头店街（今台中市）距彰化县城关20里（一说30里②），为巡检驻地③。那里有一间创建于嘉庆年间的文昌祠，里面设有社学称腾起社（亦名文林社、兰社）④，或者这就是作者所谓的"书院"。江利宾一直没有稳定的住所，直至道光二十六年（1846）才在员林街三块厝居住下来，此时他已经50岁了。

江利宾在台湾以教书为生，至于他何时结婚，《族谱》没有确切的记载，不过我们可以从他的妻子、儿女的相关资料中得到一些线索。根据记载，其妻赖氏生于嘉庆十三年（1808），卒于同治十三年（1874），享年67岁。而江利宾生于嘉庆二年（1797），比赖氏大11岁⑤。据"诒谋堂"江姓族人介绍，据说利宾公到台创业时，主要是教书，也会看地理。有很多媒人给他介绍女孩子，后来他从中挑选了一个有麻脸的，客家人认为这样的长相"较厚"，可以当祖婆，就与这个女子结婚⑥。

江利宾婚后育有三男三女，三男是有文、有三、有章，他们都有生卒年份，整理见表2：

---

① 周玺：《彰化县志》卷四《学校志·书院》，台湾文献丛刊第156种，台北：台湾银行经济研究室，1962年，第143页。
② 刘良璧：《重修福建台湾府志》卷五《城池·街市》，台湾文献丛刊第74种，台北：台湾银行经济研究室，1961年，第85页。
③ 周玺：《彰化县志》卷二《规制志·街市》，第40页。
④ 周玺：《彰化县志》卷四《学校志·社学》，第149页；《彰化县志》卷五《祀典志》，第152页。
⑤ 江俊昭编撰：《江姓大宗谱》，第32页。
⑥ 2005年1月2日上午，员林三块厝"诒谋堂"调查笔记。

表2　江利宾所生三子生卒年份一览表

姓　名	生　年	卒　年	出生时父亲几岁
江有文	道光十七年（1837）	光绪十七年（1891）	41
江有三	道光三十年（1850）	民国二年（1913）	54
江有章	咸丰二年（1852）	光绪十六年（1890）	56

由表2可见，江利宾的长子有文生于道光十七年（1837），此时利宾已41岁，其妻赖氏30岁。而次子与长子相差13岁，三子与次子相差2岁。换句话说，江利宾另外还有三个女儿，很可能是在长子和次子之间出生的。这样，江利宾结婚大约就在他40岁或此前不远，年龄已经比较大了。笔者曾研究台南鹿陶洋江氏，发现在渡台开基的最初两代，结婚年龄都是较迟的，如开基祖江如南结婚已在36岁以后，他的儿子江公月是在35岁以后结婚的，直至第三代才比较正常，而且早期男女相差都是十几岁①。台湾在清代开垦时期，男女性别比例相差甚大，男多女少，这就造成许多女性配偶都比男性小很多，而且男性结婚年龄都比较大②。江利宾的个案正好与很多移民开基的个案相吻合，反映了那个时代台湾移垦社会中普通创业者的艰辛历程。

江利宾在他的晚年已经建立了自己的家业，他的两个弟弟也跟他一起生活，三个儿子后来又分别成家立业，繁衍后代。其中长子有文生了五男五女、次子有三生五男一女、三子有章生四男三女。至第三代，以有文这一房为例，长子德基又生五男五女、次子西斗生六男三女、三子德星生四男四女、四子德权生五男六女、五子德能生一男二女，整个家族都在加速生育，因此人口增长很快。据《江姓大宗谱》云：江有文娶妻萧氏。这个肖氏享年91岁，在她去世时，"五代同堂，子孙百六十余人"③。这仅是有文这一房的情况，如果加上有三、有章两房，整个"诒谋堂"的人口状况就可想而知了。

---

①　杨彦杰：《移垦历史与宗族文化的建构——以鹿陶洋江氏宗族为例》，林玉茹、艾茉莉（Fiorella Allio）主编《南瀛历史、社会与文化》，台南：台南县政府、南瀛国际人文社会科学研究中心，2008年，第372页。

②　杨彦杰：《从福建族谱看清代台湾移民的若干问题》，厦门大学台湾研究所台湾历史研究室《海峡两岸首次台湾史学术交流论文集》，厦门：厦门大学出版社，1990年，第288页。

③　江俊昭编撰：《江姓大宗谱》，第33页。

由于江利宾出生于读书世家，因此他的后代也多以"业儒"或"从医"为业。江利宾的三个儿子都是儒生，其中有三和有章是庠生。至第三代"德"字辈，已经生活在日据时期，仍有德星、德滋、德焜等人业儒，德基从医。而德基之后，他的五个儿子，长子金波、三子金报都是业儒，五子金锭也是一名"儒医"。江氏以从医为业当是从利宾的五弟荣全开始的。《江姓大宗谱》载荣全"儒医，无娶，往台湾与曾广公同住"①，即住在江利宾家里。而他的这个特长对江利宾的后代也会产生直接影响。据江金锭自己写的一份《历记》云：他之所以从医是从父亲德基那里学来的，而德基就是江荣全的侄孙，26 岁时荣全才去世。现将江金锭所写的这篇记述文字删引于下：

> 公乃是德基公之第五子，少之时父甚宠爱，知其才日后有廊庙之器，必定功成名就焉。年既七岁之初入学书轩三年，毕学后为牧童，已知其苦。十三岁春自思读书为要，随入员林公学校。而在学中昼夜殷勤苦读，年年亦受优等赏，亦作级长。至十七岁春即卒业，是月再赴台北艋舺府属公学校，于七月休学而归。后近父经商药业医书。二十岁四月父亲致病仙游，药商自营。至二十五岁癸丑五月兄弟阋墙之故，各承遗业。至三十一岁八月寿诞日期，亦聘小戏庆祝，妻旧备办数十盛祝贺。万事由天，不觉十五星霜，积金万余，置田园厝宅以遗后裔，皆由前时数节艰辛所致②。

江金锭出生于 1894 年，他 31 岁（1924）祝寿时已是比较风光了。从 17 岁休学后近父学医经商，到 31 岁正好是"十五星霜"，此时他已"积金万余"，并置有"田园厝宅以遗子孙"，发展是比较快的。至 1934 年，江金锭还在旧宅前兴建了一座房屋，他很细心地把这座新屋的"监造日课"都记录下来，保留在《大宗谱》内③。

由于江利宾的后代一直保持着读书的传统，业儒、经商、学医多有其人，这就为宗族的发展提供了较好的条件，在此背景下也为"诒谋堂"宗

---

① 江俊昭编撰：《江姓大宗谱》，第 30 页。
② 《金锭公一生历记》，载江俊昭编撰《江姓大宗谱》，第 38 页。
③ 江俊昭编撰：《江姓大宗谱》，第 38-39 页。

族文化的建构提供了物资和人才的基础。

三、"诒谋堂"的宗族文化建构

江利宾在台湾成家立业后不久就去世了，而他的三个儿子则成了接续宗族关系、在彰化构建宗族制度的重要人物。

同治九年（1870）正月，江利宾的次子有三回到祖地，抄录了永定县高头江氏北山房的族谱及其他相关资料带回台湾。江有三是个庠生，当年他 21 岁，很可能此次抄谱与他到大陆祭祖或游学也有某种关联，但具体细节不详。据彰化《江姓大宗谱》载：江有三抄录的是顺治七年（1650）和康熙十年（1671）江氏先祖订正的族谱传抄本。《大宗谱》云："大清顺治柒年庚寅岁，十六世嗣孙际云，号梧耸，讳奋龙立，康熙十年辛亥岁秋月，十七世嗣孙景斌，号浣槐订正，朝分派某代分居略以录出，待后贤哲可参详也。十九世嗣孙雅章字士钦抄录，大清同治九年庚午岁春元月廿四世嗣孙有三再录。"① 十九世嗣孙雅章抄录这份族谱在乾隆二十八年（1763），此时他已 81 岁高龄，"眼花手战，执笔不定，写字不知轻重"②。而江有三就是从这份乾隆年间抄录的族谱中转录并带回台湾的，其来源脉络相当清楚。

江有三把大陆的族谱带回台湾后，即着手接续他们这一支的繁衍脉络，并写了一篇《利宾公一生事情略记》，作为江姓"诒谋堂"在台开基的源起。此时江利宾已经去世，他的三个儿子实际上都参与了此次接修族谱的过程。他们在述完江利宾的事迹之后还写上了这样一句附注："时维庚午之秋辰月有三谨志，有文、有章同校。"③ 所谓"庚午之秋辰月"即同治九年（1870）秋季的某月（可能是九月）④，此时离江有三抄回族谱已半年有余。兄弟三人共同为父亲作传，既是对过往历史的追忆和总结，更是在开启新的历史，开始对江姓"诒谋堂"宗族制度进行实质性的

---

① 江俊昭编撰：《江姓大宗谱》，第 15-16 页。
② 江俊昭编撰：《江姓大宗谱》，第 11 页。
③ 江俊昭编撰：《江姓大宗谱》，第 33 页。
④ 按：秋季为农历七、八、九月，对应的地支为申、酉、戌月，文中的"秋辰月"当为"秋戌月"之误，即当年的农历九月。

建构。

在“诒谋堂”《江姓大宗谱》内，还有一篇当年（1870）由江有三撰写的《台湾续永邑谱叙》，明确提到今后如何对族谱进行接续重修的问题。文云：

> 人生在世，伦常为要；祖远族大，谱系宜修。愿流长之靡替，讵源远而莫追。遐想我始祖自杭移永，由来久矣。奕叶相承，人丁繁衍，曷可胜数。我曾广公由永而至台邦彰邑燕雾保三块厝庄居住，克承先人之志，肇启万代之基。财丁由是勃兴，人文就此蔚起。宗谱之书，宜继续焉。是以查考之下，爰笔之书。虽于各房分派之繁，难以尽录，而我祖一脉之源，亦自不紊矣。自今以始，几［凡］有生子生孙者，须于男名妇姓一一到此呈明，无容紊乱。至传下丁众，各房又宜各修一谱。有志成人者，可以集其大成，则庶乎祖宗之来历可鉴，而辈数之高下可无差矣。是为序①。

编修族谱是构建宗族制度的一项十分重要的内容。自江有三兄弟编成族谱之后，他们的后人又多次进行重抄和接修，如：光绪二十一年（1895）春元月，廿五世嗣孙德基再录；民国十七年（1928）冬葭月，廿六世嗣孙金锭续录；1995 年春元月，廿八世嗣孙俊昭编撰②。江德基和江金锭父子的事迹前面已述，而二十八世孙俊昭即江金锭的侄孙，他的祖父江金报与金锭是同胞兄弟。因此，我们今天所见的“诒谋堂”《江姓大宗谱》，是在江姓几代人的共同努力和传承之下，最后由江俊昭于 1995 年元月编印而成的版本。

这本重新编印的《江姓大宗谱》，其内容主要是记录“诒谋堂”长房，尤其是江金报这一支的世系，而它的源头则保留了江氏从上杭到永定，以至从永定到台湾与“诒谋堂”有关的繁衍脉络。尽管该宗谱经过多人传抄，其中笔误不少，尤其是有些文献因为传承时装订错误，以致很多地方出现前后倒置的现象，非经详细考订难以卒读，但该宗谱对于我们理解彰化“诒谋堂”的来源及其宗族文化，则有不可忽视的意义。

---

① 江俊昭编撰：《江姓大宗谱》，第 31 页。

② 江俊昭编撰：《江姓大宗谱》，第 16 页。

第一，这本宗谱保留了许多明末以来江氏宗族的重要文献。由于该宗谱抄录于清末，原本为明末以至康、乾修订的族谱，加上抄录者是一名庠生，因此保留了不少该宗族早期的珍贵史料，有些资料于今已很难找到。如该宗谱载有明万历四十六年（1618）江心泉首修族谱《序》、清顺治十七年（1660）江际云续修族谱的《宗支小引》，以及《济阳江氏上杭建祠碑记》等，这些资料对于我们了解江氏早期开基的历史，以及房派繁衍、各地派系整合、联合建造大宗祠等重大事件，都具有不可忽视的价值和意义。

第二，该宗谱填补了大陆族谱的某些缺失。由于宗族繁衍世代久远，加上江氏族人众多，从清朝开始就各房各自修谱，因此很多外迁房派在目前所见的大陆族谱中都已经失记。如近年刚完成的《济阳郡永定江氏宗谱》，这是一本至今最完整的江氏宗谱，厚达 1000 多页，联合两岸江氏、综合众多房派的资料编撰而成。可是在这本宗谱中，却找不到本文探讨的江利宾这支的任何记载，甚至连他的祖父、父亲及其同胞兄弟的繁衍世系也付之阙如①。而在更早编印的《济阳江氏高头族谱》中，同样也没有这些相关记载②。这表明很多清代迁移出去的族人，由于长久失去联系，祖居地流传下来的宗族资料确实需要进行更多的增订和补充。这本彰化《江姓大宗谱》正好弥补了江利宾这一支的缺失，而且某些族人资料也可与大陆编印的谱牒相对照，进行更细致的考订和修正。

第三，更值得注意的是，这本宗谱还抄录了江氏"东峰公"的资料，这对于我们理解"诒谋堂"宗族文化的形成同样具有重要意义。

"东峰公"是永定江氏东山房的一个祖先，明嘉靖年间由于张琏之乱，他率领子侄奋勇抗御，不幸身亡。死后逐渐演变为家族神，受到东山房族人及周边外姓的崇拜，而北山房的族谱中却无只字记载③。江利宾这一支属北山房，然而这本以"我祖一脉之源"为准绳抄录下来的族谱，却单独抄录了东山房"东峰公"的资料，不能不引起注意。该资料云：

① 永定县江氏宗谱编纂委员会：《济阳郡永定江氏宗谱》，2003 年编印，第 406、419-422 页。按，江利宾的曾祖父衍千生四子：赞猷、赞为、赞咸、赞烈，而这本《宗谱》仅记赞为（写作"赞维"）这一支的部分资料，其余均阙如，说明大陆江氏族谱在清末以后资料丧失甚多。

② 永定县高头北山修谱小组：《济阳江氏高头族谱》，第 35-36 页。

③ 参见上引《济阳江氏高头族谱》，该族谱由北山房编修，仅记载江氏北山房的资料。

十三世长房祖考宽山，号东峰江公……公生时，英雄好义。于嘉靖廿九年三饶贼张琏、薛峰称王称帝，纠匪万余猛，横行乡里。宽山公偕父子兄弟叔侄，统领乡兵，大战数场，杀贼数百。是时，宽虎公同二男致远、致清三人被贼杀亡。宽山公大怒，又偕男偕侄，统乡兵与贼大战一场，贼首受伤，余死者不可胜数。宽山公乘胜直捣贼巢，一时救兵不到，宽山公与三男殁[致]深、致活、致洲并一侄致长五命阵亡。至壬申年，漳贼又同捣乱。道宪闻知，即遣守备李光斗带兵到苦竹庵理办。是夜，宽山公身着铁甲，至庵显身说："贼退，你兵不必扰我乡里。"次早李守备即述诸乡约众人，皆言是东峰公出阵，即备猪羊祭拜。归仙之后，英雄灵显赫，今族中并异姓皆奉祀香火，即吾侪会所祭东峰公太是也①。

"东峰公"阵亡后，大致在明末清初就开始"显灵"，逐渐被神化。入清以后，随着江氏族人大量迁往台湾，"东峰公"崇拜也传入台岛。彰化"诒谋堂"这份族谱抄录于清末同治年间，抄录者特别把与他们房派无关的"东峰公"资料抄录回台，显然此时在彰化"诒谋堂"已经有了"东峰公"崇拜，至少抄录者已经有了这方面的意识。

"东峰公"崇拜原来在永定高头只局限在东山房内，其他祭祀者包括周边的外姓或外地族人。而传播到台湾后，则逐渐演变为台湾各地江姓宗亲集体崇奉的对象，不管是东山房或者北山房、南山房，甚至来源已经无法厘清的江氏后裔，很多都把"东峰公"崇拜视为江姓认同的一个标志②。笔者在"诒谋堂"调查，发现在江利宾早年开基的三块厝祖堂后面，还有一间神明堂，其正中神案上就供奉"东峰公"神像。据族内老人说，他们小时候（日据时期）每年"东峰公"生日就会到邻近的永靖乡竹子下祭拜"吃公"③。永靖乡竹子下也有一座"东峰公祖祠"（称"义勇祠"），当

---

① 江俊昭编撰：《江姓大宗谱》，第23、20页。按：该资料颠倒错置，引文之标点亦经笔者重新调整修改。

② 杨彦杰：《从祖先到神明：闽台"东峰公"崇拜之研究》，江明修、丘昌泰主编《客家族群与文化再现》，台北：智胜文化事业有限公司，2009年，第155-178页。

③ 2005年1月2日上午，员林三块厝"诒谋堂"调查笔记。

地江姓也来自永定，迁台比"诒谋堂"早①。显然，"诒谋堂"的"东峰公"崇拜是从竹子下传来的，至少与竹子下江姓有非常密切的关系。江姓"诒谋堂"从清末开始构建的宗族文化，并非都是来自原乡北山房的传统，也有一些是在新住地吸收其他文化融汇而成。

四、结语

彰化江姓"诒谋堂"迁台时间较晚，在众多客家人移民台湾的案例中它只是其中一个。不过，由于江姓"诒谋堂"有相当完整的宗族史料，与原乡又有很多史料可资对照，对于我们深入理解客家人移民台湾的背景、过程及其宗族文化的构建，都是不可多得的研究个案。通过以上各节讨论，我们可以得到以下认识：

（1）道光年间江利宾渡台完全是生活所迫。他虽出身于一个世代书香的家庭，然而一个读书人也不见得就有很好的家庭环境。他到台湾能够赖以生存的本领是"业儒"，即教书兼看风水。这种以教书为业的移民在清代并非绝无仅有，但与普通劳动者相比显然人数较少，是值得探讨的。

（2）江利宾在台湾创业的过程相当艰辛。他30岁渡台，大约40岁结婚，50岁才有属于自己的住所。他的太太比他小11岁。这种大龄结婚，而且男女年龄差别很大的状况，在清代台湾移民开基的历史上是常见的现象。值得注意的是，一个儒家知识分子在台开基的历程及其创业过程中对后代的影响。

（3）由于江利宾一生以教书为业，因此他的后代也多以读书为重，甚至在日据时期，"诒谋堂"派下还有很多人"业儒""从医"。这种宗族文化传统的延续，塑造了江姓"诒谋堂"的文化特质。如今三块厝祖堂的藏头联仍充分显示着该宗族的文化传统："诒子遗孙箴规永如金玉，谋藏法善世代必定芳隆"，即永远遵循先祖遗规，"千言万嘱，总不外爱儿孙读书"。一方面，这种耕读传家的思想一直是客家人世代相传的美德。另一方面，大量读书人的出现也为宗族制度的形成创造了条件。江利宾开基以

① 江洪俊公派下族谱编辑委员会：《江洪俊公派下族谱》，彰化县永靖乡竹子下江姓，1994年编印。

后，第二代就还乡抄录族谱，并接续了在台繁衍的谱系，以至今天仍有很好的宗族史料保留下来。如果没有以读书为重的传统，宗族制度的建构和延续显然就不会如此顺利，或者还要推迟很久。

（4）江姓"诒谋堂"除了继承大陆原乡的文化传统之外，也在新的居住地吸收了当地的某些文化元素。如"东峰公"崇拜原来就不是北山房的传统，而是在开基创业过程中，通过与其他江姓移民的接触互动才吸收进来的，从而成了江姓"诒谋堂"宗族文化的一项重要内容。因此，移民及其新的文化传统的形成，并不是简单的传承，而是移民与新居住地周边人群长期接触互动的结果。

如今江姓"诒谋堂"的族人已经"福佬化"。很多人不会讲客家话，有的甚至不知道他们的祖先原来就是客家人。不过，在他们的宗族文化中仍有许多客家人的传统，如耕读传家、遵循族训、重视谱牒，甚至连"东峰公"崇拜都是来自大陆客家地区。江姓人直至日据时期其实都还有客家人的词汇。如前引江金锭的生平史料说：他31岁那年祝寿，"妻旧备办数十盛祝贺"。这里的"盛"原来应有木字旁，是客家人对肩扛木质大礼盒的特有称呼，"福佬人"没有。可见在这份史料撰写期间（20世纪20年代中后期)[1]，彰化江姓"诒谋堂"的族人还会使用客家话。语言是在族群互动过程中逐步变迁的，江姓客家话的消失有其社会环境和历史因素，但客家人的特质及其与血脉相连的宗族文化传统却比语言持续得更久。

附录：

新捐文馨课款碑

怀山公六桶　朝彩六桶　登翰公四桶　初兆公三桶　奎光三桶　拱南公五斗　成溪公五斗　辉唐公二桶　郁轩公二桶　宏喜公二桶　超润公二桶　极一公二桶　茂芳二桶　宏名二桶　平泽公三斗　云溪公一斗　恩圃公一斗　柱臣公一桶　映九公一桶　翰冲公一桶　华章公一桶　义轩公一桶　泮昭公一桶　雪馨公一桶　沛九公一桶　兴溪公一桶　斐朝公一桶　心田公一桶　冀野公一桶　德化公一桶　锡文公一桶　万亭公一桶　仰雍

---

[1]　江俊昭编撰：《江姓大宗谱》，第38-39页。按：江金锭于1928年冬续录族谱，说明他自己写的这份生平《历记》此时当已形成。

公一桶　洁溪公一桶　希上公一桶　任良公一桶　邦翰一桶　阶度一桶　凤清一桶　凤目一桶　凤传一桶　兰标一桶　占蔚一桶　渠成一桶　崇茂兰公一桶　超信一桶　珍翰一桶　清科一桶　赐绥一桶　敦仁公一桶　碧光一桶　士能公一斗　西垣公一斗　素竹公一斗　履平公一斗　北亮公一斗　念祖一斗　万吉公一斗　五藏公一斗　起仁公一斗　奠山公一斗　忝书公一斗　凤云一斗

道光二十一年辛丑岁秋月吉旦立

新捐文馨课银碑

永诰公五两　厚明公五两　遵圣公三两　宝善公三两　锦海公三两隆南公三两　献堂公三两　赞豪三两　吉贤三两　吉晖三两　怀仁三两耀亭公、高郎共五两　鲲化公二两　丰仰公二两　遵五公二两　溥轩公二两　谱堂公二两　敫荣公、尚英公、倬斋公、仪锦公、丰济公、高上、裕仁、宣舍、仁发、金秀、希林、赐筹、健行、英进各捐银贰两　育长一两五　似海公一元　心泉公一元　仰垣公一元　启统公、简斋公、进寨公、圣蝐公、岷溪公、居新公、荣世公、勤山公、顺德公、庆云公、若湖公、晦亮公、吐玉公、和轩公、希进公、东来公、清和、舜能各捐银一元　凤勋、凤正、春翰、修翰、健光、超蔚、升腾、攀翰、佐隆、灿光、秀叶、希锦、荣赐、志斋公、赐书、建灿、纪周各捐银一元　瑞昌一元　瑞才一元　泰来一元　岳星一元　功来一元　鲐公一两　拱汉公、添澜公、潜藻公、图龙公、生野公、乐泉公、毅任公、希援公、献东公、素存公、慕斋公、裕德公各捐银一两　直义公、敬轩公、潜光公、仑蕃公、侃志公、先善公、庭植公、植栽公、玉碧、吉裳、新寿、吉丰、晋吾、达邦、起隆、泮容、渭容、蕙标各捐银一两　观恩、霖淇、科喜、闰来、标赠、盛接各捐银一两　瑞泰半元　五春一两　振兴二两

道光二十一年辛丑岁秋月吉旦立

（本文原载于邓孔昭主编《闽粤移民与台湾社会历史发展研究》，厦门：厦门大学出版社，2011 年）

从祖先到神明：闽台"东峰公"崇拜之研究[*]

　　神、鬼、祖先崇拜一直是人类学、宗教学、社会学等学科的学者普遍关注的问题。祖先与神明是有区别的，但是这两者又有关联，并非截然分开的。笔者曾研究华南民间的"祖神"崇拜，指出在客家早期历史上，祖先被当成神明来崇拜的例子颇为常见，而且这些被神化的祖先生前大多是有法术的民间道士①。其实除了民间道士之外，其他非道士出身的祖先也有可能演化成神明。这就说明，在中国民间社会里，普遍存在着一种造神的文化机制。那么，这种文化机制究竟是什么？一个普通的祖先需要什么条件才有可能演化成神明，演化的过程怎样？这些在以往的研究中并没有被详细讨论。本文拟通过闽台江氏族人崇奉的"东峰公"为例，从历史人类学的角度，具体透视一个祖先如何被逐步神化的历史过程，以及由此展示的社会文化意义。

一、义勇祖先："东峰公"的历史故事

　　"东峰公"原本是福建省永定县高头江氏的一个普通村民，或者更具体地说，他是一个有血气、敢于担当的地方能人。

　　"东峰公"出生于明正德二年（1507），属永定江氏十世祖。永定江氏据称迁自上杭，再往前则来自宁化。据永定江氏早期的族谱记载：江氏曾经住在宁化县石壁村，"不知几代"，后来从宁化石壁迁往上杭县胜运里开

　　* 本文发表于"2006年族群、历史与文化亚洲联合论坛：人物与地域研究国际学术研讨会"，台湾中坜市，2006年12月2-4日。论文的修改，得益于匿名评审人的宝贵意见；会后又得到黄英哲教授的垂爱，修订后再译成日文于日本爱知大学现代中国学会的刊物上刊载，特此致谢！
　　① 杨彦杰：《华南民间的祖神崇拜》，《法国汉学》第五辑，北京：中华书局，2000年，第388-399页。

基，繁衍三代再迁永定①。因此，现在闽、粤、台的这支江氏族人都把上杭开基祖作为计算代数的起点，而永定高头的开基祖百八郎即是上杭第四代，亦称作高头一世祖②。永定江氏自从在高头开基以后，至第五世（上杭第八世）成海公生下五子，其中长、次子外迁，三至五子添澄、添洧、添满分别居住于高头的东、北、南三个地方，由此分出东山、北山、南山三大房。"东峰公"即属东山房添澄公派下。

"东峰公"的曾祖父江沂，是一名岁贡生，曾任合肥县主簿兼教职。祖父仰渊。父亲尚富，生有三子：宽山、宽龙、宽虎，其中长子宽山号东峰，三子宽虎号西峰，因此这两个人后来被尊称为"东峰公"和"西峰公"。"东峰公"兄弟三人共育有九个男丁，属于东山房派下人丁最旺的一支。这些兄弟子侄在当时的社会生活中显然扮演着重要角色，与我们往后的分析亦相当密切，因此这里先列成表（表1），以供参考：

表1 "东峰公"三代亲属一览表

高头九世	高头十世	高头十一世
尚富	宽山（号东峰）	致深、致活、致洲、致纯、致英
	宽龙	致长
	宽虎（号西峰）	致远、致定、致清

资料来源：永定县江氏宗谱编纂委员会《济阳郡永定江氏宗谱》，2003年，第125-126页。

永定原属上杭县管辖，明成化十四年（1478）始分析置县。而在永定建县初期，地处县东南又靠近漳州的高头江氏已经设立了三大房，宗族实力也有了长足的发展。《济阳江氏高头族谱（北山房）》云：永定建县之初，"高头为金丰里二图二甲，江成万户为里长，后吴大爹改为江添万户为里长"③。这个"吴大爹"似为弘治八年（1495）署永定县知县的吴俊④，而所谓的"江成万户"显然是以高头五世祖江成海命名的，后来的"江添万

---

① 江俊昭编撰：《江姓大宗谱》，第13页。
② 关于闽粤台江氏以上杭为中心的整合过程，参见杨彦杰《追寻祖先：闽台〈江氏族谱〉的综合分析》，"客家族谱文化学术研讨会"论文，上杭县，2006年5月29日-6月1日。
③ 永定县高头北山修谱小组：《济阳江氏高头族谱》，永定县高头江氏北山房，1989年，第16页。
④ 民国《永定县志》卷十一《职官》。

户"则是以江成海的儿子（三大房房头祖）"添"字辈命名的。这两个花户都代表江氏宗族最主要的势力，以此充当为官府征税应役的"里长"角色，显示高头江氏在15、16世纪的成长经历，以及在当地不可忽视的社会地位。

江东峰就出生于这样一个宗族环境里。关于他的事迹，目前能见到的最早文献当数清顺治十五年（1658）前后分巡漳南道卫绍芳撰写的《孝义江东峰传》。他根据江氏耆老口传记述了江东峰的生平事迹及其殁后显灵的故事，其中有关江东峰的出身和家庭背景，卫绍芳写道："某江姓，讳宽山。曾祖沂以岁贡生为江南庐州合淝县主簿兼教职，遗命子孙业儒。某长，思盗寇蜂起，安用毛锥，遂娴武备。"① 可见江东峰是出生在一个世代重视读书的家庭，小时候也接受儒家教育，只是到了成年以后，由于社会动乱，"盗寇蜂起"，才弃文从武并练就了一身好武艺。

江东峰一生尚义敢为，他的突出事迹是与嘉靖年间的张琏事件紧密相连的。据卫绍芳记载，当时张琏的队伍几次袭扰高头附近区域，江东峰率子侄及乡勇奋起抗御，最终不慎遭到伏击，血战身亡。《孝义江东峰传》云：

> 嘉靖间，东粤山寇张连、薛封聚众数万，劫掠乡邑，贼伙李亚虎尤跳梁。某（指江东峰——引者注）慨然曰：大丈夫义不独安，誓除贼以安乡邻！因集乡壮及子侄辈奋往前驱，殄贼无算，追李亚虎斩之，由是乡民帖然，谓非某之力不及此。无何，狡贼思逞，诡传劫某外祖苏宗琼家。是夜赴救。次日，贼伏险突出，其次男、一弟、二侄俱遭害焉。某被重伤，犹手刃数贼，奔告家人，气愤而绝。四邻悲涕，如失怙恃。嘉靖四十一年事也②。

上引卫绍芳的这段记载，是目前所见最为详细而且出现时间最早的。从内容来看，当时江东峰率子侄及乡勇与张琏所部交战主要有两次：一次是与李亚虎（又称李亚甫）对阵，"殄贼无算"；另一次是为了救外祖苏家③，遇伏身亡。

① 卫绍芳：《孝义江东峰传》，道光《永定县志》卷一九《艺文志（下）》。
② 道光《永定县志》卷一九《艺文志（下）》。
③ 按：苏姓聚居于永定县古竹乡，与高头紧邻，至今苏姓仍是当地大族。

不过，这里需要说明的是，尽管卫绍芳的记载颇详且时间较早，但他是得自于江氏族人的口述。江东峰去世时，永定江氏尚未修谱①，因此在事隔近百年后的顺治年间记述此事，也只能是当时人的集体记忆，反映的是江氏父老在那时的一种口头传说，并非就是史学界习称的"历史事实"。

事实上，有关张琏部队袭扰永定的事件在县志和族谱里也有记载，但各种记录都有不少出入。如张琏袭扰永定的时间，道光《永定县志》云：嘉靖"四十二年，饶平贼罗袍五千余人由箭竹隘突至，杀城外及乡落男妇七百余人，因溪涨不及攻城而去。秋，饶平贼李亚甫、薛封等劫掠金丰，高头民江宽山统乡勇追击，死之。"② 这里将李亚甫等人劫掠金丰事件记为嘉靖四十二年（1563）秋，比上引卫绍芳的记载推迟了一年。而在《江氏族谱》里，有关江东峰遇难的事件或记于嘉靖二十九年（1550）③，或记于嘉靖三十九年（1560）④、嘉靖四十年（1561）⑤，其中以嘉靖四十年正月十六日辰时身亡的记载为最多⑥，显示江氏内部也有各种不同的说法，只是后来经过长时间的磨合，才对江东峰的忌日有了相对固定的版本。

至于江氏在这次事件中的损失情况，在不同时期表述亦各不相同。前引顺治年间卫绍芳的记述，是江东峰和次男、一弟、二侄遇难，共有 5 人。道光十年（1830），进士、翰林院编修、后告退还乡的永定大溪人巫宜福在修纂《永定县志》，撰写江东峰传时云："江宽山，字东峰，以义勇闻。嘉靖间，山寇张琏等聚众万余，劫掠乡邑，宽山率子弟及乡勇力御之，转战皆有功。伏发，宽山及三子、二侄皆歼焉。"⑦ 这里记述十分简要，但明确说有江东峰和三子、二侄共 6 人阵亡。同治九年（1870），渡台开基的

---

① 江氏族谱首修于明万历四十六年（1618），距离江东峰事件已经超过半个世纪。

② 道光《永定县志》卷四《纪事沿革表》。

③ 江俊昭编撰：《江姓大宗谱》，第 23 页。

④ 《济阳江氏历代族谱》江士忠手抄本，美国犹他家谱学会缩微胶卷，台湾"中研院"民族所藏 MF7894230r.383。

⑤ 江汉亮：《江氏族谱》，台北市，1964 年编印，第 44 页；江辉泉：《济阳江氏族谱》，台北县，1988 年编印，第 16 页。

⑥ 台北县江姓宗亲会：《江姓宗谱》，1996 年编印，第 2 页；江光元：《江姓族谱》，台北市，1997 年编印，第 65 页；永定县江氏宗谱编纂委员会：《济阳郡永定江氏宗谱》，2003 年编印，第 126 页。

⑦ 道光《永定县志》卷二四《忠义传》。

江利宾之次子返回大陆抄录族谱，他们保留下来的记载是：

> 三饶贼张琏、薛峰称王称帝，纠匪万余猛，横行乡里，宽山公偕父子兄弟叔侄，统领乡兵，大战数场，杀贼数百，是时宽虎公同二男致远、致清三人被贼杀亡。宽山公大怒，又偕男偕侄，统乡兵与贼大战一场，贼首受伤，余死者不可胜数。宽山公乘胜，直捣至贼巢，一时救兵不到，宽山公与三男殁（致）深、致活、致洲并一侄致长，五命阵亡①。

这样，至少在同治年间，《江氏族谱》记载的张琏事件，两场战役就有 8 人阵亡，包括宽山（东峰公）、宽虎（西峰公）以及子侄致远、致清、致深、致活、致洲、致长。

至近年大陆新编的《济阳郡永定江氏宗谱》，有关阵亡人数更上升至 9 人。具体是：第一次战役南溪庵仔山之战，"宽虎及侄致远、致长等即于难"；第二次古竹凹遭伏击，宽山"受重伤，仍执刀砍数贼，回至高头乃亡。同时阵亡有子致深、致活、致洲，侄致定等"。此外，在该《宗谱》的"宽龙"条目中，又特别注有"阵亡"二字②。这样一来，阵亡的人数更多，与同治年间的记载相比，多了宽龙、致定两人，但少了致清。

由此可见，嘉靖年间江氏抗击张琏事件，目前所见的文字记载其实都是不同时期江氏族人集体记忆的一部分。至今似乎没有保存下来有关这一事件的档案，不管是官修志书还是江氏族谱，都是根据后来人的口传加工整理而成的，因此在时间和阵亡人数等方面出入颇大。尤其在阵亡人数方面，从清朝初年的 5 人增至 6 人，再增至清末的 8 人以至 9 人，占了江东峰兄弟、子侄两代 12 个男性的四分之三（参见表 1）。阵亡人数的节节攀升，加上后来强调的"东峰公"于元宵刚过的正月十六日辰时遇害之时间点，显然有效地增强了这个故事的感染力和它的惨烈程度。而这些不断讲述、整理和修改的"东峰公"故事，它的发展，实际上是以民众对"东峰公"的崇拜为背景的。换句话说，故事情节的刻画加工有利于增加民众的崇拜热情，而民众崇拜热情的高涨又推动故事情节不断修饰、完善和进一

---

① 江俊昭编撰：《江姓大宗谱》，第 23、20 页。按：此族谱将江东峰事迹颠倒错置，前一段置于 23 页，后面一段置于 20 页，需要整理阅读。同样的情况还有数处，不赘。

② 永定县江氏宗谱编纂委员会：《济阳郡永定江氏宗谱》，第 126、127、131、993 页。

步播展，这两者是密切关联的。

二、祖先与神明：原乡对"东峰公"的崇拜

"东峰公"的事迹之所以在清初被卫绍芳记录下来，完全缘于他的一次偶然经历。据《县志》及卫绍芳本人的记载：顺治十四年（1657），金丰里岩背村（今属陈东乡岩太村）村民罗郎子、温丹初造反，分巡漳南道卫绍芳奉命前去镇压①。可是由于岩背村山岭险峻，官军久攻不下，一时心里无策。有一夜，卫绍芳梦见一个"虬须修髯、眉眼竖立"的神人告示，次日"贼"将袭营，要他做好准备，并指示会予以阴助。第二天"贼果来袭"，由于他事先已有戒备，此役获得大胜，"直捣其穴"。事后，卫绍芳因言梦状，"乡壮江姓者持像来，宛如所见"，因此他相信这个在画像中似曾相识的江姓祖先就是帮助他的神人，于是"率众拜酬"，并向耆老"详询其生平"，才记录下了江东峰的事迹②。

卫绍芳对江东峰的记述除了他生前抗击张琏的事迹外，还用了很大篇幅讲述"东峰公"殁后英灵不灭，屡次助官兵驱寇的事迹。第一次是崇祯五年（1632），"东峰公"在古竹显灵，阴助守备李光斗驱除"漳寇"。第二次在崇祯十五年（1642），观察副使顾元镜遣守备驱"贼"，忽然有一天一个士兵扑地瞑目，起来后"战栗不止，言适遇虬须将军率众驱贼，自称高头江宽山云"，于是率军直追至南靖县施洋地面，"杀贼无数"，大获全胜。卫绍芳在讲完这些故事后感叹道："予闻而梦益信。"就是说，他由此越发相信自己所做的梦是真的。因此充分肯定了"东峰公"生能"捍御寇贼"，死后能阴助国家的功德，按照祭法必须予以祭祀，并立传表彰③。

当然，分巡漳南道卫绍芳对"东峰公"的记述和肯定是站在统治者的立场，是从官方的角度出发的。不过，这篇传记则从另一个侧面向我们传递了一个明确无误的信息，即在明末清初社会急剧动荡的环境下，高头周边的民众早就开始了对"东峰公"的崇拜，或者说，至少已经有了"东峰

---

① 道光《永定县志》卷四《纪事沿革表》。
② 卫绍芳：《孝义江东峰传》，道光《永定县志》卷一九《艺文志（下）》。
③ 道光《永定县志》卷一九《艺文志下》。

公"显灵的传说。

"东峰公"去世于明嘉靖四十年（1561）正月十六日，同时还有三个儿子、一个侄儿阵亡。如果这个《江氏族谱》的记载是真的，那么当时的江家遭受的沉重打击完全可以想见！笔者到高头调查，当地村民还说"东峰公"死后就埋在一个纸寮边，后来连坟墓的遗址都找不到了。"东峰公"现在的坟墓是明朝万历三十年（1602）重做的。据《族谱》记载，是年"正月初九日葬在漳之靖邑南瓦乡大尖紫下，坐丁向癸"[①]。可见在"东峰公"去世40多年后，才为他找到了一个理想的墓地。

"东峰公"的这座坟墓与他的显灵故事有着密切关联。前面已经说过，"东峰公"显灵的传说有文字记载的可追溯到明末崇祯五年（1632）、崇祯十五年（1642）和清初顺治十四年（1657），而这些都在"东峰公"二次葬的30年以后才出现，绝非偶然。事实上，前引卫绍芳的记述中就有一段话很值得注意，他说：崇祯十五年，清军征剿掳掠郡邑的"乌贼"，"前卒马福忽扑地瞑目，厉声曰：随我来必获胜！既起，战栗不止，言适遇虬须将军率众驱贼，自称高头江宽山云。"这个忽然扑地瞑目的马福，他的表现和神态显然就是一个为"东峰公"传话的乩童。而这个故事得自当地耆老之口，表明至少在清初永定县高头乡附近已经有乩童扬言被"东峰公"附身，"东峰公"已经被当成神明来崇拜了。

"东峰公"的坟墓就坐落在南靖县一个现在称作南欧的地方。此地离高头甚近，仅十公里左右，村民前去祭扫颇为方便。笔者曾到那里考察，墓地很大，前山、后龙及左右砂手都极为合乎形势派风水师的通常说法。墓前有石桅杆一对，左边一根刻"乾隆寅恩科例拔进士江九世孙廷璋立"，右边一根已损一半，上刻"乾隆十五年恩授明经岁进士江三益立"。这两个贡生都是"东峰公"的后代，其中江廷璋属上杭二十一世、高头十八世，与"东峰公"前后相差九代，故称"九世孙"[②]。道光《永定县志》云："江廷璋，字元度，金丰贡生。有治事才，生平倡捐庙宇、桥亭，拯救亲朋困乏，多善举焉。"[③]可见至乾隆间，高头江东峰的子孙又相当繁

---

① 永定县江氏宗谱编纂委员会：《济阳郡永定江氏宗谱》，第126页。
② 永定县江氏宗谱编纂委员会：《济阳郡永定江氏宗谱》，第305-306页。
③ 道光《永定县志》卷二六《惇行传》。

盛，他的后代把这座坟墓当成他们祭祀祖先、彰显宗族荣耀的一个重要场所。

"东峰公"的坟墓由于"风水佳胜"①，明末以后高头附近又有不少关于他显灵的传说，加上官府的推崇和肯定，因此从那时起，周边外姓村民也开始到墓地去祭拜"东峰公"，至清朝中叶以后，更是达到远近闻名的程度。道光《永定县志》载："义士江宽山墓，在南欧。按宽山，嘉靖间御寇被难，死后屡显灵异，至今远近祷祝不绝。邑编修巫宜福有题联云：当年刚大无亏在闾里多蒙其庇，至今正直而壹虽孙子不得而私。"② 巫宜福的题联不仅反映了"东峰公"在清朝道光以前受到广泛崇拜的事实，而且对这种民间崇拜的进一步发展显然又起到了推波助澜的作用。

如今我们到墓地考察，已经见不到当年巫宜福的题联，墓碑也经过水泥涂抹，中间只写"义勇烈轩"四字，已经没有什么历史的遗迹，但是从村民的口中我们还可以听到不少有关"东峰公"和这座坟墓的故事。江姓村民们说，"东峰公"很灵，以前南欧有个小孩到墓地小便，后来他爬上石桅杆就下不来了。这个小孩的父亲得知以后，就拿黑狗血去"治"，结果就不那么灵了。还有一个故事：据说到"东峰公"墓求子很灵。有一年，一个汕头人到那里求子，他许愿如果有子就要还一头大猪。结果当晚就有人来敲旅馆的门，一个妇女抱着一子神色匆匆地塞给他就走了。原来这个妇女的丈夫要出洋，女的不肯，坚持要丈夫把孩子带走，情急之下到旅馆找错人了。这个求子者喜出望外，第二天就抬着大猪到墓地谢恩。

"东峰公"死后显灵的故事要比他生前的英勇事迹多得多，而这些不断累积的故事都在增强着"英灵不灭"的观念。人们对"东峰公"的崇拜其实与这种观念息息相关，而在崇拜过程中又充满着浓厚的功利性和世俗色彩。同治年间抄录的《江氏族谱》云：东峰公"归仙之后，英灵显赫，今族中并异姓皆奉祀香火，即吾侪会所祭东峰公太是也。"③ 近年新修的《江氏族谱》也说："公葬于南靖县大尖崂下，风水佳胜，遐迩共仰。春祭

---

① 江汉亮：《江氏族谱》，第 44 页。
② 道光《永定县志》卷一五《古迹志》。按：民国《永定县志》卷七《名胜》亦有此记载，巫宜福题联的下联为"至今正直而壹虽子孙不得而私"，稍有差异。
③ 江俊昭编撰：《江姓大宗谱》，第 20 页。

之日，求丁求财以远道来客，络绎不绝。公灵显事迹，难以枚举。"①

人们对"东峰公"的崇拜可以大致分为两类：一类是宗族成员，主要是"东峰公"的子孙；另一类是南靖书洋及其他地方包括漳州、潮汕地区的民众。这两类人的祭祀形式和目的各不相同，但共同祭拜的地点都在墓地。

"东峰公"没有自己的祠堂，只有画像，需要时悬挂在东山房的祠堂里。族人祭祀"东峰公"一年有三次，即农历正月春祭、八月十五秋祭、十月二十一祠祭庆祝"东峰公"生日。此外，在正月春祭的前一天，还要去祭扫"东峰公"婆太的坟墓。每年这四次重大祭祀活动都要在前一年选出"头家"。负责正月春祭的称"大头家"，负责其余三次的均称"小头家"，这四个"头家"提前选出，主要是要他们为第二年的祭祀做好准备。每次祭祀这四个"头家"都参加，组成理事班子，由选定当值的那个"头家"负责此次祭祀的筹备工作。

每年正月初一，"东峰公"的裔孙就要到东山房祠堂选择今年春祭的日子。择日采取跌筶的形式，据说一般都在农历的正月十五以后。春祭那天，"东峰公"的后代都会齐集墓地，有的人特别虔诚，还会提早赶到那里抢烧"头香"。春祭的祭品最重，规定要有一猪一羊，摆两份"三献"，称"双堂祭"。祭品摆完后，先在墓前选择第二年的四个"头家"。不管报名人数多寡，都要采取跌筶的方式，在墓前连得"三圣筶"者才能当选。随后即开始公祭，公祭完成之后再举行私祭，由当年添新丁的人家摆上供品，向"东峰公"致祭以表达虔诚之意。在私祭的同时，其他外姓人也纷纷祭拜，有的人是前来求丁求财的，有的是还愿许愿的，到处都是鞭炮轰鸣，请客、道贺、喝新丁酒，场面热烈。据说每年前来祭拜的都有几千人。笔者去墓地考察时，看到墓丘上仍覆盖着厚厚的一层鞭炮纸，带路人说，要挖到很深才能见到泥土。

春祭的前一天还要祭祀"东峰公"婆太，也是在其墓地举行，不过规模不大。八月十五"东峰公"的秋祭也是如此。据说一般都摆"三献"即三盘供品，并割一只鸡而已。十月二十一是"东峰公"生日，此日的祭祀活动在东山房祠堂举行。要挂"东峰公"像，并宰杀一只猪，摆"三牲"

---

① 江汉亮：《江氏族谱》，第44页。

鸡鸭鱼和"三献"供品。据说，以前江姓设有"东峰公尝田"，每年可收租谷 30 多担。现在设有"东峰公祭祀基金"，主要由海外族人捐献，其收益用于支持祭祀"东峰公"的各项活动，不足部分由选出的大小"头家"支付解决①。

"东峰公"的崇拜除了上述的高头东山房祠堂和南欧墓地之外，在湖坑镇的南江村还有一座"孝义祠"（俗称"东峰公祠"）。这座祠堂始建年代已不可考，但估计不会迟于清末。大门的上方有石刻门额题着"孝义"二字，里面建筑物基本倒坏。破烂的大殿正中设有神龛，神主牌据说是近年依照原样重做的，上书"义勇烈轩东峰公伯祖太尊神位"，其两边对联为"孝道并天地不朽，义心与日月同昭"，横批是"万民佑庇"。门额以及对联上的"孝义"一词，是顺治年间卫绍芳提出并首先使用的。而所谓"义勇烈轩"与墓碑的提法相同，是江氏族人后来创造的。据称这是经过卫绍芳奏请，后来由皇帝赐封，卫道台还"亲悬圣旨一匾额并撰文躬祭"云云②。其实，在卫绍芳的《孝义江东峰传》中，根本没有这些情节。这是族人在神化"东峰公"的过程中，为提高神格而延伸附会的结果。

"东峰公祠"的神主牌最令人关注的是上面写着"伯祖太"三字。笔者曾询问当地老人为什么要这样称呼，连续几次的答案都一样，都说是因为"东峰公"没有后代，因此后人就把他尊称为"伯祖太"祭祀他。事实上，"东峰公"不仅有后代，而且还是现在东山房的主力，人数在三四千之众。湖坑镇南江村的江氏倒不是"东峰公"的后代，他们属于南山房，是清朝时期才陆续迁去开基的③。高头的三大房以东山房居长，其次是北山房，再来是南山房，因此南山房的裔孙尊称"东峰公"为"伯祖太"完全符合长次有序的宗法原则，只是后人对早期的这些血脉关系大都不清楚了。

湖坑镇南江村对"东峰公"的祭祀，显然是受到清初以后高头及附近

① 以上根据笔者的田野调查记录，主要报告人是东山房的一名礼生。关于春祭的更多描述，可参见江南桔《高东江姓海内外裔众祭祀东峰公记盛》，载《永定文史资料》第 7 期，永定县政协文史资料研究委员会，1988 年 10 月，第 111-113 页。
② 江汉亮：《江氏族谱》，第 44 页。
③ 永定县江氏宗谱编纂委员会：《济阳郡永定江氏宗谱》，第 12 页。

村民热烈崇拜的影响。他们一方面把"东峰公"当成自己的"伯祖太"，另一方面又把他视为神明。据当地村民说，南江村以前每年十月都要做"大福"，届时要迎请刘汉公王、民主公王、妈祖和"东峰公"到场，每个神明都做一天，"东峰公"排在最后。村民们还说，"东峰公"很灵，每次轮到他都会下雨，因此当地有句口头禅"东峰公，东峰公，不是雨，就是风"。平时初一、十五，村民们会到"东峰公祠"来烧香。有的人还知道"东峰公"的一些事迹，说他是个武将，打仗很英勇，死后经常显灵。南江村如果有什么灾难，"东峰公"就会显灵予以保护。如太平天国的时候，有一次太平军从湖坑进来，当他们走到村口，就发现里面有大队兵马，于是就不敢来了，这是"东峰公"显灵的结果。有的还说，以前听老辈人讲过，他们在祠堂门口还经常听到半夜有马蹄的哒哒声响。

由此可见，大陆原乡的"东峰公"崇拜其实有两大类：一类是"东峰公"的后代，他们仍然把"东峰公"视为祖先，每年春秋扫墓，在祠堂祭祀"东峰公"等，与一般的祖先崇拜没有什么区别。另一类是江氏内部不同房派的族人，乃至南欧附近及漳州、潮汕地区的民众，他们已经把"东峰公"视同神灵，崇拜的地点主要在坟墓，有的地方还建起了专祀的建筑物。崇拜的目的在于求财、求丁、求平安，南江村还把"东峰公"与其他神明放在一起做"大福"。这两类不同的崇拜人群的祭祀形式、内容和目的各不相同，反映"东峰公"崇拜在大陆原乡正处于祖先与神灵两种角色的交错之中，具体的祭祀对象是坟墓、神牌和画像，一直没有"金身"（神像）出现。但传到台湾以后，这种崇拜情形又出现了新变化。

三、跨越海峡："东峰公"崇拜在台湾的播展

台湾的"东峰公"崇拜，显然是永定的江氏族人带过去的。

明末清初以后，永定江氏就陆续有人前往台湾。特别是清朝乾隆后，由于永定县普遍种植烟叶，金丰、太平等里商品经济尤为发达，外出经商者众，渡往台湾更形成高潮①。据江光元编的《江氏族谱》记载，清朝时期从福建前往台湾开基的江氏族人主要来自永定、平和两县，而在永定县

---

① 道光：《永定县志》卷一六《风俗志》。

（今永定区）高头的三大房中，又以东山房的人数为最多①。又据笔者在台湾查阅的江氏族谱，这些来自永定的江氏族人，往往都是一个开台祖的后裔分居于各地，分布范围主要集中在中北部，特别是大台北地区②。道光年间，渡往台湾北部的汀州客家人在淡水建造了一座鄞山寺，供奉定光古佛，据当年留下的题刻和文献资料记载，捐资者主要是永定江氏。而在此之前的乾隆间，彰化县也已建起了一座定光古佛庙宇，捐资者主要来自"永定士民"③。由此可见，乾隆后永定移民已经在台湾中北部占有一定势力，其中在北部的江氏族人更发挥着重要影响力。

永定江氏在台湾的分布自南而北，与台湾的开发进程基本吻合。而"东峰公"崇拜主要分布在江氏集中的地方。邱彦贵、吴中杰曾对台湾客家族群的分布做了全面调查，据他们的研究结果："东峰公"崇拜随着江氏子孙的繁衍散布在全台各地，主要是"台北三芝与板桥滴仔、西汴头，嘉义的大林沟背、水上江竹仔脚、新港菜公厝，以及台南楠西鹿陶洋等，这几个以江氏为主的聚落；无论他们来自汀州府或漳州府，都虔奉这位十六世纪卫族保乡的祖先神明，同时也标注了他们根底的客属身份"④。另外在一些江氏聚落和私人住宅内，笔者也见到了供奉"东峰公"的祠堂、庙宇或公厅。如彰化县永靖乡竹子下，有座"义勇祠"亦称"东峰公祖祠"，为江姓人所建；在员林三块厝的江姓"诒谋堂"内，祖堂后面的神明厅亦供奉"东峰公太"。而在台北，有一座属于台北市江氏宗亲会的"东峰公"庙宇；在三芝乡八连溪的一间民宅公厅内，神龛上贴着一张用红纸书写的神明牌位，上面有观音佛祖、天上圣母、三官大帝、五谷神农，以及定光古佛、高头民主公王等，"伯祖东峰公太"亦并列于众多神明之中。

这些散见于各地的"东峰公"崇拜，由于田野工作还很难深入，有些历史资料缺乏，因此目前尚难厘清它们传播扩散的路径和脉络。但总体而言，这些"东峰公"的崇拜者主要是客属的江氏后裔，其中在北部又以高

---

① 江光元：《江姓族谱》，第55页。

② 杨彦杰：《台湾北部的汀州移民与定光古佛信仰——以淡水鄞山寺为中心》，赖泽涵、傅宝玉主编《义民信仰与客家社会》，台北：南天书局有限公司，2006年，第301-302页。

③ 杨彦杰：《台湾北部的汀州移民与定光古佛信仰——以淡水鄞山寺为中心》，赖泽涵、傅宝玉主编《义民信仰与客家社会》，第277-304页。

④ 邱彦贵、吴中杰：《台湾客家地图》，台北：猫头鹰出版社，2001年，第103页。

头江氏占大多数。不过这些高头江氏族人并非都是"东峰公"的子孙，如上引三芝乡八连溪的神牌上有"伯祖东峰公太"的称谓，就与大陆原乡湖坑镇南江村的神牌如出一辙。这显示三芝乡八连溪的"东峰公"崇拜很可能是直接从大陆原乡传过来的，属南山房裔孙所为，并非岛内再次传播的结果。

"东峰公"崇拜从大陆传往台湾显然有很多路径，而且在岛内又经历了漫长的演变和播展。笔者曾调查台南县鹿陶洋的江家大厝，据称他们的"东峰公"香火是开基祖于康熙六十年（1721）从原乡带来的。鹿陶洋的开基祖叫江如南，他原本是一个法师，也爱赌博，后来为了逃避赌债才偕同长子从诏安县二都下割社（今霞葛乡）渡往台湾。据首修于 1947 年、近年重修的《江氏祖谱》记载：如南公"当时渡台有带两项物件：（一）上层第拾三代祖江万里即东峰大帝香火；（二）竹材想杯壹付。无论行到任何地方欲安息时，就用此付想杯在香火前乞示，按照指示可止即休息，不可就披星戴月亦继续进行路程，选择居住地点"①。这段记载显然来自宗族传说，其中把"东峰公"（即"东峰大帝"）说成是江姓的有名祖先江万里明显有误②，而且江万里被当成客家江氏的远祖也是清末以后的事，说明这个故事的改编创作时间并不太遥远③。笔者曾到诏安县做追根调查，发现在鹿陶洋江氏的祖居地根本没有"东峰公"崇拜，江如南如何可能把"东峰公"的香火带到台湾也是问题④。不过，鹿陶洋江氏很早就供有"东峰公"香火倒是事实。据当地一位年近七旬的老人说，他出生于日据时期，小时候就见到有"东峰大帝"的香火袋，黑色的，后来他的伯父到嘉义沟背做生意，见到当地在崇拜"东峰大帝"的金身，回来就请师父雕了一座。不过，在后山开光时由于"老鹰没有来附"，因此这个神像不太灵，就一直放在神明厅的旁边，至今已 60 年左右。

鹿陶洋江氏的"东峰公"崇拜至少受到嘉义县大林沟背的影响是肯定

---

① 江万金，等：《江氏祖谱》，台南县鹿陶洋，2002 年，第 5 页。按：上引文的标点笔者稍作了处理。

② 江明和：《鹿陶洋与宋江阵》，台中："文建会"中部办公室，1999 年，第 15–17 页。

③ 杨彦杰：《追寻祖先：闽台〈江氏族谱〉的综合分析》，"客家族谱文化学术研究会"论文，上杭县，2006 年 5 月 29 日–6 月 1 日。

④ 杨彦杰：《移垦历史与宗族文化的构建——以鹿陶洋江氏宗族为例》，"第一届南瀛历史、社会与文化学术研讨会"论文，台南县，2005 年 10 月 15–16 日。

的，而且雕塑金身是在大约 60 年前，亦即 20 世纪 40 年代的中期。这说明"东峰公"崇拜从大陆传往台湾以后，早期很长时间是崇拜香火袋，后来才雕造金身。台湾的"东峰公"崇拜有偶像，这是海峡两岸"东峰公"崇拜最明显的区别之一。

"东峰公"崇拜何时在台湾开始出现金身？这一问题现在还很难找到准确答案。如果从鹿陶洋的例子看，嘉义沟背更早，或许在清末或日据初年就有了。彰化县员林"诒谋堂"的江氏来自永定县高头北山房，其开基祖江利宾是道光六年（1826）从大陆渡台的①，至同治九年（1870），利宾公的次子还回到永定高头去抄录族谱，其中就专门录有"东峰公"的事迹②。而在"诒谋堂"后面的神明厅内，亦供有"东峰公"神像。据当地70 多岁的老人说，这个"东峰公"神像是从大陆带来的，同时还带来了一面镜子，仍供奉在神龛的中间。江氏老人的这些话有若干可信成分。因为同治年间去抄录本房族谱时，北山房裔孙居然会抄录属于东山房的"东峰公"事迹，这至少说明抄录者原本就有了崇拜"东峰公"的观念，因而能够有选择地寻找和抄录他所要的东西③。当然，大陆原乡并没有"东峰公"神像，"诒谋堂"江氏的神像亦雕造于台湾毫无疑问，但形成的时间不会早于刚渡台开基的道光初年，有可能在清末或者日据初期。

诒谋堂江氏的"东峰公"崇拜又与彰化县永靖乡竹子下江氏有某种关联。据诒谋堂的耆老说，小时候（日据时期）竹子下祭拜"东峰公"时，他们还去竹子下"吃公"。这说明诒谋堂江氏也包含在竹子下的信仰圈年中，或者说，他们的"东峰公"崇拜与竹子下有密切关系。

永靖乡竹子下江氏来自大陆哪一房已难以查考，但可以肯定他们来自永定高头，属洪俊公派下。据《江洪俊公派下族谱》载，其开基祖洪俊公属二十世，现在最小二十八世，说明在台湾繁衍了 9 代人，大约在清朝乾

---

① 江俊昭编撰：《江姓大宗谱》，第 32、31 页。按：该族谱将江利宾的事迹颠倒错置。

② 江俊昭编撰：《江姓大宗谱》，第 23、20 页。按：该族谱在此亦将"东峰公"的事迹颠倒错置。

③ 在大陆原乡，高头江氏族谱以前是按房编修的，笔者所见北山房的族谱里面虽有东峰公前后几代的世系，但没有他相关事迹的任何记载，因此有关东峰公的事迹必须到东山房的族谱寻找并抄录。参见《济阳江氏高头族谱（北山房）》，1989 年编印。

嘉年间就已经渡台开基了①。竹子下的"东峰公祖祠"供有"东峰公"神像，前面有一个民国二十二（1933）八月由"江氏裔孙共立"的香炉，上面刻着"东峰太祖"四个字。神像后面有三块大神主牌，其中最大的一块正中写着"济阳堂上十三世显考谥东峰江公、妣张氏孺人暨四首事鸠派众银公置祭祀尝田所有名份仝享荣禄之神主位"，左右两边按"贞、利、元、亨"排列四个首事及其他享受香火的祖先的名字，这四个首事分别是"贞"首事江凤麟、"利"首事江辉龙、"元"首事江添长、"亨"首事江娘保。尽管我们现在没有相关资料可以详考他们的世系渊源，但从这些信息可知，竹子下的"东峰公"崇拜实际上是以"合约字宗族"的形式建构起来的。江东峰公是否是他们的真实祖先已不重要（事实上也没有人能够说清"东峰公"与他们的血脉关系），重要的是大家都认为他就是江氏的唐山祖，是可以维系这个"大宗族"共同祭祀的象征人物。

现在竹子下的"东峰公祖祠"是1933年兴建的，而在此之前据说就有三间竹寮供奉"东峰公"，如果联系员林诒谋堂的"东峰公"崇拜始于清末同治以前，那么竹子下的"东峰公"崇拜肯定更早就有了。据竹子下的老人说，当地祭祀"东峰公"分"大公"和"小公"两个组织，"大公"包括永靖乡的竹子村、福兴村和仑美村，"小公"包括田尾乡的柳凤村和员林镇的诒谋堂②。每年农历十月二十一日"东峰公"生日，这两个祭祀组织都要到"东峰公祖祠"来祭祖，平时的"五节"即清明、端午、七月半、冬至、过年，则是按户轮流祭祀。诒谋堂的老人回忆他们小时候（日据时期）曾经到竹子下"吃公"，显然是参加十月二十一日的集体祭祀活动。这两地田野材料的相互印证，一方面说明竹子下的"东峰公"崇拜比员林诒谋堂要早，另一方面也说明在清末诒谋堂开始崇拜"东峰公"之前，竹子下就有了祭祀"东峰公"的祠堂和组织，而那时三间简陋的竹寮

---

① 以一代人25年计算，九代人225年，因此大约在乾嘉年间开基。参见江洪俊公派下族谱编辑委员会：《江洪俊公派下族谱》，彰化县永靖乡竹子村，1994年，第18-48页。

② 按：这里的"小公"并非以阄分形式组成的"小宗族"，而可能是由于成立较迟、规模较小而组成的"合约字宗族"。有关台湾"合约字宗族"（又称"大宗族"）与"阄分字宗族"（又称"小宗族"）的综合讨论，参见庄英章、陈其南：《现阶段中国社会结构研究的检讨：台湾研究的一些启示》，《社会及行为科学研究的中国化》，台北："中研院"民族所，1982年，第281-310页。

"祖祠"内已经供有受众人崇拜的"东峰公"神像了。

台湾江氏崇奉"东峰公"除了把他视为唐山祖之外，还把他当成本宗族的一个神明。在鹿陶洋，笔者见到"东峰公"就排在神明厅内，与江氏崇奉的"田府元帅""李府千岁"并列于供桌上，前面还有一颗刻着"东峰大帝"的印。当地人说，"东峰公"原来就放在神明厅，而祖先牌位是放在后面的祖祠内，可是有个时期，鹿陶洋江氏一直很不"出丁"，就去问"神明"。"神明"指示说：你们的祖先（指"东峰公"）既然已经成仙了，当神了，就要把祖宗牌位都请来放在神明厅"坐分金位"，这样才会"出丁"。后来，鹿陶洋江氏就把祖先牌位都移到神明厅放在"东峰公"等神明的后面，果然就"出丁"了。

无独有偶，永靖乡诒谋堂的"东峰公"也供奉在神明厅内。笔者前去考察时，见到左侧墙上仍贴着2004年为"东峰公"重新安座的开支账单和各种文告。族人说，原来"东峰公"供奉在神桌的右边，中间放着大陆带来的镜子。可是最近族内出了一些不顺心的事（指有人得病），就去请地理师来看。结果，地理师说："'东峰公'是神明，神明为大，应该供在左边才对，必须改过来。"于是就择日，选在2004年农历九月二十一日为"东峰公"重新安了座。

不管是鹿陶洋，还是诒谋堂、永靖乡竹子下，当地人集体祭祀"东峰公"都在农历十月二十一日。平时如果有大事，私人随时都可以去拜，而且在"东峰公"神像前就有筊杯，是供崇拜者使用的。当地人一般都把"东峰公"称作"祖佛仔"，意为"祖先神明"。这种既是祖先（大都视为象征性远祖）又是神明的双重身份，在台湾表现得尤为明显。

在北部，"东峰公"崇拜也是始于清代。由于当地的客家江氏主要来自永定，因此那里也是一个相当重要的据点。至清朝咸丰年间，北部基隆已率先成立了祭祀"东峰公"的宗亲团体，组织形式有了新的发展。据基隆市江姓宗亲会报告："本宗亲会源于咸丰元年，漳泉械斗双方死亡百余人悲剧，各方善士收集遗骸后，并在蚵壳港建坟和成立老大公庙，四年后（公元一八五四年）众议沿袭中原习俗，每年七月举行普渡，结果由江吴张——十一姓轮流主办，各姓因应普渡祭祀，即组织'姓氏协会'（宗亲会）参加。吾江姓并择定每年十月廿一日，为东峰公庆典及宗亲大会。"①
这是基隆庙口每年举办盛大的七月普渡的由来，也是当地成立江氏宗亲会
之缘起。而在宗亲会成立之时，基隆显然已经有了"东峰公"崇拜，而且
颇为兴盛，因此在此之后就有了每年十月二十一日举行东峰公庆典和宗亲
大会的活动。这种源于祖籍血缘的崇拜活动，在清末北部激烈的族群互动
中已经演化成维系江氏客家群体的文化象征。

台北市对"东峰公"的集体祭祀比基隆要迟。在基隆成立宗亲会以
后，北部各市县的江姓宗亲经常有人到那里去参加祭典。至 1947 年，台北
市原日据时期的"东峰公信徒"才联合组成了"台北市东峰公太会"，目
的是"聚居（集）松山、南港、内湖三地区江姓宗亲"，初始时有会员
50~60 人，只是举办神明庆典联谊。至 1998 年才第一次组团去参加基隆的
普渡祭祀，此后台湾北部五县市（基隆市、台北市、台北县、桃园县、松
山区）都已成立了江姓宗亲会或东峰公太会，每年大会或特别喜庆的节日
便会相互来往，增进江姓宗亲之间的联系和情谊②。近年来，这种广泛的
宗亲联谊活动更迅速扩展到全台。如台南鹿陶洋举办"东峰公"生日庆
典，基隆、台北和松山区的东峰公太会也派代表参加。据鹿陶洋的江氏族
人说，他们也经常到基隆、台北和嘉义沟背联谊，为了协调相互之间的关
系，现在每年"东峰公"生日庆典的日期各地错开，基隆最早成立东峰公
太会，因此他们仍安排在农历十月二十一日举行，而鹿陶洋已经调整为十
月十七日，各地都有不同的日子。

由此可见，"东峰公"崇拜传到台湾以后，经过岛内不同时期的社会
变迁及当地文化的形塑，这种崇拜也发生了一些显著变化：第一，"东峰
公"有了金身，除了三芝乡八连溪极个别的例子之外，据笔者所见现在大
部分都有雕造神像。第二，崇拜人群均局限于客家江氏内部，而不像大陆
原乡有外姓人的热烈崇奉。第三，这些江氏成员除了一些真正属于"东峰
公"的后代子孙之外，大部分都属于不同房派如北山房、南山房的后裔，
有的甚至与高头江氏无关或者根本无法追溯其来源。其四，崇拜的时间大
都定在农历十月二十一"东峰公"生日，早期的祭祀组织多为不同形式的

① 江春霖：《江氏大族谱》，台北县，2003 年编印，第 423 页。
② 江春霖：《江氏大族谱》，台北县，2003 年编印，第 427 页。

宗亲团体，日据前后尤其是近年则迅速向宗亲会的方向发展。因此可见，台湾的"东峰公"崇拜几乎成了客家江氏的"祖先神明"。人们把"东峰公"视为远在大陆的"唐山祖"，甚至把他当成广泛团结江氏宗亲的文化标识。而另一方面，又为"东峰公"建祠立庙，塑造金身，将他称为"东峰大帝""东风大帝""东方大帝""祖佛仔"等，并使之与其他神明并列在一起，有事就要去祭拜祈求。在祖先与神明的交错中，向着富有血缘象征意义的神明的方向迈进了一步。

四、从祖先到神明："东峰公"崇拜的讨论与结论

"东峰公"崇拜从大陆传到台湾，从明清至今已有三百多年的历史，可以说在闽、台两地是一个前后延续又不断发展变化的动态过程。

"东峰公"在原乡受到崇拜，既源于他生前英勇，更得自他死事壮烈，以及殁后屡显灵异。官方对他的肯定一方面拉近了民间崇拜与国家政权的距离，另一方面也为这种崇拜的发展提供了更加有力的基础。江氏族人乐于把"东峰公"说成是受到皇帝敕封的英雄人物，而普通百姓也愿意推崇和崇拜如此显赫并受到国家政权认可的英灵。"东峰公"死后显灵的故事在明末清初的社会动乱中产生、扩散，有其深刻的社会历史根源。急剧动荡的社会环境增强了人们对神灵的渴求，而普遍存在的不安全感又是产生虚幻故事的温床。不管是官方还是民间，也不论是江氏族人还是外姓民众，在共同的时代背景下，不同的愿望和企图都对"东峰公"崇拜的产生和播展发挥了作用，并在相互激荡中逐渐孕育出日益丰厚的文化沃土。

"东峰公"崇拜的主要场所在墓地，说明"英灵不灭"观念与风水观念是促使这种崇拜产生发展的两个极其重要的思想基础。人们既崇拜英灵又崇信风水，而不灭的英灵得到了风水宝地的依托，从此"灵显不断"就得到了有力说明，进而成为普通百姓得以接受并津津乐道的乡土观念。其实，这种简单的思维逻辑和乡土传说在闽粤赣客家地区经常可以听到。人们常说某姓的某个祖坟很好，外姓人经常会去偷祭。有的地方甚至传说某

个婆太的坟墓特别灵，连从坟墓里流出来的水都可以治病，等等①。客家人经常把水口"伯公"（或"公王""社公"）做成坟墓状，事实上也与这种观念有着深刻渊源。我们在闽西调查时就经常听到有法术的祖先与吃人"社公"斗法的故事，结果祖先获胜，死后就葬在这个"社公"的位置上，成为村落保护神②。祖先灵异来自得到"地气"的风水，反之，风水宝地有助于灵异故事的产生。我们当然不是说每个水口"伯公"都是由祖先变来的，而是说这种观念一旦演化成普遍遵守的模式，它就成为一种文化传统被世代延续下来而难以察觉。因此，"东峰公"崇拜与墓地有直接关联，是当时当地普遍存在的社会观念的反映，它的产生来自社会的土壤。

"东峰公"崇拜在原乡主要由两类人组成：一类是"东峰公"的子孙，他们尽管也喜欢讲述"东峰公"显灵的故事，但仍然把他当成祖先来看待，祭祀形式是春秋两次扫墓和十月二十一日的祠堂祭祀，与一般的祖先崇拜无大区别。另一类是非"东峰公"派下的其他房派子孙，以及高头周围和漳州、潮汕等地区民众，他们崇拜的形式主要是参与正月祭墓，目的是前来求丁、求财、求平安，在湖坑镇的南山房裔孙还把"东峰公"视为"伯祖太"建祠供奉，并且使之与其他神明一起共同参与每年十月的做"大福"活动。

大陆原乡的"东峰公"崇拜至清朝乾隆后已经走向兴盛，而此时亦是永定移民渡往台湾的高潮。传到台湾的"东峰公"崇拜主要局限于客家江氏内部，这一点与原乡有很大差别。由于移垦社会的特质，这些不同时期渡台的江氏移民在激烈的族群互动中逐渐按照传统构建起各种形式的宗族，而"东峰公"成了凝聚人心最主要的旗帜。不管是直系子孙还是血缘关系不清的江氏后裔，都把"东峰公"视为"唐山祖"，祭祀"东峰公"成为团结族人的有效手段，甚至是广泛联系宗亲、扩大客家江氏联盟的重要象征。

---

① 谢剑、房学嘉：《围不住的围龙屋——记一个客家宗族的复甦》，嘉义：南华大学，1999年，第95页。

② 杨彦杰：《闽西东山萧氏的宗族文化及其特质》，蒋斌、何翠萍主编《第三届国际汉学会议论文集（人类学组）：国家、市场与脉络化的族群》，台北："中研院"民族所，2003年，第125页。

　　台湾"东峰公"崇拜的另一个重要发展是出现了金身。原乡以祭墓为主，但传到台湾以后则以祭拜神像为主。由于资料缺乏，现在还很难判断"东峰公"神像最早是何时出现的，但根据保守的估计至少在咸丰或同治以前就已经存在了。江氏族人一方面把"东峰公"视为具有象征意义的祖先，另一方面又把他视为可以帮助解决实际困难的神明。人们把"东峰公"既称作"公太"又俗称"祖佛仔"，就是对这种双重神格的最好说明。

　　"东峰公"崇拜从原乡产生再传到台湾的发展，从墓地祭祀到雕塑神像加以崇奉，不同人群、不同时空背景下的活动显示了祖先与鬼、神崇拜不同含义的演变。"东峰公"对于江氏子孙来说，不管是直系还是旁系，他就是祖先。而对于其他外姓人来说，他由于没有任何的血缘关系，要么是神，要么是鬼。神、鬼、祖先在人类学家眼里是一组类似于现实世界的社会分类。亚瑟·沃尔夫说，神类似于现实世界的官僚体系，祖先属于亲属体系，而鬼则属于乞丐、土匪、陌生人等边缘性亡魂①。祖先和鬼都是亡魂，所不同的是与崇拜者是否有血缘亲属关系。"自家的祖先也就是他人的鬼"，这是民间普遍存在的一种观念。因此，从"东峰公"在原乡受到崇拜的缘起来说，它本质上是一种"英灵"崇拜。同姓人或者外姓人都到墓地来祭奉，身份不同，目的各异，但都是根植于"英灵不灭"的基本观念。"英灵"是人们对"东峰公"壮烈事迹的价值判断，而之所以"不灭"是来自人为的操弄，各种灵异传说及官方的多次推崇，不断加强着人们的敬畏心理，同时也在提升和塑造崇奉对象的神格。

　　神、鬼、祖先这三者是相互区别，但又是互有关联的。从外姓人崇拜的角度说，人们到"东峰公"墓地去祭祀，把聚集风水灵气的墓地当成"东峰公"的英灵所在，这时人们已经不是在崇拜一般的亡魂，而是把他当成可以保佑众生的神灵来看待。因此，如果我们把"东峰公"之死看成是一种非正常死亡，那么他的悲壮事迹就成了人们操弄的起始点，由"厉鬼"到"显神"是一条可以不断提升、有着连接关系的信仰通道。

　　从江姓子孙来说，"东峰公"是有功于家、国的英雄祖先。祖先与神

---

　　① Arthur P. Wolf. *Gods*, *Ghosts and Ancestors*. in Religion and Ritual in Chinese Society, ed. by Arthur P. Wolf. , Stanford：Stanford University Press, 1974, pp. 131-182. 中译文见张珣译：《神、鬼和祖先》，《思与言》第 35 卷第 3 期，1997 年，第 233-292 页。

明不同。如果说祖先类似于一般的凡人，那么神明就是不同于凡人的官员。笔者曾研究闽西客家的"祖神"崇拜，认为在客家早期，那些被神化的祖先大多是有法术的民间道士①。这些有法术的道士由于生前就有驱邪赶鬼的本事，已经不同于一般人，因此死后在一定的条件下比一般人更容易被神化，从而不是单纯的祖先，而成为某个宗族或者跨宗族的神明。"东峰公"不是道士，但他的事迹同样具有驱除灾患的内涵，而且更容易受到国家的肯定。大陆原乡江姓子孙对他的崇拜，基本还处在祖先崇拜的范畴内，但是族人已经有意无意地把他神化了，加上外姓的热烈崇奉，这种被神化的祖先已经走在通往神明的道路上。

关键的一点是传到台湾以后，"东峰公"被雕塑金身，更加具有"祖神"的意义。祖先崇拜与神明崇拜的显著区别之一，就是神主牌和金身（神像）这两个不同的崇拜物。林玮嫔说："祖先与神明不同之处，在于一般人很少为祖先雕塑金身，而只以一木牌为代表。""祖先牌位的设立强调的是祖先与其子嗣的连接"，而"拥有金身是亡魂跨越家户，与众人建立关系的重要管道"②。台湾的江氏族人为"东峰公"雕塑金身，显示他更具有神明的特质。当然，江氏族人和宗亲仍然把"东峰公"视为祖先，而随着世代推移，祖先与现世子孙的联结越来越远，愈加仅具有象征的意义。但是雕塑金身，却在这种遥远的祖先身上增加了现实感和神明特质。通过选材、雕塑、开光等一系列仪式，神灵被具象化，因此与崇拜者之间建立起更加密切的联系③。由此可见，台湾的客家江姓把"东峰公"雕成神像来崇拜，一方面有利于广泛团结族人，另一方面也使这种崇拜更具有神明崇拜的色彩。一般人认为，祖先是局限在宗族之内的，而神明更具有地域性与大众结合。但是台湾的"东峰公"崇拜却给我们一个启示，祖先和神明是可以联结在一起的。这种"祖神"的个案并非仅此一例。他是被神化的祖先，是具有血缘特征的宗族之内的神明。

闽台的"东峰公"崇拜还有一个意义在于，它向我们展示了一个祖先

---

① 杨彦杰：《华南民间的祖神崇拜》，《法国汉学》第五辑。
② 林玮嫔：《台湾汉人的神像——谈神如何具象》，《台湾人类学刊》第一卷第二期，台北："中研院"民族所，2003年，第115-147页。
③ 林玮嫔：《台湾汉人的神像——谈神如何具象》，《台湾人类学刊》第一卷第二期，台北："中研院"民族所，2003年，第115-147页。

如何逐步被神化的过程。从亡魂到英灵再到塑造金身进入神明行列，其间经历了两百多年。而在这一过程中，民众传说、官员肯定，以至各种封号的不断出现，如"孝义""义勇烈轩""东峰大帝""东方大帝"等，显示了民间造神的历史轨迹。祖先演变成"祖神"不是历史的必然，但祖先有可能变成"祖神"却是千真万确的事实。这再次提醒我们，民间文化是极其丰富多彩的。神、鬼、祖先的"三分法"来自对事实的理论概括，同时也不断面临着事实的挑战。

（本文原载于江明修、丘昌泰主编《客家族群与文化再现》，台北：智胜文化事业有限公司，2009年；日译文载于爱知大学现代中国学会编《中国21》36卷，东京：东方书店，2012年）

两岸交通与闽南人的跨海经营■

"林日茂"家族及其文化

　　清朝统一台湾以后，随着大陆向台湾的移民及两岸交通贸易的发展，在闽台两地逐渐形成了一些横跨两岸的大家族。对这些家族进行研究，有助于我们更具体地了解当时的两岸关系，乃至中国家族史的发展。本文将要探讨的"林日茂"家族就是其中一个显著的例子。

　　有关"林日茂"，许多治台湾史的学者都知道他是清代鹿港有名的郊商，在台湾商业史上居有重要地位。然而由于史料零散难寻，目前已发表的文章大多属于介绍性的，而且存在着某些讹误。本文拟利用笔者在闽台两地收集到的"林日茂"史料，包括族谱、契约、碑刻、传说故事等，结合官修史志和其他历史文献，就清代闽台的"林日茂"家族及其文化做一番探讨。

一、林振嵩与"日茂行"的创立

　　"林日茂"是清代台湾有名的郊商。这个家族的兴起始于鹿港，而根却在大陆。更具体地说，"林日茂"家族是从永宁林氏发展起来的。

　　永宁旧称永凝，地处泉州的深沪湾北岸。明朝初年，这里设有永宁卫以备倭犯，是当时中国东南沿海一个海防重镇。明朝中叶以后，永宁卫的军事防御功能日趋减弱，至清初已基本消失。而永宁由于其所处的地理位置再度受人注目，逐渐成为移民东渡台湾及开展两岸贸易的重要地点。

　　永宁林氏聚居于古卫城西侧。据说其先祖是闽林始祖林禄的后裔，从三山（今福州）迁往永宁开基。20世纪70年代发现的林文浚《墓志铭》云：林氏"先世自晋安郡王禄公入闽，居三山。数传赐高公徙居永凝卫，籍晋江。"① 因此，永宁林氏一世祖是从赐高公算起的。目前，永宁林氏仍以古卫城为祖居地，称"鳌西林氏"（永宁卫城亦称"鳌城"），最少已繁衍到 21 代。如果以每代人 25~30 年计算，大约是五六百年前迁往开基，正值明代。

林氏在永宁开基以后，子孙繁衍颇盛，传至九世祖必显公生有八子，取名攀薰、攀祥、攀著、攀荷、攀茂、攀桂、攀芷、攀芝，分作八房，其中第八房林攀芝派下即如今被称作"日茂房"的，与台湾的"林日茂"有直接关系。

有论者认为，永宁林氏渡往台湾是从林攀芝开始的②，然而此说并无实据。真正渡往台湾并在鹿港创建"日茂行"的，是林攀芝之子、十一世祖林振嵩。关于林振嵩渡台的时间，史书及永宁族谱均无记载，不过我们可以从他的生平及其儿子出生年份约略看出来。林振嵩谱名仕华，字振嵩，号泰侯，谥毅圃，生于清雍正九年（1731），卒于嘉庆三年（1798），享年 68 岁。林振嵩 12 岁丧父（他的父亲林攀芝卒于乾隆七年即 1742 年），娶有一妻一妾，即蔡氏、曾氏），生七子一女，其中第七子文承族谱没有详载，可能是早夭或另有他故，其余六子（分成六房）的生卒年份如下③：

1. 元科（讳文哲）　乾隆十六年至乾隆四十五年（1751—1780）

2. 元亨（讳文会）　乾隆二十年至乾隆五十四年（1755—1789）

---

① 林文浚是"林日茂"的重要人物，其坟墓在永宁，20 世纪 70 年代平整土地时迁葬于青山顶，墓中有墓志铭出土。现存一块，两面刻字。据说另一块已被人锯成小段当磨刀石出售，笔者还见到其中残存的三小段，亦皆两面刻字。可见墓志铭原来应为两块四面，现已不全，殊为可惜！

② 林祖武：《两岸同根骨肉情》，石狮市永宁镇永宁乡土资料编委会《永宁乡土资料汇编》，1995 年 3 月，第 84 页。

③ 永宁：《鳌西林氏长房二家谱》，手写本。此谱载有光绪乙未（1895）《旧谱序》一篇，从中可见明朝倭患以前已有家谱，清末重修。另外，据叶大沛《鹿港发展史》说：台中林贵全先生存有《福建闽林永宁衍派》家谱，内载林振嵩生五子：文会、文瑞、文浚、文仰、文献，其中长子文会、次子文瑞随父在台，文瑞英年早逝云云（叶大沛：《鹿港发展史》，鹿港：左羊出版社，1997 年，第 320—321 页）。对照永宁《家谱》，这些记载似不准确。文瑞之妻王氏的事迹载于《彰化县志·列女传》，是文浚之子林廷璋前去采访的，显然并不表示文瑞属于"日茂房"成员。

3. 元品（讳文浚）　乾隆二十二年至道光六年（1757—1826）①

4. 元考（讳文时）　乾隆二十四年至嘉庆十八年（1759—1813）

5. 元业（讳文猷）　乾隆三十八年至道光九年（1773—1829）

6. 元计（讳继祖）　乾隆五十六年至道光七年（1791—1827）

从这六子的生年看，林振嵩大约在 20 岁以前结婚，21 岁那年长子元科出生。从次子开始，以后每隔两年生一子，至第五子元业则间隔长达 14 年，六子元计出生时林振嵩已 61 岁高龄，显然为侧室曾氏所生，此时他已经告老在家（详下）。由此可见，林振嵩渡往台湾，极有可能是在元考出生以后至元业出生之前这一段，即乾隆二十四年至三十八年（1759—1773）之间。这时林振嵩刚好三十来岁，正值青壮年。台湾学者张炳楠先生说，林振嵩是 30 岁渡台的②。这一说法不知根据何在，但颇近情理。如果正确，那就是在四子元考出生后第二年即乾隆二十五年（1760）渡往台湾的。

林振嵩渡台以后，据说先在鹿港谋生，"初从事零售食盐，经营有方乃成富家"③。当时清政府对台湾仍采取禁渡政策，只开放鹿耳门一口与厦门对渡，但很多人仍潜往鹿港等地谋生。因此林振嵩在鹿港从事食盐生意，显然是要冒走私贩运的风险，同时也很容易获取暴利。至乾隆四十二年（1777），林振嵩在鹿港已经很有名气，此时他不再像盐贩子那样，而是被称作"绅士"。道光《彰化县志》云：

> 敬义园：在鹿仔港街。乾隆四十二年浙绍魏子鸣同巡检王坦首捐倡，率绅士林振嵩及郊商等捐资建置旱园，充为义冢。仍以赢余捐项，置买店屋租业，择泉、厦二郊老成之人，为董事办理。逐年以所收租税，作敬拾字纸、收敛遗骸、施舍棺木、修造

---

① 关于林文浚卒年，永宁《家谱》载"道光丙午"即 1846 年，然而据林文浚《墓志铭》（残片）及台中《家谱》记载，均为"道光丙戌"即 1826 年，后者正确，故改。

② 张炳楠：《鹿港开港史》注 70，《台湾文献》第十九卷第一期。

③ 同②。

义冢桥路之用①。

可见，鹿港敬义园的设立是由魏子鸣和王坦首倡，而实际上是"绅士林振嵩及郊商等"捐资建置起来的。这时，林振嵩不仅被称作"绅士"，而且与著名的泉、厦二郊同列榜首，显然他在当地已拥有显赫地位及经济实力。"日茂行"的创立亦当在此前。

乾隆四十九年（1784），清政府开放鹿港与蚶江对渡，泉、台贸易更为繁盛，"林日茂"由此蒸蒸日上。乾隆五十一年（1786），林振嵩再次出面，与许乐三等人负责鹿港龙山寺的迁建工作，这是林振嵩发迹以后做的第二件大型公益事业②。

是年冬，台湾爆发林爽文起义，鹿港、彰化首当其冲，全台震动。清政府屡派大军渡台进剿。次年（1787），"天子命提督任承恩师讨之，时振嵩率男文会、文浚及侄文凑，已倡义恢复鹿港。任公虑军需未继，振嵩即倾资助饷，共白金五千。又自备糗粮，招募义勇，随军前导"，复彰化县城，平北路。事后，清政府论功行赏，"振嵩父子三人，皆以监生加六品职；惟侄文凑愿就武职，以千总实缺用"③。可见，林振嵩因林爽文之役而与清政府建立了密切关系，这对于"日茂行"日后的发展是极其重要的。乾隆五十二年（1787）冬，清廷命在鹿港建造天后宫（俗称"新祖宫"），以纪念清军顺利登陆。林振嵩再次董理其事，并勉力输诚，将清廷拨付未敷的工程款"四千八百圆"全部补上，因而大受赞赏④。

林振嵩在鹿港天后宫建成后，于乾隆五十三年（1788）下半年回到永宁，参加当年林氏祭祖。此时，他见祖祠因"年湮代远，将就倾颓"，于是"商诸族人"，捐资倡率予以重修。自乾隆五十五年（1790）十一月兴工，至次年（1791）六月间完成，总共费"番银一千五百余圆"，并亲自勒石纪事⑤。此碑现仍存于永宁林氏祖祠内。林振嵩的所作所为，实际上为"林日茂"家族的兴旺发展奠定了重要基础。

---

① 道光《彰化县志》卷二《规置志·养济》。
② 道光十一年二月《重修龙山寺碑记》，《台湾中部碑文集成》，台湾文献丛刊第151种，台北：台湾银行经济研究室，1962年，第37页。
③ 道光《彰化县志》卷八《人物志·军功》。
④ 《敕建天后宫碑记》，载道光《彰化县志》卷一二《艺文志·记》。
⑤ 以上均引自林振嵩重修祖祠碑记。

二、林文浚与"日茂行"的兴盛发展

林振嵩返回大陆以后,他在鹿港创建的"日茂行"便交由三子文浚经营管理。林文浚,谱名元品,字金伯,号渊岩。据其《墓志铭》记载,他从小生长在永宁,长大后才东渡台湾:

> 按状公讳文浚……少而歧嶷,授书颖异过人。比长,见毅圃公久旅台湾,跪请王母卢太宜人及母蔡太恭人曰:"儿长矣,忍使吾父远羁海外乎?"遂辍业渡台,代理生计。毅圃公得回籍养老者,赖公力也。

这里提到的"王母卢太宜人"指的是林文浚的祖母卢氏,而"母蔡太恭人"是指他的母亲、林振嵩原配蔡氏。前已叙述,林文浚在林爽文事件时已经在台,并已捐纳了监生,可见他渡往台湾必定在乾隆五十一年(1786)以前,可能在清政府开放鹿港与蚶江对渡的乾隆四十九年(1784)或者稍早。此时他业已成家,年仅二十几岁①。

林文浚是"林日茂"家族一位十分关键的人物。他秉承乃父遗风,善于经营,又与官府保持着密切关系,在地方公益事业及家族事务中都扮演着重要角色。

乾隆六十年(1795)春,台湾又爆发陈周全起义。"日茂行"由于邻近鹿港理番同知衙门,很快就受到影响,因此林文浚曾一度回泉。据福州将军魁伦奏报:"(三月)十九日申刻,有向在泉郡开行林华观之子监生林文浚兄弟二人自台回泉,随即传进署中面询。据称伊等素在鹿仔港开行生理,与理番同知衙门贴近。三月十三日四更时候,突有贼匪多人拥入理番厅内署,逢人便杀……"② 这里提到的"向在泉郡开行林华观",即是林文浚之父林振嵩(振嵩谱名仕华),可见林氏是同时在泉、鹿两地开行贸

---

① 林文浚生于乾隆二十二年(1757)。他的长、次、三子的生年是:长子廷捷(即捷元)乾隆四十二年(1777)、次子廷椿(即钦元)乾隆四十四年(1779)、三子廷参(即参元)乾隆六十年(1795),可见林文浚渡台当在乾隆四十五年至四十九年(1780—1784)之间,此时他24—28岁。

② 乾隆六十年三月二十三日,福州将军魁伦奏折附片,《台案汇录己集》,台湾文献丛刊第191种,台北:台湾银行经济研究室,1964年,第116页。

易的，林振嵩告老还乡后仍在泉州掌管业务。而林文浚向官府报告起事经过以后，又随提督邬兰保返台进剿，事后被"以功议叙"①。

这里有一个问题需要澄清。有论者认为，林文浚之父林振嵩是"以子文浚军功四品衔，捐赠中宪大夫"②。其实，这个错误是从道光《彰化县志》的误载而来的③。林文浚确因军功"克襄王事"，使其父母、祖父母均受封赠，但此时他仅是"捐职州同加二级"，尚未有"四品衔"。笔者在永宁调查时曾目睹嘉庆六年十二月（1801）皇帝颁赐的两通制诰④，并拍照抄录，原文如下：

（一）

奉天承运皇帝制曰：资父事君，臣子笃匪躬之谊；作忠以孝，国家宏锡类之恩。尔林振嵩乃捐职州同加二级林文浚之父。善积于身，祥开阙后。教子著义方之训，传家裕堂构之遗。兹以尔子克襄王事，赠尔为奉直大夫，锡之诰命。于戏！殊荣必逮于所亲，宠命用光夫有子。钦兹优渥，长芘忠勤。

制曰：奉职在公，嘉教劳之有自；推恩将母，宜锡典之攸隆。尔蔡氏乃捐职州同加二级林文浚之母。壶范宜家，凤协承筐之美；母仪诒谷，载昭画荻之芳。兹以尔子克襄王事，封尔为宜人。于戏！彰淑德于不瑕，式荣象服膺宠。命之有赫，益贲徽音。

嘉庆六年十二月初九日　　　　林文浚

（二）

奉天承运皇帝制曰：考绩报循良之最，用奖臣劳；推恩溯积累之遗，载扬祖泽。尔林攀芝乃捐职州同加二级林文浚之祖父。锡光有庆，树德务滋。嗣清白之芳声，泽留再世；衍弓裘之令

---

① 道光《彰化县志》卷八《人物志·军功》。
② 叶大沛：《鹿港发展史》，鹿港：左羊出版社，1997年，第323页。
③ 道光《彰化县志》卷八《人物志·封荫》。原文云："林攀芝，以孙文浚军功四品衔，捐貤赠中宪大夫"；"林振嵩，监生，军功六品，以子文浚军功四品衔，捐赠中宪大夫。"
④ 这两通制诰背面有毛笔墨书"爵字七十六号，林文浚""贰"等字样，原放在一个精制木盒内，盒面雕有"奉天诰命"四个金字（当地人称为"圣旨盒"），置于"大夫第"正厅梁上。有文章说：这是封林文浚的圣旨，据说是副本，正本藏在鹿港的大夫第里（郑天应、李显扬：《大夫第》，载《永宁乡土资料汇编》，第83—84页）。均不准确。

绪，祜笃一堂。兹以尔孙克襄王事，貤赠尔为奉直大夫，锡之诰命。于戏！聿修念祖，膺茂典而益励新猷；有谷贻孙，发幽光而玉彰潜德。

制曰：册府酬庸，聿著人臣之懋绩；德门辑庆，式昭大母之芳徽。尔卢氏乃捐职州同加二级林文浚之祖母。箴诫扬芬，珩璜表德。职勤内助，宜家久著其贤声；泽裕后昆，锡类式承孚嘉命。兹以尔孙克襄王事，貤赠尔为宜人。于戏！播徽音于彤管，壶范弥光；膺异数于紫泥，天麻允劭。

嘉庆六年十二月初九日　　　林文浚

林文浚由于有嘉庆皇帝的两通制诰，在当地名声大噪。此后便有嘉庆君游鹿港、赐封"日茂行"的民间传说出现，并从鹿港流传到大陆（详下）。其实，究其历史根源，乃是林氏父子在乾隆末年与官府合作，以至嘉庆年间因军功受封的社会反应。

嘉庆六年以后，林文浚参与社会活动更加频繁，而且绝大部分都是与官府有关的。为了节省篇幅，现将有关资料编列成一表（表1），以供参考。

表1　林文浚在台湾捐助公益一览表

时　间	内　容　概　要	出　处
嘉庆八年　1803	"州同知"林文浚捐银一千元，参加重修府学文庙	南碑，554
嘉庆十二年　1807	林文浚董理重修鹿港天后宫（新祖宫）	中碑，15
嘉庆十四年　1809	蔡牵之役，沿海被害，林文浚"救活难民以万计"，奉旨"加四品职衔"	县志，256
嘉庆十五至二十年 1810—1815	林文浚等倡议筑造彰化县城，文浚单独负责东门；与此同时，捐建彰化县仓北段，并监造定军山寨	县志，36、396—400
嘉庆十九至二十年 1814—1815	林文浚等任总理重修鹿港圣母宫（旧祖宫），共支银三千五百八十余员	中碑，22
嘉庆十九至廿一年 1814—1816	林文浚捐银一百大员，参加重修台南魁星楼	南碑，205
嘉庆廿一年　1816	林文浚率郊商殷户、平粜施粥，救济饥民，"全活者以万计"	县志，246
嘉庆廿一年　1816	林文浚等董建彰化县东门文昌帝君祠	县志，152

续表

时　间		内　容　概　要	出　处
嘉庆廿三年	1818	林文浚捐建彰化县教谕署	县志，37
嘉庆廿三年	1818	林文浚捐银二百二十员参加重兴鹿港敬义园	中碑，128

按：出处一栏，前者为书名，后者为页码，均以台湾文献丛刊本为准。书名对照如下：

南碑——《台湾南部碑文集成》，中碑——《台湾中部碑文集成》，县志——道光《彰化县志》。

从表上资料可见，林文浚从嘉庆八年至二十三年（1803—1818），参加社会公益活动甚多，尤其是嘉庆十四年（1809）奉旨"加四品职衔"以后，几乎每年都参与地方重要活动。其捐助的地域范围，主要在鹿港、彰化，同时也扩展到台南，如重修府学文庙及台南魁星楼，即是其例。道光《彰化县志》云：文浚"在彰尤多建立倡造。县城改建，文昌阁重新，白沙书院学署新建，鹿港文开书院、天后宫、龙山寺及咸水港真武庙、各处津梁道路，或独建、或倡捐，皆不吝多资以成事。而功德最大者，莫如赈饥一役：嘉庆丙子春夏之交，谷价骤昂，饥民夺食，文浚领率郊商殷户，请于官，立市平粜，设厂施粥，沿海居民，全活者以万计。观察糜公奖以额，曰'绩佐抚绥'，非虚誉也。"①

嘉庆二十一年（1816），是林文浚最辉煌的年份。这年他不仅赈济众多饥民，受到官府表彰；而且他的第五子廷璋、长孙世贤同年秋联袂中举②；他重修的林宅也在是年落成，并亲题"日茂行""鳌波东注"等石刻镶嵌于门额上③。值得注意的是，林文浚的祖居地称"鳌西"，而他在鹿港的住家门额题"鳌波东注"，显示林氏自西向东发展并事业有成、前程无量等多重含义。

林文浚不仅热心公益事业，而且对家庭、族人也特别关照。嘉庆三年（1798），其父林振嵩去世，文浚返乡"奔丧哭泣，葬祭竭尽礼诚。丧事毕，仍渡东经略"。其母蔡氏在堂时，"遇贾舶西掉，必致意请安，附物味，资洗腆，邮书戒其四弟布政使司理问例封武略骑尉敦崖公（即文时）、

① 道光《彰化县志》卷八《人物志·行谊》。
② 同①。
③ 叶大沛：《鹿港发展史》，鹿港：左羊出版社，1997年，第326-328页。

五弟瓯宁学广文怡岩公（即文猷），侍养无阙。"对于宗族，"为祖宗置祀田，为王母党、母党置祀田。申约族中寡妇，不可改适，按月支给，延师课其孤儿"①。由于有林文浚的关照，林氏家族在闽台两地都得到长足发展。许多族人纷纷前往台湾经商、读书。在永宁的林攀芝派下也相继建起了漂亮住宅。如今我们到那里访问，仍能见到多座清代留下的房屋，其建筑样式与鹿港林宅十分相似，且保存得更为完整。

嘉庆二十二年（1817），林文浚派人赴仙游重修祖坟。二月间，他亲率子侄孙辈等20余人返乡祭祖，仅《祭文》中列出的有功名绅士就达15人，除了他本人以外，还包括2名举人、2名贡生、5名生员、5名监生②。一时冠盖云集，"林日茂"家族达到了鼎盛阶段。

三、从"日茂行"到"林日茂"的演变

道光六年（1826）二月，林文浚去世，归葬故里。此时，"林日茂"已家大业大，并有文人入仕，但其经营状况却大不如前，开始出现明显的变化。

笔者在台湾访学时，曾查获三份有关"林日茂"的契约（参见附录）。其中第一份订于道光三年（1823），此时林文浚还健在，向彰化吴姓业户购买了大片田产，共支付价银1200员。然而到了道光十七年（1837），"林日茂"的第二份契约却出现了欠缴盐课、受到官府追讨的困难局面。这份契约删引于下：

> 仝立合约字人，鹿港林日茂六房子孙林黄宗等、盐馆旧总理陈妈富……近因本馆内诸务浩繁，课项亏缺。宗等以雇用陈富掌理，银钱图吞，课项短缴，造帐混开抵塞等情，赴府宪告控。而富亦以林黄宗等滥支，致欠课项，措借民债垫缴，怒阻支银，架诬图吞造帐等情呈诉。蒙宪传讯，各执一词，未能了结。兹日茂欠缴盐课贰万余员，蒙府宪委员并饬书差到地讨收。爰有泉厦郊炉主金长顺、金振顺等，廑念先人情面，嘱令宗等与富将帐簿数目赍到公所，公仝会算。因年欠数目纠缠，不能骤清，但日茂现

---

① 林文浚《墓志铭》。
② 叶大沛：《鹿港发展史》，鹿港：左羊出版社，1997年，第329-330页。

在亏欠课项，富家道颇殷，饮水知源，且兼两世知好，从中妥议，令富备银贰仟伍佰员付林家凑缴课项。又将富从前经手缴课项内，借过郊铺欠项共六条，计银陆仟玖佰员，经富出向各债主认坐，恳限分年还楚。除此而外，无论富有无经手再借他人债项，登记在数内者，宗等一应支理，不干富之事；如数内无记者，系富私借，应归富理还，不干宗之事。泉厦郊议如此，实系一片公心，宗与富俱已听处，甘愿息讼，各无异言，并遵议取具依（保）结付委员庞禀府宪和息销案。日后出入相遇，永相和好，亲友如故，毋敢藉此再滋事端。恐口无凭，合约字贰纸一样，内列债项陆仟玖佰员（六）条，各付执一纸为炤。

计开债项六条于左：

长发号银壹仟伍佰员，又母银陆佰员

成记号银贰仟员　　　荣源号银贰佰捌拾玖员

广厚裕银壹仟员　　　德记号银伍佰员

万记号银叁佰叁拾员①

　　　　　　　　　　　　　　　纪盛俊老

　　　　　　　　　　　　　　　陈泰卿老

　　　　　　　　　　　　　　　金长顺

　　　　　　　泉厦郊公亲　　金振顺

　　　　　　　　　　　　　　　王子全老

　　　　　　　　　　　　　　　陈宗悦老

　　　　　　　　　　　　　　　子青

　　　　　　　　　　　　　　　祥卿

　　　　　　　　　　　　　　　子丹

道光拾柒年捌月　日　仝立约字人林日茂六房子孙　林黄宗

　　　　　　　　　　　　　　　子璧

　　　　　　　　　　　　　　　子榜

　　　　　　　　　　　　　　　伟卿

　　　　　　　　　　盐馆旧总理　陈妈富

① 按：这份清单总计6219员，与契面记载"陆仟玖佰员"不符。

从这份契约可见，"林日茂"在道光十七年（1837）以前就已经营不善，以致欠缴官府课款达二万余员。对于导致积欠的原因双方各执一词：盐馆旧总理陈妈富（即"林日茂"管家）说林黄宗等人"滥支"，而林氏家人却说是由于陈妈富"图吞"银钱。最后在泉厦郊商的调停下才达成协议：由陈妈富"备银贰仟伍佰员付林家凑缴课项"，向郊铺借过的"陆仟玖佰员"债务亦由陈妈富认坐偿还，其余借项各自清理。达成这项协议的外在压力是由于官府派员前来追讨，但这与林振嵩父子在世时和官府保持良好关系却形成了鲜明的对照。

再从签约的"林日茂六房子孙"看，契约上共有林黄宗等七人，查对永宁林氏《家谱》，我们可以辨认出其中五人的身份地位，详见表2。

表2　"林日茂六房子孙"部分人名、事略对照表

契约签名	《谱》载名字	属某房、几世	功名	年龄
林黄宗	谱名逊营，名"黄琮"	长房元科之孙，14世	岁进士	42
林子璧	谱名廷珪，字子璧	三房元品之子，13世	凤山县岁贡生	42
林伟卿	谱名逊豹，字伟卿	四房元考之孙，14世	邑武庠生	26
林子青	谱名廷梯，字子清	五房元业之子，13世	岁进士	41
林子榜	谱名廷眼，字子榜	六房元计之子，13世		24

除了上述五人之外，还有林子丹、林祥卿两人找不到相应记载，但可以推测，其中必定有一人是属于二房的。也就是说，所谓"林日茂六房子孙"，指的是林振嵩所生六个儿子的后代，他在鹿港创下的"日茂行"基业便由这六房人共同继承。

随着家族的发展，人口越来越多，寻找能维持这个家族商业的人才就变得至关重要。林文浚是"林日茂"家族史上一个很能干的关键性人物。然而在他去世以后，竟没有一个人能像他那样。林文浚生有六子①，但长

---

① 按：永宁《鳌西林氏长房二家谱》记载林文浚生五子，没有林廷璋，而且把较迟出生的廷参误记为"次子"，较早出生的廷椿却记为"三子"，均有误。对照《彰化县志》卷八《人物志·行谊》及台中《家谱》的记载，林文浚生六子，依次为廷捷、廷椿、廷参、廷珪、廷璋、廷赠。

子廷捷、次子廷椿、三子廷参均早他而去①；最有出息的五子廷璋、长孙世贤均是举人，四子廷珪也是凤山县岁贡生，然而他们虽都会读书，却并不见得会做生意。我们在台湾地方文献中仍能找到林廷璋等人活动的记载。如：道光四年（1824），林廷璋、廷珪参与呈请建造文开书院②。十一年（1831），林廷璋主持重修鹿港龙山寺③。次年（1832）张丙起事，林廷璋"以联庄守御功"被"赏以直隶州州同尽先补用"，并参与编修《彰化县志》，任采访④。同年，林廷璋、林世贤重修云林县拱范宫⑤。在此前后，林世贤"捐内阁中书"⑥，与林廷璋一样都只是拥有虚衔而已。可见，林廷璋等人虽然中举，但并没有真正进入官僚阶层而使家族地位进一步提升；他们虽然也参加公益活动，但其影响力显然已不能同前辈相比。

道光十二年（1832）以后，林廷璋等人的记载就消失了，取而代之的是以"林日茂"名义参加的各项活动：

道光十四年（1834），"里人林日茂"等出谷平粜彰化饥民，受到官府表彰⑦。同年，林日茂捐银 25 大员参加重修鹿港新祖宫⑧。

道光十五年（1835），"林日茂行号"捐银 14 大员，参加重建台南温陵祖庙后殿⑨。

道光十八年（1838），"林日茂号"出首承买彰化县廖氏店面地基，支银 540 大员（参见附录契约三）。

道光二十年（1840），"课馆林日茂"捐银 690 员，参与重修

---

① 廷捷去世于嘉庆七年（1802）、廷椿去世于道光二年（1822）、廷参去世于道光四年（1824），均早于林文浚。参见永宁《鳌西林氏长房二家谱》。
② 《详报捐建鹿港文开书院牒》，道光《彰化县志》卷一二《艺文志·札牒》。
③ 道光十一年二月《重修龙山寺碑记》，《台湾中部碑文集成》，第 37 页。
④ 道光《彰化县志》卷八《人物志·军功》，及《县志》纂修职衔。
⑤ 《云林县采访册》，台湾文献丛刊第 37 种，台北：台湾银行经济研究室，1959 年，第 83 页。
⑥ 道光《彰化县志》卷八《人物志·选举》。
⑦ 《云林县采访册》，第 83—84 页。
⑧ 《台湾中部碑文集成》，台湾文献丛刊第 218 种，台北：台湾银行经济研究室，1966 年，第 43 页。
⑨ 《台湾中部碑文集成》，台湾文献丛刊第 218 种，台北：台湾银行经济研究室，1966 年，第 604 页。

彰化县学①。

  道光二十六年（1846），林日茂捐银40员，参加重修台南县茅港妈祖宫②。同年，"彰化贩户林日茂"捐银10员，参加重修台南广慈院③。

  一般而言，一个家族如果有相当重要的领袖人物，其对外活动往往是以个人名义出现的。而当这颗明星陨落之后，家族的文化标志就被派上用场。"林日茂"第一次在碑刻出现始于嘉庆十年（1805）参加重建台南弥陀寺④，但当时使用率不高（仅此一例），至道光十四年以后却大量出现。这表明"林日茂"家族已缺少核心人物，族人开始转向分散经营并共同使用祖宗留下的文化遗产。上引资料中有所谓"里人林日茂"的称呼出现，即是这种情况。咸丰五年（1855）台南"七合境"重修普济殿，林日茂等人担任总理⑤，似乎也属于个人窃用家族名号的问题。

  再从经营实态看，上引资料有许多称林日茂为"行号""彰化贩户"，而且其捐助活动有不少集中在台南，这似乎表明林氏原来就与台南有贸易关系（嘉庆年间林文浚已在台南捐助），以后随着形势演变及家族成员的分散经营，许多人正离开彰化转向南部发展。

  除了从事商业贸易外，林日茂在彰化还扮演着"课馆"的角色。"课馆"是林氏家族一项重要的财源。林振嵩刚到鹿港时最早便是以贩盐为生，后因与官府建立起良好关系而有了这项业务。嘉庆十五年（1810），林文浚等人在呈请建造彰化县城时，特别提到要在城内设课馆一座⑥。道光十七年（1837），林日茂由于欠缴盐课二万余员遭到官府追讨，但此事并没有使他们失掉这份差事，道光二十年（1840），"课馆林日茂"仍捐款帮助官府重修彰化县学。

  "林日茂"课馆主要是雇请陈妈富父子进行管理（前引契约说"饮水知源，且兼两世知好"），可是到了道光以后，由于林氏人口众多，开支

---

① 《台湾中部碑文集成》，第133页。
② 《台湾中部碑文集成》，第279页。
③ 《台湾中部碑文集成》，第281页。
④ 《台湾中部碑文集成》，第182页。
⑤ 《台湾中部碑文集成》，第670页。
⑥ 汪楠：《请建彰化城垣批回札》，道光《彰化县志》，卷一二《艺文志·札牒》。

庞大，且缺乏强有力的核心人物，经营状况自然就会出问题。这一方面影响到林氏在当地的竞争实力，另一方面也难以维持以往统一经营的格局，因此许多人纷纷外迁到南部或其他地方发展，"林日茂"行号被大量使用，但此时的经营状况已出现了重大改变。

四、"林日茂"家族文化在两岸的传承

"林日茂"是在清代两岸开展交通贸易的背景下发展起来的，它的发展历程及其家族文化也体现了当时闽台关系的某些特征。

林振嵩渡往台湾最初孤身一人，把妻儿老小都留在大陆。乾隆末期才携长子文哲、次子文会、三子文浚在台创业，并在泉州设立商行，开展泉、台及岛内贸易。晚年返乡后，所做的第一件事便是祭祖、重修祖祠。林文浚也是把家庭留在永宁。尽管他极善经营，"日茂行"已如日中天，但其晚年想到的仍然是重修祖坟和祭祖，死后归葬大陆。由于有"林日茂"在台湾的发展，很多族人都先后渡台谋生或者读书。笔者在永宁《鳌西林氏长房二家谱》中查到清代渡台的林氏族人63例，均属林振嵩派下"六房子孙"，具体情况见表3：

表3　"林日茂"六房子孙渡往台湾统计表

世系	长房	二房	三房	四房	五房	六房	合计
十三世			4	1	2	1	8
十四世	7	2	6	5	2	1	23
十五世	8	1	7	8	1		25
十六世	1		3	3			7
合计	16	3	20	17	5	2	63

这些渡往台湾的林氏族人，十三世仍有一部分同前辈一样，男性在台，妻儿在永宁，死后归葬大陆。但更多的是全家在台湾生活，死后在台安葬，尤其是十四世以后，这种现象极为普遍。如十三世廷梯，"岁进士。生嘉庆丁巳，卒咸丰丙辰。妣王氏，龙塘人；侧妣张氏……公葬在台粪箕湖，张氏殁在鹿港，妣葬本山。子四"。廷任，"生嘉庆庚辰，卒道光庚戌。妣李氏，葬在台。子逊慎，住台"。十四世逊豹，"妣蔡氏，侧妣洪

氏。住台。公葬在彰化县番挖路，姒葬本山。子三，俱在台"。逊旺，"葬鹿港旧冢。姒王氏。子二：尹臻、尹炫。俱在台"。十五世尹珪，"姒许氏。公姒俱葬鹿港冢。子一"。尹淼，"姒龚氏。公葬在台大甲北门外土名山脚米粉寮。子登洞，住台"。十六世登洞，"尹淼子，号登明。生同治癸亥，卒光绪庚辰，葬在台大甲南门外土名石庙边，立碑'鳌西林登明墓'"；等等。这些渡往台湾的族人，最早的十三世大致生活在嘉、道年间，此时台湾尚未转入定居社会，而"林日茂"商业的兴盛发达，却为族人渡台定居提供了坚实的基础。

除了一部分族人渡台外，还有很多人仍留在永宁。林振嵩在鹿港创下的"林日茂"基业便由分居两岸的"六房子孙"去继承，由此形成了横跨海峡的家族群体。

这些林氏族人虽然分处两地，自然、社会环境不尽相同，然而由于家族血缘及交通贸易往来的关系，却形成了这个家族共有的文化传统，其中最有代表性的便是嘉庆君游台湾与"日茂行"受封的故事传说。

有关这个传说的来源，最早应该是从台湾开始的。据叶大沛先生的记述，其内容梗概如下：

> 嘉庆君轻装便服游台湾。一日，到了鹿港，听人说日茂埕，甲第连云，建筑华丽。主人林品热诚好客；太子乃走访林品求宿。不料林品因忙于整理田租，乃以外出未归为由，指示家人以礼款待，夜宿书轩。翌日，家人送早餐欲入，忽见其随从捧面盆跪地侍候洗脸。家人一见大惊，急忙禀报林品，林品闻言，暗想此人不是王亲必为国戚。乃心生一计，即足穿草鞋，手执雨伞，打扮成外出模样，由后门往田岸，将两脚涂以泥土，再回家中，令人打水洗脚。太子见林品如此勤勉，甚为感动。而林品亦奉太子为上宾，殷勤招待。未几，太子由鹿港内渡，回朝登基。日茂行受封，建造"太子楼"①。

故事中提到的"林品"即是林文浚（谱名元品，又名品）。而所谓的嘉庆君游台湾完全子虚乌有，反映的倒是嘉庆年间"日茂行"在鹿港声名显赫的社会背景。

---

① 叶大沛：《鹿港发展史》，鹿港：左羊出版社，1997年，第316-318页。

有趣的是，这个故事也流传到大陆，在永宁林氏住地几乎家喻户晓。它的故事母题与上述相同，只是一些细节略有差异。如"日茂行受封"一节，永宁的故事说："嘉庆君要离开时，交给元品一张手写的东西，嘱咐要等人走后才能拆开。元品照办。结果打开后才发现上面写着'日茂'二字，原来是嘉庆皇帝赐予的。"还说："以前永宁'大夫第'朝街的大门上有一块匾，上面就题着'日茂'这两个大字，土改时匾才毁掉，很多人都还见过它。"其实，以前永宁林氏有"日茂"牌匾当属事实，但说它是嘉庆皇帝写的却毫无根据。这个故事实际上是在表达林氏族人的一种思想情感，通过它来解说历史，塑造本家族辉煌的过去。

永宁还流传着另一则故事与上述不同：

> 嘉庆君游台湾时，有一天，听说林日茂人丁上百，整天出出进进的，有谋反之象，于是就到他家去看看。次日，元品的下人偶然发现来客的随从跪地端着脸盆侍候主人洗脸，大吃一惊，马上跑去报告元品。等嘉庆君召见时，林元品早已心中有数。他讲话很有条理，待人礼貌热诚，嘉庆君对他印象很好。要离开时，嘉庆君送给他五个水果。元品道谢后，便将这五个水果绞成汁，随手倒入水缸内让众人品尝。嘉庆君见状，称赞他心胸开阔，能与众人共分赏，所以才有这样大的家族，人丁兴旺，并不是要造反之人。

上述这两个故事，虽然内容不太相同，但都在表扬林文浚的为人和才干，这些故事在两岸族人当中广为流传，至今已历一二百年，仍经久不衰，已经成为林氏家族历史的一部分，成为族人追忆过去、解释历史的共同文化资源。

林氏在鹿港发展起来以后，不仅仍与祖居地保持着密切的经济文化往来，而且共同创造着这个家族的繁荣历史。嘉庆年间，林文浚在鹿港重修"日茂行"，在此前后永宁祖居地也建起了多座相似的房子。鹿港林宅由于有嘉庆君游台湾的故事而有了"太子楼"，在永宁方面由于有嘉庆六年皇帝的赐封而有了"大夫第"（林振嵩及其父亲均被赐封为奉直大夫）。渡往台湾的林氏族人都以"林日茂"行号经营贸易，在大陆的族人则在"大夫第"门上挂起了"日茂"牌匾。两岸族人基于血缘、经济、文化上的联系形成了跨海峡的家族群体。据说以前每年十月林氏祭祖时，台湾的族人都会派代表回来参加。笔者在永宁调查时，仍然可以看到清代林振嵩夫妇、长子元科夫妇的巨幅祖像，林振嵩重修祖祠碑记、林文浚墓志铭、嘉庆"圣旨盒"、制诰等珍贵文物大都被妥善保存着。有一天，笔者在永宁街上还见到一间1995年（乙亥）重建的小庙，其门额上刻着："拾保大人，乙亥年正月谷旦立，日茂诸弟子建"。所谓"拾保大人"即是庙里供奉的神明，而"日茂诸弟子"却让人感慨不已。"林日茂"在台湾已少有存遗，在祖居地却深入人心。"日茂"已成为这个家族特有的文化标志。它既是当年两岸关系发展的产物，同时对于研究两岸家族史也具有重要的价值和意义。

附记：本文撰写之前，笔者曾在闽台两地收集"林日茂"史料。在永宁，受到许多林氏乡亲的热情接待与帮助。在台湾，"中研院"近史所研究员许雪姬专门陪我到鹿港，并一一介绍了那里的古迹；左羊出版社发行人黄志农还赠送了《鹿港发展史》一书。谨此向他们致以衷心的谢意！

附录：

"林日茂"契约

（一）

立杜卖尽根绝契人彰化县半线堡城内吴垂丰户内承垦、（承）科、（承）埴、（承）长、宗锺、（宗）童等柒房，有公共承祖置得官丈陈家田园产业一带，田甲数登载户册簿内明白，坐落在深坑堡顶公馆、刘厝庄尾厝，顶海墘厝、下海墘厝、东势牛稠、西势牛稠等处，东至许姓等业，西至海，南至溪，北至朱姓业，四至界址明白。年应完纳正供谷叁拾五石，丁银壹两六钱，耗银壹两柒钱五分，廊饷银五两陆钱，番租银叁大元。今因积欠粮银，无力完纳正项，公共相议，愿将此公业变卖完供等项，先问房亲不能承受外，托中引就与林日茂边出首承买，当日三面言议，尽卖出契价佛银壹仟贰佰大元正。银即日全中交收足讫，其业遂一照册，对佃明白，送交银主承管，永为己业。所有应纳供谷、丁银，自道光二年以前垦等自行完纳清楚，道光三年应归林府日茂完纳，不得两误。保此业产系垦等公共承祖物业，与他人无干，亦无重张典挂不明为碍，如有不明，卖主抵当，不干银主之事。其上手契券早已遗失，无从并缴，日后如是查出无用。价值已敷，一卖干休，日后不得言赎，亦不得言贴滋事。此系甘心情愿，各无反悔异言，空口无凭，仝立杜卖尽根绝契壹纸，并缴佃户花名、田园甲数簿壹本付执为照。

即日仝中收过契面价银壹仟贰佰大元。再照。

为中人 张永观、吴盛桃

王氏

场见 妈李氏、陈氏

林氏

六房承长

四房承科

二房宗锺

道光叁年拾月　日　立杜卖尽根绝契人长房承埴

三房宗鐘

五房承垦

七房承科

承垦

代书人　宗叔诒昭

（二）

仝立合约字人，鹿港林日茂六房子孙林黄宗等、盐馆旧总理陈妈富。窃惟恨弥积而弥深，冤宜解不宜结。我等素本同乡共井，兼作头家伙记，有无相同，苦乐与共，各无怀挟之见。近因本馆内诸务浩繁，课项亏缺。宗等以雇用陈富掌理，银钱图吞，课项短缴，造帐混开抵塞等情，赴府宪告控。而富亦以林黄宗等滥支，致欠课项，措借民债垫缴，怒阻支银，架诬图吞造帐等情呈诉。蒙宪传讯，各执一词，未能了结。兹日茂欠缴盐课贰万余员，蒙府宪委员并饬书差到地讨收。爰有泉厦郊炉主金长顺、金振顺等，厪念先人情面，嘱令宗等与富将帐簿数目赍到公所，公仝会算。因年欠数目纠缠，不能骤清，但日茂现在亏欠课项，富家道颇殷，饮水知源，且兼两世知好，从中委议，令富备银贰仟伍佰员付林家凑缴课项。又将富从前经手缴课项内，借过郊铺欠项共六条，计银陆仟玖佰员，经富出向各债主认坐，恳限分年还楚。除此而外，无论富有无经手再借他人债

·168·

项，登记在数内者，宗等一应支理，不干富之事；如数内无记者，系富私借，应归富理还，不干宗之事。泉厦郊议如此，实系一片公心，宗与富俱已听处，甘愿息讼，各无异言，并遵议取具依（保）结付委员庞禀府宪和息销案。日后出入相遇，永相和好，亲友如故，毋敢藉此再滋事端。恐口无凭，合约字贰纸一样，内列债项陆仟玖佰员（六）条，各付执一纸为照。

计开债项六条于左：

长发号银壹仟伍佰员，又母银陆佰员

成记号银贰仟员　　　荣源号银贰佰捌拾玖员

广厚裕银壹仟员　　　德记号银伍佰员

万记号银叁佰叁拾员

纪盛俊老

陈泰卿老

金长顺

泉厦郊公亲　金振顺

王子全老

陈宗悦老

子青

祥卿

子丹

道光拾柒年捌月　　日　仝立约字人林日茂六房子孙林黄宗

子壁

子榜

伟卿

（三）盐馆旧总理陈妈富

立卖杜尽根契字人，彰化县西螺保本街市仔头廖士淳、（士）斌、（士）添，仝偕侄廖天净。有承父明买过瓦店贰坎，各贰落，连过水共五座；并水井贰口，连车埕，并竹园一所，明经丈店地六坎。坐落土名址在西螺街市仔头营盘边隘门内第四连第五坎，坐西向东，东至车路为界，西至林家竹园及池为界，南至廖邦能观店为界，北至廖家厝为界，四至界址明白。今因乏银费用，母子侄孙相议，愿将此瓦店、车埕、竹园、水井一尽出卖。先问房亲、伯叔兄弟侄人等不欲承受外，托中引就与本邑鹿港保泉州街林日茂号出首承买，三面言议时值尽根契价银五佰四拾大员正。敷足其银，即日仝中交收足讫，其瓦店、车埕、竹园、水井、瓦桷及门窗户扇、地基各在契内，随即踏明界址，交付银主林日茂前去掌管，永为己业，任从方便。保此瓦店并车埕、竹园、地基系是士浡、（士）斌、（士）添等承父明买物业，与房亲、伯叔兄弟侄人等无干，亦无重银典挂他人财物，来历不明为碍。如有不明等情，士浡、（士）斌、（士）添兄弟等出力抵当，不干银主之事。一卖干休，永断葛藤，日后子孙不敢言及找赎，抑勒滋事。此系二比甘愿，各无反悔，口恐无凭，今欲有凭，仝立卖杜尽根契字壹纸，并缴上手契四纸，共五纸，付执为照。

即日仝中交收过契内银伍佰肆拾大员正，完足。再照。

再批明，内添"东"一字，"瓦"一字。再照。

为中人 廖成用、黄辰清

在场知见人 房亲廖门秦氏、堂兄廖士雪

代笔人　士浡自笔

浡

道光拾捌年拾贰月　日　　立卖杜尽根契人　廖士斌

添

天净

（本文原载于《台湾研究集刊》2001 年第 4 期）

"林日茂" 相关史料补证

"林日茂" 是清代闽台两地重要郊商, 其祖居地在永宁, 创建 "日茂行" 于鹿港, 因此在清代闽台关系史、台湾商业史等方面都具有重要意义。2001 年, 笔者曾撰文对林日茂及其家族文化进行了探讨①。近年在田野调查和阅读史料过程中, 又发现了若干新史料, 对于补充、印证已有的认识颇有帮助。因此特为此文, 并将田野调查中寻觅积累的碑刻资料抄附文末, 以期对林日茂研究能有所裨益。

一、乾隆年间的林振嵩

"林日茂" 的创始人为林振嵩。他生于雍正九年 (1731), 大约 30 岁即乾隆二十五年 (1760) 从永宁赴台湾鹿港谋生, 从事贩盐生意。此时泉、鹿间尚未开口对渡, 因此贩卖私盐获利甚厚。至乾隆三十七年 (1772), 林振嵩已经积有一定资产, 故而能回家小住, 次年 (1773) 五子元业出生。此时离他渡往台湾已有 14 年, 其间可以视为林振嵩在鹿港打拼的草创阶段②。

林振嵩发迹以后, 究竟有没有回到泉州, 以往并不清楚。近年, 笔者在研究中发现林振嵩在乾隆四十二年 (1777) 和四十三年 (1778) 还曾回来两次。先看乾隆四十三年九月立于永宁姑嫂塔的一块碑刻:

重修塔峰记

关锁塔者, 泉南形胜也。位主离宫, 焕文明之象; 高出海

---

① 杨彦杰:《"林日茂" 家族及其文化》,《台湾研究集刊》, 2001 年第 4 期。

② 《鳌西林氏长房二家谱》, 手写本。按: 林振嵩当在四子元考出生后第二年赴台, 此后十余年间主要在台, 少与家人接触, 因此四子与五子相差 14 岁。参见上引文。

甸，表堤岸之观。自辛卯秋震击去芦尖，越戊戌重修，两都倡义。自兴工迄落成，费百有十员。既属一时义举，爱志都人盛事。至踵起为全塔之修者，不能无厚望焉。

十九都陈元老、□廷新、王世懋、陈仕贵、商世楠；二十都高志绍、董俊金、卢其珊、林振嵩、李恩寮。

大清乾隆戊戌孟冬，董事英山、郭仲山、许陈彪镌①。

这块含有林振嵩名字的碑刻记述了乾隆四十三年戊戌重修姑嫂塔芦尖的缘起及经过，参与者包括董事在内共计 13 人，来自晋江县的十九、二十都，费银 110 元。

永宁姑嫂塔是泉州湾重要的航海标志，不仅风水攸关，而且"高出海甸"，对于船只在海上航行辨识方向特别重要。林振嵩参与此次重修，可谓与自己的经历和现实需求相联系。值得注意的是，此时林振嵩已在鹿港十分有名。乾隆四十二年（1777）即修塔前一年，他参与了捐资购置鹿港敬义园，被称作"绅士"②。而且在这一年，他还回乡重修了泉州顺济桥。道光《晋江县志》云："乾隆丁酉，吊桥朽敝，重造者林公振嵩。"③ 这里的"丁酉"即指乾隆四十二年，而他"重造"的吊桥即是顺济桥，在泉州城南。由此可见，此时他在鹿港、泉州都很活跃，积极参加各种公益事业；第二年又回来参加修建姑嫂塔，已经成为经常往来于两岸的热心人物。另外一点亦值得注意，这时林振嵩在重修姑嫂塔的捐资名单中列于晋江"二十都"，表明他虽然发迹于鹿港，但身份认同仍在家乡。

乾隆五十一年（1786），台湾爆发林爽文起义，林振嵩帮助清军镇压平乱。事后，于乾隆五十三年戊申（1788）返乡祭祖，两年后重修祖祠。林振嵩在重修林氏宗祠的碑记中说："嵩戊申岁归自东陵，适逢烝祭，入庙瞻仰，心为恻然。于是有志鼎新……即于庚戌年十一月十六日兴工，迄今辛亥年六月间竣事"，共费番银 1500 余元（参见附录一）。这里所说的

---

① 此碑尚存永宁姑嫂塔底层门侧，参见郑振满、丁荷生编纂：《福建宗教碑铭汇编·泉州府分册》（上），福州：福建人民出版社，2003 年，第 300 页。按：此《汇编》所录与原碑微有差异。又，《永宁乡土资料汇编》（永宁镇乡土资料编委会，1995 年编印）第 56 页亦录有此碑，但文字缺误较多。

② 道光《彰化县志》卷二《规置志·养济》。

③ 道光《晋江县志》卷一一《津梁志·顺济桥》，晋江县地方志编纂委员会整理本（上册），福州：福建人民出版社，1990 年，第 213 页。

"庚戌年"即乾隆五十五年（1790），"辛亥年"为乾隆五十六年（1791），可见此次重修宗祠费时大约七个月。如今这块碑刻尚存于永宁林氏宗祠的外墙上。而勒石纪事的林振嵩此时已是61岁高龄，他没有再返回台湾，而是将鹿港"日茂行"的生意交给三子林文浚经营，自己在泉州城内"开行"，父子在泉、台间开展贸易①。

林振嵩在重修祖祠的同时，也对家乡特别关注，积极发挥他的影响力。乾隆五十六年祖祠修竣后，林振嵩就陈情要求官府加强对崇武天后宫的管理。如今那里还存有一块当年立的示禁碑，亦引录于下：

> （上缺）属龌湿，最易损坏瓦木。或遇演戏，则（下缺）暑日则赤体群卧于（下缺）莫□□严禁，无以肃清神庙，寔属有□圣恩崇敬之诚。合□恳叩，乞恩准出示严禁，并饬惠邑主严着保甲看守，庶庙宇永固清洁，而灵□享祷于千□等情。据此，除行惠安县着令保甲稽查看守外，合行出示严禁。为此，示仰行旅商贾暨经过兵役、附近居□□□□悉：自示之后，尔等当知神灵凭依之所，务须肃清崇奉。倘敢仍前寓宿庙中，积贮物件，及无赖棍徒群□□□种亵渎污秽，以致庙宇门窗损坏，许该职员林振嵩等并该处保甲查实指名，赴辕禀究，本道定即查孥严惩，决不姑宽。各宜凛遵勿违！特示。
>
> 乾隆伍拾陆年玖月②。

这段碑文与林振嵩有密切关系。崇武天后宫是泉州湾北部的重要庙宇，官民船只出入往来"赖其神功，塑像而祀焉"③。据文献记载，这座庙宇自明朝中叶以前就已存在，入清以后又相继在顺治、乾隆、嘉庆年间经历了多次重修或新建。尤其是乾隆末年那一次，不仅规模大，而且是福康安在率军镇压林爽文起义之后，"奉旨发帑金建新鼎建"的④。与此同时，清政府也在鹿港建了一座，称"新祖宫"，由林振嵩负责完成⑤。因此，这座崇武天后宫在林振嵩看来意义非同一般，有着更加深切的情感。

---

① 杨彦杰：《"林日茂"家族及其文化》，《台湾研究集刊》，2001年第4期。
② 此碑存于崇武天后宫内，参见《福建宗教碑铭汇编·泉州府分册》（中），第766页。
③ 《崇武所城志》，见《惠安政书》附录，福州：福建人民出版社，1987年，第29页。
④ 嘉庆二十四年《重修崇武天后宫序》，载《崇武所城志》，见《惠安政书》附录，第125页。
⑤ 杨彦杰：《"林日茂"家族及其文化》，《台湾研究集刊》，2001年第4期。

上引崇武天后宫的那篇碑文虽因年代久远有所缺损，但内容仍相对完整。从出示严禁的情况看，林振嵩上书的是兴泉永道道台，目的在于维护崇武天后宫的庄严清洁，而道台不仅接受了林振嵩的建议，令惠安县知县严加管理，而且出示晓谕商旅、兵役及附近居民人等，务必遵示勿违。倘敢违抗，"许该职员林振嵩等并该处保甲查实指名，赴辕禀究，本道定即查孥严惩，决不姑宽"。这显示出了林振嵩利用他在台湾奠定的地位和影响力，与泉州府官员尤其是兴泉永道保持着相当良好的关系。他关注的对象并不局限于老家晋江，而延伸至邻近地方，包括惠安崇武，他在两岸间的地位和作用由此更加凸显。

二、嘉道年间的"林日茂"

从乾隆末年开始，"林日茂"的经营日渐兴盛。至嘉庆年间已达到鼎盛阶段，各项事业如日中天。嘉庆三年（1798）十一月，林振嵩在永宁去世，其子林文浚即从鹿港回家奔丧。其墓志铭载：文浚返乡"奔丧哭泣，葬祭竭尽礼诚。丧事毕，仍渡东经略"[1]。林文浚是林氏家族兴盛发展的关键人物。有关他的事迹在其墓志铭中多有记载，可惜仅剩前半部，但仍弥足珍贵，抄录于文末（参见附录二）。最近，笔者在永宁古城西门口的福德正神庙还见到了一块立于嘉庆四年（1799）八月的"福德爷灵感杯诗"，落款为"弟子林日茂敬刊"[2]。显然是林文浚为其父办完丧事后，以"林日茂"的名义在家乡刻立的，目的是感戴福德正神恩惠，同时也有报答乡里亲情的意义。

该"灵感杯诗"共有诗 27 首。按照当地习俗，人们遇到需要祈求的事情必定要到福德庙祷告，用"掷杯"的方式再解读"杯诗"来了解神明的意图。"掷杯"用的是两块对称相扣的"筶杯"。如果两块"筶杯"抛掷后呈一阴一阳（一面朝上一面朝下），即为"杯"，表示神明同意；如果两块都是阳（双面朝上），即为"笑"，神明不置可否；若两块都是阴（双面朝下），即是"阴"，表示神明不同意。由于每问一事必须连掷三次

---

① 《林文浚墓志铭》，残本。

② 该碑刻尚存，镶嵌于永宁古城西门口福德正神庙外墙上。

"筶杯"，每次都有三种可能性，因此排列组合就能形成 27 种可能的结果，如三杯、三笑、三阴、杯杯阴、杯杯笑、笑阴阴、笑笑杯等。每种结果都有一首对应的"杯诗"，祈求者只要找出这首诗并进行解读，就能得出神明的示谕。林日茂"敬刊"的 27 首"福德爷灵感杯诗"，其作用即在于此（碑文详见附录三）。也就是说，这 27 首"福德爷灵感杯诗"是永宁西门福德庙长期流传下来的，当地居民一直在用，而林日茂把它们刊刻出来，镶嵌在庙前墙壁上，这样做不仅有利于圣诗的流传保护，同时也有益于居民使用。因此，林氏宗族在办完丧事以后，即在西门口的土地公庙敬刊杯诗，用于表达他们对福德爷的崇敬和感恩，同时也是在表达他们对乡里乡亲的一种情感。另外还有一点亦值得注意，以往笔者所见"林日茂"第一次出现在碑刻上是嘉庆十年（1805）参加重建台南弥陀寺①，而此"鳌城西门口福德爷灵感杯诗"刊于嘉庆四年（1799），比过去所见台湾资料还早了六年。

嘉庆六年（1801）十二月，"林日茂"被皇帝赐予两通制诰，封林振嵩及其父亲为奉直大夫、两位的配偶为宜人。此后，有关嘉庆帝游台湾、赐封"日茂行"的民间故事不胫而走，开始在两岸流传。至嘉庆末年，"林日茂"的声誉极隆，永宁和鹿港都兴建了豪华大宅，林文浚的第五子和长孙联袂中举，各项事业蒸蒸日上。而在泉州，林文浚的两个弟弟即四弟林文时（即元考）和五弟林文献（即元业）②亦多次参加修桥建庙活动。为节省篇幅，现将有关资料造一表于下：

表 1　嘉庆年间"林日茂"族人在泉州捐助公益一览表

时间	姓名	捐助内容	出处
嘉庆八年（1803）	林文时	重修顺济桥	道光《晋江县志》卷十一《津梁志·顺济桥》，第 213 页
嘉庆十年（1805）	林文时	参与重修清源山蜕岩	道光《晋江县志》卷四《山川志·清源山》，第 48 页

① 杨彦杰：《"林日茂"家族及其文化》，《台湾研究集刊》，2001 年第 4 期。

② 按：林文浚的五弟元业，《族谱》载为"林文献"，道光《晋江县志》载为"林文献"，以下表格仍以"林文献"称之，存疑待考。

续表

时间	姓名	捐助内容	出处
嘉庆十年（1805）	林文时	参与重修督学试院	道光《晋江县志》卷十三《公署志·督学试院》，第 287 页
嘉庆十年（1805）	林文时	参与重修石笋桥	嘉庆《重修石笋桥记》
嘉庆二十四年至二十五年（1819—1820）	林文献	参与重修顺济桥	道光《晋江县志》卷十一《津梁志·顺济桥》，第 213 页

按：道光《晋江县志》采用晋江县地方志编纂委员会整理的标点本，上册，福州：福建人民出版社，1990 年；嘉庆十四年《重修石笋桥记》尚存于泉州石笋桥南岸观音宫外。

从表上内容看，"林日茂"的族人在泉州参与公益活动主要集中在嘉庆年间，尤其是嘉庆八年和十年林文时有 4 次捐助，占大多数。而嘉庆二十四年至二十五年最后一次则是林文献（献？）出面的，因为此时林文时已经去世①，故而由他的弟弟来完成。而另一方面，嘉庆年间也是"林日茂"在台湾大量捐助社会公益的重要时段，他们捐助的范围甚广，包括修庙、造桥、筑城、救济灾民等，都由林文浚出面担当②。因此，嘉庆以至道光初年，可以视为"林日茂"在两岸发展的鼎盛阶段。

道光六年（1826）林文浚去世。此后"林日茂"的家族事业经营乏人。道光九年（1829）鹿港重修龙山寺，林文浚之子林廷璋还与八郊商行、士绅人等共同发起修建，并于次年以"林日茂"的名义题赠了一副对联"法雨慈航飞甘洒润，莲花竹叶散采成文"，至今这副对联仍悬挂在龙山寺的正殿上③。但值得注意的是，尽管此次重修由林廷璋出面主持，可是在《重修龙山寺捐题缘金》碑上却没有林廷璋捐资的记载，而是以"林尚义堂"的名义捐银四百员④。"尚义堂"是林日茂在永宁老家的堂号。

---

① 按：林文时在嘉庆初年被授予"布政使司理问、例封武略骑尉"（林文浚墓志铭），嘉庆十四年（1809）为"敕授直隶州知州、例封武略骑尉"（《重修石笋桥记》），因此他在社会上具有更大影响力。林文时去世于嘉庆十八年（1813），此时五弟业 40 岁。
② 有关林日茂在台湾的捐助活动，参见杨彦杰：《"林日茂"家族及其文化》，《台湾研究集刊》，2001 年第 4 期。
③ 陈仕贤：《文化鹿港——闽台文化田野采集》，作者自印，2008 年，第 16 页。
④ 按：此碑已残，现藏于龙山寺。见陈仕贤：《文化鹿港——闽台文化田野采集》，第 31、155 页。

这似乎表明此时林氏更看重两岸族人之间的联系，或者说，此次题捐主要是由大陆"日茂行"的族人参与完成的。

至道光末年，"林日茂"家族已明显衰败，大不如前了。最近，笔者在永宁调查，发现当地城隍庙仍存有道光二十三年（1843）立的两通重修城隍庙碑记，共7块①。这些碑文正好可以印证"日茂行"在道光末年已经衰落的史实。

永宁城隍庙是古城内一座最重要的庙宇。它建于明朝，入清以后道光年间曾重修扩建一次，光绪年间又一次大修，至今仍保存完好②。据道光《重修永宁城隍庙碑记》云：此次重修扩建是自道光十五年乙未（1835）夏兴工，至二十三年癸卯（1843）冬完成，历时八年半，可谓工程浩大③。当地众多的官绅富户、商贾居民都纷纷慷慨解囊，参与这项在当时人看来非常重要的工程。据笔者根据捐款碑记统计，这期间参与捐助的多达340余人，有的还仅以募捐人的名字出现，实际远不止于此；共捐银10405.65两，另外还有一些神明用品不在其内。然而，如此大规模的社会活动，却在其中找不到"林日茂"的名字。当年参与捐款的，有的是地方官员，如永宁汛官陈长升、永宁汛官张朝升、训导陈盈科、同知林世亮等；有的是地方绅士，如乡饮宾、监生、职员、军功、乡耆等所在多有；更多的是商人铺户，如陈丰茂号、振裕号、资源号、泉恰号、金顺号、集源号、锦顺号、振瑞兴、源益杉行等；有的是外地来捐款的，如南安捐助者8人，每人捐银三四钱不等；"金长顺船商对乍浦公鸠"，捐来银2337两④。既然有这么多社会各阶层人士都参与捐助，"林日茂"是著名的郊商，社会地位和声望甚高，永宁又是他们的祖居地并有族人聚居，而他们却没有参与捐助，实在令人费解。唯一的解释是，此时"林日茂"已经困难重重，无力

---

① 其中道光二十三年十一月《重修永宁城隍庙序》仅一碑，立于庙前；道光二十三年十二月《重修永宁城隍庙碑记》共有六块，嵌于庙内墙上。整理的碑文亦见于《福建宗教碑铭汇编·泉州府分册》（上），第358-366页。按，此两通碑文"董事"的排列顺序相同，而整理者未能详察，将两通碑的"董事"排列顺序置乱。

② 李显扬：《永宁城隍庙》，《永宁乡土资料汇编》，第57-59页。

③ 道光二十三年十二月《重修永宁城隍庙碑记》，参见《福建宗教碑铭汇编·泉州府分册》（上），第359页。

④ 道光二十三年十二月《重修永宁城隍庙碑记》，参见《福建宗教碑铭汇编·泉州府分册》（上），第359-366页。

参与社会公益了。其实，已发现的史料也可以证明这一点。笔者曾引录一份立于道光十七年（1837）的契约，此时"林日茂"在台湾欠官府课款达2万余员，正处在债务纠纷当中，只好请鹿港的泉厦郊金长顺、金振顺及郊商大佬纪盛俊、陈卿泰、王子全、陈宗悦等人来作"公亲"，最后才达成了清还债款协议①。因此，道光十五年至二十三年重修永宁城隍庙的活动，"林日茂"没能参加，亦在情理之中。

综上可见，如今尚存于永宁福德正神庙和城隍庙的这些碑刻资料，以及散存于泉州、台湾各地的碑记、文献等，都是相当珍贵的，正好可以印证当年"林日茂"的起伏经历及其变化趋势。

三、结语

"林日茂"是永宁著名的郊商，其起于乾隆，盛于嘉庆，衰败于道光，在闽台贸易史上居于很高的地位。"林日茂"兴盛以后，在闽台两地形成了跨越海峡的大宗族，如今在永宁还有"日茂房"的族人在，两岸都存有不少"林日茂"的史迹和文献。本文仅以近年在永宁及其周边地区发现的若干碑刻和文献资料作补充探讨，以印证以往研究所得的结论，同时进一步丰富过去对"林日茂"的认识。因"林日茂"的史料相对分散，希望今后仍有更多的史迹文献被发掘出来，以促进这个重要史事的研究和探讨，取得更多的新进展。

附录：

（一）重修林氏宗祠碑记

庙之立也，所以迪前光，启后嗣。有举莫废，有颓必新，庶祖宗之灵异与子孙之思成默相感格，而绵绵延延重光弗替矣。吾宗派分晋安，族聚鳌水，蕃衍已阅几传。今上御极之十六年，族人鸠建祖庙，大凡两进，坐寅向申兼艮坤。门堂庐寝，制度聿修，庙外墙围，门泛其偏。时仕旭、仕老实董事焉。自是年湮代远，将就倾颓。嵩戊申岁归自东陵，适逢烝祭，入庙瞻仰，心为恻然。于是有志鼎新，而弗敢专也。因谋诸族人，曰：

---

① 杨彦杰：《"林日茂"家族及其文化》，《台湾研究集刊》，2001年第4期。

"是举非君莫属。"嵩承其意，竭力为之。即于庚戌年十一月十六日兴工，迄今辛亥年六月间竣事。上进高一丈九尺四寸，中厅阔二丈八尺八寸，下进高一丈四尺六寸、阔二丈三尺四寸。瓦木砖石，悉焕而新；黝垩丹楔，顿易其旧。计縻番银壹千五百余元。其两落间数如旧，惟墙围之门，共议易居而中，俾岁祀奉祭，凡我子孙奏假趋承，可以一向直前，用肃观瞻；且山川之拱秀，地灵之蜿蜒，亦得以直挹其盛。从此庙貌巍峨，不愧西河世胄；孙支挺出，长振九牧家声。既落成，爰勒数字于石，非敢言志也。亦愿后之子孙嗣而起者，相与随时而振兴也云尔。

乾隆五十六年岁次辛亥荔月谷旦　十一世孙振嵩薰沐敬勒

（二）林文浚墓志铭（残）

皇封诰授奉直大夫、军功晋授中宪大夫、累封修职郎、儒林郎、文林郎、驰文林郎，七十翁渊岩林公墓志铭

赐进士出身、诰授资政大夫、内阁学士兼礼部侍郎、福建提督学政，前詹事府詹事、翰林院侍讲学士、国子监司业、戊辰河南正考官、乙酉江南副考官，加三级，通家弟陈用光顿首拜撰

赐进士出身、钦命浙江道监察御史，前翰林院编修、壬午顺天同考官，加一级，年愚再侄陈功顿首拜篆

乡进士、文林郎、候选县知县、辛巳恩科福建解元、现会试，宗愚侄文斗顿首拜书

今天子御极之元年，礼臣如例以乡会试请俞旨。是冬，闽省丙子孝廉廷璋林生，偕同榜胞侄世贤应礼部试，入都，援余戚好九峰查先生介绍，受业余门。初，九峰筮仕台阳，与廷璋之尊人渊岩先生缔道义交。归，向余齿渊岩行谊，不置余心，颢之。嗣廷璋、世贤从余游，暇辄举其尊人所建树为余言，乃知九峰之称道不虚，而二生者森森玉立，一望而知为德门佳子弟，尤足征乃祖乃父之盛德大业也。戊子秋，余涔膺视学十闽。己丑，按临抵泉，适廷璋等以葬父有期，丐铭于余。余谊属通家，不得辞。又耳熟渊岩行事，将举以为闽士劝，其□可无言。按状公讳文浚，字金伯，渊岩其号也。先世自晋安郡王禄公入闽，居三山。数传赐高公，徙居永凝卫，籍晋江。高祖次海公，曾祖尚荣公，祖驰赠奉直大夫攀芝公，父承德郎、诰赠奉直大夫、晋赠中宪大夫毅圃公。公即毅圃公之第三嗣也。

少而歧嶷，授书颖异过人。比长，见毅圃公久旅台湾，跪请王母卢太宜人及母蔡太恭人曰：儿长矣，忍使吾父远羁海外乎？遂辍业渡台，代理生计。毅圃公得回籍养老者，赖公力也。殁后，公奔丧哭泣，葬祭竭尽礼诚。葬事毕，仍渡东经略。时母太恭人在堂，遇贾舶西掉，必致意请安，附物味，资浣腆，邮书戒其四弟布政使司理问例封武略骑尉敦崖公、五弟瓯宁学广文怡岩公，侍养无阙。毅圃公素敦义举，凡所欲为，必先意承志，竭力为之。为祖宗置祀田，为王母党、母党置祀田，申约族中寡妇不可改适，按月支给，延师课其孤儿，皆仰体毅圃公之意也。呜呼，末俗浇漓久矣。人子致养犹难，况继志述事乎！若公者，可以风矣。予闻之九峰云：台阳海外荒服，负山阻海，闽粤二省寄籍，生齿浩繁，莠苗襍居，经圣天子声教渐摩，大吏抚循噢咻，而草泽亦间窃发。官斯土者，必得急公尚义绅士，然后兵荒无警，缓急可以图功。因举渊岩义举数大事告余。岁丙午，奸民为乱，提帅任公谋诸毅圃公，毅圃公委诸公，公曰：么麽小丑，不难平也。备糗粮，精器械，守险设伏，自是兵家常事。然土贼必攻乡兵。遂倾资五千金助饷，运粮艘，募乡勇。克复鹿港、彰化，擒馘贼伙，移送军门（下缺）

（三）鳌城西门口福德爷灵感杯诗

三　杯：福如东海寿南山，君尔何故苦中间，富贵荣华天注定，太白贵人守身边。

三　笑：风恬浪静好行舟，高歌鼓舞乐悠悠，四皓八仙齐畅饮，十八学士登瀛州。

三　阴：鬼门关上遇无常，铁船过海浪头风，口头冤家如咒咀，汝欲去时灾祸殃。

阴杯杯：夫妇有意两相求，绸缪未合各成愁，万事逢春皆大吉，姻缘注定不须愁。

阴杯笑：牛郎织女本天仙，阻隔银河路杳然，百年富贵风前烛，一旦荣华云里仙。

阴杯阴：张弓射月总虚空，朽木难雕枉费工，平生常念千声佛，作恶枉烧万炷香。

阴笑阴：昔日螳螂去捕蝉，岂知黄雀在身边，莫信他人直中直，须防心里仁不仁。

阴笑笑：伏羲八卦最精灵，六十甲子推五星，暗处亏心天地见，举头三尺有神明。

阴笑杯：雷霆霹雳震虚空，天上差吾察吉凶，积善之家有余庆，积恶之家有余殃。

阴阴笑：八仙过海赴蟠桃，龙王降下蓝采和，因夺王板兵刀战，惟佛慈心来讲和。

阴阴杯：三藏取经往西天，路途险难劳圣僧，云横秦岭家何在，雪拥蓝关马不前。

笑笑杯：日上东方无散云，十分光采照乾坤，二十四气尽清洁，一年四季太平春。

笑笑阴：一盏孤灯对面休，主人有福再添油，任他险处不见险，若有财时别处求。

笑杯笑：鱼在小涧上长滩，浅水难游深处安，心虚不定悟君事，夷齐饿死首阳山。

笑杯阴：释迦化出妙应身，老君抱送玉麒麟，真宗求嗣生圣主，德降自天福自来。

笑阴笑：囚人出禁上酒楼，畅饮宽怀解闷愁，有人谨忍一时气，非干己事莫当头。

笑杯杯：太公钓渭八十秋，除商灭纣再兴周，民安国定太平世，江山万里任君游。

笑阴阴：若要求财未得时，只恐鬼贼相侵害，关门闭户家中坐，灾祸偏从天上来。

笑阴杯：三人各姓同一心，桃园结义情意深，昆山美玉皆是宝，运来铁也变成金。

杯杯笑：宝镜团圆光如月，琴瑟和鸣畅我情，婚姻买卖皆大吉，登科一举状元名。

杯杯阴：哑子得梦事难言，瞎眼穿针更不然，九曲明珠穿不过，孔子在陈必绝粮。

杯阴杯：富贵总是天注定，五谷丰登胜上年，共享太平歌舞日，含哺鼓腹乐尧天。

杯笑杯：叶落根深霜不怕，枯木逢春再发芽，虽是中间多进退，钱财到底属吾家。

杯阴阴：白虎出山欲害人，误入罗网难脱身，害人之心即害己，虫飞入火自伤身。

杯笑笑：梅花冻雪斗芳菲，江上渔翁罢钓归，夜静水寒鱼不饵，满船空载明月归。

杯阴笑：鲤鱼志气本英雄，屈在池中运未通，一旦峥嵘头角现，风云际会化为龙。

杯笑阴：皇天降下紫微星，除妖灭怪得安宁，二十八宿扶圣主，我朝家国再重兴。

嘉庆四年岁次巳未桂月谷旦弟子林日茂敬刊①

（本文为新作，未刊）

---

① 按：以上文字刻于一块碑石上，唯"笑杯阴"这首诗刻于右侧边框上，当属漏刻后补。

百年鱼塭：清代东石蔡氏在台湾的鱼塭经营[*]

在台湾南部，鱼塭是很常见的生产资料。它与水田、旱地一样，可以用来转让、出售、经营，出产的鱼货成为人们日常生活的必需品。因此，鱼塭的经营与土地一样，都是研究社会经济史所必须关注的对象。然而，至今为止，有关土地问题的研究甚多，而关于鱼塭的研究却十分罕见①。

鱼塭经营需要资本，而这些资本从何而来，与商人有什么关系？它作为生产资料是如何被买卖、转移的？所有者与生产者之间的关系如何？经营形态怎样？经历了怎样的演变？这些都是值得探讨的问题。近来，笔者有机会获见泉州东石蔡氏在台湾布袋嘴发展的一批家族文献，包括族谱、契约、书信、账本及各种商业文书等，时间涵盖清代中晚期，其中以在布袋嘴经营鱼塭的资料为最多②。这对于研究清代台湾南部的鱼塭经营，弥补以往有关这方面研究的不足，大有裨益。本文拟以东石蔡氏的家族文献

* 本文在日本"近代台湾的经济社会变迁：日本とのかかちりをめぐって"国际学术研讨会发表，名古屋，2012 年 8 月 4-5 日，得到谢国兴教授的帮助，会上代读论文并于会后惠赐日据时期的资料，特此致谢！

① 关于台湾鱼塭的研究，据笔者目前所能掌握的资料，日据时期，临时台湾旧惯调查会刊行的《第一部调查第三回报告书台湾私法附录参考书》有"鱼塭"专节，收录相关契约文书（见《台湾私法物权编》，台湾银行，1963 年），但伊能嘉矩所著的《台湾文化志》三册，并没有这方面研究的内容（见台湾省文献会中译本，1985 年）。台湾学者，除了《重修台湾省通志》和周宪文《台湾经济史》等有日据以后的水产养殖内容之外，论文方面仅查到 1956 年发表有苏国珍的《本省虱目鱼养殖》一文（载《南瀛文献》1956 年第三卷三、四期合刊）；近年曾品沧的博士论文《从田畦到餐桌——清代台湾汉人的农业生产与食物消费》（台湾大学历史系，2006 年），可能也会涉及水产养殖方面，可惜还没能读到。大陆学者没有专题论文发表。可见这方面的研究仍很薄弱。

② 这些东石蔡氏文书已经整理出版（见蔡书剑策划、蔡长安编著《东石源利族人徙台货殖书契》，收于"晋江文化丛书"第五辑，厦门：厦门大学出版社，2010 年），可惜错误太多。本文所使用的资料均与原件进行校对，或直接录自原件。但为了方便读者参考，仍会注出已经出版的《东石源利族人徙台货殖书契》一书的页码。

为主，结合田野调查及地方史志的记载，就东石蔡氏在台湾布袋嘴的鱼塭经营做一些探讨。

一、东石蔡氏在台经营鱼塭的缘起

东石蔡氏聚居于泉州的晋江市东石镇东石村。他们的先祖于明初迁入开基，分十房，其中玉井房与本文关系最为密切。玉井房的开基祖称十郎公，从他算起，至十三世蔡文由于乾隆年间渡往台湾，在当时隶属于嘉义县的布袋嘴创业谋生。蔡文由有三子，其中长子章棚（抱养）23 岁去世，次子章情、三子章凉跟随父亲一起奋斗，在他们手上创立了"源利号"，自置船只往来于两岸之间，家业极盛，成为东石蔡氏在台湾发展的一支很重要的力量。

蔡文由如何在台起家？相关资料缺乏。据族人口传，他是乾隆末年渡台的。"先是为人放鸭、晒盐，后又为人看管鱼塭。"① 看来他的起步是从最底层的体力劳动做起。后来由于他看管的鱼塭被台风海浪冲毁，老板王源利无心经营，就将鱼塭折价卖给了蔡文由。此后蔡氏创立的郊行亦以"源利"为号②。鱼塭经营成了蔡氏各项事业发展的基础。

蔡文由生于乾隆二十四年（1759），娶曾氏，他们的儿子章情生于乾隆五十五年（1790）、章凉生于乾隆五十七年（1792），此时文由在 32~34 岁（按虚年计算），结婚的年龄应该不会太早③。而这时清政府已经开放鹿港与蚶江对渡，为了谋生跟随移民浪潮前往台湾寻找机会，成为当时闽南人一个很自然的选择。据大约修于咸丰年间的《晋江玉井蔡氏长房三惟哲公派下家谱》④ 记载，文由及其两个儿子的早年生活是很艰苦的。如该家

---

① 《东石源利族人徙台货殖书契》，厦门：厦门大学出版社，2010 年，第 28 页。
② 《东石源利族人徙台货殖书契》，厦门：厦门大学出版社，2010 年，第 28 页。
③ 《东石玉井户文方公家谱》，载《东石源利族人徙台货殖书契》，第 20-21 页。
④ 按：该《家谱》未载编修年代，然而其中记载章情的三子懋尔"以咸丰癸丑年军功加六品职衔，例授承德郎"，此处"癸丑年"为咸丰三年（1853）。而章凉的长子懋愿去世于咸丰五年（1855），该《家谱》未载卒年，说明编修时他还在世。因此这本《晋江玉井蔡氏长房三惟哲公派下家谱》基本可以确定修于咸丰三年至五年之间，很可能在咸丰四年（1854）。以上《晋江玉井蔡氏长房三惟哲公派下家谱》，陈支平主编《闽台族谱汇刊》第 40 册，南宁：广西师范大学出版社，2009 年，第 515、517 页；《东石玉井户文方公家谱》，《东石源利族人徙台货殖书契》，第 21 页。

谱载章情传略云："故当经营创始，虽栉风沐雨而不辞劳；迨至开导财源，即戴日披星而无难色。"① 章凉的传略亦云："家本寒素，自少壮之时，能与父兄竭力经营，卒成巨富。"② 从章情、章凉的生年看，他们家直至嘉庆年间即 1810 年左右，仍处在奋斗阶段。

东石蔡氏的发展确实是从嘉庆以后才开始的。目前我们能看到蔡文由第一份承典鱼塭的契约是在嘉庆十七年（1812）十一月，引录于下：

> 立借字人郡城郭远观，有承父亲郭长寿明买过郭天池北中横塭份叁份，住在嘉属大丘田保，塭名北中横，其东西四至登载在上手公契内明白。因此塭前年经典在布袋口庄蔡由哥、居哥处，今因欠银乏用，以将此叁份为胎，托中再向由哥、居哥借出番银叁佰元。其银即日全中收讫。言约每百银每年愿贴利息银贰拾元，若取契之日母利一齐还清，不敢短欠。若有短欠，愿将此叁份塭份听其掌管，永为己业，不敢阻当。保此塭份系是承父己置物业，与房亲叔兄侄无干，亦无重借他人不明为碍，如有不明，远愿出首抵挡，不干由哥、居哥之事。空口无凭，立借字一纸付执存照。
>
> 即日全中收过番银叁佰大元足，批明再照。
>
> 知见人　郭国珍
> 中　人　萧恍叔
> 嘉庆拾柒年拾壹月初八日　　立借字人 郭远观
> 代书人　郭瑞光③

这份契约可供分析的要点甚多，这里先指出几点：

（1）契约中的承典人"蔡由哥、居哥"即是蔡文由和他的堂弟蔡文居④，可见是同宗兄弟一起在台湾打拼，他们只要积累起一定的资本就会联手起来进行投资，共谋创业机会。

（2）契约提到这些塭份在"前年"就已"经典在布袋口庄蔡由哥、居

① 《晋江玉井蔡氏长房三惟哲公派下家谱》，《闽台族谱汇刊》第 40 册，第 516 页。
② 《闽台族谱汇刊》第 40 册，第 520 页。
③ 《东石源利族人徙台货殖书契》，厦门：厦门大学出版社，2010 年，第 72 页。
④ 关于蔡文居的资料见《晋江玉井蔡氏长房三惟哲公派下家谱》，《闽台族谱汇刊》第 40 册，第 542 页。蔡文居比蔡文由小两岁。

哥处"，嘉庆十七年再次为胎借钱出典，蔡文由、文居兄弟联手承典鱼塭至少在嘉庆十五年（1810）就已经开始。

（3）此次蔡氏兄弟出借的是番银300元，约定年利20%，即每年需交纳利息番银60元，没有约定承典年限。按照兄弟两人均摊计算，每人出银150元，除了可收利息外，经营鱼塭还有一笔收入，这是不错的买卖。

（4）他们承典的鱼塭称作"北中横"，属大坵田保，这个地点很重要，以后购置的许多鱼塭大都在这里。

嘉庆十五年以后，蔡文由出面承典或购买的鱼塭明显增多。可能在嘉庆十八年（1813），蔡文由（契称"蔡由观"）借银220元给郭瑞锅，向他承典郭家明置的北中横塭份的三分之一，次年又借银40元，后来再补银60元买断郭瑞锅的塭份①。嘉庆二十四年（1819），蔡文由（契称"蔡远油观"）借银127元给郭远观，向他承典郭父明置的北中横塭份的三分之一，约定由蔡文由前去"收税，以抵利息"②。次年，蔡文由（契称"蔡由观"）以10元价格从谢天送手上再买断高春、陈智合置的中洲塭份③。同年，又以佛银240元承典陈瑞记明置的北中横塭份，约定八年为限④；又以佛银50元承买陈绵观祖父与人合置的北中横鱼塭佃份⑤。

由此可见，从嘉庆十七年至二十五年（1812—1820），蔡文由承典、买断的鱼塭至少有6笔，投入金额大约在1000银元以上，而且除了第一笔与蔡文居合作之外，其余都是蔡文由独自投资的，显示从嘉庆中叶到末年，蔡文由一家已经拥有了相当的经济实力。这是他们的起步阶段。

从蔡家的历史来看，经营鱼塭与从事商业是相辅相成的。蔡文由以经营鱼塭起家，反过来商业贸易的发展又有助于其经济实力的增强。蔡文由何时开始经商并不清楚，但从承典、购置鱼塭的投入来看，至少在嘉庆末年就已经开始。道光二年（1822），布袋嘴众塭户曾形成一份共同契约，该契称"蔡由"（即蔡文由）"财冠诸伙"，有足够的资金可以调动⑥，足

---

① 《东石源利族人徙台货殖书契》，厦门：厦门大学出版社，2010年，第76、77-78页。
② 《东石源利族人徙台货殖书契》，厦门：厦门大学出版社，2010年，第82-83页。
③ 《东石源利族人徙台货殖书契》，厦门：厦门大学出版社，2010年，第85页。
④ 《东石源利族人徙台货殖书契》，厦门：厦门大学出版社，2010年，第87页。
⑤ 《东石源利族人徙台货殖书契》，厦门：厦门大学出版社，2010年，第88-89页。
⑥ 《东石源利族人徙台货殖书契》，厦门：厦门大学出版社，2010年，第92页。

见此时蔡家的经济实力及其社会地位。

蔡家商业贸易的迅猛发展是在道光、咸丰年间。据目前仍保留的商业文书，至少在道光年间，"源利"已经成为这个家族的基本名号，其使用范围不仅限于商业，也用于塭业（如"源利塭"）、典当（如"源利典铺"）等，而且在商业方面，通过独资、合股等形式开设了不少商号。如今我们查阅蔡氏文献，可以知道在道光年间蔡源利开设的相关商号至少有益利号、玉成号、广利号、振盈号、广盈号、益成号、源德号、源盛号、协利号等。其中益利、玉成、广利都是郊行，开设于笨港。道光二十八年（1848）的书信谈到这三家商号的经营情况①。道光二十六年（1846）有一份文件云：由于在笨港横街做生意的泉吉号失火，因而欠下与之关系的"厦郊"诸商号款项，其中就有益利号②。

振盈、广盈、益成都是由蔡源利出资，聘人在台湾经营的，受聘者可以"荫份得利"，即以劳动的形式参与分红。道光二十七年（1847）有一份沈汉良立的契约云："立缴字人晋江县八都庵前乡沈汉良，先祖父有蒙本县十都东石乡蔡凉官倾资本付先父在台嘉邑朴仔脚开张笨泉郊生理，号振盈及广盈。先父原无在本，惟朴当事，荫份得利三份之一。"③ 咸丰四年（1854），又有一份益成号的善后合约云："立合约字蔡源利、蔡进益、蔡妈尖等，因源利前出资本交付益父元纵、尖父耽在盐水港开张益成号生理，进益道光廿七年停止算帐，得利共作四份，源利应得贰份，纵、耽各分一份。"④ 可见这三家商号都是由蔡源利单独出资，在台湾合伙经营的，其中振盈、广盈两家明确是"开张笨泉郊生理"，亦属郊商。

至于源德、源盛、协利则都是合作投资经营的。源德是源利与晋利合作，从事南北郊油、米配运⑤。源盛是源利与其他股东一起投资，在布袋嘴庄开张的杉行。道光十八年（1838）正月改名为协利，原来五股变成四股，其中源利增加资本 400 元独占二股⑥。因此这些商行涉及的范围很广，

① 《东石源利族人徙台货殖书契》，厦门：厦门大学出版社，2010 年，第 31-34 页。
② 《东石源利族人徙台货殖书契》，厦门：厦门大学出版社，2010 年，第 150-151 页。
③ 《东石源利族人徙台货殖书契》，厦门：厦门大学出版社，2010 年，第 181 页。
④ 《东石源利族人徙台货殖书契》，厦门：厦门大学出版社，2010 年，第 157 页。
⑤ 《东石源利族人徙台货殖书契》，厦门：厦门大学出版社，2010 年，第 35 页。
⑥ 《东石源利族人徙台货殖书契》，厦门：厦门大学出版社，2010 年，第 204-205 页。

主要是经营两岸贸易，而且可以肯定的是这些商行都是以源利号的资本为主。蔡文由家族在道光年间的雄厚财力由此可见一斑。

蔡文由去世于道光三年（1823），其次子章情亦于道光十二年（1832）逝世，因此蔡氏家族的事业转入三子章凉及蔡家的第三代手中。章情生育六子、章凉生育五子，这两个房头（二、三房）分别被称作"六合""五美"①，均生养于嘉庆、道光年间（参见附表一）。至咸丰以后，蔡氏家族不仅人丁兴旺，而且各项事业如日中天，达到了极盛的程度。咸丰十年（1860）蔡氏三房分家。其分家阄书只涉及大陆的田产、房屋等产业，台湾的产业未分，其中除了大陆田产以外，属于与商业有关的家产略引于下：

二房章情阄书：

复庆船、复顺船、复发船；

五升号租店壹间；

鲵老租店壹连，二、三房均分；

船料对半均分明白；

公项缺（额）对瑞瑛长息理还明白；

益利号、广利号，光缎哥数项公侵公坐；

义成生理对半；

台地田园、盐埕、塭、生理店屋公正候分；

湖头油车及田地对半均分；

瑞瑛船对半均分。

再批：六合（与）厦益利、泉广利算数如有侵项，他着支理；

光缎数项，六合得叁、五美得壹。

三房章凉阄书：

瑞琨船、复吉船、复安船；

金顺利驳一半；

典铺东三间；

原作典铺三间，透后楼壹座，全；

---

① 蔡文由的长子章棚属抱养，嘉庆十六年（1811）23岁去世，未生育。

合源号租店壹间；

鳅老租店壹连，二、三房均分；

船料对半均分明白；

公项缺额对瑞瑛长息理还明白；

益利号、广利号，光缎哥数项公侵公坐；

义成生理对半；

台地田园、盐埕、塭及生理店屋公正候分；

湖头油车及田地对半均分；

瑞瑛船对半均分。

再批：六合与厦益利、泉广利算数如有侵项，他着支理；

光缎数项，六合得叁、五美得壹①。

上引这些分家资料，可以看出当时蔡氏拥有复庆、复顺、复发、复吉、复安、瑞琨、瑞瑛等号商船，而且还存有船料"对半均分"；另外开设有典铺，并有"金顺利驳"等；在商行方面有对厦门贸易的益利号、对泉州贸易的广利号，还有义成号等。其实在此之前的道光年间，蔡氏的商船还有瑞玉号、瑞珠号、瑞隆号等，其中瑞玉号与瑞瑛号、瑞珠号于道光二十五年（1845）六月在象岑湖遇风，瑞玉号被风浪击碎②。由于拥有如此众多的船只，蔡氏经营的商业网络十分庞大，经常配运大米、油料、豆类、烟叶、金银纸、布匹等来往于台湾与福建、浙江乃至天津等地，从事南北郊贸易。

正是在这样的背景下，"蔡源利"家族在布袋嘴的鱼塭经营进入了鼎盛阶段。其购置的鱼塭，从道光元年（1821）开始至咸丰十年（1860）分家为止，40年间多达16笔，几乎把布袋嘴的中洲、北中横鱼塭都收揽下来。为了方便叙述，以下先将蔡氏购置的鱼塭造列成一表（表1），以供参考：

---

① 《玉井蔡氏阄书》，《闽台族谱汇刊》第 40 册，第 580-581、587-588 页。

② 《东石源利族人徙台货殖书契》，厦门：厦门大学出版社，2010 年，第 193-194 页。

表1 "蔡源利"家族在布袋嘴购置鱼塭一览表（嘉庆十五年—咸丰十年）

时间	购置对象	地点	购置方式	价格（银元）	出处
嘉庆十五至十七年（1810—1812）	郭远观	北中横	承典	300	72
嘉庆十九年（1814）	郭瑞锅	北中横	买断	320	76、78-79
嘉庆二十四年（1819）	郭远观	北中横	承典	127	82-83
嘉庆二十五年（1820）	高春、陈智	中洲	买断	10	85
嘉庆二十五年（1820）	陈学古	北中横	承典	240	87
嘉庆二十五年（1820）	陈绵观	北中横	承买	50	88-89
道光元年（1821）	蔡树畅、树裕	中洲	承买	90	90
道光三年（1823）	谢妈意	中洲	承典	184	95
道光十二年（1832）	蔡树滚及侄	中洲	承买	30	101
道光十六年（1836）	王卫良	北中横	承买	100	103
道光十八年（1838）	高旺、高三	中洲	承买	120	105
道光十八年（1838）	蔡树滚	中洲	承买	120	106-107
道光十八年（1838）	陈新庇	北中横	承买	74	108
道光十八年（1838）	陈待	北中横	承买	74	110
道光十八年（1838）	萧敦、裁、飘	北中横	承典	150	111
道光十八年（1838）	萧敦、裁、飘	北中横	承典	230	113
道光二十一年（1841）	萧水、张氏	北中横	承买	212	116
道光二十二年（1842）	萧鸿港、业恩	北中横	承买	60	117
咸丰八年（1858）	萧参良	北中横	承买	不详	120
咸丰九年（1859）	谢氏二房	北中横	承买	不详	123
咸丰十年（1860）	蔡纺等五人	北中横	承买	80	121-123
咸丰十年（1860）	谢光全等	北中横	承买	180	123

按：出处一栏所注为《东石源利族人徙台货殖书契》一书的页码。

由此可见，蔡氏自乾隆末年渡往台湾谋生，开始时"家本寒素"，蔡文由先是替人养鸭、晒盐，后来看管鱼塭，在相当艰苦的条件下逐步积累财富，至嘉庆十五年已经可以与人合作承典塭业。蔡氏经营鱼塭成为各项事业发展的起点，反过来商业贸易的发展又为鱼塭经营提供了强大的财力支持。道光、咸丰年间，蔡氏的商业贸易极其兴盛，在台湾购置鱼塭也达到高潮。而这些鱼塭如何经营是下节需要探讨的问题。

二、东石蔡氏在台湾的鱼塭经营

（一）布袋嘴的社会环境

东石蔡氏购置的鱼塭集中在布袋嘴。清代嘉庆年间，此地是嘉义县的一个出海口，北有笨港，南有盐水港，地理位置相当重要。《台湾舆图》记载嘉义县的海口形势云："海口之在邑北者，曰笨港，驻县丞；南曰盐水港，即佳里兴，驻巡检。而布袋嘴、猴树港介其间，惟布袋嘴较深，巨舟可入。"① 日据初期《台湾三字经》也说：嘉义"迤西沿海有急水、盐水、布袋嘴等港，及界安平之曾文、云林之笨港两溪中，惟布袋嘴之水较深，外有浮沙，均只商船出入。惟由安平口之四草湖绕至布袋嘴，小轮船可到"②。

由于布袋嘴港口条件较好，商船出入方便，两岸人员往来常集聚于此，因此这里也是清政府官员十分关注的区域。同治初年，漳州太平军事件未息，丁曰健《覆台镇曾辑五书》就说："此时严防海口，尤为当务之急。而海口之防，则宜首重台郡及布袋嘴等处。盖以漳、厦对渡，台口较为便捷；布袋嘴乃严办久踞之区，尤易勾致。"③ 清末嘉义县所属的三条仑、布袋嘴一带滨海地方，更被视为"私枭充斥"之地，"时有抢劫情事"发生④。东石蔡氏就是在这样的社会环境里谋生发展，经营他们的鱼塭等产业的。

（二）北中横鱼塭的基本情况

蔡氏在布袋嘴经营的鱼塭有中洲和北中横两个地方，其中以北中横鱼塭最为重要。据契约记载，北中横鱼塭"东至车路，西至大海，南至八掌

---

① 夏献伦：《台湾舆图》，台湾文献丛刊第 45 种，台北：台湾银行经济研究室，1959 年，第 20 页。

② 王石鹏：《台湾三字经》，台湾文献丛刊第 162 种，台北：台湾银行经济研究室，1962 年，第 48 页。

③ 丁曰健：《覆台镇曾辑五书》，《治台必告录》，台湾文献丛刊第 17 种，台北：台湾银行经济研究室，1959 年，第 577 页。

④ 沈葆桢：《搜获布袋嘴土匪正法片》，《福建台湾奏折》，台湾文献丛刊第 29 种，台北：台湾银行经济研究室，1959 年，第 50 页。

溪，北至布袋嘴塭"，范围比较广泛①，地处布袋嘴庄之外②。

鱼塭是利用海水养殖的池潭。《台湾语典》云："塭为养鱼之池，大者数十甲，引海水而入，以饲麻萨末。麻萨末，番语也，亦名国姓鱼。养鱼之池，咸水曰塭，淡水曰埤。"③ "麻萨末"又写成"麻虱目"，至今仍是台湾南部最有名的美味之一。鱼塭除了养殖麻虱目之外，主要还有牡蛎、鲻、虾、蟹等亦混养其中④。由于这些鱼虾的养殖需用海水，因此鱼塭常建于海边，而且需要投入很多的劳力才有可能围海筑堤，使之成为可用的生产资料。

北中横鱼塭始于何时？据说最早是康熙三十四年（1695）由辛承贤、韩玉两人向诸罗县请照前去开筑的⑤。至嘉庆年间，这个北中横鱼塭已经变成了由几个姓氏共同合置的产业。清末蔡氏的一份禀呈说："切某承祖上渡台，于加（嘉）庆年间在布袋嘴庄外与郭、颜、王、蔡等姓公置鱼塭一口，名曰北中横塭。"⑥ 然而，从康熙中叶至嘉庆年间，这期间经历了怎样的变化，已经很难描述清楚。目前能看到最早的一份出典塭份的契约在乾隆五十八年（1793），内云：

> 亲立典契人麻豆街郭奕招，有承父明典鱼塭贰厘半，坐落土名北中横，并带饷仔，凡逐年通塭采捕鱼虾什物，得利照分均分，年间所纳饷、填筑塭岸诸事，亦照分科派。今因欲银别图生涯，愿将此明典贰厘半并带饷仔之额出典，先尽问叔兄侄不愿承□外，托中引就与萧荫观出头承典。三面言议，着下时价佛头银肆拾大员正，限不拘。（下略）⑦

从这份契约的内容看，早在乾隆末年即蔡文由刚渡台之时，北中横鱼塭就已经合伙经营了。"凡逐年通塭采捕鱼虾什物，得利照分（份）均分"，交纳官饷、填筑塭岸等义务，亦按份科派。所谓嘉庆年间郭、颜、

---

① 《东石源利族人徙台货殖书契》，厦门：厦门大学出版社，2010 年，第 119 页。
② 《东石源利族人徙台货殖书契》，厦门：厦门大学出版社，2010 年，第 217 页。
③ 连横：《台湾语典》卷三，台湾文献丛刊第 161 种，台北：台湾银行经济研究室，1963 年，第 74 页。
④ 周宪文：《台湾经济史》，台北：台湾开明书店，1980 年，第 820 页。
⑤ 当时的垦照见《东石源利族人徙台货殖书契》，第 243 页。
⑥ 《东石源利族人徙台货殖书契》，厦门：厦门大学出版社，2010 年，第 217 页。
⑦ 《东石源利族人徙台货殖书契》，厦门：厦门大学出版社，2010 年，第 62 页。

王、蔡等姓"公置"北中横鱼塭的说法，显然不合实际，或者说并不是从嘉庆才开始的。而且当时拥有鱼塭份额的，有不少应该是商人，如这份契约提到的"麻豆街"郭奕招，上节所引契约还有"郡城"郭远观、笨港布街陈瑞记等。商人及商业资本投资塭业，并以此作为常年获利的手段，是很常见的现象。

这些由祖上购置的塭业，经过几代人的繁衍，份额就会变得越来越细，而且关系愈发复杂。以下再引一份咸丰十年（1860）盐水街谢氏兄弟出卖公共塭份的契约为例：

> 立杜卖尽根契字人嘉义县盐水街过桥境谢光全、阿英、番薯等，有承父祖遗业，应得北中横塭大税贰份，内开作长、贰、叁、四之额，分为四房公轮值收，周而复始，每房各得值收壹年税银。及贰房年份顺圆值收之额，于咸丰玖年经已杜绝卖过蔡源记，独此长房、叁房、四房尚有应值年份。兹长房派下谢光全、阿英、番薯等四年应得壹年之额值收，并承过叁房值收份额，四年合应该得值收贰年，其长房派下现在分作叁房掌收。今因乏银别置，愿将此四年值收贰年份额，就内抽起我派下小长房谢阿英、番薯、小叁房谢光全等四年应得贰年之份额出卖。先尽问房亲人等不能承受外，托中引就与海口布袋嘴蔡源记出首承买，三面订下进价银壹佰捌拾大员，各六八正。其银即日全中交收完足，而此北中横塭谢光全、阿英、番薯等自己值收应额各得贰份之塭饷付银主掌管收税，不异言生端滋事。（下略）①

这个谢氏宗族已经繁衍至少三代，其中第二代分四房，长房兼承三房份额，因而四年之中长房可以值收二年鱼塭的收益。但长房又分出三个房头，出卖份额的仅是小长房和小三房，因此这 180 元所买的就不是四年值收二年的全部，而是"就内抽起"的涉及小长房和小三房的份额。这种复杂的关系不仅使买卖双方在表述上都很困难，而且也使得承买者无形中要卷入对方的宗族关系中。

（三）东石蔡氏的鱼塭经营

东石蔡氏在布袋嘴经营鱼塭，既要面对当地复杂而敏感的社会环境，

---

① 《东石源利族人徙台货殖书契》，厦门：厦门大学出版社，2010 年，第 123 页。

又要承续开埕以来已经形成的运行模式和惯习。从嘉庆至咸丰年间，大致经历了集体合作经营和单独承包经营两个阶段。

1. 大小税制与集体合作经营

嘉庆年间蔡氏开始购置鱼埕的初期，布袋嘴埕业已经有了大税制和小税制。大税与开埕初期的合股经营有关，或称"埕底份"；小税是后来发展出来的，或称"埕佃份"。如嘉庆二十三年（1818）盐水港街张旁舍的转典契约云："有明典过陈瑞记号北中横埕底份贰厘，埕佃份陆厘，其银两、四至各登原大契内明白。"①

至于发展过程，前引麻豆街郭奕招立于乾隆末年的典契，只提到"有承父明典鱼埕贰厘半"，说明当时还没有"小税"之说。嘉庆十七年（1812）郡城郭远观立的契约，也只提到父亲明买过"北中横埕份叁份"②。然而至第二年，笨港布街陈瑞记立的典契中，就提到父亲与伙计"合伙置北中横埕壹口，埕底分拾股，记应得贰厘；埕佃分 12.975 份，记应得 7.5 厘，其银两、四至各登原大契内明白"③。这说明"埕佃份"即小税的出现就在嘉庆十八年（1813）或者此前不久，也就是陈瑞记及其父亲生活的年代④，而且当时的"埕佃份"共分 12.975 份，而不是后来通称的13.2 份⑤。清朝末年，蔡氏后人在一份禀呈官府的文件中谈到"埕佃"即小税的来历，他说：祖上于嘉庆年间"在布袋嘴庄外与郭、颜、王、蔡等姓公置鱼埕一口，名曰北中横埕。原作十分，因被水冲崩，再作十三分零贰厘修筑"⑥。因此，北中横埕设立"埕佃份"即小税是由于鱼埕被海水冲崩，需要扩大资本投入，这时原来的股东加上一些"伙计"参与修筑，才形成了新的"埕佃"股份。

蔡氏刚介入鱼埕经营时，正好是北中横埕在大税基础上新出现小税的

---

① 《东石源利族人徙台货殖书契》，厦门：厦门大学出版社，2010 年，第 81 页。
② 《东石源利族人徙台货殖书契》，厦门：厦门大学出版社，2010 年，第 72 页。
③ 《东石源利族人徙台货殖书契》，厦门：厦门大学出版社，2010 年，第 74 页。按：上引契约中的阿拉伯数字原为旧式记账的"苏州码"，为了排版方便笔者改用阿拉伯数字，以示区别。
④ 按：明清时期的契约，往往在涉及"历史"的表述方面不是特别严谨，因此很难通过这份契约就认定"埕佃份"即小税的起源就是在陈瑞记父亲的手上开始的，也有可能陈瑞记父亲购置时只有大税，后来才出现小税，但不管怎样，在嘉庆十八年就已经有大小税了，这一点无疑。
⑤ 小税 13.2 份的说法最早见于嘉庆二十四年（1819），见《东石源利族人徙台货殖书契》，第 139 页。
⑥ 《东石源利族人徙台货殖书契》，厦门：厦门大学出版社，2010 年，第 217 页。

时段。不过，并不是所有的鱼塭都采取大小税制，如蔡氏购置的中洲鱼塭，就一直只是八股合作的架构，而没有再发展出"塭佃份"即小税①。然而，不管是大税还是大小税，其要点均是来自投资者所持有的股份，这些份额归个人所有，可以自由买卖、典让，持有者可以在经营中分红获利。

嘉庆二十四年（1819），北中横塭的塭份持有者13人共同订立了一份管理鱼塭合约，全文如下：

> 仝立约字人北中横塭伙蔡远由、郭玉川、谢管观、陈立观、颜陶观、温保祐、王等观、蔡居观、蔡午观、蔡景观、萧廷僯、萧鸿兰、陈绵观。自我塭开基以来，内份大税十份、小税十三份二，每年塭税银照大小税均分。此系我同伙创置之业，仝份人等应协力管顾。内有别图生意，不得共事者。因历年塭中常被人采取鱼虾，当事之人难尽为情，小则可忍，甚则难堪，向阻之中，必有意外事端，或觅口而致祸，或被怀怨而生诬陷等情，种种祸端难测。爰是我仝份诸人，齐集共议，仝立约字一纸。自今以后，塭中倘有被人采取鱼虾以及偷损塭寮内业器等物件，或被怀怨诬陷及有意外不测事端等情，传知我应份诸人，必随时齐到塭寮计议是非，如果被人横强损失及其生冤诬陷者，自当协力闻官惩治。自约之后传知不到者，事小则罚戏一台、酒一筵，事大将的份额充公。此系合仝共议，因空口无凭，仝立约字为照。

> 嘉庆二十四年十一月　日仝立约字　蔡远由、郭玉川、谢管观、
> 陈立观、颜陶观、温保祐、
> 王等观、蔡居观、蔡午观、
> 蔡景观、萧廷僯、萧鸿兰、
> 陈绵观②

这份合约旨在增强刚成立的大小税诸同人的团结性，以加强北中横塭的日常管理，共同对应不良社会环境带来的挑战。不过，这里需要特别注

---

① 《东石源利族人徙台货殖书契》，厦门：厦门大学出版社，2010年，第63-64、66-68、85、90、101、105-107页。

② 《东石源利族人徙台货殖书契》，厦门：厦门大学出版社，2010年，第139页。

意的是如何经营的问题。契中谈到共有"大税十份、小税十三份二，每年埕税银照大小税均分"。也就是说，签约的 13 个人就是当时大小税股份的持有者，他们各自持有埕份，而且共同聘请管理者（即"当事之人"）去管理鱼埕，每年交纳的"埕税银"让这些持有者去"照大小税均分"。

鱼埕的管理者也称作"长年"。《台湾语典》云："长年：商船舵公曰长年，鱼埕管事亦曰长年；以其年事较长而有经验也。"① 由"长年"来管理鱼埕，他的手下也必须有大量的实际生产者，这些人就被称作"佃丁"，他们拥有的份额后来被称作"现耕埕份"或"现耕浮份"。如蔡氏收藏的契约有来自晋江的王卫良"承祖父已置北中横埕现耕埕份叁拾肆份应得壹份"。还有陈新庇、陈待二人，也都继承了"祖父"建置的"现耕浮份"②。从这些人订立契约的年代看，他们的"祖父"创置"现耕浮份"至迟应在嘉庆年间，或者更早。

由于布袋嘴地处海滨，各种偷盗事件时有发生，因此需要集体内部团结以共同对外。大约在嘉庆二十四年前后，北中横众埕户还起草了一份共同申禁的盟约，亦引录于下：

> 为严申聿禁，以儆盗风而安产业。盖闻出入相友，守望相助，耕者既笃同居之谊而辅车相依，唇齿相连，渔者务守同业之情。我北中横埕自开基以来，本属一体，及今鹿料虽有亲疏异姓之别，而我登瀛乃是兄弟昆仲之亲。鱼鳖生而货财殖。虽非慢藏海盗，既得陇而后望蜀，诚恐殃及池鱼。屑小行窃，既往勿追；陇断而登，后车当鉴矣。爰是集诸同人，共商盛举，大申盟誓，以警将来，集中立以规条，永远而昭诚信云尔③。

由此可见，嘉庆年间北中横埕因海水冲崩而设立小税以后，埕内各大小税户由此形成了新的利益共同体，更加注意加强内部团结以捍卫他们的共有财产。订立共同誓约是当时环境所迫，因此这些原本有"亲疏异姓之别"的投资者，都认为到台湾以后他们就是生死与共的"兄弟昆仲之亲"。对于东石蔡氏来说，这也是他们开始经营鱼埕时所面临的社会问题和基本

---

① 连横：《台湾语典》卷三，第 68 页。
② 《东石源利族人徙台货殖书契》，厦门：厦门大学出版社，2010 年，第 103、108、110 页。
③ 《东石源利族人徙台货殖书契》，厦门：厦门大学出版社，2010 年，第 141–142 页。

管理模式。利益共同体是蔡氏经营鱼塭第一阶段的基本特征。

2. 蔡氏单独承包鱼塭

道光二年（1822），北中横塭又被海水冲坏，此时众塭户已经无力再投资修筑塭岸了，于是公推由当时最有实力的蔡文由出面承包，每年交纳"税银"给众塭户按份分红，由此进入了由蔡氏单独经营的第二阶段。

> 仝立约字人，北中横塭伙郭玉川、谢管等。窃谓力小不堪任重，份少无难辞责，见小必致失大。自我塭开基至加（嘉）庆年间以来，历冬统计长不抵缺。迩来数年中鱼虾聚少，工资费多，塭冬甚是不利。加以本冬被风浪打崩塭岸，川等应协力鸠钱共作，无如修筑之费浩繁而不胜蚁负之叹。爰思塭伙中有能支持不敝者，惟蔡由一人。以言人力，则财冠诸伙，一遇塭岸破损，可以随时抽银前来济急。以言塭份，则十已得五，虽甚艰难局势，揆之于理欲卸而决不忍卸。川等就以仝计长久之利，仝订公平之议，知责任宜专，原（愿）将各人塭份尽赎与蔡由管顾，听其经营生息，公估全塭，永远定价每年得税钱壹仟吊，分发各份大小税之款。自立约后，蔡由不得以塭冬不利、塭岸破损而辞卸，川等亦不得窥见塭冬稍丰便要均分起税等情，则庶平苦乐悉均以厚道相为终始矣。恐口无凭，合仝约字壹纸付执为照。
>
> 道光二年十一月　日①

这份契约最重要的一点是"责任宜专"，"将各人塭份尽赎与蔡由管顾，听其经营生息"，每年固定交纳税钱1000吊，"分发各份大小税之款"。订约之后，持有大小税的塭户就不再需要为经营亏损发愁了，每年都可以拿到一份属于自己的固定收入。

当时持有大小税股份的塭户有多少？分配的收益怎样？笔者找到了一份道光十四年（1834）大税份额的分配清单。据清单记载，蔡氏每年交出税银1000元，应分配的大税银为593.63元②。前面契约谈到每年蔡氏应交纳税钱1000吊，其实在运作过程中也有交银元的，每吊钱折银一元。而北中横塭共有大税10份，分配银593.63元，也就是说每份大税得银约

---

① 《东石源利族人徙台货殖书契》，厦门：厦门大学出版社，2010年，第92—93页。
② 《东石源利族人徙台货殖书契》，厦门：厦门大学出版社，2010年，第148页。

59.363 元。其余 406.37 元即用于小税的分配，按 13.2 份计算，每份小税得银 30.7856 元。大税塭份的收益比小税多很多，几乎是小税的 2 倍。

以下将道光十四年北中横塭大税的分配情况整理成一表（表2）：

表2　道光十四年北中横塭大税分配表

持有人	所持份额（份）	分配金额（银元）
凉叔	3.333	197.756
又承榜舍	0.2	11.866
又合怜叔分的	0.333	19.757
又承保右	0.85	50.433
又承标哥、敦哥、卿志	0.3498	20.754
又承水老	0.25	14.833
裁哥	0.2332	13.836
柱生	0.5	29.666
景叔	0.2	11.866
岑叔、款叔、标叔的一并承颜陶	0.75	44.499
谢赞官	2.0	118.666
孙哥	0.3333	19.775
光缎	0.3333	19.775
畅哥	0.3333	19.775
合计	9.9989	593.257

资料来源：参见《东石源利族人徙台货殖书契》，第148页。

表中共有 14 个分配单位，这些人名及其书写均按原文照抄。其中"凉叔"即蔡章凉——当时东石蔡氏的代表人，他拥有的大税份额 3.333 份，数量最多且在他下面的"又承"也是属于蔡章凉承接的塭份，如果把这两项（共6条）相加，属于蔡氏的大税份额已超过一半。难怪前引契约说：蔡氏"以言塭份，则十已得五"，一点都不假。

至道光十八年（1838），又有两份契约可以让我们知道大小税股份的收益情况。一份属于大税：家住龙蛟潭保崩山庄的萧敦、萧裁、萧飘兄弟，拥有北中横塭大税 0.333 份，契载每年应得税银 23.709 元①。另一份属于小税：同样是萧敦的三个兄弟，拥有北中横塭小税 0.45 份，每年应得税银 16.92 元②。以此计算，在道光十八年，北中横塭大税每份应得银 71.198 元，小税每份应得银 37.6 元，比道光十四年的分配金额分别上涨了 20% 和 22%。道光十八年正值鸦片战争前夕，姚莹谈到当时嘉义县朴仔脚也是鸦片走私的地方，加上台湾出现"熟荒"，洋银缺少③。银价高昂必然导致"百货为之腾贵"④。因而，北中横塭大小税的分配金额的提高，显然与当时的局势有一定关联。尽管先前已经有合约规定"永远定价每年得税钱壹仟吊"，可是这时已经提高到蔡氏每年应交税银 1200 元以上。"永远定价"并不是不能改变的。

至咸丰三年（1853），情况又发生了变化。这年北中横塭再遭风浪侵袭，鱼塭崩坏，众人已无欲继续投资修筑，只好再找蔡章凉订立合约，"将地基尽归"蔡氏经营，"永远为业"。这份由蔡章凉起草的契约全文如下：

> 立重新筑造认纳铁税字人蔡树凉。切△（指蔡树凉即蔡章凉，下同）前同温雅、周埔、蔡光锻、蔡畅、谢然、蔡浅水、蔡剪、蔡丕、蔡景、蔡取、蔡敬天等置买北中横塭，其中股份多寡开明于后。但自道光间以来，历年统计出息难抵使费，盖由风雨不调，鱼虾聚少故也。不虞本年狂风海涨，泊涛冲击，以致塭岸尽为崩坏，一望无际。乃诸股叠经集议，重新修筑众皆蹙额不前，盖虑费繁而利微，思欲舍之而不忍，诚若鸡肋。维时诸股公同定议辞退，恳△仔肩重新整出工本筑造，将地基尽归一经营，永远为业。公估每年按定塭税钱七百千文铁税，就股声大小份额匀摊分发，不得短欠挨延。而此塭每年应完加（嘉）义县塭饷归△缴纳，与诸股无干。苟不幸再遭风涛击坏，任△有无力量再行修筑，悉出乎△之造化，与诸股无涉，而税钱仍应以纳，不得藉

---

① 《东石源利族人徙台货殖书契》，厦门：厦门大学出版社，2010 年，第 113 页。
② 《东石源利族人徙台货殖书契》，厦门：厦门大学出版社，2010 年，第 111 页。
③ 姚莹：《中复堂选集》，台湾文献丛刊第 83 种，台北：台湾银行经济研究室，1960 年，第 42—43 页。
④ 《福建省例》，台湾文献丛刊第 199 种，台北：台湾银行经济研究室，1964 年，第 588 页。

以失业为词，卸肩不承或求减税钱、挨延短欠等情。如此后风雨调顺，海不扬波，此塆平安无损，得获大利，亦出乎△之造化，而诸股税钱仍照旧定章程收缴匀摊，不得翻异强勒加升，以及藉端阻挡，坐贴工本欲领回自管自耕等情。此系公仝定议甘愿永远不易之约，各无反悔。口恐无凭，爰承众嘱，立字十三纸，各执壹纸，永远收存为照。

计开：此塆大税共拾份，除△原得 7.5501 份、税钱 313.592 千文外，余众 2.4499 份，每年△应缴纳税钱 101.748 千文。小税 13.2 份，△原得 10.65787 份、税钱 229.839 千文，余 2.54213 份，每年△应缴纳税钱 54821 文，听其从中大小按份摊分的额，不得短少。合将股份列明于后。

咸丰三年十月　日立　重新筑造认纳铁税字人　蔡△△

代书人①

这份重新订立的承包契约，比之道光二年订立的那份，明显前进了一大步，主要有以下几点：

其一，这份契约将北中横塆的地基尽归蔡氏经营，"永远为业"，而不是以前的"赎与"经营，塆份持有者仍对鱼塆拥有一定的主张权利。此时，他们虽然表面上还有大小税的份额，但实际上对鱼塆的控制权已经接近丧失了。

其二，这份契约规定对官府缴纳塆饷的义务由蔡氏来完成，而此前明显是由大小税的持有者分担缴纳的。缴纳官饷义务的转移，从某种意义上说，也代表着人们对鱼塆掌控权的认定出现了变化。

其三，这份契约规定此后蔡氏每年须缴纳的"铁税"是 700 千文（即税钱 700 吊），而道光二年的约定是每年 1000 吊，减少了税钱 300 吊；而且此时用的是"铁税"即不能再变，这显然是针对道光末年税钱上调的情况提出来的。

其四，从契约末尾提供的资料看，此时蔡氏已经拥有北中横塆大税

---

① 《东石源利族人徙台货殖书契》，厦门：厦门大学出版社，2010 年，第 140、143 页。按：该书将此契拆成两份整理，实误。又，上引文中凡用阿拉伯数字表达的地方，均代表原契用"苏州码"书写，以后不再注。

7.5501 份、小税 10.65787 份的份额，占全塭大小税总数的 75%~80%，而在道光二年蔡氏占有的塭份才大约一半，可见道光年间蔡氏承包经营期间对鱼塭的占有速度明显加快。

另外，由于交纳"铁税"数额的变动，因此每份大小税所代表利益也发生了变化。按照该契约提供的资料，以每千文钱折银 1 元计算，咸丰三年北中横塭大税每份得银 41.531 元，小税每份得银 21.565 元。这样的收益，如果对照前面已经得知的分配金额，就可以看出从道光到咸丰年间，三个不同年份所呈现出来的不同收益情况（见表 3）。

表 3　道光至咸丰北中横塭大小税收益比较表

元/（份·年）

年　份	大税收益	小税收益
道光十四年	59.363	30.7856
道光十八年	71.198	37.6
咸丰三年	41.531	21.565

道光至咸丰年间，蔡氏单独承包经营北中横塭，每一次签订承包合约都是因为风浪冲毁塭岸而引发的。风浪毁塭是天灾，同时也成为蔡氏逐步掌控鱼塭的契机。通过两次变更经营合约，蔡氏对北中横塭的控制力已经达到了前所未有的程度，他们不仅拥有了绝大多数股份，而且实际掌控了整个鱼塭的生产、经营和分配过程。鱼塭股份持有者与承包者之间，已经从原来的利益共同体转变成相互博弈的两个方面。而天灾、局势变动等因素都有可能导致利益的重新调整，因此不同年份大小税的收益处于变动之中，但归根结底还是博弈双方的力量对比。清朝末年，东石蔡氏与其余塭户的矛盾日益激化，其鱼塭经营也走向衰败。

三、清末东石蔡氏在台鱼塭经营的衰败

同治、光绪年间，蔡氏在布袋嘴的鱼塭经营已经出现不少问题，往日的光辉不再了。

同治三年（1864）九月初五日，在台管理鱼塭的侄子写信给大陆长辈说：收到"付来诸佃名单一纸……奈本冬之佃俱系□人，未能一齐清还，

仅以三几元为还而已。其银过□，每元各失成分。银现尚收未楚，是以未得一齐付需，容俟后帮如何？一切入手，当自付归，可免介"①。当时东石蔡氏已经分家，在台经营的鱼塭等产业未分，其所得即寄回老家作为赡养家口的生活费。因此，鱼塭经营如何也成为两岸亲人通信的一个话题。

光绪九年（1883）九月廿二日，另一封寄回大陆的家信也说："家中清淡，又逢盐冬不美，儿所深知。奈塭中旧冬蚀本太多，所以乏项寄归，致之家中困苦，皆儿之罪也。……本冬塭中风水调和，无如鱼生四处太盛，价数甚贱，按算虽有可长息，亦是无多之项。"② 风水不调合，导致鱼获减少，因而经营亏本。风调雨顺的时候，又致使"四处鱼生太盛"，鱼多价贱，也没能赚到多少钱。

台湾南部的鱼塭以养殖麻虱目闻名。这种水产养殖在明郑时就已经开始，所以麻虱目也被称作"国姓鱼"。成书于康熙末年的《诸罗县志》说："麻虱目：鱼塭中所产，夏秋盛出。状类鲻，鳞细。郑氏时，台以为贵品。"③ 清末蒋师辙的《台游日记》云亦："麻虱目，鱼塭中所产，夏秋盛出，状类鲻鳞，台中以为贵品。"④ 每年夏秋是麻虱目盛产的季节。据蔡氏契约，他们经管的鱼塭又转包给佃户经营，约定每年七月半交税银一半，其余到八月半一齐交清⑤。因此，每年农历七八月间也是鱼塭经营者的收获季节，前引蔡氏两封家信都写于农历九月，理由即在于此。

东石蔡氏将北中横塭的经营权垄断承包，再以转包的形式让其他佃户经营，收取的税银按约定分发给原来的大小税股份持有者，如果年景不好，他们就要亏本或收入欠佳。另外，原来的大小税股份持有者也会以其应得的税银为胎向蔡氏借钱，甚至相互投资开张生意，由此形成塭户与蔡氏之间复杂的经济关系。光绪九年（1883），蔡氏就与北中横塭的塭户蔡浅水因经济问题发生纠纷，引致呈控事件。

---

① 《东石源利族人徙台货殖书契》，厦门：厦门大学出版社，2010年，第37-38页。

② 《东石源利族人徙台货殖书契》，厦门：厦门大学出版社，2010年，第46-47页。

③ 周钟瑄：《诸罗县志》卷十《物产志》，台湾文献丛刊第141种，台北：台湾银行经济研究室，1962年，第239页。

④ 蒋师辙：《台游日记》卷三，台湾文献丛刊第6种，台北：台湾银行经济研究室，1957年，第74页。

⑤ 《东石源利族人徙台货殖书契》，厦门：厦门大学出版社，2010年，第130、145-146页。

蔡浅水也是东石人，与蔡氏算是同乡同族。据他呈述：他的祖父蔡尚、仝功蔡郭，凭中蔡接观，合典盐水港布街陈瑞记应份的北中横塭小税一股，蔡尚得半股，年应得塭税钱26千文。自光绪二年起被承膜的源利塭蔡豹时等欠下塭税钱至今不给①。官府令差去传带两造到县衙讯断。于是，源利塭的蔡膺秀呈递了一份诉状，其手稿如下：

> 具呈人蔡膺秀，年三十五，住大邱田保布袋嘴庄，离城五十五里。做状蔡舍住本庄。歇任蔡德住本城。为昧良图侥捏诬制抵事。缘秀守份营生，因道光二十七年间有本庄族亲蔡浅水向秀源利塭先后往来借项，结欠去母钱 120670 文，利息尚未算入。又，咸丰　年（玉利账簿寄在金福兄处，可查何年填入），水另欠秀盐水港街糖铺玉利号佛银玖十五元零八占，账簿堂讯缴验，叠讨甜言挨延。另，秀父祖与水在本庄伙开源盛号杉行生理，原作五股，秀得一股、蔡香得壹股、水得壹股、萧鲍得壹股、蔡标得壹股。至道光十八年正月改号协利号，并易为四股，秀得二股，再添本银四百元，蔡标得一股，水得一股。其水一股应添本银二百元，再向秀源利塭借抵，母利今未还。不虞洽利账项生理及账簿尽被水吞匿，屡投公人，水俱不肯献出。是以秀原有膜水北中横塭半股，年应税钱二十六千文，故自光绪二年起，税钱留抵。仍叠次邀水由众理论，岂期水较诈，居心藉词挨延。竟敢昧良捏以抗吞塭税等情，赴台呈控，希图先发制胜。非□□□蒙跟质究返，其秀血本被侥，又受捏诬，于心焉甘。亟沥情呈，乞升宪大老爷明并日月，恩讯跟质返办，沾感切切②。

因此，"蔡源利"与蔡浅水之间的纠纷，实际上是商业借贷和合股经营的矛盾引起的，而"蔡源利"从光绪二年（1876）起扣留蔡浅水的塭税钱，目的就是抵偿对方的欠款。此事经官府讯断后虽然暂时平息，可是至光绪末年又旧事重提，控告再起。

光绪二十年（1894），布袋嘴庄"蔡长遣抱蔡泉"控告源利塭"恃强

---

① 《东石源利族人徙台货殖书契》，厦门：厦门大学出版社，2010 年，第 206-207 页。
② 《东石源利族人徙台货殖书契》，厦门：厦门大学出版社，2010 年，第 204-205 页。

抗复等情"①，源利号亦具呈互控。据其监生蔡昭礼禀呈：北中横塭于咸丰年间被水冲毁，公议"愿就前置地基一切"归源利号重筑，蔡氏为此付出了巨大努力。"不得已倾家鸠出多本雇工重作大岸，添筑小岸，栽树木以蔽海潮，始免崩废。"光绪年间，蔡长、蔡集兄弟与源利塭因地基税的问题积怨日深，以致冲突。

> 至光绪辛巳年，有布袋嘴庄蔡长、蔡集兄弟，以伊承买地基契二纸，向△（指源利塭蔡昭礼，下同）胎借母银陆拾元，每月愿贴利银贰分五厘，立字为凭。经△就地基税扣抵利息，尚属不敷，积欠母利共银壹百七十元零，叠次列单向讨，长始限终延，邀算不算，立意侥吞。甚至昧良恃强，欺△泉藉来台寄居胁下，易于吞噬，遂唆出伊房亲欠△同类之蔡衢、蔡春风为党，藉称欲升地税，胆于本月廿一日率四五十猛，各执铳械旗鼓，拥塭插牌，强图霸抢塭货，乞验可证。佃人向阻，长等不但不听，夸称此时海防吃紧，正伊得志之日，稍不听从，立即剿灭。众佃闻言不服，亟欲力较，△恐致大祸，△再三劝阻，奔投朴局，局绅莫制，着△赴阶鸣冤。讵长等沿途伺拏，△无奈僻行远路，拼命到此，沥冤泣乞升宪大老爷电察。

蔡昭礼的这份禀呈作于光绪二十年十月下旬，除了沥陈案情始末外，还随禀附缴了当场拾获的竹牌 39 枝，并抄拈借单一纸②。

综观蔡长兄弟与源利塭的矛盾，其实与前述的蔡浅水案一样，都是因源利塭的地税而起的。蔡长兄弟和蔡浅水都是北中横塭的大小税股份持有者，"蔡源利"承包鱼塭以后，他们就以每年应得的地税银为胎向源利塭借钱，以税抵息。可是以后积欠越来越多，源利塭认为这是要"侥吞"，而另一方则是想要借机"升地税"。"蔡源利"承包鱼塭，承包者与原来的大小税户就形成了相互博弈的对立双方。在蔡氏还处在财雄势大的时候，博弈的结果自然对蔡氏有利；而当局势改变、蔡氏式微，原来的另一方就会应势而起，矛盾和冲突由此不可避免。

再从具体的情景看，此时正值甲午战争期间，"海防吃紧"，而布袋嘴

---

① 《东石源利族人徙台货殖书契》，厦门：厦门大学出版社，2010 年，第 220 页。
② 《东石源利族人徙台货殖书契》，厦门：厦门大学出版社，2010 年，第 217-218 页。

这个被称作"私枭充斥"的敏感地区，强人势力在地方上扮演着主宰者的角色。蔡氏虽然在布袋嘴有了长足的发展，亦有族人迁台，可是他们的主力一直在大陆，是属于资本在陆而分支在台的类型，因此蔡昭礼在他的禀呈中说"泉藉来台寄居"。在这种敏感时期又处在敏感地方，蔡氏原来作为主导者的角色受到了地方强人的挑战，正好说明此时"蔡源利"的势力正在减弱。

"蔡源利"在与蔡长、蔡集兄弟的冲突中，对方是靠武力来解决问题的。先有"四五十猛，各执铳械旗鼓，拥塭插牌，强图霸抢塭货"；接着"夸称此时海防吃紧，正伊得志之日，稍不听从，立即剿灭"。这样的描述，确有地方枭雄的味道。但是从实际情况来看，这时蔡长兄弟纠伙冲入鱼塭并没有什么别的意图，只是想要借助武力夺取对方的鱼塭利益。

其实早在光绪十七年（1891），蔡氏经营的北中横塭就曾经发生过一起遭受"强盗"抢劫的事件。当年十一月二十六日半夜三更时分，有"强盗三十余猛各执刀铳器械，明火破门蜂拥入室，将大柜内银钱契卷及皮箱衣物□件，洗劫一空"，与此同时，还将看管塭寮的两人打伤，其中一人被砍伤右手肘，另一人被铳击伤左腿、头部，生命垂危①。短短几年间，屡屡发生武力抢夺事件，说明源利塭与地方强人的利益纠纷出现激化，同时也表明光绪末年布袋嘴地方社会局势不稳，源利塭成为当地强人劫夺的对象。

在源利塭与蔡长、蔡集兄弟互控的时候，先前的蔡浅水也趁机出来，再次控告源利塭扣留税钱不予归还。不过，蔡浅水此次争控并没有得到官府的支持。光绪二十年的一道批示云：光绪九年互控，经原嘉义县潘县令"饬差传讯之后，该民即查无催呈。迄今事寝十余年，案早注销，奈何复图兴讼？二月间据该民递呈，业经批示勿再多渎，切切"②。然而，蔡浅水还是继续递呈状子，至十月二十七日又批：

据尔递呈已明晰批斥在案，现呈不叙前批，故作罔知，实属习狡。况查尔原控呈词，叙明尔承祖蔡尚应得半股塭税，每年二十六千文，案卷犹在。兹忽称被蔡蘩崎即蔡昭礼积欠十九年税银

---

① 《东石源利族人徙台货殖书契》，厦门：厦门大学出版社，2010年，第215页。
② 《东石源利族人徙台货殖书契》，厦门：厦门大学出版社，2010年，第211页。

一千八百余元，匀计每年至一百元之多，即此一节，可见尔所控全属子虚。乃尔因蔡昭礼现与蔡泉控案，希图死灰复燃，牵扯捏讼，以遂诈索，可恶已极。本应提究，姑念案早注销，从宽再行申斥①。

光绪二十年十月下旬，正是"蔡源利"与蔡长兄弟（即"蔡泉控案"）互控的高潮，这时蔡浅水再次呈递诉状控告蔡昭礼等人，除了说明蔡浅水有不达目的誓不罢休的毅力之外，也不排除此时两个原告有联手要扳倒"蔡源利"的意图。清末，"蔡源利"家族在布袋嘴经营鱼塭的困境由此可见一斑。

光绪二十一年（1895），日军在台湾登陆，"蔡源利"家族的塭业很快就被强人占夺了。据蔡氏家族文献，此时"蔡源利"家族很多人都返回大陆避乱。后来，蔡昭礼、蔡昭碰两个属于"六合"的堂兄弟又回到台湾，"控于法庭者八载"才讨回产业②。此事虽然已离开本文探讨的范围，但这里稍作交代，以明整个事件演变的全貌。今后如有更完整的史料，将再专文进行探讨。

四、余论和结论

"蔡源利"家族自从乾隆末年开始在台湾谋生创业，至清朝末年甲午战争前夕，历经了100余年。其家族以经营鱼塭起家，后来商业贸易的巨大成功也给家族带来了很大荣耀。据蔡氏家谱记载：咸丰三年癸丑（1853），台湾发生林恭、李石事件，蔡氏族人多以军功受奖。懋尔"以咸丰癸丑年军功加六品职衔，例授承德郎"；懋愿"加六品职衔，议叙布政使司理问，例授承德郎"；懋进"加七品职衔，例授文林郎"；而他们的父辈章棚、章情、章凉均"例赠承德郎"。另外，章凉、懋漱、懋愿还捐了"太学生"③。商人与官府结合的目的在于提高他们的社会地位，而经济上和政治上的成功又有助于他们在各方面扩大投资，以获取更多的经济

① 《东石源利族人徙台货殖书契》，厦门：厦门大学出版社，2010年，第213页。
② 《东石玉井户文方公家谱》，《东石源利族人徙台货殖书契》，第186—187、224、226页。
③ 《晋江玉井蔡氏长房三惟哲公派下家谱》，《闽台族谱汇刊》第40册，第515—519页。

利益。

商人资本进入鱼塭是一项有利可图的事业。《台阳见闻录》说："鱼塭利息胜于田亩。"[①] 成书于乾隆年间的《重修凤山县志》也说："海坪、鱼塭，港商掌而贴纳本轻。"[②] 由于收益甚大，因此"港商"即从事贸易的大商人多愿投资这个领域。道光至咸丰年间，蔡氏在商业经营如日中天的时候，对布袋嘴鱼塭的经营也达到了鼎盛阶段。

蔡氏在布袋嘴购置的鱼塭有中洲和北中横两处，其中以北中横塭最为重要。就鱼塭的所有制而言，中洲塭一直是八股经营，而北中横塭在嘉庆年间就形成了大小税制。所谓大税，又称"塭底份"，它来源于开塭初期合作投资的股份，至少在乾隆年间就已形成，分成 10 股（份）。而小税，又称"塭佃份"，它是嘉庆年间因海浪冲毁塭岸，为修筑鱼塭而另外纠集的股份，参加者除了原来的"塭底"所有者之外，又增加了一些"伙计"参与投资，共成 13.2 股（份）。因而"塭底份"和"塭佃份"是两次不同投资形成的大小股份，即大税和小税。所谓"税"，在闽南话的语境中即是"租"，如闽南话将"租房"说成"税厝"，即是此意。因此所谓大小税，即拥有北中横塭大小股份的业者，每年需要得到的经济收益。

这里，很自然让人联想到清代台湾土地经营中的大小租制度。其实鱼塭经营中的大小税与土地经营的大小租完全不同。大小租起源于土地的永佃权，即土地承包者（佃户）在长期承包的过程中，又将其承佃的土地转佃给现耕农去耕作，自己获得现耕农交来的地租，称小租，因此他就成了"小租户"。然后，他再把其中一部分地租（称作大租）交给原来的土地所有者即"大租户"，原来的土地所有者再向官府交纳赋税。而鱼塭经营的大小税制则都来源于对鱼塭修筑的股份投入，只是不同时段投入的资本额大小不同，因而大小税的分红获利也不一样，但他们都共同对鱼塭的"地基"拥有所有权，而且都有共同分担向官府缴纳塭饷的义务。

---

① 唐赞衮：《台阳见闻录》卷上，台湾文献丛刊第 30 种，台北：台湾银行经济研究室，1958 年，第 85 页。

② 王瑛曾：《重修凤山县志》卷一《舆地志附录》，台湾文献丛刊第 146 种，台北：台湾银行经济研究室，1962 年，第 10 页。

但是，鱼塭经营过程中也会发展出与土地经营类似的制度。在北中横塭经营过程中，不管是大小税户合作经营还是由东石蔡氏承包经营，都必须聘请"长年"管理，并有"现耕塭份"或称"现耕浮份"存在。这些"现耕塭份"或"现耕浮份"的所有者其实就是长期在塭中劳动的佃丁，他们长时间承包某块鱼塭，就拥有了这块鱼塭的耕作权，因此也可以把它们拿来买卖。如道光十六年（1836）六月的契约云：晋江丙洲乡王卫良"有承祖父已置北中横塭现耕塭份叁拾肆份应得壹份，并带家器寮屋在内"，托中引就与盐水港街蔡益成号承买，价银100大员①。可见这些出卖"现耕塭份"者，由于耕作的时间已久，而且已经拥有自己的劳动工具和寮屋等生产资料，遂在北中横塭内有自己的某种权利即耕作权。这些"现耕塭份"或"现耕浮份"共有34份，王卫良出售的是属于他祖父手上"已置"的一份，其他出售"现耕塭份"或"现耕浮份"的契约还有，这里不再列举②，足见这种拥有耕作权的股份形式在鱼塭经营中的现实存在，它与大小税的股份不同，后者具有对鱼塭"地基"的所有权，而前者只有耕作权。

另外一种对鱼塭经营产生影响的权利就是经营权。在嘉庆年间北中横塭集体经营的时候，他们的合作契约就谈到"自我塭开基以来，内份大税十份、小税十三份二，每年塭税银照大小税均分。……因历年塭中常被人采取鱼虾，当事之人难尽为情"③。这里的"当事之人"，即每年向大小税户交纳"塭税银"的经营者，也就是清代台湾文献中的"长年"④。这些拥有经营权的"当事之人"是如何被聘用的现在并不清楚，每年交纳的"塭税银"究竟是定额还是不定额也不清晰，但可以肯定的是，他们负责鱼塭的经营和技术管理。这些人由于是聘用的，可以随时更换，因此他们对鱼塭没有太大的自主支配权。

经营权向对鱼塭的实际掌控的转变是在蔡氏单独承包鱼塭的时候完成的，尤其是咸丰三年（1853）另立契约以后。此时，蔡氏不仅拥有对北中

---

① 《东石源利族人徙台货殖书契》，厦门：厦门大学出版社，2010年，第103页。
② 《东石源利族人徙台货殖书契》，厦门：厦门大学出版社，2010年，第108、110、121-123页。
③ 《东石源利族人徙台货殖书契》，厦门：厦门大学出版社，2010年，第139页。
④ 连横：《台湾语典》卷三，第68页。

横塭的单独承包，自主投入经营，而且每年按照约定交纳大小税银，并负有向官府纳饷的义务。蔡氏也可以把他们掌控的鱼塭再转赕给他人经营，从中收取塭税。如光绪十四年（1888）蔡世碰（即蔡昭碰）将北中横塭鱼堀两所，土名水沟下堀，转赕与邱干、蔡尾、戴贼三人经营，约定逐年税银 45.7 元，交定银 3 元，十年为期①。光绪十六年（1890）蔡世碰又将北中横塭鱼堀两所，土名水沟顶中堀面，转赕与蔡德浸、蔡海抛经营，约定逐年税银 69.3 元，定银 2 元，无期限②。因此，这时的蔡氏不仅是大小税的业主之一，而且也是可以把鱼塭再行转赕的承包者，后一种角色实际上已经发展成与土地经营一样的小租户。

由此可见，从东石蔡氏经营鱼塭的个案来看，清代台湾南部的鱼塭经营其实是相当复杂的，既有长期合股经营的模式（中洲塭），也有向北中横塭那样，股权的形式在历史演变中形成多个层面，如塭底份（大税）、塭佃份（小税）、现耕塭份，以及承包者再行转赕的塭份。这些不同层面的权利，既与土地经营有某种关联或类似性，同时也有自身的特点。

东石蔡氏的鱼塭经营自同治以后就逐渐衰落了。鱼塭经营是一项高风险的投入，它的回报很高，但是风险也大。除了天灾之外，人祸也是不可忽略的因素。因此，鱼塭投资者不仅需要有雄厚的资本，还需要在地方上具有相当的实力。蔡氏祖籍晋江，在布袋嘴经营鱼塭是他们商业活动的一部分。在地方社会不靖情况下，鱼塭所有权的转移频率很高（参见附表二），许多"港商"进出鱼塭，同时又以塭份作为抵押物向商人借款。随着东石蔡氏自身社会影响力的下降，他们在清朝末年面对的挑战日益强烈。鱼塭经营与商业活动和地方社会的关系特别密切。从这一点看，研究鱼塭经营对于深入理解清代台湾社会经济史的演变和发展也是有益的。

---

① 《东石源利族人徙台货殖书契》，厦门：厦门大学出版社，2010 年，第 145–146 页。
② 《东石源利族人徙台货殖书契》，厦门：厦门大学出版社，2010 年，第 130 页。

附表一

"蔡源利"家族前三代世系表

玉井房第十三世	玉井房第十四世	玉井房第十五世
文由 （乾隆二十四至道光三年，1759—1823）	章棚（抱养） （乾隆五十四年至嘉庆十六年，1789—1811）	懋漱（过继） （嘉庆十九年至光绪六年，1814—1880）
		懋愿（过继） （嘉庆二十五年至咸丰五年，1820—1855）
		懋用（过继） （道光二十三年至同治七年，1843—1868）
	章情 （乾隆五十五年至道光十二年，1790—1832） 生"六合"	懋漱（出承） （嘉庆十九年至光绪六年，1814—1880）
		懋与 （嘉庆二十四年至同治四年，1819—1865）
		懋尔 （道光二年至同治八年，1822—1869）
		懋梧 （道光四年至咸丰二年，1824—1852）
		懋进 （道光六年至光绪元年，1826—1875）
		懋时 （道光十一年至光绪二十七年，1831—1901）
	章凉 （乾隆五十七年至同治四年，1792—1865） 生"五美"	懋愿（出承） （嘉庆二十五年至咸丰五年，1820—1855）
		懋恤 （道光四年至光绪九年，1824—1883）
		懋慈 （道光十七年至同治十一年，1837—1872）
		懋耻 （道光二十年至光绪三年，1840—1877）
		懋用（出承） （道光二十三年至同治七年，1843—1868）

资料来源：《东石玉井户文方公家谱》，载《东石源利族人徙台货殖书契》，第20-24页；《晋江玉井蔡氏长房三惟哲公派下家谱》，载《闽台族谱汇刊》第40册，第514-520页。

附表二

嘉庆至咸丰年间北中横埕大小税业主变动一览表

嘉庆二十年前后	嘉庆二十四年	咸丰三年
温保祐、傛任叔、蔡荐、蔡居、蔡午、萧廷俦、谢赞瑞、颜陶、蔡景、王挑、蔡远由、张旁、笃叔、王等、萧鸿兰、郭玉川、陈立、陈绵、陈夺	蔡远由、郭玉川、谢管、陈立、颜陶、温保祐、王等、蔡居、蔡午、蔡景、萧廷俦、萧鸿兰、陈绵	蔡树凉、温雅、周埔、蔡光缎、蔡畅、谢然、蔡浅水、蔡剪、蔡丕、蔡景、蔡取、蔡敬天

资料来源：《东石源利族人徙台货殖书契》，第 139、140 页，以及未登录出版的蔡氏文献。

（本文原载于《台湾研究集刊》2013 年第 6 期；日译文载马场毅、许雪姬、谢国兴、黄英哲编《近代台湾の经济社会变迁：日本とのかかちりをめぐって》，东京：东方书店，2013 年）

陈埭丁氏回族迁台及
其家族文化的演变与发展

　　陈埭丁氏聚居于泉州湾西南侧，主要分布在今天晋江县陈埭镇的江头、岸兜、溪边、四境、花厅口、坪头、西坂七个回族行政村，总面积12平方公里，人口16000多人。除此之外，还有不少人移居外地。如今散布在大陆各处的丁氏族人尚有13000多人，分布在港、澳、台及旅居海外的亦在万人以上。1990年，笔者曾到陈埭镇调查，收集了一批当地族谱及碑文资料，并有幸获见两份从台湾携带回来的《丁氏族谱》。本文拟根据这次田野调查的资料，结合台湾方志及其他历史文献的记载，对陈埭丁氏回族迁移台湾的历史及其在台科举人物的情况进行一番考察，以期通过这个研究，进一步探讨明清时期闽台移民及回族家族文化在台湾的传播和演变发展的一些情况。

一、丁氏族源及其迁往陈埭的早期历史

　　陈埭丁氏系属回族，但其来源如何，至今尚未有定论。《丁氏谱牒》云："吾家自节斋公而上，其迁所自出，俱不得而详也。"① 然而又有一说，或谓丁氏先祖即是元朝著名政治家赛典赤·瞻思丁。丁衍夏作《感纪旧闻》云："嘉靖丙申岁，余方弱冠……从伯父讳博字遵厚者……出所藏毅祖手书裱褙一幅，高尺许，长几二尺，草书寸余大，百余字，纪吾家由来

────────────

　　① 《丁氏谱牒·祖教说》，载泉州市泉州历史研究会编《泉州回族谱牒资料选编》，《泉州文献丛刊》第三种，油印本，1979年。

之系示余。其起句曰：由赛典赤回回瞻思丁云云。"① 又作《附考》云：
"吾家之谱虽未备，然发端于吾毅祖，有稿日（曰）：吾由赛典赤回入中
国，有为瞻思丁者，因以为姓。此稿卷轴草书，夏及见之，尊厚伯收之，
今失于倭无存矣。"②

赛典赤·瞻思丁为西域回回人，《元史》有传，元太祖西征时，他
"率千骑以文豹白鹘迎降，命入宿卫，从征伐"，后来官至云南平章政事，
治绩显赫。元至元十六年（1279）去世，享年69岁③。以此推之，赛典
赤·瞻思丁当生于南宋嘉定四年（1211）④，而陈埭丁氏一世祖丁节斋生于
南宋淳祐十一年（1251）⑤。如果两人确有血缘关系的话，则是十分亲近
的。丁节斋仅比瞻思丁小40岁。如以一代人20年计算，他最多是瞻思丁
的孙辈，甚至有可能是他的季子。

但查阅有关赛典赤·瞻思丁的族谱资料，却未发现有他们两人有血缘
关系的任何记载⑥。1952年，泉州东南隅城墙基下曾出土一块阿拉伯文墓
石碑刻，有人就此大胆推论，这块墓碑的主人赛典赤·杜安莎即是丁节斋
的汉名⑦。其实，关于这块墓碑如何翻译，至今尚有争论⑧，就是以马坚
教授最早的译文而论⑨，这个杜安莎也只能是赛典赤·瞻思丁的曾孙，与
丁节斋可能的辈分根本不符，况且，杜安莎去世于回历707年，即元大德
六年（1302），而丁节斋去世于元大德二年（1298），两人的卒年也无法互
证，因此，有关陈埭丁氏是否就是赛典赤·瞻思丁的后裔，至今仍找不到
直接的佐证资料，不可轻信。族谱的记载往往有攀附名人之嫌，对此应倍

---

① 《丁氏谱牒·感纪旧闻》。
② 《丁氏族谱》，抄本，福建省图书馆藏。
③ 《元史》卷一二五《列传第十二》。
④ 《闽台关系族谱资料选编》按语云：赛典赤·瞻思丁生于1222年，误。《闽台关系族谱资料选编》，福州：福建人民出版社，1984年，第145页。
⑤ 《丁氏谱牒》。
⑥ 《赛典赤家谱》，载《郑和家世资料》，北京：人民交通出版社，1985年；《元史》卷一二五《赛典赤列传》。
⑦ 《泉州陈埭丁氏研究》，载《泉州海外交通史料汇编》，中国海外交通史研究会、福建省泉州海外交通史博物馆编印，1983年。
⑧ 有三种不同译文，分别见于吴文良：《泉州宗教石刻》，北京：科学出版社，1957年，第7页；陈达生：《泉州伊斯兰教石刻》，银川：宁夏人民出版社，1984年，第17页；陆峻岭、何高济：《泉州杜安莎碑》，《考古》，1980年第5期。
⑨ 吴文良：《泉州宗教石刻》，第7页。

加注意。

然而，陈埭丁氏信奉伊斯兰教，其先祖为西亚穆斯林，这一点则是可以肯定的。宋元时期，泉州作为东方第一大港，海外贸易兴盛。当时有许多阿拉伯人、波斯人和其他国家的侨民旅居于此，或经商贸易，或传播宗教。有的人在那里只作短期逗留，有的则长期定居下来，并逐渐与当地人通婚，产生出新一代的"土生蕃客"。此后，这些"土生蕃客"又经过世代繁衍，形成了有别于汉族的另一个民族，此即现在所称回族的另一个来源。陈埭丁氏祖先信奉伊斯兰教，这在丁氏族谱中有明确记载。丁衍夏《祖教说》曾记述他小时候见到族内宗教信仰和风俗习惯与他人不同的情况：

> 如殓不重衣，殡不以木，葬不过三日，封若马鬣而浅，衰以木棉，祀不设主，祭不列品。为会期，日西，相率西向以拜天。岁月一斋，晨昏见星而食，竟日则枵腹。荐神惟香花，不设酒果，不焚褚帛。诵清经，仿所传夷音，不解文义，亦不求其晓，吉凶皆用之。牲杀必自其屠而后食。肉食不以豚。恒沐浴，不是不敢以交神明。衣崇木棉不以帛，大率明洁为尚也①。

时至今日，陈埭丁氏在祭祖或祭海时仍用牛肉，而不用猪肉。丁氏祖宗祠堂仍保持明代兴建的"回"字形构造，以暗示其家族的来源。丁氏祖先的坟墓也是伊斯兰教葬式的。据田野调查，其中一、二、三世祖的坟墓已于明代弘治年间被毁，后人重修，而五世祖毅斋公及妣蒲氏、王氏的墓葬迄今犹保存完好，1987年迁葬于灵山东侧，"仍保留了明中叶伊斯兰教色彩"②。

陈埭丁氏有据可查的历史是从一世祖丁节斋开始的。丁节斋名谨，字慎思，宋末元初人。他早年家居苏州。元朝初年由姑苏至泉州贸易，遂卜居城南文山里，此后便在那里定居下来。丁节斋生有一子名嗣，字衍宗，号述庵。丁述庵年仅33岁就去世，而在他去世那年（1305），其独子丁硕德（名夑夑，字大皋）年仅8岁。由于丁硕德早年丧父，因此他的一生坎坷不平。《族谱》载他长大成人后仍从事商业活动，时"元季江南方乱，

---

① 《丁氏谱牒·祖教说》。
② 晋江县陈埭伊协小组：《陈埭穆斯林》，第2期。

硕德公商贩于外，往来苏、泉之间，未有定居"①。31 岁那年（1328），在苏州生下一子，名朗，但因不是明媒正娶所生，《族谱》将他当作"芽之旁出者"处理。至 40 岁左右，丁硕德才在泉州正式成家，娶苏氏，生长子泰，早殇。又于元至正三年（1343）生次子善，字彦仁，号仁庵，是为丁氏四世祖。此后，这个丁仁庵长大成人，便与其父从泉州迁往陈埭居住，成为丁氏在陈埭开基的重要人物。

丁氏父子之所以要从泉州迁往陈埭，这与元末明初泉州的战乱是有密切关系的。至正十七年（1357）三月，"义兵万户赛甫丁、阿迷里丁叛据泉州"②，从此泉州陷入一片战乱之中。先是赛甫丁、阿迷里丁叛乱五年，随后又有那兀纳及蒲氏之乱，至至正二十六年（1366）陈友定率军平叛，擒那兀纳，陷兴、泉二郡，泉州十年战乱方告平息，但此后又有陈友定的"荼毒"③，泉州港由此一蹶不振。在这场战乱中，许多色目人都受到波及，纷纷航海外逃或避难他乡，而丁氏父子从泉州迁往陈埭避居，亦在此时。

丁氏父子从泉州迁往陈埭，此时丁硕德已是六十多岁高龄，而丁仁庵年仅二十来岁，刚结婚不久，娶泉州名门闺秀庄细娘为妻。由于庄氏在泉州地位显赫（至今仍有"庄府巷"的地名存在)④，因此丁氏父子迁往陈埭后落脚颇为顺利。"开基拓野，筑陂以捍海田，而瘠化为腴；履亩以征荡产，而什受其八"⑤，加上丁仁庵此时正值年轻力壮，又"为人倜傥志大"，产业拓殖颇为迅速。陈埭地处泉州湾畔，环海负江，浅海滩涂极适合蛏苗生长。"居民受产以为业，谓之海荡。沿海弥漫，一望数十顷，大约产以什计，公有七八，其二三则公与为宾礼得之，而他不与焉。"⑥ 此后，丁氏遂改传统的经商为经营农业。"隐伏耕读于其中"，"自远于法而保其家"⑦，族内人丁也日益兴盛起来。

---

① 《丁氏谱牒·扳谱说》。

② 《元史》卷四五《顺帝本纪八》。

③ 乾隆《晋江县志》卷一五《杂志·纪兵》。

④ 据《丁氏谱牒》载：丁仁庵之妻庄细娘"乃桐城庄亚参之女也。宋少师开国男祀乡贤夏六世孙。父闻封主事。弟兼才，洪武丁戌（按：应为"丁丑"之误）进士。又，庄兼才《泉州府志》有传，作庄谦才，见乾隆《泉州府志》卷四十七《循绩》。

⑤ 《丁氏谱牒·庄孺人传》。

⑥ 《丁氏族谱·仁庵府君传》。按：《丁氏谱牒》作海荡"一望数千顷"，疑误。

⑦ 《丁氏谱牒·谱叙》。

丁氏刚迁往陈埭时仅有三人。后来，丁仁庵与庄氏生下三子：长子妈保、次子观保、三子福保。丁仁庵去世前，将所置产业包括田产、海荡、房屋等"三分遗业"①，让三个儿子各自去继承，设立三大房。后来这三大房又日益繁衍，至七世祖时再"鼎建小宗"②，族日以大。至九世祖丁自申时（生于明正德十六年，1521），丁氏家族已经发展到"食指数千"了③，因此，从明代中叶以后，丁氏族人开始向外迁徙，其中也有一部分人迁往台湾。

二、陈埭丁氏族人渡往台湾

陈埭丁氏何时开始东渡台湾？史籍并未详载，但查阅当地族谱，可知第一个渡台实例始于十三世祖。《陈江雁沟里丁氏族谱》世系表云：十三世祖"仕厚，在外。长。殇。不知其处"；"仕晖，外出台湾。长殇"④。仕厚是仕晖的兄长，他外出他乡，但不知去处，而其弟仕晖却明确记载"外出台湾"。仕厚兄弟生于何时《族谱》未载，但他们的族弟仕应生于崇祯元年（1628），由此可以推知，丁仕晖外出台湾的时间当在明末，至迟不会晚于清初。明末清初，台湾尚被荷兰人占据。荷兰殖民者为了发展殖民地经济，加强掠夺，千方百计吸引大陆移民渡台垦殖，从事米、糖生产，而当时郑芝龙控制着闽台交通制海权，他亦利用崇祯年间"闽地大旱"的机会，组织饥民渡台⑤。顺治三年（1646）清军入闽以后，更迫使大批难民纷纷出走，东渡台湾，形成了这时期移民的高潮⑥。丁仕晖于此时东渡台湾，正是在这些移民浪潮的冲击下随同前往的。

《台湾省通志稿》云："丁氏何时南迁而入台湾，文献缺详。唯清嘉庆二十一年，有添福庄垦户丁文开，当官向南崁、龟仑、坑仔三社屯丁给出

---

① 《丁氏谱牒》。
② 丁拱辰：《砌坑房族谱》，稿本，陈埭回族史馆藏。
③ 《丁氏族谱·仁庵府君传》。
④ 《福建省泉州晋江县南关外二十七都陈江雁沟里丁氏族谱》，手写本，泉州海外交通史博物馆藏。
⑤ 《鹿樵纪闻》卷中。
⑥ 杨彦杰：《荷据时代史》，南昌：江西人民出版社，1992年，第五章第一节。

屯埔一所，载于古契。"又云："丁姓之入台，始自清代中叶。"① 其实对照上引的族谱资料，可知陈埭丁氏之入台，要比《台湾省通志稿》所载的时间提早一个世纪以上。

清朝统一台湾后，丁氏族人东渡台湾更为增多。尽管现在有关丁氏族谱尚未全部收齐，但从已能查阅到的族谱看，这时期前往台湾的实例要比以往增加许多。如《砌坑房族谱》载："十五世允宅，台湾卒。承继子一。"十六世（缺名），"此于甲戌年（按即乾隆十九年，1754）被徒□延兄弟拐去台湾，不知去向可辑"。十六世旭曾，字文若，讳年崇，在台湾县学读书，娶王氏，又继曾氏、王氏，有子三人，"神主在台，父子俱在台开基"。十七世用贤，在台湾读书，未娶。十七世光侣，在台未娶，有继子一。十七世烷贤，在台湾殇。十七世延璧，字庄干，号靖国、气怃，嘉义县庠生。娶位氏，又继陈氏。有子一，又继子一。十八世君朴，"出住台湾大埔林。生一子，名旺。曾偕掫归再去"。十九世金旺，"往台，无信息通问"②。

《陈江雁沟里丁氏族谱》亦载有四例移民资料，引录于下：

> 十八世秀庞，号休徵。生于嘉庆四年己未（1799）五月初六日吉时，卒于道光十三年癸巳（1833）三月初二日，享年三十有五龄。娶林氏，西边乡枋脚林公女，讳娘，谥恬节。生于嘉庆四年己未十二月十九日吉时，卒于道光二十年庚子（1840）三月十一日吉时。公壮年贾于台，殁没。长男出资托里人奄饭，顺便代为拾父遗体以返故土，竟遭暴风船覆，骸亦付之巨浪之中，良可痛也。

> 十八世秀锥，号纯厚。生于嘉庆十四年己巳（1809）正月十二日酉时，卒时同治四年乙丑（1865）八月初二日辰时，在淡水港不幸身故。娶柯氏，讳香娘，谥慈福，生于嘉庆十八年癸酉（1813）正月十三日巳时，卒时光绪八年壬午（1882）七月十三日子时。葬在第四桥下乌林。

> 十九世孙蚁，乳名孙会。未冠。与父（按，即秀锥）在淡水

---

① 《台湾省通志稿》卷二《人民志·氏族篇》。
② 丁拱辰：《砌坑房族谱》。

港身故。

十九世孙溪，又名孙意，号□□。生于道光十一年辛卯（1831）正月十□日□时，卒于同治四年乙丑（1865）八月初二日辰时。在台湾港船破身故。享年三十五岁①。

上引这两份《族谱》，都有陈埭丁氏移民前往台湾的资料，共载男性移民 13 例。除此之外，晋江《东石丁氏族谱》亦载有 40 例男性移民。这支移民是先从陈埭迁往东石居住，再从那里播迁入台的。从十五世开始，直至二十世，代有族人迁台定居，如十五世"肇禄，讳万。生康熙癸酉（三十二年，1693），其子禄随、禄斗、禄真、禄略同继妣移居台湾后镇庄"。十六世"禄完，讳完，肇平次子。往台。妣洪氏，生雍正辛亥（九年，1731）。螟子一，往台"；"禄牟，讳名牟，肇安三子。妣吴氏。公妣同二子移居台湾后镇庄"。至二十世，"谋益，诒闪长子。生光绪戊子（十四年，1888），卒民国戊午（七年，1918），葬台湾嘉义南门外"；"谋钏，名铼，诒篆长子。生道光丁未（二十七年，1847），往台身亡"；"谋兄，诒篆次子。生咸丰甲寅（四年，1854），卒光绪戊子（十四年，1888），卒在台"；"谋秩，诒篆四子。生咸丰己未（九年，1859），卒光绪癸未（九年，1883），在台九块厝沉水身亡"；"谋旭，诒粹长子。生咸丰甲寅（四年，1854），卒光绪戊子（十四年，1888），卒在台湾东石寮"，等等②。

清代丁氏族人迁往台湾的人数众多。上引这三份《族谱》资料，前两份来自陈埭，后一份来自从陈埭迁出的东石，但都属于丁氏回族的移民史料。以下再按世代顺序，将这三份《族谱》所载的男性移民作一统计（表1）：

表 1 陈埭丁氏族谱记载族人迁台统计表

世代	陈埭族谱	东石族谱	合计
十五世	1	1	2
十六世	2	6	8
十七世	4	9	13
十八世	3	12	15
十九世	3	7	10
二十世	／	5	5

① 《福建省泉州晋江县南关外二十七都陈江雁沟里丁氏族谱》。
② 《陈江分派东石丁氏族谱》，《闽台关系族谱资料选编》，第 145–148 页。

从上表可见，丁氏族人迁往台湾，以十六世至十九世的人数为最多。十六世共有 8 名男性渡台，十七世增至 13 名，十八世再增至 15 名，十九世亦有 10 名。从十六世至十九世共有 46 名男性移民，占总数 53 名的 86.8%。这些男性移民大致生活在清朝的雍正至咸丰年间，如十六世禄完，其妻洪氏生于雍正九年（1731）；禄牟，其长兄禄璋生于康熙五十二年（1713）。十七世显专生于乾隆六年（1741），十八世仕江生于乾隆五十一年（1786）、仕夏生于嘉庆六年（1801）。十九世孙溪生于道光十一年（1831）、诒闪生于咸丰十年（1860）。从雍正年间开始，大陆移民前往台湾日益增多，至乾隆、嘉庆年间已达到最高峰。咸丰十年以后，台湾逐步从移民社会转入定居社会，而陈埭丁氏从明末清初开始就有人渡台，以后前往台湾的人数不断增加，尤其集中在雍正至咸丰这一段。由此可见，陈埭丁氏移民与大陆移民渡台的普遍规律是一致的。

陈埭丁氏移民前往台湾，最主要的目的有两个：

一是为了谋生。丁氏自从迁居陈埭以来，族日以大，人口繁衍甚速，以至"食指数千"。家族的繁衍必然导致人口对土地的压力日渐增大，加上陈埭地处泉州湾畔，这里土地硗确，可耕地本来就十分有限，因此，陈埭丁氏代有经营海上的传统，特别是清朝以后，丁氏族人外出经商、捕鱼的人数急剧增多。如丁拱辰的祖父"弱冠学贾东瓯"，后与几个同乡合作，"给帖开行，专售南北货物"，当时"族人每岁严冬无生活计者多往舟山讨海"，唯其祖父是赖①。丁拱辰的父亲也是"少时学贾东瓯，壮岁经营台郡"。丁拱辰长大成人后亦"服贾粤东"②。前引《陈江雁沟里丁氏族谱》载："十八世秀庇，号休徽……公壮年贾于台，殁没。"可见，他也是前往台湾贸易的。随着族人前往台湾各地贸易、捕鱼的人数日益增多，在家乡因生活所迫的人们也会相继随同前往，去寻找和开辟他们新的生存空间。而清代台湾地旷人稀，这对于地狭人稠的漳、泉居民来说，无疑具有很强的吸引力。清代丁氏族人纷纷东渡台湾，其原因亦大半出自于此。

二是为了读书。读书是科举入仕的必经途径。在封建社会，要摆脱困

---

① 丁拱辰：《祖父芄圃公传》，《砌坑房族谱》。

② 丁拱辰：《皇清显考例授修职郎德馨丁府君璧、显妣例封八品孺人慈惠苏孺人圹志》，载《砌坑房族谱》。

境，出人头地，读书做官成为一般人梦寐以求的目标。清代大陆读书人较多，要科举中式颇不容易，而台湾由于土地初辟，文风较为不盛，因此有很多大陆学子渡台读书，然后在那里参加考试。有的则往台湾冒籍投考，中式后再返回大陆。清代丁氏族人前往台湾，也有不少人是为了读书参加科举考试的，如十六世丁旭曾"在台湾县学读书"，"父子俱在台开基"；十七世丁用贤在台湾"读书"；丁廷璧亦是台湾"嘉义县庠生"；等等。这些在台湾读书的丁氏族人，后来也有人科举入仕，成为清代台湾有名的科举人物。

三、陈埭丁氏在台湾的科举人物

在清代台湾方志和《台湾省通志稿》的科举表中，记载姓丁的科举人物共有六人。他们是丁鸣蛰、丁捷三、丁金城、丁嘉泉、丁自来、丁寿泉。此外，还有一人是大陆科举人士调往台湾任职的，此即丁莲。在这七名科举人物中，有五人可以在陈埭丁氏《族谱》中找到他们相对应的资料。以下我们将方志和族谱的资料对照排列成一表（表2），以资比较。

表2　台湾丁氏科举人物资料对照表

姓名	方志	族谱	备考
丁鸣蛰	《刘志》："贡生，（乾隆）五年：丁鸣蛰（彰化，廪拔）。"《彰志》："拔贡，乾隆五年庚申。"	《雁沟里》："十四世丁鸣蛰，字□□，号□□。乾隆辛卯拔元。"《聚书堂》："乾隆辛酉（六年）科，丁鸣蛰拔贡。"	按：《雁沟里》族谱载"辛卯"应为"辛酉"之误。又，方志与族谱记载中式的时间相差一年。
丁　莲	《通志》："丁莲，字青若，晋江人……康熙癸巳（五十二年）进士，任兴化教授……巡抚陈宾延主鳌峰书院……调台湾学，倡明经术，海外化之。"《刘志》："台湾儒学教授：丁莲，晋江人，癸巳进士。"	《雁沟里》："十五世丁莲，字青若，号霞瞻。康熙癸巳春秋联捷进士。任兴化教授，掌鳌峰书院，载府志。"《聚书堂》："康熙癸巳二月恩科，丁莲文魁。会试八月，丁莲进士。"	《范志》《余志》《王志》亦有记载，与《刘志》同。《泉州府志》有传。

姓名	方志	族谱	备考
丁捷三	《彰志》："（道光）十一年辛卯，丁捷三，住海丰保，由嘉义县岁贡中式，祖籍晋江。"《通志稿》："丁捷三，隶属嘉义县，道光十一年辛卯中举，张济清榜。"	《雁沟里》："十七世丁捷三，字希健，号勉庵，道光辛巳（元年）恩贡，辛卯（十一年）举人。"《聚书堂》"道光辛卯科，丁捷三文魁。"	按：《彰志》载丁捷三由"岁贡"中式；《雁沟里》族谱载由"恩贡"中式。
丁金城	《通志稿》："丁金城，隶属彰化县，同治六年丁卯中举，榜名不明。"	《雁沟里》："十九世丁金城，字逸坦，号□□。同治辛卯武举人。"	按："辛卯"应为"丁卯"之误。
丁寿泉	《通志稿》："丁寿泉，隶属彰化县，光绪三年丁丑进士，榜名不明，经历广东知县。"	《雁沟里》："二十世丁寿泉，字子浚，号醴澄。同治癸酉（十二年）举人，光绪丁丑（三年）进士。分管广东即用知县，掌白沙书院。"	《通志稿》尚有列传，台湾《丁协源堂家谱》亦有记载。
丁嘉泉	《通志稿》："丁嘉泉，籍贯晋江，隶属彰化县。光绪元年乙亥中举，恩科，何成德榜。"		
丁自来	《通志稿》："丁自来，隶属嘉义县，光绪年间中举。"		

引用资料说明：

《刘志》——刘良璧《重修福建台湾府志》；《范志》——范咸《重修台湾府志》；《余志》——余文仪《续修台湾府志》；《王志》——王必昌《重修台湾县志》；《彰志》——周玺《彰化县志》；《通志》——《台湾通志》；《通志稿》——《台湾省通志稿》。

《雁沟里》——《福建泉州晋江县南关外二十七都陈江雁沟里丁氏族谱》；《聚书堂》——《陈江丁氏族谱》聚书堂本。

从表2可以看出，陈埭丁氏族人在清代台湾的科举考试中表现颇为突出。从十四世开始至二十世，几乎每代都有科举人物出现。十四世丁鸣蛰于乾隆五年（或六年）中拔贡；十五世丁莲于康熙五十二年中进士，后调任台湾府学教授；十七世丁捷三于道光十一年中举；十九世丁金城则是同治六年武举人；二十世丁寿泉于光绪三年登进士榜。除了这五人之外，丁嘉泉和丁自来《族谱》未载，但《台湾省通志稿》明载丁嘉泉"籍贯晋江"。陈埭隶属于晋江县，而且十七世祖丁捷三在《台湾省通志稿》里也记载"籍贯晋江"，由此基本可以判断丁嘉泉应当是陈埭丁氏的后裔，只是由于族谱漏载或者其他什么缘故，以致缺乏直接佐证。而丁自来则由于史料未详，无法判明。

在陈埭丁氏这些科举人物中，声誉最著、常被人们提起的要数二十世祖丁寿泉。据当地老人说："文化大革命"以前，陈埭镇江头村的丁氏祖祠内，尚存有丁寿泉当年中进士由朝廷赐予的仪仗和匾额等文物，后来在"文革"中全被销毁。

丁寿泉这一支是从十八世祖丁攀枝开始渡台的。台湾《丁氏大族谱》"福建省晋江丁氏"条云：

> 清乾隆末年（1795年间），十八世丁攀枝，率子克家（即丁孝子），由晋江二十七都陈埭江头村，迁居今台湾省彰化县鹿港乡，家号丁协源堂，族人入泮者众，为彰化望族①。

查丁攀枝，字宜春，号朴实。据《家谱》载，他生于乾隆二十八年（1763），卒于道光二十三年（1843），享年81岁。娶谢氏、李氏，生有四子：长子送来、次子涵来、三子坑来、四子碗来，其中第四子碗来即丁克家。他生于嘉庆十八年（1813），卒于同治十二年（1873），享年61岁②。由此可见，在丁攀枝渡台时（乾隆末年），丁克家尚未出世，因此他根本不可能随同父亲一起渡台③。台湾《丁氏大族谱》载，丁攀枝于乾隆末年"率子克家"迁往台湾鹿港居住，显然有误④。

丁攀枝渡往台湾只是孤身一人。他将妻儿老小都留在大陆，自己在鹿港经商，并时常往来于两岸之间，探望家庭⑤。至道光五年（1825），丁攀

---

① 台湾《丁氏大族谱》，铅印本，1980年。
② 丁玉熙：《丁协源堂家谱》，手写本，1956年。
③ 关于丁攀枝何时渡台，还有一种说法，谓"于嘉庆年间由陈埭江头乡迁居台湾"（《汉声》第19期，1988年12月，台北），然而由于四子克家出生于嘉庆十八年，因此不论是"乾隆末年"或"嘉庆年间"，丁克家都不可能随同父亲渡台。
④ 按：台湾《丁氏大族谱》记载之误，来源于《丁协源堂家谱》序。该序云："忆吾家自始祖节斋公相传至十八世祖朴实公，始率十九世祖纯良公（即丁克家）由陈江贾于台，至鹿港遂家焉，堂曰协源。"其实，该序由丁氏二十三世丁玉熙所撰，写于1956年，可能是作者笔误。
⑤ 《丁协源堂家谱》。

枝已是 63 岁高龄，此时年仅 13 岁的丁克家从大陆赴台省亲，以后便在鹿港居住下来。关于这一点，连横《台湾通史》有传记载甚明，引录于下：

> 丁克家，福建晋江丹埭乡人。年十三，来台省父。父贾于鹿港，久违膝下，见之甚喜，遂居焉。已而父老，病偏枯，卧床不起，精神亦紊乱，饮食便溺需人护持，尝秽染枕席。克家日夕侍左右，夜寐于旁，闻声即起，莫敢懈，如是十数年。所居曰菜园，邻人失火，左右皆毁。克家大惊，负父出，而火已阻门，不敢越，止于庭中。未几火熄，所居独存，人以为孝行之报。又数年父卒，哀戚逾常。克家既授室生子。经营旧业，每以不得多读书为憾，延师授课，礼之有加。六子寿泉以清光绪十年登进士，余子亦多入庠。年六十余卒。有子七人，孙二十有一。明礼习礼，至后不替。初，光绪六年，彰人以克家纯孝，禀请有司旌表，奉旨建坊，入祀孝悌祠①。

丁克家渡往台湾后，由于他的父亲年事已高，未几又患重病，卧床不起，因此他就在鹿港居留下来，日夜照料老人，从不懈怠，时人称之为"丁孝子"。20 岁左右，丁克家在鹿港成家，娶"仑后望族"黄氏之女为妻②，并继续经营父亲"旧业"，取堂号曰"协源"（即商号），成为丁攀枝在台创下基业的继承人之一。

在丁克家渡台以后不久，其侄儿丁文栋也接续渡台，继承了丁攀枝的另一份产业，取堂号"盛源"。据台湾《丁协源堂家谱》云："……未几，十九世祖伯祖义亭公之长子文栋公复家于此，名其堂曰盛源，经营惟勤，声气互通，客怀俱慰，然又世德共敦，书香同爇，瓜瓞绵绵，而振家声矣。"③ 这里所谓的"义亭公"，即是丁攀枝的第三子坑来，克家的三哥。他派长子文栋渡往台湾，显然是继承了丁攀枝创立的另一份产业。此后，丁"协源"与"盛源"两家携手并进，"声气相同"，"经营惟勤"，"然又世德共敦，书香同爇"，家业日益兴盛起来。

---

① 连横：《台湾通史》卷三五《列传》。按：该《通史》云丁寿泉于光绪十年中进士，误。参见《台湾省通志稿》卷七《人物志》及《丁协源堂家谱》。又据《明清进士题名碑》载，丁寿泉光绪六年中进士，列于"三甲第八十四名"。此资料为汪毅夫教授提供，特此致谢！
② 《丁协源堂家谱》。
③ 《丁协源堂家谱》序。

由于丁克家从小不能读书，每每以此为憾。因此他在发家致富后，便开始"延师授课"，培养后代读书，期望他们能科举入仕，跻身于仕宦之家行列。丁克家在台生有七子，其中除长子生地、三子生水外，其余几个儿子都是读书出身，如二子生吉是"邑庠生"，四子生国"大学生"，五子生让"诰授武德骑尉，五品衔，庠生"，七子生来也是"儒士"①。六子生添（即丁寿泉）的地位最高，他先于同治十二年（1873）中举人，随后又于光绪三年（1877）中进士，成为丁家在台湾最显赫的科举人物。

关于丁寿泉的事迹，《台湾省通志稿》亦有详细记载，引录于下：

> 丁醴澄：字子浚，号寿泉，鹿港人。幼而聪颖，丁年游泮，同治癸酉科试中式，光绪丁丑年会试中进士，广东即用知县，钦加同知衔，诰授奉政大夫，因家事所羁，不克赴任，受聘白沙书院掌教，望重全邑，尊宗经义，励砥文风。子六，游泮者得其三。年仅四十一而卒②。

由此可见，丁寿泉中进士后，先是被任命为广东即用知县，授同知衔，但"因家事所羁"，未能赴任，后来在鹿港主持白沙书院，"尊宗经义，励砥文风"，为发展台湾的文教事业做出了贡献。他的后代亦多人读书，有子六人，"游泮者得其三"。书香门第，相沿不替。

丁寿泉一支自从丁攀枝渡台以来，经过两代人的艰苦创业，经商致富，后来培养子孙读书，科举成名，最终成为当地有名的望族。他们的成长历程，也是陈埭丁氏族人在台湾奋斗、发展的一个突出实例。

四、陈埭丁氏回族文化的变迁

清代大陆向台湾移民，姓丁的主要有两大支：一支来自漳州，其先祖为唐代开漳名宦丁儒③；另一支来自泉州，即是本文探讨的陈埭丁氏。在这两支移民中，陈埭丁氏在台湾的科举考试中表现尤为突出。清代台湾姓丁的科举人物共有七人，其中除丁自来一人祖籍不明外，其余六人几乎都

---

① 《丁协源堂家谱》。
② 《台湾省通志稿》卷七《人物志·历代人物篇》。
③ 陈在正：《济阳丁氏迁闽入台考》，《台湾研究集刊》，1989 年第 4 期。

可以断定系属陈埭丁氏的后裔。陈埭丁氏原来信奉伊斯兰教，属于回族，但却能大量吸收儒家文化，并在科举考试中超过本属汉族的另一支丁氏移民，取得优异成绩，这实在令人感到惊讶。陈埭丁氏家族文化在台湾的传播、演变和发展，是一个值得进一步探讨的问题。

陈埭丁氏在迁台以前，他们的家族文化就已经在逐渐汉化了。明代中叶，丁氏十世祖丁衍夏《祖教说》云：他小时候曾见到丁氏家族仍然信奉伊斯兰教，"殓不重衣，殡不以木"，"祀不设主，祭不列品"，为会期，"相率西向以拜天"，每月斋戒，不食猪肉，等等。可是到了后来，他见到这种信仰习俗已经发生了很大变化，"厥后，殓加衣矣，殡用木矣，葬逾时矣，衰麻棉半矣，祀设主矣，封用圹矣，祭列品矣，牲务肥腯矣，天多不拜矣，斋则无矣，牲杀不必出其屠而自杀矣，衣以帛矣，交神不皆沐浴矣，酒果设矣，棉帛焚他神矣。祀先则不用也，香花之荐犹故也。今则祀先有焚棉帛者，牲杀不必自杀与其屠者，衰皆以麻无用棉者，葬有逾十余年者，凶吉有黄冠浮屠者，食有以豚者。虽渐变以合于礼，而于非礼之所自者有之"，因此他提出有的可变，有的不可变。"合于礼"的可以渐变，而民族文化传统的深层因素，如"意出于明洁，心存于诚敬，则宜深念而慎守，相期以勿变也"①。

丁氏家族文化之所以逐渐汉化，是与他们所处的社会历史环境相联系的。元末以来，泉州地区民族矛盾激化，色目人遭到排挤打击。明朝建立后，明朝政府又实行歧视少数民族政策。丁氏虽然迁往陈埭避居，但又处在汉文化的包围和强烈辐射之下。要使丁氏家族在当地占有一席之地，提升自己的社会地位，不可避免地要逐渐接受汉族文化，包括明朝中叶以后普遍推行的儒家礼仪，使之逐步融合于当地民众的社会生活之中，并跻身于士绅阶层行列。陈埭丁氏自从八世祖以后，就不断有人读书参加科举考试，如八世祖丁仪于弘治十八年（1505）中进士，九世祖丁自申又于嘉靖二十九年（1550）联捷登进士榜。从十世祖开始，几乎一连几代人都纷纷科举中榜。有人统计，从明弘治到清乾隆年间，陈埭丁氏中进士的就有26人②。读书科举入仕成为丁氏家族的一种传统。它既是提升自身社会地位

① 《丁氏谱牒·祖教说》。
② 晋江县陈埭镇回族事务委员会：《晋江县博物馆陈埭回族史馆资料选编》，1989年。

的必要途径，同时又是导致家族文化进一步汉化的一个因素，而随着族人向外迁徙，这种家族的文化传统也必然向外播展。

陈埭丁氏族人迁往台湾后，他们所面临的是另一个全新的社会环境。清初台湾尚处在开发阶段，土地初辟，条件十分艰苦，因此大陆移民前往台湾，并不是聚族而居，而是按照祖籍地的不同分别聚居在一起。陈埭丁氏族人渡往台湾，情况也是如此。据《族谱》记载的资料分析，他们的居住地十分分散，有的在县城读书，有的则散落在各个乡村，如大埔林、后镇庄、盐水港、诸罗山、东石寮、九块厝等。居住地的分散，使得原本就处于弱势地位的丁氏回族更如同散沙一样，星星点点地洒落在汉族移民的大海之中。另一方面，清代台湾土地初辟，文风未盛，这对于历来以勤奋耕读为传统的丁氏族人来说，无疑是一个有利条件。因此，清代台湾姓丁的科举人物大半出自陈埭丁氏，这是有其历史和现实的根源的。

从自然条件而论，清代东渡台湾的陈埭丁氏移民，他们主要散居在彰化、嘉义两县。彰化、嘉义地处台南平原的北半部，这里土地平坦肥沃，浊水溪、北港溪穿流其间，水利灌溉方便，因此该地一直是全台湾最主要的产粮区。稻作生产的发展带来养猪业的发达，而对于从不养猪不吃猪肉的回族人来说，却是一个极为不利的条件。据一位家居鹿港的郭姓回民说："我们祖先自然是不养（猪）不吃（猪肉）的，后来因为鹿港这里买不到牛肉，渐渐地也就吃了。"① 由此可见，自然条件的限制也是导致家族文化变迁的一个重要因素。

陈埭丁氏在迁台以前，家族文化已在逐渐汉化，可是迁台以后，他们所面临的是一个新的社会环境。自然条件的限制，移民社会所具有的特殊社会结构和人文环境，使得本来处于弱势地位的丁氏族人，更有必要去自觉或不自觉地适应这种社会环境，与其他汉族移民通婚、交往，结成休戚与共的移民团体，以应付种种自然与人为的挑战。因此，陈埭丁氏族人迁往台湾后，其家族文化中那些正在消失的回族文化传统更进一步受到削弱以至湮灭，而那些已经养成的家族文化传统如注重科举等却进一步得到继承而愈加凸显出来。

当然，移民前往台湾，他们的经历是各不相同的。有的地方，由于具

---

① 台湾省文献委员会：《重修台湾省通志》卷三《住民志·宗教篇》。

备了相对有利的条件，陈埭丁氏的回族文化传统也被一定程度地继承下来，如鹿港就是一个典型的例子。台湾大学洪炎秋教授云：其故乡鹿港，"相传有回教礼拜寺"。士凯先生亦在《回教文化》第四卷五、六期上撰文说："五十年前（指日据时期），鹿港、淡水均建有清真寺。"1960 年，台湾李忠堂先生曾到鹿港镇访问郭厝里一个姓郭的居民，当他问及鹿港信奉回教以何姓居多时，对方答道："姓郭的有四百多户，其次是姓马和姓丁的，其他姓氏也有。"① 由此可见，陈埭丁氏迁居鹿港后，确实仍有信奉伊斯兰教的。

为什么丁氏的回族文化传统在鹿港得以继续保存下来？笔者以为有三方面的因素值得注意：

（1）鹿港靠近泉州，而泉州又是福建回族最集中的地区，可以说是他们的大本营。鹿港在清代是作为对渡蚶江的官方口岸，与泉州交通方便，又距离甚近。这对于回族文化的传播是极为有利的。

（2）鹿港是大陆回族移民较为集中的地区。除了丁氏移民外，还有郭姓、马姓和"其他姓氏"相对集中在一起，就形成了较为良好的"生态环境"，有利于回族文化的传播和继承。

（3）陈埭丁氏在鹿港是望族。自从丁攀枝渡台以来，丁氏逐渐在鹿港站稳脚跟，中经丁克家叔侄两人的努力，人丁日益兴旺，家业颇为发达，再加上丁寿泉科举入仕，丁家的社会地位大大提高。据说，现在居住在鹿港的丁氏族人尚有 1000 多人②。聚族而居的社会环境，也有利于家族文化的保持与发展。

但是，即使在这样有利的条件下，鹿港回族文化也不可避免地衰落下去，以前鹿港回族不与教外人通婚，后来通婚了；以前不吃猪肉，后来也吃了；以前不到寺庙去烧香，后来为了面子也偶尔去"表示"了……③究其原因，除了汉族文化的强烈影响及当地自然条件的限制等因素之外，还有一点相当重要，就是两岸交通的中断。1960 年，接受李忠堂先生访问的郭姓居民说："在过去，老一辈死了是去福建请阿洪（即阿訇）来念经，

---

① 《重修台湾省通志》卷三《住民志·宗教篇》。
② 《陈埭回族史研究》，北京：中国社会科学出版社，1991 年，第 106 页。
③ 李忠堂先生访问鹿港的谈话记录，载《重修台湾省通志》卷三《住民志·宗教篇》。

来回乘帆船要一个多月，后来时常有战事不能去了。那时是用白布包埋，后来有再装入棺木的，现在是穿衣服装棺了。烧香烧纸也有，但仍不请道士来念经……今后如果死人，希望阿洪来指导我们处理。"① 由此可见，过去鹿港回族居民仍与祖籍地保持着相当密切的联系，可是日本据台以后，两岸交通日益不便，加上日本人在台湾实行"同化"政策。1949 年以后，两岸隔绝近 40 年。这种长期的隔离状态确实对包括丁氏在内的回族移民产生了重大影响。现在，晋江县的陈埭镇丁氏早已被重申确认回族，并在陈埭镇成立了回族事务委员会和回族史馆，而鹿港的回民虽然几经努力，但迄今尚未能重建清真寺。这种差距是历史形成的，但产生差距的原因却值得我们去探讨。

（本文原载于《现代台湾研究》1996 年第 4 期）

---

① 《重修台湾省通志》卷三《住民志·宗教篇》。

陈埭丁氏《海荡图》研究

陈埭丁氏聚居泉州湾西南侧，主要分布在今天的四境、岸兜、溪边、花厅口、坪头、西坂、江头 7 个回族行政村，区域面积 12 平方公里，人口 16000 多人。这里有着广阔的浅海滩涂，历史上以盛产蛏苗闻名，至今仍是如此。最近，笔者到陈埭调查，从当地回族史馆获见新发现的《海荡图》9 纸①。虽然这些《海荡图》为民国时期所绘，但它的渊源可上溯至明清时期，实为研究丁氏浅海滩涂经营史的珍贵资料。因此，本文拟以这些《海荡图》为中心，结合有关方志、族谱、碑刻及口碑资料，就陈埭丁氏经营海荡的问题作一初步探讨，不足之处，敬请批评指正。

一、陈埭丁氏经营海荡的由来

陈埭丁氏原属阿拉伯人后裔。据《丁氏族谱》记载，其先人或为元朝著名政治家赛典赤·瞻思丁。丁衍夏作《附考》云："吾家之谱虽未备，然发端于吾毅祖，有稿日（曰）：吾由赛典赤回入中国，有为瞻思丁者，因以为姓。此稿卷轴草书，夏及见之，尊厚伯收之，今失于倭无存矣。"②又《感纪旧闻》云："嘉靖丙申岁，余（指丁衍夏）方弱冠，读汾祖所遗族谱二序，嗟其书之未就，窃期以成其书。从伯父讳博字遵厚者嘉予之有斯志也，出所藏毅祖手书裱褚一幅，高尺许，长几二尺，草书寸余大，百余字，纪吾家由来之系示余。其起句曰：由赛典赤回回瞻思丁云云……当

---

① 这些《海荡图》是丁勇为发现的，承蒙他和丁桐志等人的热情帮助，使笔者有幸获见，谨此致以深切的谢意。

② 丁衍夏：《丁氏族谱》，抄本，福建省图书馆藏。

毅斋公纪载之日，去瞻思丁萝椠之抚仅百余年，未必无据也。"① 然查遍有关赛典赤·瞻思丁的资料，仍未能发现其与陈埭丁氏有关联的直接佐证，此问题似应存疑，以俟后考。

陈埭丁氏有明确记载的先祖，是其入闽始祖丁节斋。《谱牒》云：丁节斋名谨，字慎思，"家世洛阳，因官于苏州而家焉"②。丁节斋生于宋淳祐十一年（1251），卒于元大德二年（1298）。元初自姑苏至泉州贸易，遂卜居于城南文山里。

丁节斋之后是丁衍宗，享年仅 33 岁。在丁衍宗去世那一年（1305），其子丁硕德 8 岁。由于丁硕德早年丧父，因此他的一生坎坷不平。《族谱》载他长大成人后仍从事商业活动，时"元季江南方乱，硕德公商贩于外，往来苏、泉之间，未有定居"③。31 岁那年（1328）于苏州生下一子，曰朗。但因不是明媒正娶所生，《族谱》将朗当作"芽之旁出者"处理。至40 岁左右，丁硕德才在泉州正式成家，娶苏氏，生长子泰，早殇。又于元至正三年（1343）生次子善，字彦仁，号仁庵，是为丁氏四世祖。以后，这个丁仁庵长成人，便与他的父亲一起从泉州迁居陈埭，成为丁氏在陈埭开基的重要人物。

考察丁氏父子为什么要迁居陈埭，史学界有不同的看法：一种意见认为，丁氏为色目人后裔，元末明初泉州战乱，民族矛盾激化，丁氏为了避难，遂徙居他乡。另一种意见认为，元末战乱是一种背景，但不是主要因素，丁氏迁居陈埭是为了拓殖产业，谋取经济利益，并不像被人穷追猛打而来。再一种意见认为，丁氏在元朝有钱有势，地位显赫，他们到陈埭是为了扩展势力。以上三种意见相互对立，争论不已。

笔者认为，考察丁氏迁居陈埭的原因，既不可忽视政治上的因素，又不可忽视经济上的原因及其具体的社会关系。因为一个重要决策的产生，往往是综合考虑多种因素的结果，丁氏迁居问题亦是如此。

元末明初，泉州战乱不已。至正十七年（1357）三月，"义兵万户赛

---

① 《丁氏谱牒》，泉州市泉州历史研究会编《泉州回族谱牒资料选编》，泉州文献丛刊第三种，油印本，1979 年。

② 《丁氏谱牒》，泉州市泉州历史研究会编《泉州回族谱牒资料选编》，泉州文献丛刊第三种，油印本，1979 年。

③ 《丁氏谱牒·扳谱说》。

甫丁、阿迷里丁叛据泉州"①。从此泉州陷入混乱之中。先是赛甫丁、阿迷里丁战乱五年，随后又有那兀纳及蒲氏之乱，至至正二十六年（1366）陈友定率军平叛，擒那兀纳，陷兴、泉二郡，泉州十年战乱方告平息。但接着又是陈友定"荼毒"②，泉州港由此一蹶不振，很多色目人纷纷航海外逃或徙避他乡，而丁氏回族从泉州迁居陈埭亦在此时。

《丁氏谱牒·仁庵府君传》云：丁仁庵随同父亲迁居陈埭在元至正末年。又据《二庄孺人传》载，他们迁居的具体时间是在丁仁庵婚后不久。查丁仁庵的长子出生于至正二十六年，而这一年正是陈友定率军南下之时，因此丁氏迁居陈埭与元末的战乱实有密切联系。特别值得注意的是，此时丁硕德已69岁高龄，如无特殊缘故，很难想象他为什么要离开故居到农村去。丁仪撰《谱叙》云：

相传有始祖讳谨者，往贾于泉中，因卜居于城南隅。传至祖讳夔者（按：即丁硕德），植业于城南之陈江二舍许，因而迁居。子孙相传，隐伏耕读于其中，力行为善，咸知自远于法而保其家，故其属日以蕃③。

这里虽谈到"植业于城南之陈江"，但又谈到"隐伏耕读于其中""自远于法而保其家"，已隐约道出丁氏迁居陈埭是为了避难这一因素。

"避难"与"植业"并不是矛盾的，而恰恰是相辅相成的，共同构成一个事物的两个方面。丁氏父子看到泉州局势之险恶，因此想离开这个是非之地而"保其家"。但避难他乡也意味着另谋生路，所谓"植业"，实际上是放弃他们原有的经商传统，转务农业，再图发展。

丁氏转务农业是有其经济基础的。丁硕德虽一生坎坷，但到晚年已积攒了不少财富。因此，他的次子丁仁庵娶了泉州的名门闺秀为妻。《族谱》载，丁妻庄细娘"乃桐城庄亚参之女也。宋少师开国男祀乡贤夏六世孙。父闰封主事。弟兼才，洪武丁戌（按，应为"丁丑"之误）进士"④。庄家在泉州门庭显赫，至今仍有"庄府巷"的地名存在。丁、庄联姻后，为

---

① 《元史》卷四五《顺帝本纪八》。
② 乾隆《晋江县志》卷十五《杂志·纪兵》。
③ 《丁氏谱牒》。
④ 《丁氏谱牒》。按：庄兼才《泉州府志》有传，作"庄谦才"，见乾隆《泉州府志》卷四十七《循绩》。

丁家迁居陈埭提供了进一层的社会关系。丁自申《二庄孺人传》云：

> 淑懿（即庄细娘）自归仁庵公，即斥纨绮服寒素。家故在城
> 南与庄近，语公曰：丈夫当自营一方，括地力所出以长赀产，充
> 贡税，即进不能效古人输助边饷，退亦不能为素封，安能向市廛
> 混贾竖，规规逐微息耶，遂从舅氏徙卜陈江。开基拓野，筑陂以
> 捍海田，而瘠化为腴，履亩以征荡产，而什受其八，家用益饶①。

这一方面反映了庄氏重农轻商的农本思想，另一方面也表明庄氏在丁
家"植业"陈江过程中所起的作用。

丁氏父子因为有经济实力又有庄家的社会背景，因此迁居陈埭后发展
顺利，不仅购置了大片田产，而且拥有广阔的浅海滩涂。所谓"筑陂以捍
海田，而瘠化为腴，履亩以征荡产，而什受其八"即是指此。新发现的丁
氏《重造傅厝涵碑记目录》云："盖闻吾祖自元以来，妥承本里傅家开筑
一埭，而埭有涵，名曰傅家涵。"②表明丁氏在迁居陈埭之际，已从傅家购
买了田产及附带的水利设施。至于扩置海荡，丁自申《仁庵府君传》云：

> 元至正末，（仁庵）随父大皋公徙居城南门外二十里许，是为
> 陈江……公为人倜傥志大，以才略雄于里中，陈江故乡巨姓，著代
> 年远，自公后至，择一二门第相埒者与为宾礼，而诸族无不俯首承
> 伏。环江居负海，而海潮所往来处，其地卤洿，宜生海错诸鲜，居
> 民受产以为业，谓之海荡。沿海弥漫，一望数十顷，大约产以什
> 计，公有七八，其二三则公与为宾礼得之，而他不与焉③。

由此可见，陈埭沿海的所有滩涂皆为丁氏所有，而丁仁庵为了交结朋友，
将其中的十分之二三赠予当地巨姓，其余则为丁家世业。据当地老人言，以前
丁家的荡产"东至蟳埔角，西至蚶江沟"。蟳埔角在泉州湾口东北侧，今为鲤
城区东海乡前埔村，蚶江沟在晋江县蚶江，它的范围几乎包括了整个泉州湾出
海口。又据康熙四十四年（1705）丁参瑛等呈文，丁氏"先世为阖族生养之

---

① 《丁氏谱牒》。
② 光绪《重造傅厝涵碑记目录》，陈埭回族史馆藏。
③ 《丁氏族谱》（省馆本）。按：《丁氏谱牒》作"一望数千顷"，疑误。因为 1 顷 = 100 亩，
丁氏荡产约数千亩，当为"数十顷"。

计，无奈近置海荡，受产二千余亩，分配位、让、国、虞、唐各图"①。

泉州湾口为咸、淡水交汇区，上承晋江下注的溪水，下接东海涌来的海水，一咸一淡，随着潮水的变化而相互交替，最宜蛏苗生殖，因此，陈埭丁氏依此地利，世代以海为田。"耘海泥若田亩然，夹杂咸、淡水乃湿生如苗，种之他处乃大……所种之亩名蛏田，或曰蛏埕，或曰蛏荡。"② 经营海荡、养殖蛏苗是丁氏的主要产业之一，历明清二代以迄民国，相沿不断。新发现的"海荡图"，便是丁氏族人分配海荡的史料。

二、《海荡图》的研究

这些《海荡图》共有 9 张，每张长、宽各 70 厘米，一般手制纸绘制。在 9 张图中，有 7 张注有分配海荡的时间，具体是：

民国十年（1921）2 张

民国十八年（1929）2 张

民国二十六年（1937）1 张

民国三十四年（1945）2 张

另外两张没有时间，但据内容分析，其中一张亦属民国十八年，另一张年份不详。

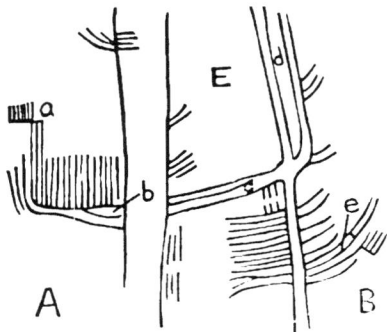

海荡图③

---

① 《福建省泉州晋江县南关外二十七都陈江雁沟里丁氏族谱》，稿本，泉州海外交通史博物馆藏。

② 何乔远《闽书》，据乾隆《泉州府志》卷十九《物产》引。

③ 本图据民国十年《海荡图》绘制。

每张《海荡图》的格式都是一样的：正中主体部分海荡示意图，分左、右两图，左图较小，右图稍大。图的左下角（A处）有一段文字说明，右下角（B处）注有本次抽分海荡的结果，图中又有零星批注。在图的显著位置（E处），注有"若写抽差错，以此抽阄公图为证据"。据此可知，一方面，这些《海荡图》实为丁氏族人抽分海荡时使用并保留下来的"公图"，具有档案性质。另一方面，从图上的文字分析，其内容多为族人抽分海荡的公议规约，因此又具有契约性质。只是这种契约与一般所见的契约不同，它以图文并茂的形式表现出来。就此而论，这些《海荡图》在契约文书的研究方面，亦有独特的价值。

以下就图上文字分三点进行讨论：

（一）海荡的所有权及其经营方式

为什么丁氏族人要抽分海荡？换句话说，丁氏族人是如何经营海荡的？它的所有制关系怎样？这个问题相当重要，必须首先予以厘清。先摘引一段图左下角的文字于下：

> 本宗水榉、沙边二荡，受管十六石，再［载］产四百亩。水榉分产二百十六亩，沙边受产乙百八十四亩。高叟［瘦］不许，流西复东无常，兼众分规，八年乙次重分，画图拈阄，照分管其江处，不可为定业，长短广活［阔］植木杢［桩］为界。每遇分荡之时，用角纸十六张填写明白，付与分泥之人管机，承为定业，八年乙次交换又照。

> 祖宗陈江以来，于今四百二十年。受管十分之五产额为界日满，时万历辛巳年仲秋之吉。至中华民国十年辛酉再分。

> 上对紫极埭，下对鹧鸪妈庙。

上述史料，引自民国十年的《海荡图》，另有一些缺字据民国二十六年图补入。又文中多有俗字，已用方括号将正字标出。

据丁道表老人言，这些《海荡图》原为敦朴宗所有。敦朴宗属小宗。由此可知，所谓"本宗水榉、沙边二荡"云云，即是指敦朴小宗所拥有的荡产，共有二荡，面积400亩，其中水榉荡216亩，沙边荡184亩。前述《海荡图》分左、右两图，其中右图较大，当为水榉荡；左图较小，当为沙边荡。

最值得注意的是，这些荡产是归敦朴宗族人共有，而通过八年一次抽分，由个人去经营。前引史料云："兼众分规，八年乙次重分，画图拈阄，照分管其江处，不可为定业。"所谓"不可为定业"，即是指分得的荡产不可视为个人的产业，个人没有所有权，只有使用权（或经营权）。这种宗族共同占有生产资料的生产关系，与历史上常见的土地所有制有很大不同。在历史上，田地一般归个人占有，由所有者自己去经营或出租给他人经营。即使到明清时期，江南出现"一田两主"或"一田三主"制，所有权与使用权分离，但土地仍是个人的财产。而这里，海荡则归整个宗族共同占有，个人只能通过八年一次抽分，得到一份产业，归自己支配，八年之内他人不得侵越，八年期满又得拿出来重新分配。这种土地占有方式是丁氏经营海荡的一个显著特点。它既不同于一般意义的个人所有制，又有别于今天所说的集体所有制，有点类似族田。但族田是为了某种特殊目的而设置的（如祭祖、科举），其收益归整个宗族所有，而海荡是族人养家糊口的产业，其收益归个人所有。这一点又有明显区别。

为了说明海荡确是整个宗族共同占有的，以下再引一件契约为证：

> 认佃字人洋岱乡林启观、皆观、苗观、进生、俊生、天角、仕月、遭观、存仁、双春、阿桂、朝光、光榴、姜儿等。今向丁大宗给出海坪土名丁分港一所，前去用工修筑，开垦成田收粟。言约每年完纳硬租一十八担，每担重一百斤，不论年岁丰歉，俱当照额完纳，每年限九月收粟完纳，粟不敢拖延短欠，亦不得转卸他（人）。倘日后埭田被海水冲坏，其海坪仍还丁大宗。今欲有凭，仝立认佃字一纸，付执为照。
>
> 道光三年六月　　日　　　　仝立认佃字林启观书①

在这份契约里，林启观等人是向"丁大宗"认佃海坪一所去围垦成田的，并且言明"倘日后埭田被海水冲坏，其海坪仍还丁大宗"。可见这些出佃的海滩亦是丁氏公产，因此由宗族出面写立认佃字。

为什么海滩是归宗族共有，而不像田地那样归个人所有呢？这一方面，大概与海荡的特殊性有关。所谓"高爽［瘦］不许，流西复东无常"，即说明海荡受潮水冲激，其面貌是时常发生变化的，并不像陆上的田地那样有明确的界限，可以细分为"定业"。

---

① 《南野公房族谱》，抄本，陈埭回族史馆藏。

另一方面，可能与丁氏宗族势力的强大亦有关系。丁氏属回族。自明朝以来，在历代民族歧视政策的影响下，族人自感地位受到威胁，反过来亦加强内部的凝聚力。加上荡产是祖上遗业，为阖族赖以生存的生产资料，因此必须纠合整个宗族的势力加以维护。海荡成为维系整个宗族团结的纽带，而宗族势力的加强又阻滞了产权的进一步分化。这两者相辅相成，互为因果。

当然，海荡产权的凝固化只是相对的。随着宗族内部人口的不断繁衍，产权也有下分的倾向。据《族谱》记载，丁仁庵添置产业后，即将海荡、田地、房屋"三分遗业"①，平均分配给他的三个儿子，设立三大宗。以后由于人口日繁，至七世祖又"鼎建小宗"②，荡产再次析分。前述"海荡图"属敦朴小宗所有，来源即在于此。丁氏荡产分到小宗后，便由各小宗自己去经营管理。

（二）荡产的抽分

海荡每八年抽分一次，这是敦朴小宗设立的规约（其他小宗亦有抽分，是否八年一次，难以臆断）。这种抽分活动是从明清时期开始的。前引史料云：

> 祖宗陈江以来，于今四百二十年。受管十分之五产额为界日满，时万历辛巳年仲秋之吉。至中华民国十年辛酉再分。

万历辛巳为万历九年（1581），这一年是敦朴宗"受管十分之五产额为界日满"之时，从此海荡可能开始抽分，但未必八年一次③。真正实行八年一次是从乾隆五十年开始的。因为丁氏迁居陈埭在1366年，而"于今四百二十年"正是1785年（即乾隆五十年），从这一年起至民国十年每八年抽分一次，共计136年，可以分荡17次。每次抽分，都在《海荡图》上注明"至某年再分"的字样。

分荡活动是宗族内部的一件大事，必须有人主持。这个主持者称作"主舍"。《厦门志》云："闽俗……呼公子、公孙曰'舍'。"④ "主舍"即

---

① 《丁氏谱牒》。
② 丁拱辰：《砌坑房族谱》，稿本，陈埭回族史馆藏。
③ 因为从万历九年（1581）至民国十年（1921）共计340年，这个数字无法被"8"整除，所以万历九年不是开始实行八年一次抽分的年份。但这时族人已多，分荡活动可能已经开始。
④ 道光《厦门志》卷一五《风俗记·俗尚》。

是族内的公子、公孙之辈，居于显赫地位。

主舍主持分荡之前，须先指派专人到海边去实地勘察，测量"坛"路，绘成《海荡图》。然后选择吉日，召集族众到海边祭海，并进行公抽①。

抽分海荡是用拈阄的方式进行的。敦朴宗将所属海荡分成 16 阄，每阄用《千字文》的"天地元黄，宇宙洪荒，日月盈昃，辰宿烈张"的一个字代替，预先注于图上。族众公开抽阄后，即将所得结果载于"公图"的右下角，同时"用角纸十六张填写明白，付与分泥之人管机"。现将民国时期 4 次抽分的结果列成一表于下：

表 1　民国时期敦朴小宗抽分海荡结果一览表

时间	天	地	元	黄	宇	宙	洪	荒	日	月	盈	昃	辰	宿	烈	张
民国十年	培白	阿岁	阿贞	拗先	庵双	阿鄙	老婆	老送	老修	猫蚵	启吓	汝希	土枢	阿的	红虾	阿爆
民国十八年	香吓	水吓	土鸠	区先	绸吓	孙的	老修	岁吓	曝吓	为平	为表	成吓	拗先	培白	丕吓	汝希
民国二十六年	老的	水来	老修	文传	孔辉	为表	阿鄙	区先	番薯	长食	土鸠	捆仔	大乞	欺头水	阿岁	成仔
民国三十四年	区先	土鸠	孔希	窗吓	捆吓	臭荐	定吓	？	大乞	水吓	文传	要吓	吓臭	连吓	老修	丕吓

敦朴宗为什么要将海荡分成 16 阄，而不是更多或更少呢？这个问题与该宗族所需缴纳的荡米有关。图左下角文云："本宗水榉、沙边二荡，受管十六石。"所谓"受管十六石"，即指该宗所需交纳荡米的数额。

荡米之征在明朝就有记载。崇祯初年，丁氏与岸兜张、林五姓发生纠纷，据泉州府批："审得海滨之民皆以海为田，水潮至而采捕鱼鲑，则有鱼课；如土现而种植蛏苗，则有荡米，其界限原有载然也。"② 可见荡米如

---

① 按：祭海俗曰"烧金"。每次分荡之时，由主舍备办牛肉、包子、烧酒、金纸（"迷信纸"）携至海滩祭祀。祭毕，将供品分与族人共享。

② 《福建省泉州晋江县南关外二十七都陈江雁沟里丁氏族谱》。

同田赋、鱼课一样，是当时官府征收的一种产业税。这种产业税历代相沿①。至民国时期敦朴宗仍需交纳荡米 16 石，故将海荡分成 16 阄，每阄负担一石。由此敦朴宗族人在抽分海荡后，每人得到一块荡土前去经营，同时亦须承担纳税的义务。这就是一般族人的地位。

主舍是分荡活动的组织者，但就其地位和所司职责来看，他实际上是整个海荡的管理者及产权代表。主舍所司职责有以下几个方面：

1. 主持分荡活动，包括祭海（"烧金"）。

2. 负责"撒沙"，即在海滩的主要通道上撒上细沙，便于族人挑担行走。

3. 负责处理各种纠纷事件，如荡产的分界、蛏苗被盗等。

4. 负责征收荡米，上交官府。

主舍的活动实际上贯穿于整个海荡经营的始终。他从主持分荡"烧金"开始，直到代征荡米为止，无役不预，实是作为族内公产的管理者出现的。由于主舍的地位特殊，因此他在海荡的分配上亦拥有一般人所没有的权利。这些特权在《海荡图》上都有明显反映，主要有几点：

首先，主舍有权预留"主舍坛"。这些"主舍坛"都是最肥沃的，产蛏量高，不需参与分配。在《海荡图》的左图 a 处，就有两条最长的"主舍坛"，上注"送社"字样，历次不变。在右图的注脚里，又有三处注有"送社十六戈"字样（左图亦有一处）。"社"与"舍"在闽南口语中发音相近，"送社"即为"送舍"的俗写。每戈的长度，据实测为 5 米②。

其次，主持"烧金"，又有"烧金坛"归其所有。在左图注脚里，有两处注有"烧金"字样。民国十八年（1929）的左图吊角坛（b 处），又注有"在蛏每戈贴大银 1.2 角，发落烧金"。关于"在蛏贴银"问题将在后面讨论。但这里需指出的是，吊角坛的"贴银"亦是归主舍收执，作为"烧金"费用。

---

① 清朝亦有征收荡税，康熙四十年，丁参瑛等呈文云："先世为阖族生养之计，无奈近置海荡，受产二千余亩，分配位、让、国、虞、唐各图，现在输纳册征，年赖种植蛏苗、采捕，上以供课，下以糊口。"（见《福建省泉州晋江县南关外二十七都陈江雁沟里丁氏族谱》）乾隆《晋江县志》将"荡"与田地、池塘等同列一处征赋（见卷三《版籍志·赋役》）。

② 丁氏宗祠前石阶有两个方形孔，为抽分海荡时使用"戈"的长度标志，据实测，两孔距离 5 米。

再次，主舍负责"撒沙"，亦有这方面的补偿，俗称"沙路管"。在右图 c 处，注有"邦港脚出水，双畔边坛沙路管"。"邦港脚出水"为右荡主要出水路，其两侧坛路皆归主舍所有。又 d 处，注有"草坪，沙路管"。该处为专长咸草的地方，收割咸草亦是海荡的一项主要收入，同样归主舍掌握①。此外，在民国二十六年（1937）图中，右图 e 处亦注有"沙路管"字样，而其他年份未载。

主舍在海荡分配上拥有很大特权。这些特权显然与他所负的职责相联系，同时亦带有仗势占有的意味。因为这些"主舍坛""烧金坛""沙路管"都不是在平等抽分的基础上产生的，而是事先预留的，主舍所得的荡土都是最好的，但又不负有纳税义务，而他却作为族产的纳税人出现。如此种种说明，海荡在名义上是归整个宗族共同占有，但在实际上并不是每个族人对产权的支配都拥有同等的权利。这种事实上的不平等，是阶级社会中一种不可避免的社会现实。海荡作为族产，在这种所有制下产生出来的宗族利益、族内个人利益及其相应的社会关系是错综复杂的，因此必须用马克思主义的观点、方法加以分析和探讨，以弄清事物的本质。

三、"在蛏贴银"问题

"在蛏贴银"是丁氏《海荡图》常见的一种批注。它随处可见，与图结合在一起，显然是抽分荡产时由族众公议再临时填写上去的。有关这方面的记载甚多，以下试举几例：

六截坛在蛏，每戈贴（银）1.2 角。（民国十八年，右图）

吊角坛折差，照顶次字管掘，在蛏每戈贴大银 5 点。（民国二十六年，左图）

天、地、元、黄字，以上（贴银）1 元；宙、洪、荒、日、月、盈，以顶在蛏四坵，每坵贴大银 1.3 元。（民国十八年，右图）

日、月、盈、昃、辰，以上在蛏每坵贴银 10 角；宿，以下在

---

① 据专门负责收割咸草的老人讲，丁氏海滩每年约可收割咸草 10000 余担，其中春草 7000 担、秋草 3500 担，可见收益颇丰。按：咸草为编织草帽、草席、草袋的材料。

蛏每丘贴银 6 角。（民国十年，右图）

何谓"在蛏"？为什么"在蛏"要贴银？要说明这两个问题，须先从蛏苗的养殖过程谈起。

蛏苗的养殖有一定的规律。每年农历八月需先挖掘海泥，将蛏田整成一坵一坵的，"若田亩然"。这项工作如同农田的整地一样，只是它是把坵内的海泥挖起，与整地正好相反。当地谚语云："寒露掘，霜降散。"寒露在八月下旬（农历，下同），说明此时开始挖掘，至霜降（九月上旬）结束。如果不及，最迟也不得超过立冬（九月中旬）。挖完海泥后，随着潮水的浸漫，蛏田内就会滋生出蛏苗。至十二月初开始采洗，挑至福州、枫亭、连江、长乐、云霄、诏安等地出售，以供再殖。采洗蛏苗每半月进行一次，直到来年的三月初结束，是为收获季节。如果坵内的蛏苗不旺，就不采洗，留待以后收成大蛏。出现这种情况就叫"在蛏"。

陈埭丁氏以养殖蛏苗为主，故每次分荡都在挖泥前举行（又叫"分泥"），按正常情况，此时荡产应已采洗完毕。如果还有"在蛏"，那就势必影响下轮"抽土主"的挖掘和养殖工作，因此就等于占有了他人的土地，必须"贴银"。由此可见，所谓"在蛏贴银"，实为占用他人土地所给的一种补贴。这种补贴以土地的收益为根据，即是土地的使用费。民国十八年（1929）的《海荡图》注云：六截坛"每条坛在蛏每戈贴大银 1.2 角，下年听抽土主掘"，说明在蛏者在贴银之后，仍可延长使用期一年，第二年就必须交给"抽土主"使用。

由于蛏苗的生长因荡土的好坏，其产量是不一样的，而且售价因市场行情变化亦有高低之分，因此，"在蛏贴银"率在不同地点、不同年份都不一样。如民国十八年，六截坛在蛏每戈贴银 1.2 角，而到民国二十六年则减为"贴大银 5 点"。又如民国十年的左图注云："天、地、元、黄、宇、宙、洪、荒、日、月、盈、昃，以下在蛏每坵贴银 6 角"，而到了民国十八年，在同一地方则注明"以下在蛏乙坵贴大银 1 元"。"在蛏贴银"率的不断变化，是由蛏田经营的性质决定的。养殖蛏苗为商品经济形态，因此它的土地使用费对各种因素的变化相当敏感，这种状况正好与农业经营中的地租相对稳定形成了鲜明的对照。

一般说来，"在蛏贴银"是由在蛏者贴给下轮"抽土主"的，但在吊角坛则是一种例外。前面讲过，吊角坛的贴银交给主舍收执，作为"烧金"的费用。为什么会出现这种情况？这与吊角坛的特殊性有关。吊角坛地处出水路与蛏田的交接处（b处），为三角地带，这里荡土较差，而且又须挖泥让流水经过，多为他人所不喜。因此，以后这块地就不再参与分配，每次抽分都写明"吊角坛折差，照顶次字管掘"。由于没有新的"抽土主"，它的"在蛏贴银"就失去了原有的意义，遂演变为主舍"烧金"的又一来源了。

四、结语

陈埭丁氏经营海荡的问题是值得研究的，它是丁氏回族经济的一个组成部分，而且从中国社会经济史的角度说，有关海荡经营的研究仍是一片空白，亦有必要加以弥补。

本文的研究只是初步的，仅就《海荡图》所涉及的一些问题加以讨论，不足之处尚多。本文的结论主要有以下几点：

1. 从所有制方面而言，丁氏海荡的所有权归宗族掌握，个人没有所有权，只有使用权。这种所有制关系与历史上一般的土地所有制有很大不同，为丁氏经营海荡的显著特色。究其原因，一方面与海荡的特殊性有关，另一方面可能与丁氏作为回族，宗族势力较强也有关系。

2. 丁氏族人通过八年一次分荡，解决了土地所有权与使用权的转换问题。分荡以抽阄的方式进行，在某种意义上是较为公平的。但如果把族人与主舍加以比较，则很容易看出主舍实际上居于族产的管理者的地位，他对族产的支配力远比一般族众要大得多。这种事实上的不平等是阶级社会的产物。它从一个侧面反映宗族公产的私有化进程。

3. 分荡过程中反映出来的"在蛏贴银"问题也值得重视。一方面，"在蛏贴银"的本质是土地使用费，有点类似于农业经营中的地租。但海荡"贴银"率是时常变动的，这与蛏苗养殖的商品经济性质有关。另一方面，"在蛏贴银"表明海荡的使用权是可以转让的，尽管这种转让有严格的规定（指"在蛏"），但亦不排除在其他条件下有转让或出租的可能（据笔者调查，这些现象都是存在的），其详情仍有待于今后作进一步探讨。

在结束本文之前，还有一点再做些补充说明。海荡作为族产，它的主要功能是解决族人的养家糊口问题，但在宗族公费不足的情况下，有时它又发挥着弥补公费的作用。如乾隆二十六年（1761），丁氏宗族就从海荡"征银"，去赎回乌边港并重修祖坟。丁淑仪撰《重修东塘三世合葬祖坟记略》对此事记载甚详，摘引于下：

> （上略）延至数年以来，族心不齐，（祖坟）祭扫具失。坟前满塞园地，小屋尽被坟丁盗卖，举宗罕到，不知其由。及乾隆廿五年庚辰冬，族人以大沙公海纠众纷争，仪僭出字，责诸族长，赖天祖之灵，有子姓嘉、瑞凤、湘江、克研、神宝、绳武等，同衷于腊月三日到祠会请通族，得议定坂征银，委仪总数，义不容辞，遂择日到海定坂。越廿六年辛巳正月，与成功、耀宗等清出海银二百有余金，赎回乌边港，祀海以报祖宗之万一。但祭有半资，而族争未平。私心自揆，坟庙破损，爰建愚意，赎港修理。举宗不以为愚，咸曰报祖庇第一举。因劝族人请成功、元邃等董事，择吉于八月廿一日修理鹿园祖坟，九月十有九日到东塘修理①。

这条资料所能说明的问题甚多，主要有两点：第一，海荡作为族产分到各小宗后，在经营中亦有矛盾，因此出现乾隆二十五年族众"纷争"大沙公海之事。出现这种情况便由丁氏宗族出面，"责诸族长"，解决各小宗之间的纠纷问题。此说明海荡所有权虽然已归各小宗掌握，但宗族（或大宗）对它亦有一定的干预能力。第二，海荡作为祖上遗业，它的功能主要是解决"阖族生养之计"问题，但亦不排除在必要的时候，从海荡抽收公费，以完成整个宗族应办的公共事务（如赎港、重修祖坟等）。所谓"定坂征银"就是从海荡经营者手中收取公费。这种族内公派也是经营海荡的族人所必须承担的一项义务。由此可见，海荡产权之所以难以转化为个人所有，与宗族势力的多重干预是密切相关的。这也是丁氏回族为什么将海荡作为族产历数百年而不变的重要原因所在。

（本文原载于《中国社会经济史研究》1990年第3期）

---

① 《丁氏谱牒》。

渡海习俗与民间信仰■

移民与海上妈祖信仰

——以闽台航海习俗为中心

  明清时期是大陆移民大量迁徙台湾的重要时段。这时期的移民既包括人数众多的闽南人，也包括来自闽西、粤东的客家人。他们从大陆出发，必须横渡台湾海峡，因此海上妈祖信仰成为移民渡台及其他海上活动所必不可少的精神支柱和民俗传统，同时也为妈祖信仰迅速在台湾传播提供了重要的条件与基础。

  学术界对妈祖信仰的研究甚多。然而，以往的研究更多地是关注妈祖信仰的兴起、传播，以及祖庙与分庙关系、各地宫庙进香团的活动等，即关注"陆地妈祖"方面，对"海上妈祖"反而关注较少。其实，妈祖信仰与人们的海洋生活包括移民活动息息相关，这方面更值得我们去发掘和思考。本文拟以闽台之间的航海对渡为前提，具体探讨海上活动与妈祖信仰的关系，以期从民间信仰的角度进一步理解历史上跨海移民的艰辛及其文化传播的意义。

一、闽台航海的风险

  福建与台湾隔海相望。明末清初以后，闽台之间的船只往来日渐频繁，成为一条相当重要的海上通道。

  船只从大陆出发前往台湾，以及从台湾返航，都是横渡海峡的一种行为，与船只南下东南亚或北上日本等地的航海经验不尽相同。一般而言，在帆船时代船只北上或者南下，都是依靠南北季风行驶。在每年农历三四月南季风开始后，船只陆续北上；而在农历九月转为北季风以后，船只开始南下。渡海前往台湾则是要侧风行驶，不管南、北季风都有船只横渡，但需要把握风向对船只航行的影响。以往驾船往来闽台两地的船老大，对不同季风需要采取的"针路"都有相当完整的经验积累。如惠安县北部发现的航海针簿，就详细记载了从福建放洋前往台湾淡水、鹿港、澎湖等地的针路、时辰，其中有的航线还特别注明风向。如从福建出发，"观音岙，北风，用己辛、辰戌，至一更单转辰戌，七更见凤山企（岙）"；"北门嘴，南风，用己辛、辰戌针，七更见香山云龟山"；"崎尾出，南风，用辰戌针，七更见大安火炎山钧店。火炎山回头，南风，用己辛、辰戌针，取长山（唐山）乌龟崎尾"①。

除了风的因素外，船只渡海的另一个影响因素是洋流。康熙二十一年（1682）三月初一日，施琅呈朝廷的《密陈征台战略师期并请专征事本》说："且水道行兵，专赖风信潮水，非比陆路任意驱驰，可以计定进止。"②这里的"风信潮水"，指的就是风向和洋流。台湾海峡的洋流受黑潮西分支、南海季风漂流及浙闽沿岸流诸多因素的控制和影响，情况复杂。就整体而言，冬季海峡的东侧即靠近台湾部分洋流向北，而海峡中西侧即靠近大陆部分洋流向南，到了夏季整个海峡的洋流一律向北，而且冬季海峡西侧南下的洋流较强，夏季则东侧北上的洋流较强③。因此，船只横渡台湾海峡既要考虑风向，又要考虑洋流的流向和流速。古时候人们渡海往往仅凭经验，甚至把不断变换的洋流误以为是潮水，认为海峡有"潮汐"变化，"盖台海潮流止分南北，潮时北流较缓，汐时南流较驶"，而且这种往南流的"潮水"水势较猛，往往会使船只偏离航向④。

在人们的记忆中，横渡台湾海峡最危险的就是过黑水沟。康熙初年赴台采硫的郁永河在其《纪游》中写道："台湾海道，惟黑水沟最险。自北流南，不知源出何所。海水正碧，沟水独黑如墨，势又稍窳，故谓之沟。广约百里，湍流迅驶，时觉腥秽袭人。又有红黑间道蛇及两头蛇绕船游

---

① 惠安县《北海沙格澳针路铺》，手写本。
② 厦门大学台湾研究所、中国第一历史档案馆编辑部编：《康熙统一台湾档案史料选辑》，福州：福建人民出版社，1983年，第242页。
③ http：//zhidao. baidu. com/question/8033415. html？si＝8，访问日期2010年12月25日。
④ 李元春：《台湾志略》卷一《地志》，台湾文献丛刊第18种，台北：台湾银行经济研究室，1958年，第19页。

泳，舟师以楮锭投之，屏息惴惴，惧或顺流而南，不知所之耳。"① 其实，黑水沟有两条，一条在澎湖之西，一条在澎湖之东，这两条沟的深浅不同。《台湾志略》云："其在澎湖之西者，广可八十余里，为澎、厦分界处，水黑如墨，名曰大洋；其在澎湖之东者，广亦八十余里，则为台、澎分界处，名曰小洋。小洋水比大洋更黑，其深无底。大洋风静时，尚可寄椗，小洋则不可寄椗，其险过于大洋。"② 然而，不管是大洋或者小洋，其风险都是可怕的。在与闽南老船工谈及他们年轻时渡台的经历时，他们都会不约而同地谈到黑水沟，当地人称之为"台湾深沟"。"水很黑，很可怕"是共同的记忆，而且如果遇到大风，那里水深无底，根本无法寄椗，所以相当危险。

台湾海峡经常有台风出现，有时候是突然起风，加上水深浪急，船只横渡海峡确实风险很大。特别是从大陆渡往台湾，正好要经过黑水沟，水势凶猛，如果再遇风暴，船只一旦迷失方向就很容易从台湾岛的南端或者北端漂出，这样进入茫茫的太平洋就不知所终了。因此，当时从大陆渡往台湾比从台湾返回风险系数更大。清朝有很多文献都在谈论台湾南端有"落漈"，也有文献记载船只一旦漂出台湾即所谓的"弱水之东"，就很难返回，相传"昔有闽船"漂出太平洋经过了十二年"始得还中土"③。

再有一种情况是船只已经抵达台湾，但由于台湾西岸少有避风港口，特别是台南鹿耳门入口狭小，海底又有铁板砂，一遇大风海浪汹涌，船只就要被击碎，因此很多船只已经抵达了又要返回澎湖或者大陆去避风。如此一而再，再而三，反反复复几次放洋才能在台湾登陆是常事。道光二十七年（1847）前往台湾任职的曹士桂，在其日记中就记载了他当时渡台耳闻的情况。那年二月初十日曹士桂从泉州獭窟出发，上午登船，第二天中午就抵达台湾中部的番仔挖港，可谓顺利。舟子认为这是"数十次而一遇"的幸事，并且告诉他："前年叶副将之彰化任，自九月至次年三月，

① 郁永河：《裨海纪游》卷上，台湾文献丛刊第 44 种，台北：台湾银行经济研究室，1959年，第 5—6 页。

② 李元春：《台湾志略》卷一《地志》，台湾文献丛刊第 18 种，台北：台湾银行经济研究室，1958 年，第 16 页。

③ 黄叔璥：《台海使槎录》卷一《赤崁笔谈》，台湾文献丛刊第 4 种，台北：台湾银行经济研究室，1957 年，第 9 页。

放舟入洋，或甫进海而反，或中途而反，或将抵口而反，甚至舟已半入番挖口内，骤遇南风大暴，不及落帆，仍打回内地，凡放洋十四次乃能济。其他三反五反及盘旋二三日而幸济者，比比皆是。"① 当时渡往台湾大都要经过三五次反复折腾才能抵达上岸，更不用说在海上遇到风暴生命悬于一线者，可见在帆船时代横渡海峡确实是相当危险的事，特别是从大陆渡台危险性更大。闽台有句俗语"走船跑马三分命"，即是对这种海上危险生活的直接反映。

二、海船上对妈祖的祀奉

神明崇拜与人们对平安的渴望紧密联系在一起。海上航行的风险自然引发人们对海神的崇拜。宋元以后，妈祖信仰已在福建沿海尤其是闽南地区扩展开来，成为海上航行最重要的保护神。因此，闽台航海与海上妈祖崇拜紧密联系在了一起。

明清时期，航行于闽台之间的船只既有民船也有官船，然而不管哪类船只，在船上大都供有妈祖的神龛。官船有关妈祖神龛的用料、制作等均有明确规定。如乾隆年间颁布的《钦定福建外海战船则例》，其中有关各种战船的用料做法都提到妈祖龛、妈祖旗等，"第一则赶缯船"云："妈祖龛用杉木板十块，凑长二十九丈，宽六寸、厚一寸；高洋木妈祖旗杆一根，长二丈、围大一尺三寸。旗杆做净每折见方尺四十尺，用舰匠一工；龛板八十尺，用舰匠一工。"又载："妈祖旗一面，长、宽各五尺。"② 妈祖神龛和妈祖旗是海船上供奉妈祖的两项基本设置，民船也是如此。我们在惠安县调查时，当地船民都说以前渡海帆船上都设有妈祖神龛和妈祖旗。妈祖神龛设在船老大的"船长室"上面，妈祖旗插在船尾，是三角形的。民国年间英国人夏德（George Raleigh Gray Worcester）在上海见到福州民船，据他描述："回到后甲板，一个梯子通向舱房上面的船尾楼……船尾楼后面有个小房间是船长的铺位，但它还有一个很重要的作用，就是

---

① 曹士桂：《宦海日记校注》，昆明：云南人民出版社，1988年，第160-161页。
② 《钦定福建外海战船则例》卷一，台湾文献丛刊第125种，台北：台湾银行经济研究室，1961年，第47、51页。按：赶缯船分为十一种，均有妈祖龛、妈祖旗的设置，另外卷首有奉天外海战船做法，亦基本相同，只是用料、做工稍异，参见是书各卷，不赘引。

这里摆放着神龛，供着水手们的守护神"，即观音和妈祖①。可见，妈祖神龛就在船后面船长室的位置。而且，官方战船与普通民船对于神龛和妈祖旗的设置大同小异，官船上妈祖旗是四方形的，有二丈高的旗杆，民船则是用三角旗，就插在船尾，相对较小。

　　船只建造以后下水，出航前船主或船老大就要到当地天后宫去迎请妈祖上船，作为海上航行的保护神。船上供奉的妈祖有的是金身，但绝大部分是香火袋。如前引《钦定福建外海战船则例》卷首载，奉天外海战船做"妈祖绸旗一面，计银二两二钱"，"装塑妈祖金身像一位，计银八钱"；其他赶缯船十一种则都没有装塑妈祖金身像的记载②。

　　除了妈祖神像（或香火袋）、神龛、妈祖旗之外，有的海船上还配有妈祖棍。清康熙四十四年（1705）抵台的孙元衡在其《飓风歌》写道："赤蛇逆浪掉两头，白鸟掠人鼓双翅。天妃神杖椎老蛟，攘臂登樯叱魔祟。"并且注云，天妃神杖"名马祖棍，可驱水怪"③。这是当年孙元衡渡台的亲身经历。康熙初年渡台的郁永河亦记云："船中例设马祖棍，凡值大鱼水怪欲近船，则以马祖棍连击船舷，即遁去。"④ 这里更清楚地记载了妈祖棍的用法。不过，我们在惠安调查时，当地船民并不知道有妈祖棍的事情。这究竟是由于风俗改变以致人们"失忆"，或者是来源于不同的地方文化传统，仍有待查考⑤。

　　船上供奉的妈祖是全船的保护神。而一条船就是一个祭祀单位，同船的所有成员即是临时组成的命运共同体。这一点与陆地上的妈祖崇拜有很大不同。据船民描述，以前每当船只要出洋时，船老大就要带领全体船员到本地或附近的妈祖庙去上香、祈求香火，所需供品由全体船员分担。一般而言，船老大是船主聘请来的，根据所需航线，聘请有经验的师傅担

　　① ［英］夏德撰，谢昕、杨帆译，许路校：《福州运木船与"花屁股"》，《海交史研究》，2011 年第 1 期，第 90-91 页。

　　② 《钦定福建外海战船则例》卷首，第 28、29 页。

　　③ 孙元衡：《飓风歌》，《赤嵌集》卷一，蒋维锬、刘福铸辑纂《妈祖文献史料汇编》第一辑（诗词卷），北京：中国档案出版社，2007 年，第 111 页。

　　④ 郁永河：《裨海纪游》卷下，第 59 页。

　　⑤ 莆田湄洲岛在新中国成立前把妈祖棍列为"妈祖八宝"之一，参见姚文绮：《从湄洲"妈祖八宝"传说与佛家、仙家八宝之比较看海洋人的信仰与生活》，福建省海洋文化学术研讨会论文，福州，2007 年 10 月 11-13 日。

任。船只按大小需要船员十几至二三十人不等，但有几个角色必不可少，如船老大、副大、出海、亚班、头碇等，有的还设有总务（或称"总铺"）负责伙食，其余都是水手。这些人主要由船主搭配，有的副手是船老大叫来的。因此每次出洋，船上的人员并不固定。

船老大是船只在海上航行的总指挥。海船出发之前由他带领到妈祖庙祈求，在航行途中每天早晚也是由他负责上香奉祀妈祖。船只靠岸以后，船上的妈祖香火则由除了老大以外的全体船员轮流看管。有的船只还设有专门看管香火的人，如《海东札记》载："（前略）香公一，司祀神者；总铺一，司伙食者；水手二十余人。"① 这大概指大型海船的情况。船只出发前相当隆重。嘉庆二年（1797）渡台任凤山县学教谕的吴玉麟在《渡海歌》云：当天上午从厦门出发，"大嶝门内山蚕丛，大嶝门外海空濛。冯夷无惊涛不怒，扶桑初挂日瞳瞳。上香酹酒拜妈祖，割牲焚楮开艨艟"②。可见，开船前的祭祀仪式有牲醴、纸钱、上香、酹酒，郑重其事。

道光二十七年（1847）渡台的曹士桂更详细地记载了他出发前祭拜妈祖的情况。正月二十七日，曹士桂到泉州天后宫上香，"俗于行礼后，用红布或红纸撮所热香灰少许，携至舟中供之，谓迎神来云"。二月初六日在獭窟，"辰时北风暴，巳时请上船，谓暴后可以开行。午初上船，于妈祖婆前行礼，以风大不能开。是夜子时雨，雨后风息，无风不能开矣"③。曹士桂从行前到泉州天后宫请香火，到登船以后"于妈祖婆前行礼"，所有过程都与船员的祭祀程序相同。

船上神龛供奉的妈祖神像（或香火袋），是全船人的信仰中心。它来自某座宫庙的分灵，因而船上神龛成为人们在航行中的流动庙宇。船上设置的妈祖神龛、妈祖旗、妈祖棍等，都与海上活动的特质息息相关，具有很强的实用性。而全体成员，不论是船员还是乘客，作为临时祭祀团体，他们对妈祖的祈求崇拜与海上活动的整体利益是紧密联系在一起的。

---

① 朱景英：《海东札记》卷二《记洋澳》，台湾文献丛刊第 19 种，台北：台湾银行经济研究室，1958 年，第 16 页。
② 吴玉麟：《渡海歌》，《素村小草》，《妈祖文献史料汇编》第一辑（诗词卷），第 140 页。
③ 曹士桂：《宦海日记校注》，第 151、156 页。

三、海上遇险对妈祖的求助习俗

海船上供奉妈祖，除了祈盼航海平安外，在万一出现危险的时候，更是所有成员祈祷求生的寄托和希望。元朝至正年间在航行中遇险的李士瞻于《坏舵歌》中写道："须臾有声如裂帛，三百余人同失色。""眼前生死尚难保，惟有号泣呼苍天。苍天高高若不闻，稽颡齐念天妃神。我知天命固有定，以诚感神岂无因。少时风驯浪亦止，以舵易舵得不死。"① 李士瞻同全船300余人一起向妈祖磕头求救，"以诚感神"，最终生还。这种海上的遇险经历可以说在中国航海史上比比皆是。

船只在海上航行，船员根据经验可以事先判断风险的来临，除了观天象之外，还要注意观察船上的各种异常。

最常见的是"木龙"出现。所谓木龙是船民深信不疑的一种神物，它是船只龙骨的化身。木龙一旦出现，预示凶险将临。孙元衡《飓风歌》云："木龙冥郁叫幽泉，桅不胜帆柁出位。闪闪异物来告凶，鬼蝶千群下窥伺。"这时危险已在眼前。孙元衡还注云："海船下用直木称为木龙，神实栖之，忽有异声，则云木龙叫，主凶。"② 莆田、惠安一带的老船民也说，船只造好以后，船上就有一只木龙存在，平时看不见，有危险就会出来。它的样子很像壁虎，所不同的是壁虎有四爪，木龙五爪。木龙大小与船只有关。船大的木龙较大，船小的木龙小些。很多人都见过木龙。如果木龙出来，就要用红布或金银纸把它小心地包起来，放到神龛上，由船老大烧香祈求，过二三天木龙就不见了。有一位惠安的船民还告诉笔者，他年轻时胆子比较大，有一次见到木龙，就把它打死了，结果那条船沉了。船民对木龙很相信，有的甚至认为它是妈祖的神物，莆田湄洲岛以前还把它列为"妈祖八宝"之一③。

妈祖旗的飘动也经常具有预示的意义。道光十五年（1835）在返回澎湖途中遇险的蔡廷兰于《海南杂著》中云："移时，妈祖旗飘动（天后，

---

① 李士瞻：《坏舵歌》，《经济文集》卷五，《妈祖文献史料汇编》第一辑（诗词卷），第24页。
② 孙元衡：《飓风歌》，《赤嵌集》卷一，《妈祖文献史料汇编》第一辑（诗词卷），第111页。
③ 姚文绮：《从湄洲"妈祖八宝"传说与佛家、仙家八宝之比较看海洋人的信仰与生活》。

我俗皆称妈祖），风转东北，叫啸怒号，訇哮澎湃，飞沫漫空，淋淋作雨下，湿人顶踵，毛骨生寒，众相视无颜色。"① 其实，妈祖旗飘动与风向转移有直接关系，但是在航海人的眼中，它更像是神明的暗示。这种暗示有时是灾难来临的前兆，有时则被解读为妈祖赶来救援的神示②。

船只一旦遇到灾难，首先由船老大向妈祖烧香祈求，后船员们一起跪下呼喊求救。此时，妈祖是否降临要看是否有神迹出现。船民们对此也有很多经验，最常见的有两种：

一是见到火光。文献上经常可以读到船只在危难关头见到火光的记载。明末伍瑞隆《大榄天妃庙碑记》云："故其间或宦、或士、或农、或商、或往、或来，有于海上遇危难者，群匍匐号泣呼妃，妃来则有火光从空而下，止于樯，无樯止于舟之背，或其橹柁，众乃起鸣金伐鼓而迎之。须臾舟定，火将往，众又起鸣金伐鼓而送之。"③ 乾隆《重修台湾县志》亦载："沿海船户俱各虔供香火，英灵不可思议。遇有危难，辄呼妈祖。妈祖即天后也。洋中风雨晦冥，惨黑如墨，往往于樯端见神灯示佑，舟辄无恙云。"④

二是神像出汗。康熙二十二年（1683）施琅克澎湖，相传就有妈祖引导相助。《澎湖纪略》载："我师克澎湖，恍有神兵导引；及屯兵妈宫澳，靖海侯施琅谒庙，见神衣半湿，始悟实邀神助。"⑤《重修台湾府志》亦云："水师提督施琅克澎湖，入庙见神像面有汗，衣袍俱湿；知为神助。"⑥乾隆末年福康安在闽浙沿海督师捕盗的故事更具有传奇色彩。史籍云：是夜三更，"舟子在天后座前烧香，大惊曰'妈祖去矣'！顷刻，香火延烧座前红彩，举船皆大惊"。接着便是风浪大作，蓬下水、桅损坏、舵出位，

---

① 蔡廷兰：《海南杂著·沧溟纪险》，台湾文献丛刊第43种，台北：台湾银行经济研究室，1959年，第2页。

② 姚文绮：《从湄洲"妈祖八宝"传说与佛家、仙家八宝之比较看海洋人的信仰与生活》。

③ 此碑已佚，文载光绪《香山县志》卷六，《妈祖文献史料汇编》第一辑（碑记卷），第88页。

④ 王必昌：《重修台湾县志》卷六，台湾文献丛刊第113种，台北：台湾银行经济研究室，1961年，第172页。

⑤ 胡建伟：《澎湖纪略》卷二，台湾文献丛刊第109种，台北：台湾银行经济研究室，1961年，第39页。

⑥ 范咸：《重修台湾府志》卷七，台湾文献丛刊第105种，台北：台湾银行经济研究室，1961年，第266-267页。

危难中"乃执火焚香，大喜曰'妈祖来矣'！均问汝何以知之。曰'来！试视之'！均匍匐而往，见神像满面汗珠流下"，最后在妈祖的示佑下船只脱险①。这些传奇故事在船民看来都是实实在在的经验。妈祖是否与他们同在是有迹可循的，"妈祖来矣"就预示着船只可以得救。

船只在海上航行遇难，如果要顺利脱险，就要按妈祖的指示行事。笔者在调查时听船民们说，他们在海上遇到危险时，船老大一定会向妈祖烧香求救，此时必定要跌筊占卜，以求具体的神示。前引福康安的故事云：众人见妈祖满面流汗，"均惊骇伏地。其时风浪尚大，舟子曰：'妈祖来，且勿恐'！乃以二钱在神前卜曰：'向东去，神当助我。'乃令舵工转舵向东"，不多时就安全在澎湖靠岸了②。如果风浪很大必须砍断桅杆时，也要向妈祖询问究竟应该砍哪一根，按照妈祖的指示去做。沿海船老大说，他们向妈祖求救时还向她许愿，如果平安回家，一定会备办盛大供品酬谢。因此，每遇重大事故返航，便是妈祖圣迹广为传播的重要契机。

至于全体船员，则是在船上磕头呼喊。船民们认为危难时只能高呼"妈祖"，而不要称"天上圣母"或"天妃""天后"，这样才会得到迅速响应。关于其中道理，清人赵翼有如下记述："台湾往来，神迹尤著。土人呼神为妈祖，则神披发而来，其效立应。若呼天妃，则神必冠被而来，恐稽时刻。"③ 也就是说，如果直呼妈祖，神就不需要梳妆打扮马上会出来相救，因此速度很快。曹士桂在泉州听到的习俗亦相同，他说："俗谓遇险危时，如呼天后娘娘救济，少缓，盖须排舆盛服乃出。如呼妈祖婆，则立即现身，常服不庄（应为'装'）饰。闻之官绅，亦多见过者。"④ 赵翼与曹士桂都是儒家知识分子，因此他们记述的是"土人"即普通百姓的航海习俗。救难的神明被老百姓称作"妈祖"或"妈祖婆"，有如亲属般亲近和密切。而"天妃""天后"或者"天上圣母"等官方语汇，则增加了神明与普通百姓的疏离感。因此，海上妈祖崇拜及其救难习俗，反映的

① 《天妃显圣录》附录，台湾文献丛刊第77种，台北：台湾银行经济研究室，1960年，第72-73页。

② 《天妃显圣录》，台湾文献丛刊第77种，台北：台湾银行经济研究室，1960年，第73页。

③ 赵翼著，栾保群、吕宗力点校：《陔余丛考》卷三五，石家庄：河北人民出版社，1990年。

④ 曹士桂：《宦海日记校注》，第150-151页。

是常民百姓的生活情感。海洋妈祖文化的本质是常民文化。

四、结语

妈祖作为海上航行的保护神，在闽台两地有着特别广泛的影响。通过以上各节讨论，我们可以看出几点：

1. 福建和台湾隔着海峡，在帆船时代渡海往来有相当的危险性，尤其从福建渡往台湾危险更大。而明清时期是大陆人民移居台湾的重要时段，当时妈祖作为海神已经占据了主导地位。因此，妈祖信仰从大陆传播入台与横渡海峡的风险有密切关系。换句话说，航海风险及海上妈祖崇拜是妈祖信仰传播最重要的基础。

2. 海上妈祖崇拜有着与陆地妈祖崇拜不尽相同的特征。一艘船就是一座流动的庙宇。妈祖神龛和神明香火是全体船员、乘客的祭祀中心和祀奉对象。这些信奉者都是临时组成的，不同于陆地有相对固定的崇拜团体或神明组织，有界限分明的"祭祀圈"或"信仰圈"。海上妈祖的圣物也具有适应海洋生活的特质，如妈祖旗、妈祖棍、神龛乃至"木龙"等，都与人们要应对的航海风险息息相关。因此，海上妈祖崇拜充分展示了中国民间信仰的实用性特征，它要祈求的不是漫无边际的各种要求，而是航海平安和扶危救难，这与陆地妈祖崇拜具有更加广泛的社会功能明显不同。

3. 妈祖信仰最本质的特征充分反映在海上救难方面。船只遇险，性命攸关。妈祖的每次显灵，都是航海者刻骨铭心的记忆，也是累积圣迹、创作民间故事的重要源泉，从而有力促进了妈祖信仰的播展。妈祖信仰从海洋到陆地，很多避风良港都有历史悠久的天后宫或妈祖庙。而港口的妈祖宫庙既是海洋生活及各种故事的汇集点和依托处，同时也是妈祖信仰从沿海向内地进一步扩展的中转站和出发点。从这个意义上说，研究海上妈祖崇拜对于进一步认识妈祖信仰体系的形成有着重要意义。

4. 海上妈祖本质上反映普通百姓的航海生活及其信仰文化。人们在海上遇到危险首先要直呼"妈祖"，而不是"天上圣母"或者"天妃""天后"。"妈祖"称谓与普通百姓有更加亲近的感觉。这是官方语汇及其表达的等级制度所无法比拟的。这种在海洋活动中产生的崇拜习俗一直在民间保留着，并且影响到内地山区的妈祖崇拜。笔者在闽西客家地区调查，很早就听到山区百姓在遇到危险时，就要直呼"妈祖救我"！如武平北部，尽管妈祖的功能已经转成助产、保佑妇女儿童了，但在产妇难产时，就必须呼叫"妈祖娭太"而不能呼"天上圣母"，否则神明经过梳妆打扮以后才出来就要迟缓①。同样在武平东部及其附近地区，人们如果在山上遇到什么野兽或者危险时，也会赶快呼叫"妈祖太太救命"！据说经此一呼往往逢凶化吉，转难为祥②。一个起源于海上的呼救习俗，居然对山区民众有如此直接深入的影响。这其中当然与中国百姓喜欢把神明亲属化的观念有关，但如果从妈祖信仰的角度来说，显然与妈祖信仰习俗在民间广为流传有直接关系。海上妈祖是妈祖研究的重要一环，其实质与普通百姓的民俗文化息息相关。

（本文原载于陈世松主编《移民文化与当代社会——纪念"湖广填四川"340 周年论文集》，成都：四川人民出版社，2009 年）

---

① 刘大可、刘文波：《武北湘村的宗族社会与文化》，杨彦杰主编《闽西的城乡庙会与村落文化》，香港：国际客家学会、香港中文大学海外华人研究社、法国远东学院，1997 年，第 278 页。

② 谢重光：《闽西客家地区的妈祖信仰》，《客家》，1994 年第 1 期。

清水祖师文化的跨海传播

安溪清水岩供奉的清水祖师是闽南地区的重要神明之一，在海内外具有广泛影响力。尤其是台湾的安溪乡亲，对清水祖师更怀有深厚的祖籍情感，近年来每年回祖地敬拜参谒的信众数以万计，成为海峡两岸文化交流的一大盛事。有不少文章都提到台湾的清水祖师庙多达数十座，而且某个地区就有多少座，等等，然而这些数字的背后究竟代表什么？台湾的清水祖师崇拜是如何演变发展的？意义何在？这些都需要做认真探讨。本文拟以台湾方志、庙宇台账及各种调查资料为主要依据，对上述问题做一些讨论。

一、清代清水祖师崇拜传入台湾

清水祖师俗姓陈，名普足，是北宋时期的一位得道高僧。北宋建中靖国元年（1101）他在安溪清水岩圆寂后，开始受到人们的崇奉。尤其是南宋朝廷对他的四次敕封①，使得清水祖师的神格迅速提升，在民众中的影响日益广泛，并逐步向泉州及海内外各地传播。清朝统一台湾后，亦伴随着安溪移民的脚步传入台湾。

清水祖师崇拜传入台湾据说最早始于荷据时期即清朝的顺治年间，此时有两间庙宇已经建立，一座是台湾南部楠梓区的清福寺，另一座是位于彰化县二林镇的祖师庙②。然而这两座庙宇究竟创于何时，笔者查遍荷据、

---

① 关于南宋朝廷的四次敕封牒文均载于《清水岩志》，又移录于郑振满、丁荷生编纂《福建宗教碑铭汇编》泉州府分册（中），福州：福建人民出版社，2003年。

② 林国平：《闽台民间信仰源流》，北京：人民出版社，2013年，第149页；又参见本文附表，但表内仅有彰化二林的祖师庙，建于永历年间。

明郑时期的各种文献，均无所获。它或许来自当地人的口耳相传，由学者田野调查记录下来，考虑到这两个地方在荷据时期确有汉人进住，它们的存在似非全无可能，因而姑且存之。

清朝台湾地方志记载的最早供奉清水祖师的庙宇是建于澎湖的"祖师庙"。《澎湖纪略》卷二云：

> 祖师庙　庙在厅治之西半里许，康熙年间建。乾隆二十九年，里人重修。所祀之神，称曰祖师。询之居民，云前于康熙年间有一和尚从泉州清水岩到此，与人治病，极有神效，不取药资，即送钱米亦不收受，甚有道行。去后，因立庙祀焉，所以云报也①。

这段记载相当重要。它不仅记述了澎湖祖师庙的缘起，还记录了它的重修之事及当地的民间传说。《澎湖纪略》修于乾隆三十五年（1770），由时任澎湖通判胡建伟修撰，因而当时人记当时事，颇有价值。至清末，林豪主持修撰的《澎湖厅志》仍予采纳，并增加了新的内容。《澎湖厅志》云："祖师庙：在厅治东三里许，祀清水岩祖师，以其能治病也。康熙年间建（乾隆二十九年重修）。《纪略》云：康熙间有和尚从泉州清水岩到此，与人治病有神效，不取药资，送钱米不受，去后因立庙祝之。嘉庆十六年，里人陈文、陈老等捐修）。"② 可见这座庙宇的创建及其历史沿革的脉络。

比澎湖祖师庙稍迟，台南也建有一座供奉清水祖师的庙宇。这座庙宇就坐落在台南县新化镇，此地即荷据时期西拉雅（Siraya）人大目降社的住地③。该庙保存的一块《同治四年仲春重建清水寺碑记》云：

> 窃惟祖师原镇内地清水岩，为前辈诸人恭请来台，奉祀于降。建立寺观，常被呵护，英灵绵延，百有余载。因年久而祠宇倾颓，观者无不心伤。于是众议，爰举总理王恒盛等，鸠资庀材，重造更新，集腋成裘，共成其事，长为神所凭依。谨将捐资

---

① 胡建伟：《澎湖纪略》卷二《地理纪·祠祀》，台湾文献丛刊第 109 种，台北：台湾银行经济研究室，1961 年，第 41 页。
② 林豪：《澎湖厅志》卷二《规制·祠庙（丛祠附）》，台湾文献丛刊第 164 种，台北：台湾银行经济研究室，1963 年，第 67 页。
③ 杨彦杰：《荷据时代台湾史》，南昌：江西人民出版社，1992 年，第 72 页。

芳名列左，以为观感云尔①。

同治四年为 1865 年，而距此之前的"百有余载"即 18 世纪上半叶，相当于康熙末年至乾隆初年这一段，如果注意到碑文提到"奉祀于降"即大目降社，笔者以为它应该是较早的，估计当在康熙末年或者稍后。

至乾隆时期，彰化、台北也相续建起了供奉祖师的庙宇。《彰化县志》载："清水岩，在许厝寮山麓，乾隆初寺僧募建。嘉庆二十四年重修。"② 又载："许厝寮山：即大武郡山之曲处，清水岩寺在其麓。丘壑林泉，颇饶幽趣，春日尤佳。为邑治八景之一，曰：'清水春光'是也。"③ 这座景色秀丽、被誉为"彰化八景"之一的清水岩就坐落在大武郡山的许厝寮山麓，乾隆初年由"寺僧募建"。

而台北的清水岩祖师庙则建在有名的艋舺街上。《淡水厅志》载："祖师庙（即清水岩），在艋舺街。泉州安溪分派，乾隆年间捐建。嘉庆二十二年重修。咸丰三年分类毁，同治六年重建。"④ 该庙也是由"安溪分派"来的，至今仍是当地的安溪人在管理。关于它的沿革，新修《台北市发展史》有段更详细的记述，亦引录于下："祖师庙在艋舺街，为台北市大寺庙之一，泉州安溪县籍信徒恭请该邑湖内乡清水岩清（水）祖师，分灵来台，并捐资三万元，乾隆年间建。嘉庆二十二年六月十八日为暴风雨所毁。咸丰三年分类械斗、遭火焚毁，同治六年重建，后屡经重修，仍保存原状。"⑤ 由此可资参考。

至于凤山县，则在道光或其前后建有祖师庙，共有两座。一座称清水岩寺，"在凤山麓（小竹），县东西十八里，屋十四间（额'清水岩寺'），道光十四年总理简立募建，光绪十四年总理黄合春号董修。庙租二十五石、糖一千四百斤"。另一座称祖师庙，"（额'同安庙'，祀清水

---

① 《台湾南部碑文集成》第三册，台湾文献丛刊第 218 种，台北：台湾银行经济研究室，1966 年，第 341 页。

② 周玺：《彰化县志》卷一《封域志·形胜》，台湾文献丛刊第 156 种，台北：台湾银行经济研究室，1962 年，第 20 页。

③ 周玺：《彰化县志》卷一《封域志·山川》，台湾文献丛刊第 156 种，台北：台湾银行经济研究室，1962 年，第 11 页。

④ 陈培桂：《淡水厅志》卷六《典礼志·祠庙》，台湾文献丛刊第 172 种，台北：台湾银行经济研究室，1963 年，第 152 页。

⑤ 《台北市发展史》（四），台北：台北市文献委员会，1983 年，第 808-809 页。

祖师、保生大帝、天后、张舍人），在中和街，屋四间，同治十二年举人王希维修"①。这两座庙宇，前者建于道光十四年（1834），后者创建年代不详，仅记"同治十二年举人王希维修"，而且这座祖师庙又额"同安庙"，当为同安人所供奉。

以上这六座清水祖师庙都是当地的地方志或碑刻资料中有记载的，属于可供查考的庙宇。

另外，在前引《台北市发展史》中，还有一座位于今和平东路的清水祖师庙，称石泉岩，亦称六张犁祖师公庙。"庄民们搭盖茅屋，供奉清水祖师，道光二十四年由艋舺杨士如还愿捐资倡导"，六张犁附近善信踊跃捐输建成庙宇。该庙"本尊为一天然巨石，原由杨士如倩工雕刻而成"②。

在《重修台湾省通志》卷三的附录及其他资料中，笔者还查到了10座建于清代的清水祖师庙，这些庙宇当属田野调查所得。连同前面已述的，共得19座庙的资料。为了节省篇幅，现将这些庙宇列成一表，见表1。

表1 清代台湾清水祖师庙宇一览表

庙宇名称	地点	创建年代	备注	出处
祖师庙	彰化县二林	永历年间	俗称万合庙	通志
清福寺	高雄县楠梓区	永历年间	按，原文作台南市	民间信仰
祖师庙	澎湖	康熙年间		方志
清水寺	台南市	康熙年间		通志
福清宫	高雄县仁武乡	康熙二十八年		通志
清水寺	台南县新化镇	康熙末年或稍后	创建年代由笔者考订	碑记
清水岩	彰化县	乾隆初		方志
祖师庙	台北市艋舺	乾隆年间	又称清水岩	方志
清水祖师庙	台北县三峡	乾隆三十二年		寻根揽胜
文兴宫	高雄县永定	嘉庆八年	又说建于嘉庆十年	方志、通志

① 《凤山县采访册》丁部，台湾文献丛刊第73种，台北：台湾银行经济研究室，1960年，第171–172、183页。按：在第二座祖师庙之后还列有八座庙，但无法判断是否属于清水祖师的庙宇，故不取。但有一座"文兴宫"，在《重修台湾省通志》中亦有记载，参见本文表1。

② 《台北市发展史》（四），第809页。

庙宇名称	地点	创建年代	备注	出处
清福寺	高雄县大社乡	嘉庆十二年		通志
福安宫	嘉义县太保	道光十三年	俗称祖师公庙	通志
清水岩寺	高雄县	道光十四年		方志
清水宫	台南县新化镇	道光十八年		通志
石泉岩	台北市	道光二十四年	又称六张犁祖师公庙	发展史
福山岩	桃园县大溪	咸丰十一年		通志
祖师庙	高雄市	同治十二年修	又称同安庙	方志
清水宫	台南县新市乡	光绪十八年		通志
清水寺	台南县玉井乡	光绪二十四年		通志

　　按：本表"出处"一栏简称："通志"表示《重修台湾省通志》；"方志"和"碑记"指庙宇所在地的清代县州志、碑刻；"发展史"为《台北市发展史》；"民间信仰"为《闽台民间信仰源流》；"寻根揽胜"为陈晓亮、万淳慧《寻根揽胜话泉州》，福州：华艺出版社，1991年。

　　表上所列这些庙宇，尽管很难说完全准确，但相信离基本的事实不远。从创建年代来说，在康熙及其以前建立的清水祖师庙约有6座，乾隆、嘉庆年间亦至少有5座，道光4座，咸、同、光少于4座。学界一般认为，清咸丰以后，台湾进入了定居社会，此时移民人口减少，而在台地繁衍的增多，因而表上呈现的咸丰以后庙宇较少，与当时的社会变迁趋势相一致。

　　再从地区分布的情况看，最多的是高雄共有6座清水祖师庙，台南次之5座，再次是台北3座、彰化2座，澎湖、嘉义、桃园都只有1座，可见清水祖师庙主要集中在台湾南部，这与台湾的开发从南部开始有关。如果说清水祖师是安溪籍移民的祖籍神，那么从这些清代庙宇的分布及其创建年代，也可以看出清朝200余年间安溪人向台湾迁移及在岛内分布的情况等。

二、日据以后台湾清水祖师崇拜的演变

　　光绪二十一年（1895），日本占领台湾。台湾的清水祖师崇拜也从此出现了新的变化。

　　日本占领台湾以后，对岛内民众的宗教信仰、俗民崇拜乃至生活旧惯

等都先后做了调查。1915 年，日本人开始在台湾调查民间寺庙，并要求所有庙宇都要建立台账，这项工作至 1918 年已经完成。据当年发布的调查结果，台湾共有清水祖师庙 36 座，占全台庙宇总数的 1.04%①。这个数字如果对照上节提到的清末台湾已有清水祖师庙宇 19 座，再考虑可能还有个别错漏等情况，日据初期的 20 余年间台湾新增了清水祖师庙十几座应该是没有问题的。而且这些新增的庙宇显然主要不是传自大陆，而是在岛内"分灵"扩展的结果。

1926 年，日本人在台湾进行汉族人口的籍贯调查。1930 年，又有台湾的"社寺台账"资料汇编。这两次资料的时间比较接近，而且能够取得分州厅统计的较详细信息，使我们可以更具体地了解当时在台湾的安溪人及清水祖师庙宇的分布情况。以下先将这些资料造成一表（表2）：

表 2　日据时期台湾安溪人与祖师庙分布情况调查表

地区	1926 年安溪籍人口		1930 年清水祖师庙宇	
	数量/人	占比/%	数量/座	占比/%
台北州	202200	45.8	14	16.9
新竹州	16400	3.7	2	2.4
台中州	51500	11.7	24	28.9
台南州	99700	22.6	29	34.9
高雄州	55900	12.6	13	15.7
台东、花莲港、澎湖三厅	15900	3.6	1	1.2
合计	441600	100	83	100

资料来源：台湾总督官房调查课编《台湾在籍汉民族乡贯别调查》，台北：台湾时报发行所，1926 年；《重修台湾省通志》卷三《住民志·宗教篇》，台北：台湾省文献委员会，1992 年。笔者根据上述资料编制统计。

从表 2 可见，1926 年在台湾的安溪人共有 44 万多人，占全台汉人总数 375 多万人的 11.8%②。而 1930 年台湾的清水祖师庙达到 83 座，占全

---

① 台湾总督府编修宫凡井圭治郎编《台湾宗教调查报告书》，引自《重修台湾省通志》卷三《住民志·宗教篇》第二册，台北：台湾省文献委员会，1992 年，第 1078 页。

② 台湾总督官房调查课：《台湾在籍汉民族乡贯别调查》表一，台北：台湾时报发行所，1926 年，第 4-5 页。

台庙宇总数 3661 座的 2.27%①。就绝对数而言，1918 年台湾的清水祖师庙才 36 座，而 1930 年增至 83 座，十几年间翻了一倍多，速度很快。就相对数而言，1918 年台湾的清水祖师庙仅占全台庙宇总数的 1.04%，而 1930年则达到占总数的将近 2.3%，这样的数量和比例关系说明，安溪人越来越看重自己的祖籍神，而且也有实力，在日本殖民统治极力压制民间信仰的背景下仍然大量增建供奉祖籍神明的庙宇。这是很值得注意的历史现象。

从人口的分布观察，1926 年安溪人主要分布在台北、台南、高雄、台中等地。其中台北州集中了 20 余万人，占安溪人在台总人数的 45.8%；而台南州集中了近 10 万人，占总数的 22.6%；高雄州和台中州都是 5 万多人，分别占 12.6% 和 11.7%。台北州和台南州相加，已经占全台安溪人的68% 以上。再看清水祖师庙宇的分布，1930 年全台共有 83 座清水祖师庙，大部分集中在台南、台中、台北、高雄等地。其中台南州有 29 座，占全台清水祖师庙宇总数的 34.9%；台中州 24 座，占总数的 28.9%；台北州、高雄州分别有 14 座和 13 座，分别占总数的 16.9% 和 15.7%。也就是说，台南州和台中州最重要，这两个地方清水祖师庙宇数量和达到 53 座，占总数的近 64%。安溪人人口分布以台北为最多，但祖师庙却集中在台南、台中，这说明日据时期清水祖师庙的扩张并不与人口的流动相一致，传统因素即原有的传播途径和社会网络等起着更大的作用。

正如上节所云，清朝时期台湾的清水祖师庙主要集中在南部，高雄、台南加起来占半数以上，台北居第三。至 1930 年，台北仍居第三，有变化的只是台中突起了，而高雄下降了。台湾在日据时期由于实施都市计划，西部沿海的几个城市都迅速崛起，尤其是台北，很快成为全台最具经济活力的一个中心。城市具有聚集人口的功能，因此许多安溪人都汇集到台北寻找发展机会，但清水祖师崇拜仍然按传统的轨道运行，其演变结果虽然格局有所调整，但总体而言主要还是集中在台湾中南部这片传统区域，台北反而并不重要。

1945 年台湾光复以后，台湾的清水祖师崇拜继续演变和发展。

---

① 台湾总督府文教局社会课"社寺台账"，1930 年，《重修台湾省通志》卷三《住民志·宗教篇》第二册，第 1061 页。

据台湾学者和各相关部门积累的资料，1959 年开始进行的第一次全省性调查，次年发表的结果是全台清水祖师庙宇 63 座，占当时寺庙总数的 1.64%，居第 12 位。1966 年台湾地区文献会出版《台湾省通志》，其"台湾省寺庙一览表"列出的清水祖师庙仍是 63 座，占全台寺庙总数的 1.63%，也是居第 12 位。1975 年，台湾地区民政主管部门编印"台湾各县市寺庙概况表"，台北市民政局编"台北市寺庙概览"，两者结合，此时台湾的清水祖师庙共计 83 座，占全台寺庙总数的 1.55%，依然是居第 12 位。至 1980 年，根据各县市登录的寺庙资料，当时的出版物认为台湾的清水祖师庙增至 99 座，占全台寺庙总数的 1.79%，但仍是居第 12 位①。由此可见，台湾的清水祖师庙在台湾光复以后的三四十年间并没有特别大的变化，其在岛内各种神明崇拜中的排序地位也一直没变。

但如果从具体数量加以观察，则会发现也有一些起伏。在 20 世纪 60 年代的两次统计中，台湾的清水祖师庙都是 63 座，比日据时期少了 20 座，这可能与光复前后的战争、经济状况不佳等因素有关。1975 年又上升为 83 座，与日据时期持平。至 1980 年则达到了 99 座。不过，这 99 座庙宇是否都是清水祖师庙仍有疑问。据台湾学者研究，台湾民众信奉的祖师公除了清水祖师之外，还有三坪祖师、惭愧祖师、普庵祖师等，这些来源不同的祖师往往都被称为"祖师公"。这样一来，统计中的祖师公庙就不一定都是属于清水祖师的庙宇。1980 年的统计资料中就有 10 座主神仅记为"祖师公"的庙②。如果扣除这 10 座庙宇，其实与 1975 年相比仅增加几座而已，估计在 90 座左右。

1992 年，台湾地区文献委员会新修订的《重修台湾省通志》出版，在宗教篇的末尾附录了"民间信仰及道教等寺庙概况表"。这份资料是根据 1959、1982、1983、1985 等年份的各种不同材料汇总编辑而成，是目前笔者所能找到的最为详细的台湾寺庙汇编资料，因而将其中属于清水祖师的庙宇摘录编成一表附于文末（参见附录）。值得说明的是，这份资料尽管详细，但缺漏颇为明显，尤其是台北市完全阙如，其他地区相信也有遗漏之处，因此不能视为最完备的资料，但其反映的某些信息仍有参考价值。

---

① 《重修台湾省通志》卷三《住民志·宗教篇》第二册，第 1061-1062 页。
② 《重修台湾省通志》卷三《住民志·宗教篇》第二册，第 1079 页。

以下先将该表反映的台湾清水祖师庙之分布列成一表（表3）：

表3　20世纪80年代台湾部分清水祖师庙分布统计表

所在县市	庙宇数	所在县市	庙宇数
基隆市	2	嘉义市、县	2
台北县	3	台南市、县	18
桃园县	2	高雄县	9
台中县	1	屏东县	5
彰化县	6	宜兰县	1
云林县	2	总计	51

上表统计的台湾清水祖师庙共51座，其分布主要集中于台湾南部。如果我们把基隆、台北、桃园、宜兰简单划为台湾北部地区，台中、彰化、云林划为中部地区，嘉义、台南、高雄、屏东划为南部地区，则可以发现，在台湾北部仅有8座清水祖师庙，中部有9座，而南部多达34座。这34座清水祖师庙又主要集中于台南、高雄两市县。这种分布状况与清朝时主要集中在高雄、台南两地的情况基本吻合。如果考虑到该表统计的庙宇数不全，主要缺漏的地方在台北市，其他市县亦可能有遗漏，经过修正以后，亦很难改变台湾的清水祖师庙主要仍集中在南部地区这个基本结论。

综上可见，日据时期直至光复以后，台湾的清水祖师崇拜与清代相比出现了一些较大的变化，庙宇的数量在增加，尤其是1918年至1930年这12年间，从36座猛增至83座，此后虽然还有起伏，但很长一段时间基本稳定在80～90座的规模。另一个变化是这些庙宇绝大部分都是在岛内"分灵"的，与清代主要传自大陆不同。但有一点值得注意，不管是日据还是光复以后，台湾的清水祖师庙宇一直都集中在中南部地区，尤其是台湾南部，这里在清代就是清水祖师庙最多的地区。这表明台湾的清水祖师崇拜在时代变迁的背景下一直以自己的方式在运行，具有很强的韧性。

三、台湾清水祖师崇拜的意义

台湾的清水祖师崇拜传自安溪的清水岩。因此，"清水""祖师"

"岩"成了台湾清水祖师崇拜经常见到的特有词汇，出现的频率很高。如清水岩、清水寺、清水宫、清水坛、清水祠、清水殿等在各地庙宇名称中经常可以看到，特别是清水寺、清水宫，重复的庙宇甚多。有的甚至只要有个"清"字，就往往与清水祖师崇拜有关，如清龙岩、清修岩、清祖寺、清安堂、清福寺等。由此可见，"清水""祖师"等词汇已经成了台湾清水祖师崇拜的文化象征，它们作为被反复使用的符号，早已内化成了共同的思想情感，用来表达在台安溪人对祖籍神明的认同和记忆。

安溪清水岩的山水意境，也随着安溪移民带到台湾。岛内建造的清水祖师庙不仅经常以"岩"相称，而且至少有两座清代的庙宇就是建在山上。那里风景秀丽，山水绝佳，成为游人香客经常造访的胜地，因而留下了不少吟诵的篇章。如彰化县的清水岩在当地相当有名，道光《彰化县志》载："清水岩：在县治南大武郡保，距城三十五里。岩左右修竹，树林掩映，曲径通幽，山泉流通茶灶下，野花开到卧床前，每当春和景明，尤为游观之胜，今以'清水春光'为邑中八景之一。"① "山泉流通茶灶下，野花开到卧床前"，这是何等优美的意境。又有诗云："策杖寻春镇日忙，蜡来清水见春光。山开图画天然秀，花隐禅林分外香。赠客何曾逢驿使，问津应许到渔郎。此间不是藏春色，蜂蝶如何竞过墙。"② 禅林与山光水色交融在一起，使得这里的山水更增添了浓厚的人文气息。每逢春光明媚的日子，士女游客接踵而至，流连忘返。《彰化县志》云：清水岩"左右青嶂环绕，树木阴翳。曲径通幽，丘壑之胜，恍似画图。春和景明，野花浓发，士女到岩游览，俨入香国中矣"③。

凤山县的清水岩寺也是一处风景名胜。《凤山县采访册》载：凤山小竹的清水岩在"县东南十八里，脉由大坪顶山出，高四里许，长十里许，为县治八景之一（八景中有凤岫春雨即此）"。又云："岩在山麓，有泉从石罅出，清冽宜茶，注为污池，大旱不涸，灌田百余亩。相传此水为堪舆林镇仙仗剑喝出，未知信否？石上有大榕一株，俯临如盖。其水澄澈无尘，游鱼可数，故名。岩南数武，有观音堂，即名清水岩寺。"④ 这座清水

① 周玺：《彰化县志》卷五《祀典志·祠庙（寺观附）》，第160页。
② 周玺：《彰化县志》卷一二《艺文志·诗》，第498页。
③ 周玺：《彰化县志》卷一《封域志·形胜》，第20页。
④ 《凤山县采访册》，第29—30页。

岩寺即因为有"清冽宜茶"的泉水而得名，也因此成为县治八景之一。道光年间，寄籍于淡水的晋江人施钰有一首咏清水岩诗云："朝行清水岩，暮宿清水寺。水深一尘无，幽人抱琴至。坐对可盟心，讵比贪泉类。战垒几沧桑，林峦何深翠！山僧自灌园，四时花木备。爨火树冲烟，惊起栖莺避。"① 作者在此咏叹清水岩寺的幽静及他对人生世态的看法。直至日据时期，这座寺庙依然存在。1915 年，到台湾考察的福建省立甲种农业学校部分师生在其《旅行记》中就记录了高雄太平顶山有清水岩等十三胜境②。

清水祖师与清水岩，它是一组相互关联的文化符号。祖师崇拜与山水意境相交融，一起从祖地安溪传入台湾，实际上寄托的是人们对故土的记忆与情感。

祖师崇拜来源于对得道高僧的崇敬和纪念。它源自佛寺，可是随着民众崇拜热情的高涨，这种崇拜日益成为普通百姓民俗宗教生活的一部分，因而它在历史演变过程中也会不断变化发展。台湾的清水祖师崇拜亦是如此。它源自佛教，可是后来却与道教联系在一起。《重修台湾省通志》载："民间一般供奉的清水祖师神像造型，是着袈裟、戴僧帽（若未戴帽则为光头）、盘腿而坐、座下有僧鞋一双，但在道教的文献中，却说清水祖师原奉道教，为抗元兵之入侵，乃改着僧装劝化国人反元，故认定其为道教神。"③ 台湾这个清水祖师的传说，显然是由民间道士创造出来的，与民间道教的影响和扩张有关。因此，从 1975 年开始，原来许多被认定为佛教的清水祖师庙都改成了道教庙宇（参见附录）。

然而，这个故事还有一点令人感兴趣，就是清水祖师具有"劝化国人反元"的情节。其实在民间故事中，所谓"抗元""反元"等情节经常可以见到，是否真与"历史事实"有关无从查考。但它所隐含的意义却是相当重要的，即通过故事所表达的价值观和抗争精神，反映的正是普通百姓最为朴素、常见的一种思想情感。

在台湾历史上，流传着许多神明抵抗外来侵略的故事，其中有不少与

---

① 连横：《台湾诗乘》卷三，台湾文献丛刊第 64 种，台北：台湾银行经济研究室，1960 年，第 155 页。

② 邱文鸾：《台湾旅行记》，台湾文献丛刊第 211 种，台北：台湾银行经济研究室，1965 年，第 37 页。

③ 《重修台湾省通志》卷三《住民志·宗教篇》第二册，第 1057 页。

清水祖师有关。如台北艋舺的祖师庙供奉一尊"落鼻祖师"，据传就是因在中法战争期间"抵抗法军侵入，颇显神威"而备受人们崇奉①。《清水岩志略》亦载："光绪甲申，台湾沪尾之役，神出阴兵助战，洋人云，但见山头衣黑队兵，最健勇，飞炮中之，裂开复合。"② 这个神奇的故事似乎也在强调淡水清水祖师的灵验。据当地民众相传，艋舺的清水祖师原来就供奉在淡水的一个翁姓人家里。中法战争时，清朝将领孙开华曾向清水祖师祷告而率部击退了法军，于是他就奏请朝廷为祖师赐颁匾额。但是由于翁家地方太小，朝廷赐颁的牌匾无处悬挂，于是就在艋舺兴建了祖师庙，并把这块御赐匾额悬挂于庙中③。其实，艋舺的祖师庙兴建于乾隆年间，《淡水厅志》有载，而这则故事之所以在台北民众中广为流传，除了要显示神明的灵验神迹之外，更深刻的意涵则在于表达普通民众反对外来侵略的思想情感。

1895 年，日本军队在基隆登陆，所到之处受到台湾民众的激烈抵抗。有故事说，当日军进逼到三峡时，当地民众奋起抵抗。他们组织了五六千人的义勇营，并以清水祖师的大红旗为令旗，以祖师庙为军械库和粮仓，在三峡一带杀伤日军 1000 余名。恼羞成怒的日军焚毁了这座清水祖师庙。但战争一结束，当地百姓又予以重建，而且建得比原来的庙宇更加宏伟壮丽。它以精湛的石、木艺术雕刻，塑造了台湾公认的"艺术之宫"，同时也塑造了中华民族不可战胜的英雄气概和民族之魂④。

四、结语

乾隆二十二年（1757）刊刻的《安溪县志》，记载了这个山区县份半个世纪以来经济社会变迁的情况。该县志云：

> 五十年前，邑城之列肆而居者竟寥寥也，布帛之细者未尝鬻于市，海物之鲜者未尝鬻于市，文房四宝以及珍奇玩好之可藏而

---

① 《台北市发展史》（四），第 809 页。

② 杨浚：《清水岩志略》卷四。

③ ［日］铃木清一郎著，高贤治、冯作民编译：《台湾旧惯习俗信仰》，台北：众文图书股份有限公司，1980 年，第 303 页。

④ 陈晓亮、万淳慧：《寻根揽胜话泉州》，福州：华艺出版社，1991 年，第 254 页。

可贵者未尝鬻于市，乡有日中为市，亦大约服食器用之粗而贱者为多。今自城至乡，致民聚货，屋相比，趾相错，逐末者多而驱利者巧，始图什佰，继图倍蓰，甚至计毫厘算锱铢，以巧致穷，因穷愈巧，此风亦相竞使然也①。

尽管这篇史料是在讲述清朝康熙末年至乾隆初年安溪社会发生的巨大变化，但从中却可以知道安溪经济的重大转折是大约从乾隆初年开始的。这个演变与我们观察到的安溪清水祖师崇拜传入台湾的历史节点相吻合。在乾隆以前大约有 6 座清水祖师庙在台澎建立，而乾隆以后直至清末则至少有 13 座。这些供奉清水祖师的庙宇绝大部分都是因移民而传入的。有的是因清水岩的和尚前往传教导致立庙，有的是寺庙僧人出面"募建"，更多的是由信众从祖地供奉渡台，由小到大，逐步扩建而成。这些通过不同方式由祖地"分灵"到台湾的清水祖师庙宇，成为安溪清水祖师崇拜在台湾传播扩展的基础。

日据以后，台湾的清水祖师崇拜仍在继续发展。1918 年，台湾共有清水祖师庙 36 座，而 1930 年已增至 83 座。这 12 年间增长速度之快令人注目。此时大陆向台湾的移民高潮已经过去，可以肯定这些新建的庙宇主要是在台湾"分灵"建造起来的。日据时期，在台湾的安溪人大都聚集于台北等大城市，而新建的清水祖师庙则仍以台湾中南部为重点，表明台湾的清水祖师崇拜仍然沿着清代形成的布局而延伸扩展，传统的传播途径和社会网络在其中起着不可忽视的作用。

光复以后，台湾的清水祖师庙宇在数量上虽有起伏，但其基本规模和格局并没有改变。20 世纪 60 年代的两份统计数据表明台湾共有清水祖师庙 63 座，而 1975 年又恢复到 83 座，至 1980 年估计在 90 座左右。根据不完全统计，这些庙宇主要集中分布在南部地区。

清水祖师是台湾安溪人的祖籍神明。历史以来，安溪人对这尊祖籍神怀有深厚的情感。清水、祖师、清水岩等成为台湾清水祖师崇拜的重要符号，许多在台建立的庙宇均以此命名。安溪清水岩的山水意境也成了台湾清水岩名胜的人文资源。从清末直至日据，台湾安溪人一直坚守着清水祖师的香火，即使在日本统治者极力压制的背景下，来自安溪的清水祖师崇

---

① 庄成：《安溪县志》卷四《风土》。按：上引原文均将"鬻"刻为"粥"字，径改。

拜仍在顽强地"分灵"播展。与此同时，清水祖师及其庙宇在重要关头成为当地民众抗击外来侵略的精神支柱和活动舞台，各种相关的传说故事不胫而走，人们由此寄托着对乡土的热爱，以及誓死捍卫民族利益的炽热情感。这是祖籍神明与千千万万信众的血肉联系。近年来，清水祖师崇拜与众多民间信仰一样，成为两岸民众文化交流的重要组成部分。可以相信，随着民间文化交流的日益深入，必将有力促进两岸关系的和平发展，对闽台两地的社会文化也将产生深远影响。

附录：

20 世纪 80 年代台湾部分清水祖师庙宇概况表

庙宇名称	所在地	创建年代	教别	备注
友蚋清水岩	基隆市	1957	道	
草滥清水岩	基隆市		道	
龙岩宫	台北县瑞芳镇	1946	道	旧称净化堂，俗称祖师庙
长福岩	台北县新店市		道	
岐山岩	台北县新店市		道	
福山岩	桃园县大溪	1861	道	1959 年登记为儒教
福隆岩	桃园县芦竹		道	
龙泉宫	台中县龙井乡		道	
清龙岩	彰化县秀水乡	1913	佛、道	俗称清水祖师
清修岩	彰化县福兴乡	1954	佛、道	俗称祖师公庙
清祖寺	彰化县竹塘		道	
新兴宫	彰化县二林		道	
祖师庙	彰化县二林	永历年间	道	俗称万合庙
吕山寺	彰化县大城乡		道	
安泰寺	云林县虎尾乡	1930	民间、道	
泰安寺	云林县虎尾乡	1926	道	
清水寺	嘉义市	1972	道	

庙宇名称	所在地	创建年代	教别	备注
福安宫	嘉义县太保	道光十三年（1833）	民间、道	俗称祖师公庙
清水寺	台南市	康熙年间	佛、道	主祀清水祖师、观音佛祖
崁仔头清水宫	台南市	1942	道	
清水宫	台南县归仁乡	1926	道	
清水宫	台南县新化镇	道光十八年（1838）	佛、道	
清水寺	台南县玉井乡	光绪廿四年（1898）	道	俗称公厝
祖师公庙	台南县玉井乡	1913	道	
清水宫	台南县南化乡		道	
西埔清水寺	台南县南化乡	1972	道	
清安堂	台南县关庙乡	1971	道	
清水坛	台南县龙崎乡	1935	佛、道	
六双公厝	台南县官田乡	1968	道	
圣德坛	台南县官田乡	1946	道	
清水殿	台南县麻豆镇		民间	
山师吉宫	台南县白河镇		道	
福泽寺	台南县善化镇		道	
清水寺	台南县山上乡		佛	
清水宫	台南县新市乡	光绪十八年（1892）	佛	
清水宫	台南县茄萣乡		道	
清福寺	高雄县大社乡	嘉庆十二年（1807）	道	
清水宫	高雄县仁武乡	1931	道	
福清宫	高雄县仁武乡	康熙廿八年（1689）	道	
清水祠	高雄县冈山	1919	佛、道	
清水宫	高雄县冈山		道	

续表

庙宇名称	所在地	创建年代	教别	备注
清水寺	高雄县燕巢	1936	佛、道	
清水寺	高雄县梓宫乡	1957	道	
文兴宫	高雄县永定	嘉庆八年（1803）	道	
清水寺	高雄县湖内	1946	道	俗称王宫，1959登记为佛教
祖师庙	屏东县九如乡	1955	佛、道	
清水寺	屏东县万丹乡		佛、道	
北院庙	屏东县崁顶乡	1927	道	
佛山寺	屏东县林边乡	1919	道	
建安宫	屏东县东港乡	1912	道	俗称清水祖佛公庙
永安寺	宜兰县五结		道	供清水三坪祖师

资料来源：《重修台湾省通志》卷三《住民志·宗教篇》，第二册，第1087—1379页。

（本文原载于谢庆云、刘家军主编《清水润生——第八届海峡论坛清水祖师文化论文集》，厦门：厦门大学出版社，2016年）

福州城隍庙与闽台城隍信仰

在闽台两地众多的城隍庙中，福州城隍庙是较突出的一座。一方面，它建于省城，被称作"省都城隍"，而台湾在清代长期隶属福建省管辖，因此这座城隍庙在闽台众多的城隍庙中地位最高，非同一般。另一方面，该庙建造的年代也最早。据史籍记载，它始建于西晋太康年间，比现在已知的全国最早的芜湖城隍庙仅迟四五十年，居全国第二，为福建省最古老的庙宇之一，也是闽台两地城隍信仰的祖庙。因此，对福州城隍庙进行考察，对于深入了解闽台城隍信仰的起源与发展，显然具有重要的意义。

本文拟依据实地调查所得的口述及乡土资料，结合历史文献记载，对福州城隍庙的起源、演变与发展，以及它与台湾城隍信仰的若干关系进行初步探讨。

一、福州城隍庙的历史沿革

福州城隍庙位于福州市东北部，地处"冶山"。此地是福州最早建城设治的地方。关于该庙的起源，南宋淳熙《三山志》有段记载可资参考：

> 城隍庙，府治之东，古有之。（元祐戊辰，长乐人林通作本县图经内，县东北城隍庙曰：庙之神西汉御史大夫周苛也，守荥阳，为项羽所烹。高祖休兵，思苛忠烈，乃令天下州县附城而立之庙，以时祀之。）晋太康迁城即建今所。绍兴二十七年，沈待制调增创厅宇，寻置兴福庵其东。淳熙五年，前作更衣亭、肃仪亭①。

---

① 南宋淳熙《三山志》卷八《祠庙》，道光钞本。

据此可知，福州城隍庙始建于西晋的太康年间（280—289）。它奉祀的神明是西汉时期的周苛。由于他禀性忠烈，"为项羽所烹"，因此汉高祖刘邦称帝后"令天下州县附城"祀之，从而逐渐演变为福州一带的城隍神。

城隍之祀与城池的兴建是有密切关系的。所谓城与隍，原指城墙及它的无水护城壕。早在周朝之前，天子腊祭八神，其中就有"水庸"之祭。《礼记》云："天子大蜡八，祭坊与水庸，事也。"① 这一水庸神位居八神之七。水庸与城隍的含义十分接近，"水则隍也，庸则城也"②。因此，一般认为这是祭祀城隍的开始。古时候人们认为世间万事万物皆有神，风云雷雨，山川城池，无不例外。因而早期的城隍信仰主要是出于对大自然的崇拜。当时并没有庙宇，也无塑像，仅仅是筑坛设祭而已。但是到了后来，对自然神的崇拜逐渐演变为对人鬼的崇拜，并且开始有了庙宇和塑像。三国时期，东吴赤乌二年（239），芜湖已经有了城隍庙③。随后不久，福州亦建起了祭祀城隍的庙宇。而至唐宋以后，城隍信仰已经相当普及。

福州建城的历史始于西汉的闽越王无诸。据说他最早在冶山一带建有一座小城，作为王都。由于该城地处冶山，故名"冶城"。西晋太康三年（282），福州被称为晋安郡。首任晋安太守严高认为故城太小，且地势不平，因此决定迁城。他改在越王山（今屏山）南麓扩建新城，并把旧冶城也包括在内，取名为"子城"。与此同时，还在冶山的山麓建造了一座城隍庙，此即福州城隍庙的源起。自西晋以后，福州城又屡经重修和扩建。唐朝末年王审知在旧城的基础上建造"罗城"，至五代时再建"夹城"。北宋开宝七年（974），福州刺史钱昱又于夹城之外的东南方增筑夹城，取名为"外城"，至此基本奠定了明清以前福州城的大致规模④。但不管福州城如何演变和扩大，这座建于冶山的城隍庙却一直未动，并且随着城市的社会经济和宗教信仰的发展而日益显赫起来。

南宋绍兴二十七年（1157），福州郡守沈调对城隍庙加以扩建，"增创

① 《礼记·郊特牲》。
② 赵翼：《陔除丛考》卷三五《城隍庙》。
③ 《明史》卷四九《礼三·城隍》。
④ 《福州地方志》（简编）上册，福州：福州市政协文史资料工作组编印，1979年，第79—84页。

厅宇"。至淳熙五年（1178），又在庙前兴建了更衣、肃仪两亭。宋时城隍信仰在全国已很普及，很多地方还有城隍的封号。福州城隍庙的增修扩建，显然与当时对城隍信仰的重视有密切的关系。尤其是更衣、肃仪两亭的建立，更确切地表明当时的地方官员对敬谒城隍已经十分重视。但这两座亭子皆毁于元末战火，后人重建了一座①。

明朝建立后，由于朱元璋崇信城隍，想利用它来鉴察民隐，治理天下，因此城隍信仰迅速走向兴盛。洪武二年（1369），朱元璋下令敕封天下城隍，封京都城隍为"承天鉴国司民升福明灵王"，秩正一品；其余府为"鉴察司民城隍威灵公"，秩正二品；州为"鉴察司民城隍灵佑侯"，秩正三品；县为"鉴察司民城隍显佑伯"，秩正四品。"衮章冕旒俱有差。命词臣撰制文以颁之。"② 因此，这时福州城隍也有了封号，称"鉴察司民威灵公"，属府级城隍。洪武三年（1370），朱元璋又下令去各地城隍封号，仅称某府、州、县城隍之神。但福州直至洪武十七年（1384）才更改过来③。而民间却仍在继续使用原来的封号，并对它有所改造，关于这方面的情况，留待以后再作详述。

由于明朝政府的重视，福州城隍庙又经多次重修和扩建。据乾隆《福州府志》载：明成化十八年（1482），知府唐珣重修了城隍庙。正德八年（1513），该庙又一次重修。王介撰《福州府城隍庙碑》云："正德癸酉（八年）涓辰程物属徒庀工，凡殿寝堂阶门庑之类，焕然一新，而规模宏敞，视旧有加，肖像孔仪撤衮冕之旧，易以时制冠服，比考成而祀焉。"④ 可见此次重修比以往更为彻底。而且值得注意的是，这时福州城隍庙仍有"旧"时的神像。早在洪武三年，朱元璋就下令各地城隍庙"毁塑像"，"造木为主"，并取塑像"其泥涂壁，绘以云山"⑤。但福州并没有这样做，甚至在这次重修时还把它"易以时制冠服"。可见明朝中央的诏令并不是各地都完全执行的。到了正德十年（1515），福州城隍庙的外大门又被改

① 《八闽通志》卷五八《祠庙》。按：该《通志》将福州城隍庙载于怀安县内。
② 《明史》卷四九《礼三·城隍》。
③ 乾隆《福州府志》卷一四《坛庙》。
④ 该碑文载于乾隆《福州府志》卷十四《坛庙》。
⑤ 《明史》卷四九《礼三·城隍》。

建为华表。万历十年（1582），因该庙门庑失火，寻重建①。此外，据民国《福建通志》载，明洪武年间，福州城隍庙内还添建了注寿司的神殿，"清仍之"②。

入清以后，福州的城隍信仰继续向前发展，并有由官方向民间转移的趋势。康熙二十年（1681），城隍庙再次重修。乾隆十三年（1748），又有"郡人何长浩重修"庙宇③。而此时修撰的《福州府志》则云："自后里人相继修葺。"④ 可见，这时民间已直接参与修建庙宇了。以往城隍庙的修建皆由官府出面主持，但自乾隆以后则多次出现由"里人"出资修葺的记载，足见这时民间的信仰势力已经抬头。由于官府和民间都参与修建庙宇，因此清代福州城隍庙的扩展很快，已达到相当的规模。庙里除了主祀城隍神外，庙东偏壁间还附祀历代有功名臣的神碑。这些石刻神碑共有十三块，它们是：

唐光禄大夫樊公之神、宋少师忠惠蔡公之神、知武冈军杨公之神、参知政事张公之神、直龙图阁孙公之神、将军卢公之神、烈士范公之神、元太尉忠献董公之神、行省都事蓝公之神、侍御史韩公之神、英义侯阚公之神、楚国公李公之神、明大夫汤公之神⑤。

至民国初年，福州城隍庙已发展到鼎盛阶段。整座冶山几乎全被城隍庙及其相关庙宇所覆盖。民国九年（1920）《福建乡土教科书》云："近多营造庙中司神庙宇，山左右铲凿殆尽，山无完肤矣。庙之南为城隍街，折而东通贡院前街。左一径称城隍崎，下亦通督中协署。"⑥ 由于整座山都成了城隍庙的用地，因此当时人又将冶山称为"城隍山"。至今庙南的那条"城隍街"还在，故名犹存。

福州城隍庙规模到底有多大？里面设置如何？现在已少有人能够完全说清楚。该庙自1949年以后就被逐渐拆毁，"文化大革命"期间又遭彻底

① 乾隆《福州府志》卷一四《坛庙》。
② 民国《福建通志》，福建坛庙志，卷一《福州府·城隍庙》。
③ 民国《福建通志》，福建坛庙志，卷一《福州府·城隍庙》。
④ 乾隆《福州府志》卷一四《坛庙》。
⑤ 乾隆《福州府志》卷一四《坛庙》。
⑥ 《福建乡土教科书》，铅印本，1920年，第52页。

破坏，现在除了阴阳司殿和左侧的一间神殿仍有遗址留存外，其余皆已成为各个机关的用地，面目全非。1990年，有信徒在城隍街原庙门的斜对面重建了一座，但规模甚小，已经今非昔比了。笔者曾多次到那里调查，据管庙人介绍说：原来城隍庙占地6万多平方米，约合100多亩，庙门宽敞，入门后有100多级的石阶直通主殿。石阶左右两侧置有一对石狮，现在左侧的石狮早已被埋入地下，右侧的一尊仍藏匿于草丛之中，有所破损。庙内除了主殿外，各司神都有专殿，但管庙人只能说出其中的注寿司和阴阳司两个，加上有名的太岁殿，其余均不清楚。管庙人还说，以前庙内共有六个戏台、十三道石刻"圣旨牌"，上面还刻着龙的图案，十分珍贵。不过，笔者以为这所谓十三道"圣旨牌"当指十三个名臣的石刻神碑，然"文革"期间均遭毁坏。

在现存的阴阳司遗址内，笔者还看到五个方形的石质香炉和一些明代花砖以及不明年代的石础等。其中一个香炉的正面刻着：

弟				嘉
子				庆
郑	府	忠	三	二
性				年
轩				
叩				

背面刻有"浴德堂"三字。另一个香炉正面刻着"荡凶殿"，背面刻有"西三"二字，右侧为"丁亥季秋"，左侧为"油灯会捨"，亦当为清代（可能是道光七年丁亥）的遗物。除此之外，在后来新盖的小庙内亦存有一个光绪七年辛巳（1881）制造的大香炉，其正面铭文云："光绪辛巳葭树草堂造"。根据这些香炉的铭文题刻及调查到的资料，至少可以知道当年的城隍庙除了主殿外，还有注寿司殿、阴阳司殿、荡凶殿、三忠府及太岁殿等，其规模是相当大的，而且这些神殿大部分为明清以后才陆续兴建起来的。

在庙前的城隍街上，笔者还看到一个小神坛，正位于新建的小庙背后，坛内的神位写着："敕封榕树大将军香位"。在香炉下面又有一个神位写着："五管白黑黄大将军香位"。据说这个"榕树大将军"是城隍神的"前驾"。该神坛早已有之，旁边还有一株榕树，十分古老。在神坛附近，至今尚能看到两块以前设立的界碑，上面刻着"城隍庙官地碑"六个大字，碑高一米有余。据管庙人说：以前这样的界碑共有六块，分别安置在城隍庙的前后左右，现在只剩下两块了。不过，从这两块界碑倒可以看出以前这座城隍庙所具有的"官方色彩"。

二、清代福州的城隍信仰

福州城隍庙原来属于府级城隍，后来怎么又演变为省级城隍了？关于这个问题，民国《福建通志》有段记载做了说明：

> 案，本省城隍神牌题："福建都城隍"。《广东通志》云："城隍庙旧称府城隍庙，知府主之。清雍正间，观风整俗使焦祈年奏请改为广东都城隍，然后巡抚、司道皆诣展谒。"据此，或当时各直省一例遵照，旧志失载欤①？

从这段说明可见，在民国初年以前，福州城隍庙早已改称"福建都城隍"了，而这一更改很可能是从清朝的雍正年间开始的。其实，这座庙宇除了作为省都城隍之外，同时也被视为福州府的城隍庙。上引《福建通志》在闽县、侯官两县项下记载："（闽县）城隍庙在府城隍庙东庑"；"（侯官）城隍庙在府城隍庙西庑"②。由此可见，这座城隍庙实际上既是省城隍，又是福州府城隍，而且还把闽、侯两县的城隍附祀其中，集省、府、县三级城隍于一体。

民间对这座城隍庙则另有自己的称呼。1990年新建的城隍庙落成，其庙额题为"护国威灵公全省都城隍"。笔者在那里调查时还发现了一份由城隍发出的"执照"，其封套云："敕封护国鉴察司民威灵公福建都城隍"。其实，所谓"鉴察司民威灵公"是洪武二年由朱元璋所赐的封号，第二年已宣告废去不用，但民间仍把它继续沿用下来，以至于今，并且还在封号前面加上"护国""敕封"等字眼，在后面又把它与后来改称的"福建都城隍"联系起来，以至于形成上面所看到的样子。从这一点亦可以看出，民间的城隍信仰与官方有所不同，更具有随意性，目的在于提高神格，以

① 民国《福建通志·福建坛庙志》，卷一《福州府·城隍庙》。
② 民国《福建通志·福建坛庙志》，卷一《福州府·城隍庙》。

增强神的威力。

城隍信仰历来是由官府主持的。特别是明代以后，由于朱元璋崇信城隍，想利用它来"鉴察民之善恶而祸福之"，因此城隍信仰更带有强烈的政治色彩。每当新官上任，就必须先去敬谒城隍，对神起誓而后视篆。如果地方有事，地方官员亦必须向神祷告，以求庇护。城隍与阳间的知府、县令等相互配合，一治幽，一治明，幽明并举，共同负责其辖区的安定。福州的城隍在当时也发挥着这样的功能。如明中叶王介所撰《福州府城隍庙碑》云：

> 国家诞膺天命，抚有万方，考正祀典，著于令甲。城隍之祀自京师以达于天下，敕封鉴察司民威灵公，庙制视郡邑厅事高广为等差。越二年诏去封号，易像以主，各从府州县名，曰城隍之神。每春秋仲月，有司合祭于山川坛。有事于厉，则位主于中，镇群祀焉。初莅官者，必先誓于神而后视篆。其誓神之语，祀厉之文，皆太祖手自裁定，倦倦之于礼乐幽明之治，盖欲神人合德以佑国庇民，垂于万世也①。

这篇碑文道出了明朝政府"倦倦之于礼乐幽明之治"的目的，就是为了使"神人合德"，以达到"佑国庇民"、稳固统治的效果。

明朝福州官府祭祀城隍似乎不在庙里举行，而是移至山川坛。因为当时福州城隍庙仍有塑像，这与明廷规定的"易像以主"是不相符合的。因此官府又在山川坛内安设了一个城隍神位，每年春秋仲月到那里合祭。民国《福建通志》云：

> 风云雷雨山川坛（会典为中祀），在郡城南嘉崇里钓龙台。明洪武三年建于惠泽山，六年移今所。清因之。坛制纵横各二丈五尺，南向，四出阶各三级，门垣如社稷制。设神位三：中风云雷雨之神，左境内山川之神，右府城隍之神。西隅附祀日本、琉球、渤泥山川之神。春秋仲月上巳日合祭②。

由于明朝官府并不在庙里祭祀城隍，因此旧志称福州城隍庙"岁无特

---

① 乾隆《福州府志》卷一四《坛庙》。
② 民国《福建通志·建坛庙志》卷一《福州府·风云雷雨山川坛》。

祀"，直到清朝建立后，才在庙里增加了"春秋二祭"①，并且仍于每年清明、中元、十月朔日厉祭时，由主祭官"先期牒告城隍，祭日迎神主之"②。至于平时的每月初一、十五，官员亦常到庙里上香行礼。

如果说官府崇拜城隍，目的是要以神设教，以达到"神人合德"、幽明共治的效果，那么民间崇信城隍则更看重它能治理阴间、统辖百鬼的功能。在一般老百姓看来，阴间有很多的鬼，这些鬼会经常出来作祟，使人遭殃。而在那里统辖众鬼的地方官就是城隍。因此以前福州地区每年十月初一就要把城隍抬出来游行，称"迎城隍"，目的是要让它去"收鬼"，以保全城平安。"迎城隍"的活动热闹非凡。据调查和文献记载：从农历九月二十六日开始，就要先在庙里开堂，设祭演剧。十月初一日正式出游。游城隍共有两天：第一天先游城内（即今福州市北半部），当晚宿于搭建的"公馆"内；第二天再从"公馆"出发游南台，最后回到庙里。游城隍之前要先迎马牌。队伍最前面是高照、金鼓，接着是皂班。庙里的七爷、八爷、大柏福、三柏福等也都被抬出来。很多人手持香火，有的人装扮鬼脸或者装成囚徒刑犯的样子，身系枷锁，表示代父、母受过。游行队伍的最后是城隍乘坐的大驾，轿夫都穿绿色衣服。这是因为城隍为阴间地方官，所以轿夫不能穿着黄色衣服，等等③。

由于每年"迎城隍"规模宏大，常易滋事，而且在游行队伍中有人装扮成鬼怪、囚徒，这在官府看来实属不伦不类之事，因此官府常出示严禁。如乾隆二十四年（1759）福建巡抚部院发布的一道禁令如下：

> 一件饬禁事。按察使司史牌：乾隆二十四年四月十八日，奉巡抚部院吴宪牌：照得迎神赛会，往有明禁；凶徒滋事，更当严处……省城有东岳、城隍等会，俱系日间出迎，春祈秋报，应从民便。但有装扮鬼脸奇形异状，持斧弄叉者，不下百十余，并有身装临决重囚，于示众牌内开写代父代母字样者，更属不经恶习，一体禁止。合行示禁，备牌行司，照依事理，即便会同藩司，转行闽侯二县，并通饬各属一体出示晓谕。凡有民间及衙门

---

① 乾隆《福州府志》卷一四《坛庙》。
② 民国《福建通志·福建坛庙志》卷一《福州府·厉坛》。
③ 《福建地方志（简编）》下册，第95页。

从前所祀舍人神像，俱止许在本庙虔诚供奉、祀保孩童出痘平安，不许霄夜抬出迎赛……至于东岳、城隍等会，应听届期白昼出迎，以遂春祈秋报之应，仍不许装扮鬼脸，持斧弄叉，并不得扮作临决重囚，混写代父代母字样牌示。倘有违犯，即将本人拿究重处。事关振俗维风，地方官务须加意严除，实力饬禁。毋忽等因①。

但官方的禁令似乎没有什么效果，民间的迎神赛会活动仍在进行。乾隆三十二年（1767），福建巡抚又发布一道禁令，目的仍在于"严禁迎神赛会之恶习，以靖嚣风"②。至同治十年（1871），署闽浙总督文煜、福建巡抚王凯泰再联合发出禁令，要求各属一律查禁，并在禁令中开列了十项"不准"，其中与"迎城隍"有关联的就有三项，它们是：

一、不准沿街张贴某神行台、公所字条，如威灵公、太子、及马元帅、温将军各行台、大班公所、随驾公所之类。

一、不准扮作长爷、矮爷。长爷有名谢必安，矮爷有名犯无救者，此皆无稽之谈，何必习其形似？

一、不准假扮凶恶罪犯。始犹出自儿童，迄后年壮之人亦多演扮，甚至蓄发赭衣，备诸丑态，情殊可恶！③

由此可见，民间的城隍信仰与官方提倡的是大不相同的。官方希望通过城隍来治理天下，使民众畏惧，社会安定。而民间则更相信它能治理阴间，统辖百鬼，把对城隍的崇拜与闽地固有的尚鬼习俗紧密联系起来，从而演变为一年一度的"迎城隍"活动。

除了每年十月的"迎城隍"之外，在平常的日子里，老百姓也经常到庙里烧香祈愿。当时在城隍庙东边还有一座太岁殿，供奉太岁殷元帅。由于这位殷元帅也是被玉皇大帝敕封作为掌管地司九天"杀伐"的神明，因而太岁殿与城隍庙完全连在一起，属于同一体系。据当地老人介绍说：以

---

① 《福建省例》第八册，台湾文献丛刊第 199 种，台北：台湾银行经济研究室，1964 年，第 1200-1201 页。

② 《福建省例》第八册，台湾文献丛刊第 199 种，台北：台湾银行经济研究室，1964 年，第 1201-1202 页。

③ 《福建省例》第八册，台湾文献丛刊第 199 种，台北：台湾银行经济研究室，1964 年，第 1218-1220 页。

前城隍庙（包括太岁殿）还住着两个道士，其中一个名叫"阿九"，由他兼管太岁殿。如果谁家有事，就要到太岁殿去找"阿九"，请他帮助消灾。因为太岁殿里备有各种物品，到那里做比请道士到家里方便得多，而且便宜，因此如果家里有事，很多人都愿意到太岁殿去。笔者在调查中还发现了一份由城隍发出的"执照"。这份"执照"是发给一位六旬老人的，准许他在离开阳世之后可以到阴间当差做事，原文如下：

执　　照

敕封护国鉴察司民威灵公福建都城隍为录充给照事。照得本爵奉旨三元祀典，统理阴阳，凡案下供公各执事悉系各境士庶承充。兹据福州府闽侯县永安境信士林松茂，具禀投充本公府东班军牢，恳请给照前来。本爵默鉴其诚心，除准予收录外，合行给照。为此，照给该军牢虔诚供奉，诸恶莫作，众善奉行，凡属应办公事，务须勤慎办理，以昭诚敬而迓福祥。仍俟阳寿满日，准归本府阴衙原役供公。须至执照者。

本命清光绪己丑年十一月初十日午时建生

民国三十八年三月二十五日于

天运己丑年三月二十五日准充（下略）

从这份"执照"的语气和行文格式来看，与清代常见的公牍文书几乎没有什么两样。

老百姓把城隍当成阴间的地方官。而阴间与阳间相同，那里也有等级森严、位阶分明的官僚体系。除了城隍之外，在它上面还有东岳帝君，此即阴间的皇帝。因此城隍与东岳的关系特别密切。以前福州每年农历三月二十四、二十五两日要"迎东岳"（亦称"迎泰山"），目的是"放鬼"，以让众鬼回家享受人间香火。而十月初一、初二两日又要"迎城隍"出来"收鬼"。一放一收，反映了当时人对鬼神的崇拜及认识。清末钱塘施鸿保在他的《闽杂记》中还记载了这样一件事：

咸丰乙卯（五年，1855）七月三日，（福州）东岳神像首因雷震坠，合城哗然。或谓省城必有大灾，神违天帝旨，救护之故，遂迎城隍及各社神像至庙谢罪，复迎至于山玉皇庙天帝处代求，并请福州府闽侯两县代民祈祷，东岳庙所塑部从各像，皆加枷杻，汹汹弥月。

后来经施鸿保考证，东岳神像的头部被雷震坠其实并不是什么灾变，其原因是福州习俗"塑像先成身，后成首，俟泥干燥后装合，往往不甚胶和，日久易脱，因雷震而坠，固无异也。"① 但这件事却在福州城里引起了不大不小的风波。城隍及各社神像都被迎去谢罪，甚至连福州府闽、侯两县的官员也出来代民祈祷，"汹汹弥月"，可见当时官府和民间对东岳、城隍信仰的深入程度。

三、台湾城隍信仰与福建都城隍

清代台湾长期隶属福建省管辖，因此台湾的城隍信仰与福建是有密切关系的。尤其是在明末清初以后，由于大陆向台湾的移民急剧增多，两岸的关系愈加密切，而福建又是向台湾移民最多的地区，因此闽台两地在风俗习惯、民间信仰等方面都有许多相同之处，城隍信仰也不例外。

台湾第一座官建城隍庙始于明郑时期。据康熙二十四年（1685）蒋毓英《台湾府志》云："府城隍庙，在府署之右，伪时所建，今因之。规模隘小，扩充另建，尚有待于将来焉。"② 由此可见，这座建于台南的府城隍庙最早是由郑氏兴建的，清朝统一台湾后仍把它继承下来。而当时由于财力不足，尚未扩建。至乾隆二十二年（1757），台湾知府觉罗四明才重新修建了这座庙宇，使之规模宏敞，焕然一新③。当时台湾设有一府三县。除了这座府城隍庙之外，康熙五十年（1711），台湾县知县张宏又在台南倡建了该县城隍庙，并为此特地作了一篇《始建县城隍记》④。至康熙五十四年（1715）和五十七年（1718），诸罗、凤山两县亦相继建起了自己的城隍庙⑤。至此，台湾一府三县都有了祭祀城隍的庙宇。以后随着台湾地方设治的不断扩展，各厅、县也仍在继续建造城隍庙。如彰化县城隍庙始建于雍正十一年（1733）⑥，淡水厅城隍庙建于乾隆十三年（1748）⑦，而

---

① 施鸿保：《闽杂记》卷五。
② 蒋毓英：《台湾府志》卷六《庙宇》。
③ 余文仪：《续修台湾府志》卷七《典礼》。
④ 薛志亮：《续修台湾县志》卷七《艺文》。
⑤ 周钟瑄：《诸罗县志》卷四《祀典志》；陈文达《凤山县志》卷三《祀典志》。
⑥ 周玺：《彰化县志》卷五《祀典志》。
⑦ 陈培桂：《淡水厅志》卷五《典礼志》。

在乾隆十四年（1749），台湾水师协镇沈廷耀又在安平另建了一座①。至日本统治的1918年，台湾各地城隍庙已有29座，占全岛各种庙宇的0.83%，居第20位②。

由于祭祀城隍具有官方的性质，而清初以来台湾长期作为福建的一个府，两岸政令相通，因此闽台官方对城隍的祭祀活动是极为相似的。新官上任必须先去敬谒城隍，对神起誓；每月朔望到庙里行香；有事则向神祷告，祈求庇护；等等。范咸《重修台湾府志》云：

> 城隍庙：在郡署之右。凡府、县官新任入境，先谒城隍，然后到任；朔、望俱行香。春、秋无专祭，与风云、雷雨、山川并坛而祀。祀毕，神主置于庙。凡祈祷水旱，必先牒告于庙而后祷于坛③。

陈文达《台湾县志》亦载：

> 城隍庙，祀城隍也。有庙无专祭，合祭于山川坛……每岁三月清明、七月望日、十月朔日厉祭，则府、州、县正官牒告于庙，奉神主之。其各乡厉祭，里民亦祭告于神，请主其祭。凡府、州、县官入境，必须祭于神，然后到任；及祈祷水旱，必先牒告，而后祷于坛④。

综合以上两则记载不难看出，清代任职于台湾的官员对城隍的祭祀几乎与内地完全相同，两岸在祭祀的内容、时间、礼仪等方面都有许多共同之处。不过，如果再细加推敲，亦可发现它们之间也有一些细小的差别：如福州城隍庙在清代增加了春、秋二祭，可是台湾仍是"春、秋无专祭，与风云、雷雨、山川并坛而祀"。又如，福州在合祀于山川坛之后，城隍神主仍安置于坛内，而台湾则是将神主请回，安置于庙。当然，这些差异是极小的，无碍大局，却反映了城隍信仰在闽台各地传播、发展过程中所形成的区域特色。

再者，由于台湾地处海上，风涛险阻，来往不便，加上土地初辟，自然条件恶劣，因此清代任职台湾的地方官员对城隍也更为崇拜。祷告城隍

---

① 薛志亮：《续修台湾县志》卷二《政志》。
② 《重修台湾省通志》卷三《住民志·宗教篇》，台北：台湾省文献委员会，1992年。
③ 范咸：《重修台湾府志》卷七《典礼》。
④ 陈文达：《台湾县志》卷六《典礼志》。

成为他们常做的一件事，这比内地要明显突出得多。如道光初年在台湾先后担任鹿港理番同知、台湾知府的邓传安，在他的文集中就收有四篇牒告城隍的祭文；随后在台湾任台澎兵备道的徐宗幹，在他的文集中亦收有三篇祭城隍文①。这些祭文集中反映了清代台湾地方官员希冀城隍能抑制厉鬼、消除灾害、求风祈雨、保护兵民渡海安全等内容。其中邓传安作于道光八年（1828）的一篇《牒台湾府城隍文》如下：

> 伏以鬼有所归，乃不为厉。中元郊外设祭，载在国家祀典，所以妥无主之游魂，惟城隍尊神，实莅其事。台郡人民，半自内地重险而来，进出鹿耳口为门户。船只或阻浅阻风，不得径出径入，间值滔天巨浸，人力难施，往往失事，其险倍于外洋。如今春领饷弁兵，及秋初游客棺柩眷属，载胥及溺，得生者少，远近伤心，谅亦蒙神怜悯。顾故土之思，人鬼同情。冒险不得其死，死而有知，眷顾依迟，岂肯恋恋海外。近日海吼异于前时，焉知非游魂为厉？往祷设醮，已罄有司之忱。仰惟威灵公爵秩尊显，如一路之福星，海岛商民内渡，必官给照乃行。想幽明事同一体，为此牒呈神鉴，伏冀俯念无主游魂，陷于险远，思归不得，默赐引导，护还故乡，得享族类埋祀，不淹滞于寂寞荒埔。俾海外长庆安澜，实千里无疆之福。道光八年七月十五日，福建台湾知府邓传安谨牒②。

至于民间，他们对城隍亦有同样的祈求心理。由于移民渡台风险极高，因此很多人把家乡的神明香火也随身带往台湾，抵达后就在住地供奉起来，一俟筹有资金即兴建庙宇。清代台湾的城隍庙虽然大多由官府兴建，但也有一部分是由民间自己建造起来的，这些庙宇被称作"移民城隍"。如台北市延平区的霞海城隍庙，据说就是道光年间由同安人陈金绒自家乡"分灵"而来的。先被安奉在艋舺的经商店铺里。至咸丰三年（1853），由于台北发生"顶下郊拼"，同安人在混战中将金身抢出，奉往大稻埕，不幸中途又遭到袭击，死亡38人。后来，同安人就在大稻埕集资兴建庙宇。除了主祀城隍神外，还配祀了在这次救护城隍中死亡的38名

---

① 邓传安《蠡测汇钞》、徐宗幹《斯未信斋文集》。
② 《蠡测汇钞·问俗录》，北京：文献书目出版社，1983年，第44页。

"义勇公"。该庙宇于咸丰九年（1859）三月落成，至今香火鼎盛①。

清代大陆移民前往台湾，大部分是经由厦门、蚶江等口岸东渡的，但福州五虎门也是与台湾对渡的口岸之一，而且官员要到台湾履任，有很多人必须先经过福州，因此福州城隍庙与台湾也有一些关系。笔者在福州北部的"龙峰泰山庙"里，曾看见两幅清代保存下来的城隍壁画，其中左边的一幅即绘有台湾府城隍的形象，与其他内地府州城隍一起（共有十府二州城隍，左边是兴化府、泉州府、建宁府、汀州府、台湾府、永春州，右边是福州府、漳州府、延平府、邵武府、福宁府、龙岩州），共同向端坐在大殿里的东岳帝君敬谒。这些城隍群像虽然不是出现在"福建都城隍"庙里，但从中也可以看出福州在闽台城隍信仰中的地位及当时的两岸关系。

在福州城隍庙内（即1990年新建小庙），笔者还发现在最近几年两岸的交往过程中，台湾岛内的一些庙宇已开始组团到福州敬谒城隍祖庙。如1990年9月（农历，下同），台南县保安宫首次组团前往谒祖进香。1991年9月，南投县竹山镇的灵德庙亦有54人组团前来，共捐香油资新台币25000元，个人捐资折合人民币15535元（以上据该庙《功德碑》）。1992年10月，竹山镇的灵德庙再次组团到福州，并于次年托人为"福建都城隍庙祖殿建设"捐款25000元新台币（据该庙《通告》）。至1995年5月，灵德庙第三次组团前来，共有52人，并为祖殿建设再捐款10余万元人民币。由于台胞的热情捐助，加上海外捐款及各方筹集，现在福建都城隍的祖殿已在原址上动工兴建，估计年底可以完成。

上述四次台胞谒祖进香团，其中第一次为台南县六甲乡的保安宫。但查阅新近出版的《重修台湾省通志》宗教篇，台南县共有"保安宫"16座，其中却没有六甲乡保安宫的任何记载②。不知何故。除了这次外，其余三次都是由南投县竹山镇的灵德庙组团前来。这座庙宇与福州城隍庙的关系倒是十分密切的。据管庙人介绍说，灵德庙组团前来进香时，曾谈到该庙的城隍是从福州"分灵"过去的。原来在很久以前，竹山镇有个人曾经发愿，以后他的儿子如果会成才发达，他愿办一些公益事业。后来他的

---

① 《台北市发展史》第四册，台北：台北市文献委员会，1983年，第736-737页。
② 《重修台湾省通志》卷三《住民志·宗教篇》附录"民间信仰及道教等寺庙概况表"。

儿子果真科举中式，在福州当官，回去时就把福州的城隍"分灵"过去，放在家里供奉。此后，竹山镇建起了灵德庙，他们的后代又把这尊神像贡献出来。查灵德庙始建于道光十一年（1831），主祀城隍神①。如果这个说法属实，灵德庙与福州城隍庙的关系已是相当久远了。

当然，福州城隍庙作为闽台两地的城隍祖庙，它与台湾的关系应该远远不止这些。要对这个问题进行深入研究，只有等待机会对两岸城隍庙进行深入的田野调查才有可能。本文仅仅是初步探讨而已，不足之处尚请批评指正。

（本文原载于《现代台湾研究》1996 年第 2 期）

---

① 《重修台湾省通志》卷三《住民志·宗教篇》附录"民间信仰及道教等寺庙概况表"。

从官方到民间：安溪城隍信仰的历史考察

从传播路径的角度看，中国民间信仰可大致分为从民间到官方和从官方到民间两个大类：前者如妈祖信仰，是从底层崇拜开始再被官方列入祀典；而后者如城隍、关帝信仰，则是从官方祭祀为主逐步走向民间。官方与民间的互动，以及在此过程中所体现的社会历史意义，一直是学术界关注的焦点①。

1995 年，笔者曾以福州城隍庙为中心，具体考察这座庙宇的历史沿革及其与台湾的关系等，指出至少在清乾隆以后，福州城隍庙就已经完成了从官祀到民间普遍崇祀的转变，老百姓每年都要迎请城隍出巡，这与官方的祭祀完全不同，并受到官府的强烈反对和约束，但成效不彰②。其他地方的情形如何？本文拟以安溪城隍庙为中心，从历史的角度对其演变过程进行考察，并着重探讨在这演变过程中的官民互动及其意义。

一、历史沿革与官方祭祀

安溪城隍庙是福建省内一处较早供奉城隍的庙宇。关于它的历史沿革，现在能查到的最早记载是明嘉靖《安溪县志》，其卷二《庙祠》云：

> 城隍庙，在县治东南。唐保大十四年建。国朝景泰二年邑人
> 陈贞德修，成化年间知县谷廷怡、吴英相继修建，成化十五年典

---

① 相关研究成果甚多，参见巫仁恕：《节庆、信仰与抗争——明清城隍信仰与城市群众的集体抗议行为》，《"中央研究院"近代史研究所集刊》第 34 期，台北："中研院"近史所，2000年，第 149-210 页；李焯然：《城市、空间、信仰：安溪城隍信仰的越界发展与功能转换》，复旦大学文史研究院编《都市繁荣——一千五百年来的东亚城市生活史》，北京：中华书局，2010 年，第 212-229 页；等等。

② 杨彦杰：《福州城隍庙与闽台城隍信仰》，《现代台湾研究》，1996 年第 2 期。

史蔡珍重建后堂三间，嘉靖己亥知县殷棨重建，以后堂改为神寝①。

上引资料谈到安溪城隍庙始建于南唐的保大十四年（956），从这以后，历次重修的重点都放在明代。明嘉靖以后的修建情况如何？清乾隆县志又有较完备的记载，亦引录于下：

（嘉靖）三十九年毁于倭，令蔡常毓重建。国朝康熙十二年，令谢宸荃重修前后殿宇；四十年，令戎式宏重修，令曹矿续修；五十四年，令曾之传新建后堂为住持丈室。乾隆十年，令何隆遇铺拜亭前后坪；二十一年，令庄成重修殿堂门庑，焕然一新，并捐租二十一桄为香灯之资，有记②。

以上这两段记载，基本囊括了明清两代安溪城隍庙重修与重建的历程。在这个时期内，该庙经历了十余次修建，绝大部分都是由知县主持的，足见在清乾隆以前官方对城隍庙的重视，以及这座庙宇作为安溪县的祀典庙之一所体现出来的官方色彩。

安溪城隍庙位于县城东侧，紧邻官府衙门，其遗址就在今小东街实验小学内③。该庙在明嘉靖初年还很狭隘。詹源副使撰写的《重建安溪县城隍庙记》云："安溪城隍庙在县治东界，相承至今，随时修建，因仍苟且，未有能恢张振作而高大之者。故其木植蠹腐，规制卑隘，日将就圮，殊失崇本之意。"县令殷棨甫下车，"睇观恻然，即有志兴作，而未遑也"。至嘉靖十七年（1538）孟冬才开始动工，至次年季秋告竣，前后历时整整一年。此次修建"易卑隘而就亢爽，更蠹腐而为闳壮"，面貌为之一变，因此"民远近来观者，莫不称叹，谓自有县治以来，未之有睹也"④。嘉靖年间的这次重修，很大程度上改变了安溪城隍庙"卑隘"的面貌。足见官员重修城隍庙，不仅是他们的职责所在和政绩体现，而且从官民互动的角度看，也是向百姓展示官府权威，用气派的建筑向民间社会传达令人"称叹"的信息，这一切对于推动城隍信仰的扩展也有其不可忽视的意义。

---

①　嘉靖《安溪县志》卷二《庙祠》，上海古籍书店影印本，1963年。
②　乾隆《安溪县志》卷一《城署》，载《中国地方志集成·福建府县志辑》第27册，南京：江苏古籍出版社，上海：上海书店，成都：巴蜀书社，2000年。
③　新编《安溪县志》下册，北京：新华出版社，1994年，第1075页。
④　嘉靖《安溪县志》卷七《文艺》。

官府对城隍信仰的重视除了体现在不断主持修建庙宇之外，每年三次迎请城隍神主祭厉坛及上任、卸职前的诣庙祭拜等，也是相当重要的内容。

按明朝制度，洪武帝登基以后，为以神设教，达到阴阳共治的目的，于是诏封天下城隍，自京师以下，府、州、县分别称为"威灵公""灵佑侯""显佑伯"。至洪武三年（1370）又诏革封号，仅称"城隍之神"，并下令各地城隍庙"毁塑像"，"造木为主"，取塑像"其泥涂壁，绘以云山"，恢复儒家礼制①。而安溪"县僻一隅，吏不虔奉诏书，称显佑伯，像衣黄如故"，并没有把城隍神像易为木主②。每年的清明、七月十五、十月初一则都要遵制迎请城隍神像到厉坛主祭，春秋祭日官员又要到城隍庙祭祀。有关这方面的礼仪颇为严谨庄重，形成了一整套规范。以下引乾隆《安溪县志》记载的"厉坛仪注"作为参考：

> 《会典》开载：每岁清明日、七月十五日、十月朔日，祭无祀鬼神于本城之北郊。府州称郡厉，县称邑厉。先一日，委官打扫坛宇。至期，承祭官穿补服先诣坛，祭品帛、爵、猪、羊、酒、果安于棚内正中，棚外两旁设孤魂牌位，牌写"孤魂之位"，东西相向，各列香茶、纸烛、馒首、酒肉、米饭。委员迎请城隍神像赴坛。神像至坛，与祭各官于棚外旁立，候过，安神像于正中。主祭官公座，佥名毕，引生引主祭官诣盥洗所盥手，至行礼处立，陪祭各官以次立。通唱：上香。引生引主祭官于城隍神位前立，先上炷香，拱举安于炉内，后上瓣香，行一跪三叩头礼毕。通唱：奠帛，行三献礼。引生引主祭官于神位前，跪，献帛。通唱：读祝文。读毕，初献爵、亚献爵、三献爵。……通唱：捧祝帛，各诣燎位。焚化孤魂牌纸、祝帛、纸钱。礼毕，恭送城隍神像于庙内，与祭官于棚外旁立，候过，各官退。邑厉知县主祭，佐二、吏目、典史等官陪祭。

> 凡地方官春秋致祭城隍庙，皆行一跪三叩头礼，上香、献爵如前仪③。

---

① 《明史》卷四九《礼三·城隍》。
② 康熙《安溪县志》卷二《山川形势》，安溪县志办影印本，1987年。
③ 乾隆《安溪县志》卷二《祀典》。

由此可见，安溪历任官员，自明至清，均按此规矩郑重其事地迎请城隍出巡主祭或诣庙致祭。官员崇祀城隍除了仪式的整齐规范之外，出巡道具的显赫也是体现神权威严的重要象征。乾隆二十年（1755），安溪县令庄成开始整修城隍庙，首先就是从銮驾执事开始的：

> 县有城隍，以理阴也。城隍称伯，重其任，故崇其爵也。伯爵之封，肇自前明洪武元年，自都城达于寰宇无异。安虽僻在一隅，其虔奉敢或后欤？惟是爵既封伯，则乘舆仪卫应与爵称。凡春秋厉祭以神主之，祭日迎神至坛，所有舆从，务整且齐，显赫与王侯等。以故神之灵无微不烛，亦有感必应。安独简陋，一切未备，我贤侯庄公目睹怃然。乾隆二十年九月，首先捐制銮驾执事，维时学、尉、驻防俱各乐输，而诸生龚从龙、书吏林纶等踊跃从事。由是神出，望之肃然①。

神明出巡仪仗队伍威严整齐，銮驾执事一应俱全，这种阵势与建造宏大的庙宇一样，与其说是为了体现神明的崇高地位，还不如说是在彰显官府权威，以让百姓心生敬畏，"望之肃然"。

至于官员到任或卸任前的诣庙祭拜，同样具有官方礼仪的性质。康熙初年，安溪知县谢宸荃在主持修建城隍庙并续修《县志》时，就从嘉靖三十一年（1552）的旧志中抄录了新官上任及卸任辞行前须到各祠庙"遍谒"的礼仪规范，以备官员使用②。因而，从明朝至清朝初年，官府对城隍神的崇拜一直遵照礼制进行，不仅庙宇常修，而且仪仗整齐，銮驾显赫，形成了一整套祭祀的礼仪规范。官府必定要每年三次迎请城隍出巡主祭，官员上任和卸任时也要到庙里敬谒祭拜。这些措施一方面体现了官方以神设教的常态作为，另一方面则是通过年复一年的制度性出巡祭祀，向世人展示神权的威严与庄重，同时也自然成为普通百姓模仿官府权威的样板。

清乾隆以后，普通百姓游城隍的活动跃然兴起，安溪城隍信仰也因此发生了重大改变。

---

① 《重修城隍庙碑记》，郑振满、丁荷生编纂《福建宗教碑铭汇编·泉州府分册》中册，福州：福建人民出版社，2003年，第835—836页。
② 康熙《安溪县志》卷九《祠礼》。

二、城关游城隍的兴起与演变

安溪城关何时出现群众性的游城隍活动？目前尚未有专门讨论。查找现存的三种明清《安溪县志》，可以发现，在明朝的嘉靖志和清朝的康熙志里，都只有记载安溪城隍庙的历史沿革等内容，没有只言片语提到老百姓崇拜的情况，而至乾隆《安溪县志》情况发生了变化，增加了城关百姓游城隍的内容，详下：

> 二月初二日，各村俱祭土地，名为做福。是月，邑内陈鼓
> 乐、结彩棚，迎城隍神会，通衢热闹，游观甚众①。

这段记载虽然只有几十个字，但十分重要，它是我们看到的描述安溪城关游城隍的最早记载。

上引《安溪县志》刊于乾隆二十二年（1757），而在此时，时任安溪知县的庄成刚主持完成了修建庙宇、整顿仪仗、设立香灯田等事务，因此这时候的官方崇拜城隍与民间游神活动并存；而且从记载的内容看，此时城关"迎城隍神会"已经规模不小，显然在此之前就已存在，只是在修志时才引起了官方的注意并被记录下来。

反过来从另一个角度看，在乾隆修志之前，是康熙十二年（1673）由知县谢宸荃主持纂刊的《安溪县志》，而此志并未有游城隍的任何记载。这说明，安溪城关的游城隍活动，最早不会早于康熙十二年修志的时候，极有可能是在康熙末年至乾隆初年这段时间出现的。

一个大规模的游神活动，需要大量的物资财力做支撑，这与当地的经济发展状况是密切相关的。在康熙末年亦即18世纪初的时候，安溪县的社会经济还很不发达。乾隆《安溪县志》有一段回顾对比性的文字颇能说明问题，特引于下：

> 五十年前，邑城之列肆而居者竟寥寥也，布帛之细者未尝鬻
> 于市，海物之鲜者未尝鬻于市，文房四宝以及珍奇玩好之可藏而
> 可贵者未尝鬻于市，乡有日中为市，亦大约服食器用之粗而贱者
> 为多。今自城至乡，致民聚货，屋相比，趾相错，逐末者多而驱

---

① 乾隆《安溪县志》卷四《节序》。

利者巧，始图什佰，继图倍蓰，甚至计毫厘算锱铢，以巧致穷，因穷愈巧，此风亦相竞使然也①。

作者有感于当年社会风气的变化写下了这段文字。而从乾隆县志的编纂年代看，往前数50年正好是康熙四十六年（1707）左右，那时的安溪城关还很落后，日常生活的细布、海鲜都买不到。而到乾隆修志时，即18世纪中叶，安溪城乡商业已经相当发达，商民聚货"屋相比，趾相错，逐末者多而驱利者巧"，风气为之大变。虽然作者是在针砭那时的人心不古，但从研究者的角度，这段不经意间留下的文字恰恰说明了为什么乾隆初年安溪城关的"迎城隍神会"会如此排场，以致"通衢热闹，游观甚众"。换句话说，从社会经济史的角度观察，安溪城关的游城隍活动是在18世纪中叶之前不久才发展起来的。

随着安溪社会经济的不断向前发展，至嘉庆年间，城关的游城隍活动已经达到了高潮。至今仍保存在城隍庙的《清溪城隍造船碑记》云：安溪城隍庙"每年春斋醮迎傩，不惜重费，礼节殷繁。在邑中者乡例：四街岁各举一人董其事。虽殷礼尽物，咸秩叙而荐焉，不敢辞也"②。这块碑刻立于嘉庆十七年（1812）二月，是由安溪知县夏以槐撰写的。从碑文描述的内容看，当时游城隍的规模已相当浩大，而且实现了制度化。所谓"不惜重费，礼节殷繁"，担任董事之人"殷礼尽物"，经济负担是相当重的。

安溪城关的游城隍活动直至1949年以后才取消。有关它的盛况，当地文史工作者已经做了调查并有撰文记述③。为节省篇幅，以下仅引录一段新编《安溪县志》的记载作为参考：

县城每年农历三月迎"城隍公"，"土地公"抬最前头，接着大锣开道，特制的"八爷""九爷"（无常鬼像）跟着，穿"勇"字或"卒"字制服的人，执举卅六把"驾"（木制的古兵器模样），"兵卒"护驾吆喝过市。清末民初，全县十八里，都曾组成化妆"故事"参加迎巡，轮当头的，大宴宾客，引为福耀④。

① 乾隆《安溪县志》卷四《风土》。按：上引原文均将"鬻"刻为"粥"字，径改。
② 郑振满、丁荷生编纂：《福建宗教碑铭汇编·泉州府分册》中册，第840页。
③ 《安溪城隍庙志》，安溪城隍庙管理委员会编印，2007年，第23—27页。陈其新：《安溪城隍情系两岸》，安溪县政协文史资料委员会编《安溪文史》总29期，2010年10月。
④ 新编《安溪县志》下册，第1122页。

这里有两个细节值得一提：

（1）游城隍的时间。前引乾隆县志记载是每年农历"二月"，而后人的记述大都说是每年农历"三月"，究竟何时调整了巡游时间，需要进一步查考，但至少说明这个活动有一个发展和演变的过程。

（2）游城隍的性质。乾隆《安溪县志》的记载显然与出迎土地神即"做福"有关，而嘉庆年间的碑刻则说成是"斋醮迎傩"，今人追忆也强调"做醮""迎傩春巡"，具有"驱鬼"的色彩①。安溪城隍神从土地"伯主"到具有驱邪赶鬼功能的"大傩"，应该在嘉庆初年就已经形成。而游城隍的时间从农历二月调整到三月，显然也与这个认识上的变化有一定关联，只是如今我们还找不到嘉庆年间游城隍是否在三月举行的确切记载②。

安溪游城隍具有"迎傩"的性质，因此每次出巡"八爷""九爷"、功曹判官、兵差衙役从庙里吆喝而出，声势排场令人生畏。而从巡游队伍里的"回避""肃静"，前面鸣锣开道、兵卒执举兵器仪仗、簇拥銮驾行进等情景来看，又显然模仿官府出巡的仪式与阵容。官方祭祀城隍的礼仪与民间巫道文化、群众性娱乐活动相结合，形成了安溪城关每年游城隍特有的人文景观。

这种游城隍活动在清朝、民国年间是十分普遍的。从省城到府县，从沿海到山区，所在多有。而官府对于老百姓仿照官方又杂糅鬼神崇拜的迎神赛会，多持反对态度。乾隆二十四年（1759）福建巡抚部院发布的一道禁令云：

> 省城有东岳、城隍等会，俱系日间出迎，春祈秋报，应从民便。但有装扮鬼脸奇形异状，持斧弄叉者，不下百十余，并有身装临决重囚，于示众牌内开写代父代母字样者，更属不经恶习，

---

① 陈其新：《安溪城隍情系两岸》，安溪县政协文史资料委员会编《安溪文史》总 29 期，2010 年 10 月，第 96-98 页。

② 嘉庆十七年立有两块安溪城隍庙碑刻，只提"每年春斋醮迎傩"和"每年春季，士民仿依古礼设醮迎傩"，未提具体月份（参见郑振满、丁荷生编纂《福建宗教碑铭汇编·泉州府分册》中册，第 840-841 页）。按：关于游城隍的时间，后人还有一种说法，是"年例选定清明节前后，择定一天最不好的日子，为迎傩盛典日"（见安溪城隍庙建委会供稿、黄咏祥整理：《"八闽第一"的安溪城隍庙》，安溪县政协文史资料委员会编《安溪文史》总 16 期，1999 年 1 月，第 84 页）。其实，清明节不一定在农历三月，有的年份在农历二月。由此观之，嘉庆十七年碑刻的记述或许更加准确。

一体禁止①。

同治十年（1871），署闽浙总督、福建巡抚部院再次发布一道禁令，其中与"迎城隍"有关的就有三条：

一、不准沿街张贴某神行台、公所字条，如威灵公、太子、及马元帅、温将军各行台、大班公所、随驾公所之类。

二、不准扮作长爷、矮爷。长爷有名谢必安，矮爷有名犯无救者，此皆无稽之谈，何必习其形似？

三、不准假扮凶恶罪犯。始犹出自儿童，迄后年壮之人亦多演扮，甚至蓄发赭衣，备诸丑态，情殊可恶！②

上述所谓的"长爷""矮爷"，就是前面提到的"八爷""九爷"；而为城隍设立行台也是各地常见的项目，安溪也不例外③。所不同的是安溪游城隍意为"迎傩"，因而没有其他地方装扮囚犯的队伍。但无论如何，这些"无稽之谈"的做法是省城督抚官员再三反对并明令禁止的，但到了安溪地方，我们却发现这些禁令并没有被执行，相反，在地官员对民众游城隍活动采取了认可和支持的态度（详后），以致从乾隆至民国，官方祭祀的色彩日淡，而民众游神活动愈益成为当地城隍信仰的一项重要内容。

随着城隍信仰日益民间化，在经济繁荣扩张的背景下，安溪城隍信仰也伴随着移民经商的脚步逐步向外播展。

据新编《安溪县志》记载，仅台湾一地，自清代以来供奉安溪城隍的庙宇就已发展至222座之多④。另外，文史资料反复提到该城隍还传到新加坡的韭菜芭、杨桃园和印尼、马来西亚、文莱等国，以及泉州所属石狮、晋江、南安各县的100余处⑤。笔者新近发现，在泉州城内就有一处城隍庙是由安溪商人捐建的，其立于道光三十年（1850）的碑刻具体反映

---

① 《福建省例》第八册，台湾文献丛刊第199种，台北：台湾银行经济研究室，1964年，第1200-1201页。

② 《福建省例》第八册，台湾文献丛刊第199种，台北：台湾银行经济研究室，1964年，第1218-1220页。

③ 关于安溪城关游城隍设立行台的记述，参见《安溪城隍庙志》，第24页；陈其新：《安溪城隍情系两岸》，《安溪文史》总29期，第97页。

④ 新编《安溪县志》下册，第1075页。

⑤ 安溪城隍庙建委会供稿，黄咏祥整理：《"八闽第一"的安溪城隍庙》，《安溪文史》总16期。关于安溪城隍在国内外传播的详情，参见《安溪城隍庙志》，第45-75页。

了安溪商人与庙宇的关系：

> 我安邑僻处山陬，五谷货物，全赖桐城买运，以资民用。居贾行商，概不乏人，皆住泉南土地后绣壤之所，爰集同帮，并伸立盟。天上圣母、显祐伯主，聿新神像，威光普照。道途来往之平安，惟资伯主；舟楫流通之吉庆，咸赖天妃。然聪慈惟一，均庇商民；怜恤无私，乘除交尽。知其功者，铭心刻骨；沐其恩者，书绅佩帷。至道光十二年，佥议依土地后渡头，就公行所建作庙宇（下略）①。

这块碑刻是由安溪在泉经商的团体"金合顺"等设立的。他们从安溪来到府城，"爰集同帮，并伸立盟"，有感于神明的庇佑，于是公议将泉州城南土地后渡头的公所改建为庙宇。从道光十二年（1832）开始动工，至三十年（1850）才最后完成，共分四次修建，计费银约 2200 余圆。该庙的中殿供奉安溪城隍神，后殿供奉天上圣母。上引碑文云："道途来往之平安，惟资伯主；舟楫流通之吉庆，咸赖天妃。"也就是说，在安溪商人看来，城隍"伯主"是保佑他们陆路平安的神明，而妈祖则是保佑水路安全的，城隍与妈祖都是安溪商人们深以为赖的保护神。安溪城隍在游神时被视为"大傩"，而对于外出经商或迁往外地的人来说则是"伯主"。神明功能与身份的演变和多样化，既是百姓神明崇拜日积月累的结果，也是神明信仰继续向外播展的文化资本。

三、官民互动与安溪城隍信仰

巫仁恕在探讨明清城隍信仰的社会意义时，认为民众的城隍信仰往往成为对抗官府的集体抗争之象征。作者认为，明代中叶以后，城隍神在仪式、神格与庙宇功能等三方面的变化，都深深影响百姓的观念。官方祭祀城隍仪式被民间世俗化，城隍神从儒家形象逐步变成可与阳间地方官抗衡的"阴间司法审判官"形象，而城隍庙的高大雄伟又成了民众经常集聚的场所，这一切使得民众在对抗官府时往往选择了城隍信仰②。作者的讨论

---

① 《建立城隍庙》碑，该碑现存泉州南建筑博物馆。郑振满、丁荷生编纂：《福建宗教碑铭汇编·泉州府分册》上册，第375-376页。

② 巫仁恕：《节庆、信仰与抗争——明清城隍信仰与城市群众的集体抗议行为》，载《"中央研究院"近代史研究所集刊》第34期，第149-210页。

具有启发意义。然而，从官府的角度出发，他们如何看待民众的城隍信仰，也是值得关注的问题。因为游城隍的官方立场显然与上述讨论有关，而安溪就是一个例子。

平心而论，官府对民间的城隍崇拜并不是没有看法的。康熙《安溪县志》说：安溪"县僻一隅"，城隍仍称为显佑伯，"而民间言永乐时神有功于朝，诏封为伯，齐东之语也"①。也就是说，在修志者看来民间所谓安溪城隍有功于朝而被"封伯"的传说，完全是无稽之谈。

而官府崇祀城隍的目的是统御百姓，他们从统治者的立场出发，也在利用民众崇敬城隍的心理来为其服务。明嘉靖年间知县殷棨重修城隍庙，碑记说"若侯城隍之建，则固以其有功于民，合诸祀典，是正民义之所以当务"②，也就是说，修建城隍庙是把遵"祀典"与"正民义"联系起来的事情。

明代中叶以后，城隍神日益由儒家神演变为人格神再成为"阴间司法审判官"的形象，城隍能捍患御灾及审断奇案等神迹在民间社会广为流传。而官府也常利用城隍的这些功能为其服务。嘉庆知县夏以槐撰《清溪城隍造船碑记》云："吾闻之，为治者先成民，而后致力于神。安溪城隍尊神，灵应如响，水旱疾疫，凡有求必祷焉。率斯邑者，有大疑狱不能决，一质于神，无不立剖。"③ 所谓"为治者先成民，而后致力于神"，实际上是把治民与祀神有机结合在一起。

安溪民间至今仍流传着县官依靠城隍神破案的故事。乾隆初年，县令庄成曾在城隍庙开设阴阳庭审理、破获凶杀案，事后他亲题"真灵光"匾额悬于庙中。道光年间，县令黄宅中又以受城隍托梦破获了青竹奇案，后来他也为城隍庙题赠了"是梦觉关"的匾额④。这些例子无不说明，清朝官员也在利用城隍神"阴间司法审判官"的功能来为其统治服务。这个神明的角色功能不仅有利于民间用来制衡官府，同时也有利于官府用来驾驭

---

① 康熙《安溪县志》卷二《山川形势》。
② 嘉靖《安溪县志》卷七《文艺》。
③ 夏以槐：《清溪城隍造船碑记》，郑振满、丁荷生编纂《福建宗教碑铭汇编·泉州府分册》中册，第840页。
④ 《安溪城隍庙志》，第31-35页；陈其新：《安溪城隍情系两岸》，《安溪文史》总29期，第95页。

百姓，因而，官府与民间对城隍神的崇奉有其相互交织的共同点。

明清时期的官员显然很了解城隍神的这个功能。乾隆《安溪县志》载有官员祭厉时宣读的祝文：

> 凡我一县人民，倘有不孝不睦、侮法欺善、种种奸邪不良之徒，神必报于城隍发露其事，使遣官府，轻则笞决杖断，重则徒流绞斩。若事未发露，必遭阴谴，使举家并遭灾害。如有克孝克睦、守法为善正直之人，神必达于城隍阴加护佑，使其家道安和、农事顺遂、父母妻子保守乡里。我等官府，如有上欺朝廷、下枉良善、贪财作弊、蠹政害民者，灵必无枉，一体昭报。如此则鬼神有鉴察之明，官府非谄谀之祭。尚飨①。

官府以神设教，利用鬼神的"鉴察之明"来统治百姓、约束自己。尽管这样的宣誓都是官样文章，但对于一个官民普遍崇奉城隍的社会来说，这样的誓词多少有其心理上的制约意义。

正因为官府和民间都在利用城隍信仰，因此一方面促使城隍崇拜由官方而至民间迅速扩展，另一方面也使得清朝的安溪官员对于民间游城隍活动不仅没有限制，反而予以认可和支持。

乾嘉年间，安溪游城隍迅速发展，此时官府为了体恤民众负担，特捐俸倡置了两只溪船交由董事去运货生息，补贴醮费，并出示严禁役吏派扰。嘉庆十七年（1812）《安溪县城隍庙示禁碑》云：

> 特授安溪县正堂加五级、记录五次夏，为示谕事。照得安邑敕封显祐伯城隍尊神，理阴赞阳。每年春季，士民仿依古礼设醮迎傩。曾经前升县叶捐俸倡题，置造溪船二只，给照付董事雇工，专运往来商货，按日取其余息，以为醮费。所有一切差使运盐等项，概免派扰在案。缘日久废弛，澳甲船差复行封拨。兹据举人郭得捷、生员王应荔及耆民人等金呈前来，除批示并给照外，合行示谕。为此，谕仰各临口并运馆船差等知悉：嗣后如遇城隍尊神船只往来，即便验照放行，毋得留难，藉端派运，有干重究。勿违！特示。

---

① 乾隆《安溪县志》卷二《祀典》。

嘉庆拾柒年贰月　　　日示①

发布此道示谕的是安溪知县夏以槐，而在他之前就有知县叶鸥海立下了设置溪船的规矩，他只是在重申这两条城隍船只不许派扰的禁令。从中可见，当时的安溪县级官员对民众游城隍活动是一直采取支持和认可的态度的。有意思的是，从乾隆开始，福建巡抚部院等衙门就已多次发文严禁游城隍，而安溪地方官员却没有执行。上引碑文将此活动说成"士民仿依古礼设醮迎傩"。这个"仿依古礼"似乎是重要的理由。在地方官员看来，它就是顺应民意又不破坏传统的良善行为，因此可以公开支持而不致受到谴责。官员的言语技巧与官民之间的互动，使安溪祭祀城隍的活动一直延续下来，在上级官员屡申禁令的背景下从未间断。

四、讨论与结论

神明崇拜与社会的关系一直是学术界关注的焦点。在传统社会里，人们祭祀神明不仅是为了满足精神上的需求，同时作为社会生活的一部分，神明崇拜及其演变也具有重要的社会意义。

安溪城隍庙作为福建省较早建立的城隍庙宇之一，始建于南唐保大十四年，其演变历程与其他地方的城隍信仰是基本一致的。大致在清朝初年以前，安溪城隍庙一直保持着官方祭祀的色彩。庙宇的维修重建主要由知县主持，每年清明、中元、十月初一官府都要迎请城隍神像到厉坛主祭，春秋祭日及官员上任卸任之时又要到庙里祭拜，并由此形成了一整套礼仪规范。这些制度性的"出巡"祭祀，配合官府仪仗队伍的威严显赫及庙宇建筑的高大雄伟，年复一年，不断向民间社会展示官府的权威，以及神权不可侵犯的意义；而从另一个角度看，官方祭祀城隍的威严和排场也成了民间仿效官方仪式的样板。

随着普通百姓祀奉城隍的日益普及，至少在乾隆初年，安溪城关已经出现了民众自发组织的游城隍活动。这个活动的出现与安溪地方社会经济的发展是密切相关的。据乾隆《安溪县志》记载，在康熙年间安溪城关的商业活动还很萧条，而至乾隆初年亦即18世纪中叶，安溪城乡已经是商业

---

① 按：此碑仍存安溪城隍庙，以上碑文按原碑整理校对。

活动十分活跃，商民聚货"屋相比，趾相错，逐末者多而驱利者巧"，风气为之大变。经济的繁荣一方面促使民众游城隍的活动迅速走向兴盛，从而取代官方遵例"出巡"的仪式成为安溪城隍信仰一项最主要的内容。另一方面，随着经济的繁荣，不少商民外出谋生，因而进一步促使安溪城隍信仰迅速向外播展，从安溪传播到泉州及其周边地区，乃至台湾及东南亚各地。

经济的发展是安溪城隍信仰从官方走向民间的一个十分重要的社会因素。而官方对民间崇拜城隍的态度也是一个不容忽视的问题。以往学者在研究官方与民间的互动关系时，比较倾向于把官、民作为对立的两极来处理。事实上，在传统社会中，官府作为普通百姓的统治者，确实是站在统治阶级的立场对百姓进行驾驭和压榨的，他们之间是对立的，这一点没有疑问。但是如果我们把官、民放在一个特定的社会系统来观察，他们又是一个矛盾的统一体。官方对于民间或者民众对于官府，这两者在相对和缓时期也有互相妥协、包容的一面。安溪城隍信仰在清乾嘉以后已经迅速转向民间，而安溪地方官员并没有采取压制的态度，反而置省府衙门之三令五申于不顾，对民众的游城隍活动予以容忍甚至设置溪船、补贴"醮费"，公开表示支持。

安溪地方官员的这种作为是很值得我们思考的。除了地处僻远，上级政令难以畅通之外，从城隍信仰的角度来看，至少有两点值得注意：其一，安溪城隍神从明清以后就已经从人格神转变为"阴间司法审判官"的角色了。"鉴察之明"，"灵应如响"，不论是官方还是民间对此都是一致认同的。因此，官方利用民众敬畏城隍"鉴察"的社会心理来统御百姓，也是他们乐见民众崇奉的一个理由。其二，安溪民众游城隍是把城隍当成能够驱邪赶鬼的"傩神"或保佑一方平安的"伯主"来看待的。所谓每年春季要"斋醮迎傩"，倾城参与，即是指此。这种"迎傩"的活动与其他地方的游城隍明显不同，它不仅没有他处常见的"囚犯"队伍（象征阴间司法审判），而且还被视为民众延续传统"古礼"的良善习俗。地方官员对民众游城隍的认可和支持，显然与清代安溪城隍信仰的历史演变及其文化特质密切相关。

城隍信仰从官方走向民间，作为观察神明崇拜与地方社会的一个窗口，有其价值和意义。清代安溪城隍信仰日益世俗化，并没有出现官方禁止民众游城隍的事件，相反，官员则表示肯定和予以支持。明清以后，城隍信仰的世俗化一方面使得民众集体抗争事件可以利用城隍作为象征，另一方面城隍信仰的民众基础也可以成为官府利用的工具，这两者为一体两面。安溪的城隍信仰及其演变，以及在此过程中的官方角色与作为，则向我们提供了一个可资参考的案例。在对待城隍信仰的问题上，官民之间简单的两极对立并不是完美的解释。从某种意义上说，清代安溪地方官员采取容忍和支持的态度，是基于当地社会文化的基本现实，它有利于安溪城隍信仰的迅速发展，而且在此基础上，也有利于安溪城隍信仰在移民的带动下不断向外播展。

（本文原载于《东南学术》2015 年第 1 期）

英雄祖先与地方保护神

——以诏安县城北关"跑贡王"为例

　　关于闽台地区的"祖神"崇拜，笔者已有多篇文章进行讨论①。一方面，这种崇拜从性质上说介于祖先和神明之间。也就是说，从同姓族人的角度看，他们崇奉的对象既是自己的祖先，也是神明。然而从异姓崇拜者的角度说，他们祭祀的就不是祖先，而是被社会大众普遍接受的神明了。这种"祖神"崇拜如何从某姓祖先演变成社会的保护神，就是一个值得关注的问题。另一方面，这种"祖神"崇拜不仅客家地区有，在闽南福佬人居住区也明显存在，因此具有跨族群的区域文化特征。本文所要探讨的诏安县城北关所谓的"跑贡王"活动，就是一个存在于闽南福佬人居住区的个案。这一探讨可以让我们更清楚地了解在闽南地区的"祖神"崇拜中，祖先与神明不同角色如何被混合转换，以及民间崇拜活动与地方社会多重历史文化因素的相互关联。

一、漳州地区的陈元光崇拜

　　诏安是福建省最南部、紧邻广东的一个县份，属漳州市管辖。诏安县城北关的"跑贡王"活动与漳州地区的陈元光崇拜有着密切关系。

　　陈元光是唐初开发漳州的一位历史功臣。有关他的事迹、籍贯、文献

---

　　① 杨彦杰：《华南民间的祖神崇拜》，《法国汉学》第五辑，北京：中华书局，2000 年；《闽西东山萧氏的宗族文化及其特质》，蒋斌、何翠萍主编《国家、市场与脉络化的族群》（第三届国际汉学会议论文集·人类学组），台北："中研院"民族所，2003 年；《从祖先到神明：闽台"东峰公"崇拜之研究》，"2006 年族群、历史与文化亚洲联合论坛：人物与地域研究"学术研讨会论文，江明修、丘昌泰主编《客家族群与文化再现》，台北：智胜文化事业有限公司，2009 年。

等诸多方面，学术界已有比较深入的讨论①。简言之，作为重要历史人物的陈元光，他的贡献主要有两个：一是率军讨平潮州的"南蛮之乱"；二是在垂拱初年上疏朝廷建议设置漳州，任刺史，此后陈氏及其后代在漳州早期开发史上具有很大影响力。陈元光去世后，有关他的崇拜就开始出现。王象之《舆地纪胜》之《循州·古迹》载："朱翌《威惠庙记》云：陈元光，河东人，家于漳州之溪口。唐凤仪中，广之崖山盗起，潮泉皆应。王以布衣乞兵，遂平潮州。以泉之云霄为漳州，命王为左郎将守之。复以战殁，漳人器之痛，立祠于径山。有纪功碑、《灵应录》见于庙云。"② 这里提到的径山，即在当时漳州治所在地云霄境内。此后，陈元光崇拜又从云霄县扩散到邻近的漳浦、诏安及今日漳州城区等地。这些地方不仅建有陈元光祠宇，而且有坟墓、行台、战场等传说中的遗迹。

迄两宋时期，陈元光崇拜进一步发展。特别是南宋政权为了稳固其统治，加强与地方社会的联系，对普通百姓广为崇拜的地方神明屡次予以敕封，陈元光亦在其列。据《宋会要辑稿》载：两宋时期，陈元光被封 10 次，其中北宋年间 3 次，南宋年间 7 次。具体是"神宗熙宁八年（1075）六月封忠应侯，徽宗政和三年（1113）十月赐庙额威惠，宣和四年（1122）三月封忠泽公。高宗建炎四年（1130）八月加封显佑二字，绍兴七年（1137）正月又加英烈二字，十二年（1142）八月加封英烈忠泽显佑康庇公，十六年（1146）七月进封灵著王，二十三年（1153）七月加封顺应二字，三十年（1160）又加封昭烈二字……孝宗乾道四年（1168）九月加封灵著顺应昭烈广济王"。与陈元光一起受封的，还有他的父母、妻子、儿子、儿媳和曾孙③。可见从两宋以后，陈元光崇拜受到朝廷的肯定和推崇，原来作为地方民众广为祭祀的神明转而成为朝廷认可的正神，其神格

① 《陈元光国际学术研讨会论文集》，厦门：厦门大学出版社，1993 年；谢重光：《陈元光与漳州早期开发史研究》，台北：台湾文史哲出版社，1994 年。有关学术界对陈元光事迹、文献资料的讨论，发表文章甚多，仅举谢重光《〈龙湖集〉的真伪与陈元光的家世和生平》（《福建论坛（文史哲版）》，1989 年第 5 期）和杨际平《从〈颍川陈氏开漳族谱〉看陈元光的籍贯家世——兼谈如何利用族谱研究地方史》（《福建史志》，1995 年第 1 期）作为参考。

② 王象之：《舆地纪胜》卷九一《循州·古迹》；谢重光《陈元光文献资料辑校与疏证》，《客家》，1995 年第 3 期，第 41-58 页。

③ 徐松：《宋会要辑稿》第二十册《礼二〇·陈元光祠》影印本，北京：中华书局，1957 年。

和正统性大大提高了。

当然，作为民间崇拜的神明，它仍然会朝着自己的方向发展。至少从南宋开始，一些地方士大夫已经在批评民间祭祀陈元光有如"淫祀"。如朱熹的学生陈淳就说："惟威惠一庙……今帐御僭越，既不度庙貌丛杂不肃，而又恣群小为此等妖妄媟渎之举，是虽号曰正祠，亦不免均于淫祀而已耳。"①也就是说，当时的威惠庙建得过于堂皇，很不严肃，庙内的活动也完全不符合儒家规范，有巫的色彩。至元、明时期，这种民间的祭祀活动愈演愈烈，不仅有大量灵异传说出现，而且祭祀的对象除了陈元光及其亲属之外，还扩及追随陈元光的部将及某些部将的亲属等，陈元光崇拜几乎成为一个"文化丛"，在民间社会迅速蔓延开来。

诏安县对陈元光的崇拜至少在元朝已经出现。据康熙《诏安县志》记载，该县最主要的祀典庙宇是建于良峰山的将军庙：

> 唐将军庙，祭唐将军陈元光也。将军有开拓之功，凡乡人皆得祀将军，乡各有庙，号"陈王庙"。惟祀典所载，庙在县城西北二里良峰山麓，有九座，元时所建。明嘉靖间，寇乱庙毁，乡民悉兵逐寇，疾负王像而出，庙中六将神像具全，寇亦寻灭。始建庙于县城内东南，庙甚湫隘，举尚有待。每岁春秋二仲之望日，本县正官致祭。以前锋将许天正、分营将马仁、李伯瑶、欧哲、张伯纪、沈世纪配焉②。

这座嘉靖新建的庙宇现仍在诏安县的县城南关内③，庙内还存有明崇祯十三年（1640）及清道光十五年（1835）两次重修庙宇的碑记。当地百姓对这座庙宇也有很深的记忆，只要一提到它，就会谈到它原来建于城外的良峰山麓，民间称作"九间九落庙"④，而且还会生动地讲述庙被毁时怎么去抢救神像，以及后来这些神像的去向等。当地人说：

> "九间九落庙"原来规模很大，明朝时庙被烧毁。当时，城

---

① 陈淳：《上赵寺丞论淫祀》，《北溪先生全集》第四门卷二三，光绪七年芗江郑圭海安国氏重刊本。

② 秦炯：《诏安县志》卷五《祀典志·庙祭》，康熙三十年（1691）修。以下简称康熙《诏安县志》。

③ 此庙现称"开漳王庙"，又称威惠庙、将军庙、圣王庙等。有关庙的情况，参见《诏安县文物志（资料本）》下册，"威惠王庙"条，诏安县文化局编，1994年油印。

④ 关于九间九落庙的调查，参见《诏安县文物志（资料本）》下册，"将军庙"条。

内百姓听说庙被放火烧了，很多人就赶快跑去抢救。最早赶到的是许姓，他们冲进火里抢救出自己的祖先许天正，放在门口，又了冲进去。这时林姓赶到，发现庙门口已经有一尊神像，就把它抬回家。许姓人出来时，看到自己的许天正已经被人抬走了，只好把刚抢救出来的沈世纪也抬回去当"地头"。而沈姓人赶到时抢了另外一尊神像欧哲回去，北关人还抢抬了李伯瑶。这样，原来庙里供奉的六部将就都被不同姓氏的人分别抬去当"地头"了。

如今，诏安城内及周边乡村有几座很有名的"地头庙"，就是供奉与这个事件有关的六部将神明。如桥东镇的林家巷村供奉许天正、东城沈氏的祁山庙供奉欧哲、北关真君庙供奉沈世纪、护济宫供奉李伯瑶；另外东门的灵侯庙也供奉李伯瑶，据说是后来分香的，但很有名。这些"地头神"原来是属于某姓祖先，而由于一场历史变故，就成了其他姓氏或某个社区的保护神。这种祖先崇拜转化成神明崇拜的过程是偶然的，同时也是诏安城内很值得关注的历史文化现象。

当然，历史的演变不会像民间传说那么简单和明了。诏安城内各宗族什么时候把陈元光的六部将当成自己的祖先？这个问题就很难解释清楚。从前引《宋会要辑稿》来看，在南宋时朝廷有敕封的仅是陈元光及其父母、妻子等，并没有所谓六部将的说法，但在民间陈、许等姓族谱及近年新创作的有关陈元光传奇的书籍中，却常有一份南宋绍兴年间朝廷追封陈元光及其亲属，以及众多将领的诰书①。如《南诏许氏家谱》载，南宋绍兴二十年（1150）朝廷追封陈元光六部将的封号是：

许天正	翊忠昭应侯	马　仁	威武辅顺将军
李伯瑶	威武辅胜将军	欧　哲	威武辅德将军
张伯纪	威武辅应将军	沈世纪	威武辅美将军②

这些封号是否属实？由于族谱、书籍中都没有注明出处，在南宋正史文献中也找不到可以佐证的资料，只能令人心存疑虑。不过有一点可以肯定，在诏安县的"九间九落庙"里，原来就有六部将的神像，这至少说明

---

① 时间或载于绍兴十五年（1145），或为绍兴二十年（1150）。
② 诏安县许氏理事会文史资料研究委员会：《南诏许氏家谱》，1995年，第199-203页。

在庙宇被毁的嘉靖以前，所谓六部将崇拜就已经存在了，往前追溯或许就在建庙初期的元朝，或者更早。至明代中叶以后，民间社会普遍出现了宗族制度，诏安素有"沈半县、许半城"之说，这些巨姓大族自然会把他们的早期祖先追溯到赫赫有名的唐朝将领身上，因此许天正、沈世纪、李伯瑶在诏安县城及其周边地区就受到更加热烈的崇拜。据当地人说，现在仍存留下来的早期遗物只有一尊许天正的神像（供在林家巷村）和一块沈世纪的神主牌（供在北关真君庙内）。沈世纪的神主牌刻着："唐太始祖开漳功臣追封武德侯沈公暨妣妙嘉夫人尤氏之神位"。从"唐太始祖"这个称谓来看，在雕刻这块神主牌时，沈氏族人已经把沈世纪当作自己的"祖神"来崇拜了，而且他的封号不再是"威武辅美将军"，而变成了"武德侯"（其他部将的封号也有改变①），显示民间崇拜在不断提高神格以适应广大崇拜者热烈崇奉的需要。

二、诏安北关的"跑贡王"活动

诏安县城北关的"跑贡王"主要涉及两座庙宇：一座是真君庙，另一座是护济宫。真君庙供奉沈世纪，而护济宫供奉李伯瑶。

不过，在清朝初年这两座庙供奉的神明并不是这样子的。据康熙《诏安县志》载：真君庙也叫慈济宫，"祀吴真人"；护济宫称灵佑宫，"在县城北，祀柔懿夫人"。而供奉沈、李二将的是沈李二公庙，"在县城东北隅白水营，祀唐将军裨将李伯瑶、沈世纪。元夕张灯，为诸庙冠。明天启间毁，在重兴"②。可见在康熙三十年（1691）修《诏安县志》时，北关的真君庙、护济宫都没有供奉沈世纪和李伯瑶。至清朝中叶以后，情况才有了变化。据民国《诏安县志》载：

　　真君庙，在北关外，即旧志慈济宫。前座祀吴真人，后座祀武德侯沈公世纪。　未详建于何时，清乾隆二十年知县秦其煟

①　现在诏安民间使用的"六部将"封号是：许天正——昭应侯、马仁——辅顺侯、李伯瑶——灵佑侯、欧哲——祈山侯、张伯纪——辅德侯、沈世纪——武德侯。联系康熙三十年（1691）修的《诏安县志》就有"祈山庙""灵侯庙"的记载（卷四《建置志·祠庙》），可见民间称"侯"的封号当在清初以前。
②　康熙《诏安县志》卷四《建置志·祠庙》。

重建①。

吴真人即吴夲，民间亦称为吴真君、保生大帝，祖庙在今厦门、漳州交界处的白礁和青礁，因此这座庙的主神是闽南人广为崇奉、生前经常给人治病的吴夲。直至乾隆二十年（1755）重建时才增加了后殿，沈世纪由此才被奉祀进来。该县志又载：

> 护济宫，旧志名灵佑宫，在北门外。后座祀李伯瑶，前座祀教练夫人，即昭应侯许天正之姑，有开漳功。旧志称柔懿夫人，误②。

所谓的"柔懿夫人"是指陈元光的次女怀玉，主庙在西潭乡岑头村。而这座护济宫的主神后来被确认为许天正的姑母教练夫人，李伯瑶也是扩建以后才增祀的。

沈世纪和李伯瑶据说是结拜兄弟。沈世纪作战勇猛，而李伯瑶是个儒将，会看风水。在诏安各庙的神像中，李伯瑶是文身，沈世纪经常有文、武两种，其中武身神像骑着高头大马，脸上戴着傩面具，很是凶猛。当地流传的故事说：

> 沈世纪本来很英俊。有一次去攻打鹅仔寨，女寨主想招他为亲，还险些把他生擒了。后来沈世纪就戴上像"小鬼壳"一样的假面具，经过几年的反复较量，最终才把鹅仔寨攻下来，活捉了女寨主。可是后来他去朝廷觐见皇帝时，竟然忘记把假面具摘下来。皇帝见他戴着鬼脸取得胜利，不禁一笑。这一笑，假面具就再也取不下来了。因此，在六部将中，只有沈世纪有这副装扮③。

民间传说往往成为普通百姓诠释历史的工具。真正的沈世纪是否有傩面已无从查考。而这个戴着凶猛面具的"唐朝英雄"由于他面目狰狞，令人望而生畏，因此被普通百姓认为是现实生活中驱邪赶鬼最有力的保护神。

---

① 陈荫祖：《诏安县志》卷四《建置·祠庙》，民国三十一年（1942）印。以下简称民国《诏安县志》。

② 民国《诏安县志》卷四《建置·祠庙》。

③ 以上为笔者简要描述，详细故事请见《沈世纪平鹅仔寨》和《沈世纪食鹅忌食豆》，载《中国民间故事集成·福建卷·诏安分卷》，诏安县民间文学编委会，1992年编印，第33-35、314页。

诏安县城北关的"跑贡王"，其实就是每年端午节当地居民以沈世纪、李伯瑶为中心的绕境活动。其缘起与六部将觐谒陈元光的仪式有关。据明崇祯十三年（1640）立的《郡司农江藩朱公重建唐玉钤庙碑》记云："又端午旌旗鼓吹，导其故将趋庙谒如岁觐，礼甚恭。"① 这些故将去觐谒陈元光，至少在明末就已经有了。至康熙年间，当时的《诏安县志》也说：端午日，"唐将军裨将祀于诏者，社中人鼓吹具仪，各导其神觐于将军之庙，谓之贡王"②。值得注意的是，这里用的是"唐将军裨将祀于诏者"，看来这个"贡王"活动在明末清初是全城性的，即祀于诏安各处的部将都会在五月初五这天到城南的将军庙去朝觐，并非只有北关有此活动。然而到了清朝中叶以后，情况发生了很大变化。民国三十一年（1942）修的《诏安县志》云：

> 端午为天中节。……是日，唐将军裨将沈、李二公祀于诏之
> 北关者，社中人鼓吹具仪，各导其神觐于将军之庙，谓之贡王。
> （按，叶志云：将军即威惠陈公元光也。庙在南内。而北厢祀沈、
> 李二公者，端午迎神游街，社众金鼓前导，齐唱掉歌。未几，异
> 神疾走入庙，未尝觐于将军，不知贡王之意何居也。今仍仿行
> 故事。）③

这里说的"叶志"，是指叶观海修于嘉庆七年（1802）的《县志》稿本，已难获见④。因此从这条资料看，大约在清乾隆年间，全城性的"贡王"活动已经消失⑤，此时只剩下北关（即"北厢"）百姓抬沈世纪、李伯瑶的出巡活动，也没有入城觐谒陈元光，所谓"跑贡王"只是延续历史的称呼而已。

值得注意的是，前引《诏安县志》说北关的真君庙重建于乾隆二十年

---

① 该碑文亦收录于康熙、民国的《诏安县志》，但文字有所删减（均见《艺文志》）。原碑仍存于庙内。
② 康熙《诏安县志》卷三《方舆志·风俗》。
③ 民国《诏安县志》卷一《天文》。
④ 参见傅崇毅《只手修志的文苑名士叶观海》，载于傅崇毅著《夕拾集》，2006 年自印行，第 210—212 页。
⑤ 叶观海是诏安名人，他生于乾隆二十三年（1758），小时候在诏安长大，因此尽管他修的《县志》修于嘉庆初年，但记载的民俗活动显然与他的生活阅历有关，故此判断乾隆年间诏安的"贡王"已经停止。

（1755），而在此时段内（即乾隆年间）北关的"跑贡王"活动兴起，看来这是同一件事情的两面，换句话说，建庙与"跑贡王"这两者是相互关联的。乾隆年间，全城性的"贡王"停止①，而北关却把它当作本社区的文化资源加以发展，这是一个重要的转折点。

北关是诏安县城北门外的一片社区，其地位相当于今天常说的"城乡结合部"。当地居民主要为许、沈两姓，此外还有谢、张、刘、黄、何、孙、涂、田等其他姓氏。在这片社区内又划分出许多"甲社"，若干甲社就有一间庙宇为其地头庙，其中供奉沈世纪的真君庙领有6个甲社，供奉李伯瑶的护济宫辖有5个甲社，此外还有广美庙（又称港尾庙）辖有4个甲社。这三座庙各有自己的地盘，最后又统辖于被称作诏安县城"北坛"的慈云寺。换句话说，从北关社区的神庙设置情况来看，它就是一个有明显层级关系的社会系统。在这个系统内，甲社是基本的社区单位，一个神庙统辖几个甲社，由此组成大一点的社区；再往上就是慈云寺，统辖三个神庙的所有甲社，形成北关完整的社区系统。

"跑贡王"就是由真君庙和护济宫这两座庙所辖的甲社举行的，但与广美庙、慈云寺也有某种联系。以下先将上述庙宇所辖的甲社及其居民情况制成一表（表1）：

表1　北关的庙宇与甲社一览表

庙宇系统	所辖甲社	所辖街区	居民姓氏	人口（户数）
慈云寺	真君庙	渡头甲 / 渡头	许	100
		后塘甲 / 后塘巷	许、沈、涂、孙、黄等，许姓居多	40~50
		兰亭甲 / 兰亭巷	沈、许等	40~50
		庙前甲 / 真君庙前、笃庆巷	沈、许、黄等	100
		庙后甲 / 真君庙后	杂姓	100
		新街甲 / 真君街上	许	70~80

---

① 全城性的"贡王"活动为何消失，现在找不到任何文字记载。据北关的居民口传，当时各处去城南的将军庙晋谒，常遭到阻挠，时有摩擦发生，因此以后就逐渐没有人去了。看来这应该是"贡王"活动消失的原因之一。

庙宇系统	所辖甲社	所辖街区	居民姓氏	人口（户数）
慈云寺	护济宫 庙前甲	护济宫庙前、庙后、水阁、楼雅、龙亭	沈、许、谢等，沈姓居多	140
	十八间	孙厝、后埕、油车、后塘	许、沈、孙、黄等	140
	新兴甲	同济、大宅、小宅、何厝寨、许厝寨	许、沈、何、陈、涂等	200
	大路甲	大厝社、大路街、百岁祠前后	许、沈、田、陈等	100
	盐行甲	盐行、新市街	沈、谢、刘、张等	70~80
	广美庙 庙后甲	丽君巷、广美巷	许、沈、谢、黄等	60
	西头甲	世德前、东北街、世德后一部分	许、沈	40
	巷内甲	世德后一部分	谢、黄	30
	新市甲	新市街下段	杂姓	70

按：本表据各庙宇报告人所提供的资料整理。表内人口户数只是大约估计，并不十分精确。

从表1资料可见，在慈云寺所辖的三座庙宇中，真君庙和护济宫领辖的甲社最多，人口也占大多数。广美庙是一座比较小的庙宇。该庙据说建于明万历四年（1576），原来供奉三山国王，至乾隆四十八年（1783）庙宇重修，才增祀了祈山侯欧哲。如今庙门上方仍存有一块当年的石质门额，上刻"祈山保障，乾隆岁次癸卯年桐月谷旦，社内弟子许□拜立"。也就是说，这座庙也是北关供奉六部将的庙宇之一，与真君庙、护济宫是一样的。所不同的是，该庙供奉的欧哲并没有参加北关的"跑贡王"活动，即被排斥在这个祭祀圈之外。广美庙供奉欧哲是乾隆四十八年（岁次癸卯）才出现的。而我们前面已经谈到，北关"跑贡王"的兴起与重建真君庙有密切关系。真君庙重建于乾隆二十年（1755）。这就从另一个侧面再次说明，北关的"跑贡王"活动比较早就成型了，至迟不会晚于乾隆四十八年，否则供奉欧哲的广美庙就不会在这个圈子之外了。

诏安县城北关社区图

真君庙和护济宫每年都在五月初五这天抬着各自的"唐将军裨将"出来巡游，整个活动从中午大约 11 点（即"午时"）开始，直至下午 4 点左右结束，其巡游路线详见表 2：

表 2　北关"跑贡王"的巡游路线

庙　宇	巡　游　路　线
真君庙	真君街——笃庆巷——渡头——许氏宗祠——大菜园——后塘巷——真君街——妈庙后——同济巷——慈云寺——大宅——世德祠——小宅——许厝寨——何厝巷——福场——百岁祠——广美庙——新市街——妈庙前——护济宫——妈庙后——真君街——入庙
护济宫	龙亭——水阁——楼雅——妈庙后——后埕巷——孙厝——后塘巷——油车巷——慈云寺——大宅——世德祠——小宅——同济巷——大路街——许厝寨——何厝巷——福场——百岁祠——广美庙——旗尾寨——新市街——盐行——龙亭——入庙

　　表中的资料反映了民国时期的面貌。由表 2 可见，这两座庙宇巡游的路线各有不同。相比较而言，护济宫巡游的只是它所辖 5 个甲社的地盘，而真君庙除了自己管辖的 6 个甲社之外，还包括了护济宫的 5 个甲社，即把两个宫庙所辖的 11 个甲社都巡游了一遍。真君庙供奉的是沈世纪，而护济宫供奉的是儒将李伯瑶。在民众的心目中，戴着傩面具的沈将军"连鬼见了都怕"，而且他有两把大斧，传说威力很大。每次游神，凡是家中有不顺的，大都会事先与庙方取得联系，请大斧进去横扫一遍，然后放鞭炮给个红包。因此，从两座庙宇的巡游路线和基本特征来看，与其说五月初五北关"跑贡王"是在纪念陈元光及其部将，还不如说是在陈元光崇拜的背景下，民众借助有威力的地头神来扫除社区内的所有"污秽"，以求得观念上的"洁净"并换来心灵慰藉。

　　真君庙、护济宫巡游路线既有重叠的地方，也有自己管辖的领地，然而这两座庙宇的神像都会按传统的做法在固定地点停留，以让周围百姓上香供奉。这些祭祀点极多，几乎每隔几分钟就会停一次。每个祭祀点早已摆好香案，游神队伍一来，上香者即跪在地上迎接。此时，庙方一名庙祝就将手捧的小神像放在案桌上，同时还有一个香炉置于神像前。周围民众争先上香。第一个上香者把点燃的三根香插在庙方的大香炉里，庙祝即将原来炉内的三根香换插到祭祀者的小香炉里。第二个上香者又往大香炉内插三根香，换回第一个刚插进去的三根……如此循环反复，香支在庙祝与信众、大香炉与小香炉之间不断传递。有时人多手杂，使得本来很有规律且充满意涵的集体"换香"变得杂乱无章。几分钟后，小神像就要到另一个祭祀点，庙祝顾不得那么多了，只好把已经插在炉内的整把香支都抓起来扔到地上踩熄，只留下三根准备下一轮传递。此时，鞭炮顿起，人们忙着磕头送神，并开始燃烧表示答谢的黄纸。跟随神像的一名财务人员很快就拿起摆在供品上的红包，他一直是个很尽职的财物保管者。

"跑贡王"最引人注目的是"跑"。真君庙和护济宫出巡的神明都有大、小组合，小神像是供一般祭祀点用的，大神像则需要八人抬，排在队伍最后，到了几个重要的祭祀点就要抬着奔跑，并放在中心位置供人们祭拜。"跑贡王"不管巡游路线如何，有几个重要祭祀点是不容错过的，它们是慈云寺、大宅、许厝寨、广美庙等。慈云寺、广美庙是北关的地头庙，因此都必须去。大宅是沈姓聚居地，许厝寨是许姓宗族的核心区，而且沈、许两姓不管在城内还是北关都是重要的大姓，因此也有这个权力。上述这些庙宇或祠堂前面都有大片的广场，主神进来后，整个广场已挤满了人，香案上的供品重重叠叠。主神由八个壮汉外加几个力士佐辅，以最快的速度在场地上奔跑，急转弯时尤为惊险，两面铜锣急敲如雨点在前开道。主神安座后，铜锣又急敲起来，一遍又一遍地引导所有执事、旗帜、小神像在场内狂奔，擎执者汗流浃背、挺胸鼓气，一个个涨得满脸通红。如此紧张的场面不单是为了热闹，也是为了提高神的灵气，以使这几个重要（也是关键）的地点都能够求得神明足够的庇护。

有意思的是，在"跑贡王"过程中，大宅作为沈姓的聚居地，他们的表现特别引人注目。真君庙供奉的是沈世纪，对社区而言他是地头神，但就大宅的居民而言就是"祖公"。自己的祖先回来了，崇拜者的心境自然与其他人不一样。笔者在调查时发现，沈世纪抬到大宅附近一个称作小桥头的地方，原来庙方选定的扛抬者就让给了大宅沈姓的壮汉。他们另有统一服装，齐整号令，抬着自己的祖先入广场内反复奔跑并在祠堂前安座，所有人家都出来祭拜，宗族的活动与神明崇拜交织在一起。活动结束后，再由大宅人送出至小桥头由原班人马接走。护济宫供奉的李伯瑶来临时，同样也是如此。沈姓人说，"沈祖公"与李伯瑶是结拜兄弟，所以也像"祖公"一样对待。其实，在北关人的口语中，不管是沈世纪还是李伯瑶，人们都习惯地称为"祖公"，大的神像称"大祖公"，小的神像称"小祖公"。这大概是受沈、许等大姓人习惯称呼的影响。"祖公"的概念既凸显了北关社区"祖神"崇拜的意涵，同时也是普通崇拜者为拉近与神明距离的一种表示。但对于沈姓人来说，他们对于"祖公"的崇拜却另有一番意义，更怀有发自内心又充满自豪的"血缘"情感。

真君庙和护济宫，各自抬着供奉的"祖公"，沿着几百年来既定的路线巡游。然而由于社区不大，路线也有重叠，因此就必然会发生相遇。碰到这种情况，队伍会相当混乱，但负责擎扇的人就会赶快把两只大扇子并在一起，遮住神明，然后缓慢移动脚步通过。人们解释说，双方都用扇子遮住神明是因为"王不见王"，避免尴尬。神明的仪式就是民间社会生活的翻版。在入庙时，神明也是倒退着进去的，给出的理由同样是"王不见王"，因为庙里还有其他主神，再说这两个"祖公"都是后来才增祀的，供奉在后殿里。

三、简短结语

庙会是民间的节日。一个延续几百年的庙会仪式全息记录了当地的历史文化，是历史沉淀的结果。诏安北关的"跑贡王"来源于陈元光崇拜。这种崇拜是自发形成的，表达了人们对英雄的崇敬和祈盼。所谓"（王）战殁，漳人器之痛，立祠于径山"，即是指此。至明朝中叶以后，随着宗族制度在民间普遍设立，地方的强宗大族更希望把自己的祖先和历史名人联系起来，于是陈元光及其部将先后成为某些姓氏的"英雄祖先"。尽管一些族谱的编撰者清楚地知道他们的肇基祖很难与唐朝英雄挂起钩来①，但同姓即有血脉联系的观念及现实需求仍然会使他们毫不犹豫地实现自己的梦想。早期的"英雄"变成了"英雄祖先"，"唐将军""裨将"等神明变成了跟某些姓氏有特殊联系的"祖神"。

明嘉靖年间的变故又使这些"祖神"发生了社会化的改变。"九间九落庙"被烧毁，某姓的"祖神"变成了他姓的保护神。一个大姓宗族既有自己的"祖先"神像，又把他人的"祖公"拿来当"地头神"，保护着居住区的安全。于是"祖公"的概念就不再严谨，唐将军及其裨将都被泛称为"祖公"，唐朝部将朝觐主帅的"贡王"也逐渐变成了单纯的"地头

---

① 如许氏七世孙许判在嘉靖九年（1530）写的谱《序》中说：从唐到宋许氏祖先由于"世代绵远，莫得其详"，"不必强为附会也"，认为应"断自宋季可知之真，不启人疑也"（《南诏许氏家谱》第27-29页）。另外，诏安沈氏也有类似的情况，其一世祖从南宋的楸公算起。参见诏安县东城宗谱编委会：《东城沈氏宗谱》，2003年，第11页。

神"绕境活动。"祖公"与"地头神"在此经常混淆替换，直至宗族仪式的场合才又清晰起来。

诏安北关的"跑贡王"承接着诸多历史文化因素。它不仅承续了不知起源于何时的"贡王"仪式，而且又是五月初五民间驱邪除瘟活动的一种延续。这种活动在民间社会相当普遍。将乐县城关在民国时期还有五月初五抬王船收集"污秽"的送瘟神活动①。普通百姓在这天也会打扫屋宇、挂艾叶、佩香包、喝雄黄酒，均与这种习俗有关。作为北关"跑贡王"的主神，沈世纪的巡游范围明显超出了他管辖的界线。而当地百姓之所以会这样安排，合理的解释是因为他戴着傩面，又有两把相传威力无比的大斧。民间神明的具象往往与历史文化的积淀相联系。沈世纪的面具和大斧与其说是他英雄事迹的象征，还不如说是南方地区"尚巫"习俗的一种遗留。所谓沈世纪攻打鹅仔寨的故事等，都是地方文人把底层文化与官方意识相对接并加以创造的结果。这种文化产品有助于普通百姓从现实生活中得到简单生动的历史解释，同时也把民间习俗活动的早期来源给深深地包裹了起来。

北关"跑贡王"从清朝乾隆以后已经完全演变成社区的游神驱瘟仪式。带有官方伦理色彩的"贡王"没有了，民间文化传统占据主导地位。如今，这个源于历史的活动还在历史中延续。人们把"跑贡王"看成一种文化传统，它是习俗的，也是生活化的，而且活动的范围也在扩大。我们在调查中发现，现在巡游的路线除了原来规定的社区之外，还包括了木瓜路、玉良路等一大片新社区。当地人解释说，这些新区的居民都是原来住在北关搬出去的。传统影响着人们的生活。随着城市的扩展，外迁的居民也把这个祭祀圈扩大了。现代化的生活并没有使传统消失，而是在传统的基础上增加了新的现代的因素。

（本文原载于陈益源主编《2009 年闽南文化国际学术研讨会论文集》，台南：成功大学中文系，2009 年）

---

① 蒋维绪：《将乐县鏞城的庙会与游神》，杨彦杰主编《闽西北的民俗宗教与社会》，香港：国际客家学会、海外华人资料研究中心、法国远东学院，2000 年，第 1—27 页。

跨越时空的历史记忆 ■

清郑对峙的历史记忆

——以王忠孝及其家族的遭遇为中心

王忠孝是明末清初郑氏阵营内的一个明朝遗老。他孤忠亮节，矢志抗清，郑成功起兵后一直追随郑氏避居金、厦，后又渡往台湾，直至辞世。王忠孝给人留下的总体印象是一生坎坷，晚年仍壮志不已，渴望恢复大业，但心有余而力不足。在当时清郑对峙的情况下，直至去世后仍难以如愿回乡安葬。这种在特殊情况下造成的历史境遇，给后人留下的记忆是深刻的。如今，在王忠孝故乡——福建省惠安县沙格村仍保留着"四月初一开鼓请，五月初五龙舟行"的祭海习俗，即与这段历史有某种关联。本文拟以王忠孝资料为基础，结合田野调查所得资料，就上述问题进行一番探讨。

一、王忠孝的晚年境遇

王忠孝是惠安县北部沙格村人。明清时期此地属惠安十都，称"沙格澳"，往北与仙游县接壤，是一个地处偏远但又"以海为田"的小渔村①。

王忠孝出生于明末政治昏暗的动荡年代。他字长儒，号愧两，从小身体"禀弱"，"质颇慧"，在兄弟三人中年纪最小，深得父母喜爱。王忠孝的父亲娶有两个太太，可见家境还好。他八九岁时就能诵《诗经》、"四书"等，然而由于生母洪氏一直有"痰疾"，王忠孝于身旁陪侍，没有外出读书。直至万历四十年（1612）洪氏去世，王忠孝也已成婚②，守制满

---

① 叶春及：《惠安政书》（五），福州：福建人民出版社，1987年，第157-159页。
② 王忠孝：《自状》，《惠安王忠孝公全集》，南投：台湾省文献委员会，1993年，第23-24页。

后始与族兄弟一起"入泮"。天启七年（1627）即"以诗经中式，乡试第四十名"。次年（1628）中进士，"联捷会试第一百三十八名，殿试二甲第三十二名"，时年36岁①。

王忠孝科举成名给全家带来了荣耀，同时也使他慢慢步入了人生旅途中的坎坷岁月。据其《自状》载：中进士后第二年（1629）即被授以户部河南司主事。当时东北边关吃紧，十二月满骑围攻京城，王忠孝以一介书生被题守正阳外永定门，负责备办粮草。此时"城下援兵骤至，呼草料不及办"，大帅咆哮，士兵汹汹，几乎哗变，好在王忠孝能沉着应对，才度过了这场危机②。围解后，崇祯帝赐予"勤劳独瘁"的褒语。"覃恩授承德郎，封赠父母并妻。旋改授总理密云粮储。"③

在总理密云粮储的任上，王忠孝又因其耿直的秉性得罪了奸珰邓希诏，不久就被诬陷入狱。据《王氏谱系》载：

> 旋改授总理密云粮储，任最繁剧。时奸珰邓希诏以司礼监视三协，炎张甚，公用敕书平行不少屈。适指挥陈述职运粮到，湿三百石，例应斩，公怜之，分配各营晒曝。希诏侦知，遂诬奏逮系诏狱。时论救者，总制曹文衡、户尚毕自严、都宪王志道、缇帅王世盛等，俱被革职。密云兵民，群投柜赴京诉冤，改系刑部狱三载，与黄石斋、王沦初、王思任、马思理等同系，时号六君子④。

在明末朝政腐败的情势下，王忠孝能赢得声誉，但不能赢得公正的待遇。崇祯七年（1634）他被谪戍建阳卫，回籍。此后就一直赋闲在家，直至崇祯十六年（1643）冬"部举海内清恬"，才被重新起用，而此时离明朝灭亡仅几个月，王忠孝也已经51岁了。

王忠孝的一生颇为周折。明朝灭亡后，朱明宗室在南京、福州先后建立两个小朝廷，此间王忠孝也曾被擢用为绍兴知府、广东岭南道，均未就

---

① 《王氏谱系》，《光绪蟹谷王谱》，光绪十年（1884），王楚书手抄本；又见《惠安王忠孝公全集》，南投：台湾省文献委员会，1993年，第261页。

② 王忠孝：《自状》，《惠安王忠孝公全集》，第25-26页。

③ 《王氏谱系》，《光绪蟹谷王谱》手抄本；又见《惠安王忠孝公全集》，南投：台湾省文献委员会，1993年，第261-262页。

④ 《惠安王忠孝公全集》，南投：台湾省文献委员会，1993年，第262页。

任。隆武元年（1646），部议再改光禄寺少卿，忠孝具疏辞，"部催屡下，始入福京陛见"①。而这时清兵南下的情势已相当危急，隆武帝决意亲征，王忠孝即被要求束装从驾，前往建宁。

隆武帝在福州设立的小朝廷，实在郑芝龙兄弟控制之下，军队粮饷皆仰其供给，颇不受节制。王忠孝上任即条陈"慎用人、审布置、覆额饷、汰将领、清言路、实图治"六事，帝皆嘉纳之。随后，黄道周在皖南抗清失败，全军陷没，定虏侯郑鸿逵率军队退守仙霞岭。隆武帝即命王忠孝前往边关巡察，赐剑印，安戢军民。他单骑而往，"所至与其守将申款曲，严饬励，务使兵民辑睦，联络救应。诸将皆唯唯。然后出仙霞关，晤定虏（虏）侯，痛谈时事。公泣，郑亦泣。因教令疏参失律将士，回奏称旨"②。王忠孝的努力根本无法挽回南明败亡的命运。隆武二年（1646）八月，清军入闽。此时郑芝龙已决意降清，守关将士尽撤，门户洞开，而请假回乡"治装"的王忠孝正在通往闽北路上。当走到离行在还有二程之地，遇到"交锋不利"的郑成功率师南下，告诉他隆武帝已先四日出发，眼下"剑南皆北骑"，便与之约定返回福州再图"举事"③。从此，王忠孝就与郑成功联系在一起，开始了遥奉南明正朔而在东南沿海坚持抗清的历程。

王忠孝的抗清是真诚的，但他的发展并不像愿望所设想的那样顺利。在一个动乱年代里，有地才有饷，有饷才有兵，一切都以实力为后盾。王忠孝潜回老家便暗中联络志士，鸠集千余人，在惠安、莆田一带竖起义旗。"南与赐姓叔侄、郭介庵、张冲至相望，北与林自芳、林子野响应，而一时惠莆蜂起"，局势一派大好。可是没过多久，郑彩在浙江扶鲁王南下浪崎，郑成功军队驻扎泉南，"叔侄竞峙"，王忠孝一师介其间，颇多棘手。更有"御史〔郑〕□□者，与郑通谱，亦树一枝，日与余为梗"，甚至"借题构难，率兵袭余营，夺饷界"，王忠孝只好让出惠安。而鲁王又派人到莆田收饷，"堂堂亲藩，莫敢争执"，最后王忠孝被挤压得"竟无饷地"，只好解散队伍，"决计渡海"④。

王忠孝到厦门已年过半百，56岁了。永历二年（1648），携仲兄居厦

---

① 王忠孝：《自状》，《惠安王忠孝公全集》，南投：台湾省文献委员会，1993年，第33页。
② 洪旭：《王忠孝传》，《惠安王忠孝公全集》，第258页。
③ 王忠孝：《自状》，《惠安王忠孝公全集》，南投：台湾省文献委员会，1993年，第36页。
④ 王忠孝：《自状》，《惠安王忠孝公全集》，南投：台湾省文献委员会，1993年，第37-38页。

门曾厝垵，在那里生活了 13 年。永历十五年（1661）再移往金门，住贤厝乡，凡三载。随后于永历十八年（1664）渡往台湾，直至去世。

在寄旅金厦及渡往台湾的晚年岁月里，王忠孝无日不以恢复大业为念。明朝败亡后，南明小朝廷为了笼络遗臣，鼓励抗清，分别给他们以各种头衔或封赠，王忠孝也不例外。隆武二年（1646）他受命巡关，回来后即升为太常寺正卿，封赠祖父母、父母及妻。不久，又晋都察院左副都御史协理院事①。永历帝驻跸广西以后，永历四年（1650）再遣官晋王忠孝兵部右侍郎，恩荫一子入监读书。王忠孝对南明诸帝的知遇之恩是感激不尽的。他在《自状》中写道：

> 庚寅年，今上永历遣官赍敕升余兵部右侍郎，前后敕三四至，而楚粤道阻，不得前，疏辞新衔。奉旨"王忠孝孤忠亮节，久鉴朕心，新衔未足示酬，尚宜祗受，以资联络，俟闽疆克奠，卿其驰赴行畿，用展壮猷"，捧读之下，未尝不抱惭报称无地②。

要报效就要有行动，而此时他无兵无饷，又日见衰老，只能怀揣一颗赤诚之心，用自己的才智去帮助郑成功，把对明朝的忠诚和对恢复基业的渴望都寄托在郑氏身上。夏琳《海纪辑要》载：当时入岛避难的缙绅很多，郑成功"皆优赡之；岁有常给，待以客礼，军国大事时辄咨之，皆称为老先生而不名。若卢、王、辜、徐及沈佺期、郭贞一、纪许国诸公，尤所尊敬者"③。可见郑成功与诸缙绅的关系，以及王忠孝等人在郑氏抗清方面所起的作用。

王忠孝在郑氏阵营里仍然与郑成功有较深厚的情谊。如今在北京中国历史博物馆，收藏有一幅郑成功与王忠孝对弈图，上面还有王忠孝亲笔题写的"百字赞"，即是这两人密切交往关系的反映。另外，在《惠安王忠孝公全集》里，亦录有十一封王忠孝写给郑成功的信件，这些书信大都属于问候之类，但字里行间经常透露出对抗清事业的关注，或提建议，或寄厚望，语气婉转，情感真切而强烈。如第一封《与国姓书》云："衰病侵

---

① 洪旭：《王忠孝传》，《王氏谱系》，《惠安王忠孝公全集》，南投：台湾省文献委员会，1993 年，第 295、262 页。
② 王忠孝：《自状》，《惠安王忠孝公全集》，南投：台湾省文献委员会，1993 年，第 38 页。
③ 夏琳：《海纪辑要》，台湾文献丛刊第 22 种，台北：台湾银行经济研究室，1958 年，第 14 页。

寻，多荷眷念，谢谢。闻旌旗将指海坛，果否？驻师北界，逼近会城，扩疆扼要，而兼益饷，牵制之着，诚胜筹也。"另一封书信又云："（前略）总之，凛明旨，以图恢复，便是不朽勋名。郭汾阳所以高李临淮一着，只在朝廷命之进则进，退之退，故古今莫间然耳。弟以第一流大业望台臺，为是娓娓，忘其狂瞽也。"①

王忠孝在金厦期间，经常与辜朝荐、诸葛倬、卢若腾、沈佺期等人交游唱和，留下诗文甚多。有一次渡往金门同游太傈山，他在《记》文中不仅描述了太傈山的壮美，而且借景发挥，抒发了自己内心的情感。他在《太傈山记》的末尾写道："甚矣！兹山之福也。两都颠覆，庙社已非，几许名山大川，悉辰（辱）腥沦；亭台位置，甚有化为衰草寒烟、灰尘瓦砾者矣。而兹山挺峙海东，虏骑不敢近，凡托足者，多忠臣贞士，与夫侠客壮夫，未见有披发而左衽者。壮哉太傈，殆渤海中一首阳乎！"② 可见太傈山在他眼里不只是美景，更重要的是东南沿海抗清的象征。关于王忠孝的忠君思想，其好友洪旭也说："公（指王忠孝）居鹭岛之曾安……余居浯岛，公与沈佺期，每扁舟过访，同陟太傈山，酌蟹眼泉，为文记其事，形诸咏歌，靡不以君亲为念。"③

永历十五年（1661）郑成功在厦门击败达素军队后，即毅然出师收复台湾，而此时王忠孝已携妻儿老小避居金门。次年（1662）五月，郑成功在台南病逝。郑氏集团发生内讧，"同事诸公，水火互争"，清军乘虚而入，王忠孝在哀叹和无奈之余，只好遣妻儿老小入山，自己与二老妾南下铜山（今东山）。在铜山居住五阅月，"无日不在风鹤中，将士叛者踵闻"。永历十八年（1664）三月，又与辜朝荐等人一起乘船东渡，在澎湖"泊一月，意卜居焉，借栖无地"，于是又于四月初八日移往台湾，住在陈永华的旧寓里④。

王忠孝晚年在台湾是孤独的。此时郑成功已经去世，志同道合的旧交越来越少，人情淡漠，中兴无望，对于一个年过七旬又背负着沉重历史包袱的老人来讲，他的心境是很容易理解的。王忠孝的身体并不好，渡台后

① 《惠安王忠孝公全集》，南投：台湾省文献委员会，1993年，第173、177页。
② 王忠孝：《太傈山记》，《惠安王忠孝公全集》，南投：台湾省文献委员会，1993年，第6-8页。
③ 洪旭：《王忠孝传》，《惠安王忠孝公全集》，南投：台湾省文献委员会，1993年，第260页。
④ 王忠孝：《自状》，《惠安王忠孝公全集》，南投：台湾省文献委员会，1993年，第39页。

的第二年（1665）就一直生病，经常卧床不起，感到来日无多。因此他开始写《自状》，"以示子孙"，并立遗嘱交代后事等。

王忠孝直至去世前共立了两份遗嘱，又有一份简短的另嘱。其中第一份写于永历十九年（1665）三月初六日，开头便云："吾年七十三矣，即终于地下，我亦复何憾？只生平上无补于国家，下无裨于生民，迭经遭君父大变，不能致身光复，以兹为恨耳"。对于子孙，他则强调要以"孝友敦睦为首务"，"诸孙惟谨身读书是嘱，读书能明理，便成个人，不在急科名也"①。在次年（1666）四月十二日写的《另嘱》里，他谈了在台湾的人情交往："引病少出门，一切俗事弗问，惟正经旧交，不得谢绝耳。辜伯日相见，亦一快事，洪亲在澎，其父在东，澹澹而已，我亦淡淡应之。"② 这里的"辜伯"即指辜朝荐，"洪亲"是洪磊，"其父"就是洪旭。可见在王忠孝的晚年，与之交往的故友并不多，真正关心他的人就更少了。而在此前一天即四月十一日凌晨，王忠孝还写了第二份遗嘱，其中更直截了当地说："此边人泛泛耳，言之似赘。"③ 一个孤独无援的老人，此时离他去世仅半个来月，他的晚年生活是寂寞和凄苦的。

王忠孝卒于永历二十年（1666）四月二十八日，享年74岁。令人不解的是，在明郑留下的第一手资料里，王忠孝的去世却被记为永历二十四年（1670）。据明郑察言司蔡济呈报的"世藩政战实事"云："（永历）二十四年庚戌……太常寺卿兵部侍郎王忠孝卒于东宁"，接着还简要记载了王忠孝的事迹④。蔡济是明郑协理礼官蔡政的长子，永历二十二年（1668）蔡政卒，"其长子济、次子汉襄俱授察言司"，而且蔡政"与兵部侍郎王忠孝交善"⑤。然而即便有这么密切的关系，还是将王忠孝的卒年记错，可见

---

① 王忠孝：《遗嘱（一）》，《惠安王忠孝公全集》，南投：台湾省文献委员会，1993年，第41-43页。

② 王忠孝：《另嘱》，《惠安王忠孝公全集》，南投：台湾省文献委员会，1993年，第44页。

③ 王忠孝：《遗嘱（二）》，《惠安王忠孝公全集》，南投：台湾省文献委员会，1993年，第43页。

④ 《延平王起义实录》，1912年郑叔成据郑氏家传史料重抄，复印本。按：这段资料在夏琳的《海纪辑要》和《闽海纪要》中都有记载，文字相同（见第38、39页）。但据《延平王起义实录》，郑经时期的材料是蔡济"所辑"，于永历三十五年（1681）二月初九日"进呈"的，还受到董太妃嘉奖。有关《延平王起义实录》与明郑重要史料的关系，将另文讨论。

⑤ 夏琳：《闽海纪要》，台湾文献丛刊第11种，台北：台湾银行经济研究室，1958年，第37-38页。

当时王忠孝的生存环境并不好，明郑在台湾的官员已经把他给淡忘了。

王忠孝生前最大的愿望是死后能归葬大陆。这在他写给儿子的两份遗嘱中都有详细交代，待后再述。但是，直至去世六年以后，王忠孝的灵柩才被迎回老家。这其中当然与王忠孝在台湾的境遇有关，同时也与当时的两岸交通及王氏族人在大陆的状况有关系。因此要做进一步讨论，就必须反过来了解当时王氏族人的生存状况。

二、明末清初王氏家族的遭遇

王氏是沙格乡的大姓。早年开基于莆田，宋朝时迁往惠北。王忠孝在他所写的《沙堤王氏谱序》云：他们是五代时王审知的后代，后来肇基莆田，但"中间残阙不可考"。能够清楚的是始迁祖十六公，他生有六子，其中长、次子居沙，另外四子回莆，因此沙格王氏都是由长子二十公、次子二十一公传下来的①。王忠孝属于二十公这一派。

明朝中叶，王氏家族已颇为繁盛。王忠孝的曾祖父、祖父都有封号，直至嘉靖倭乱以后才家道"稍中落"。王忠孝的父亲滨泉娶孙、洪两个太太，生三子，其中长子国模、三子忠孝都有功名，而次子国植一心帮助持家，全力支持长兄和三弟读书，因此王忠孝对他的仲兄怀有很深的感情。国模生有一子，国植生二子，忠孝无出，后来国植又把次子过继给王忠孝为嗣。至第三代，长房国模已有四孙，次房国植有五孙，三房忠孝有四孙，王忠孝这个小家族又人丁兴盛起来，详见表1：

表1　王忠孝至亲一览表

十三世	滨泉（娶孙、洪氏）		
十四世	国模（娶？氏）	国植（娶陈氏）	忠孝（娶陈、汤、蔡氏）
十五世	孔序（娶丘、连氏）	孔智（娶张、潘氏）	孔仁（娶林、庄氏）
十六世	勋、坊、瑞、及甫	山甫、长甫、章甫、臣甫、坚甫	石甫、明甫、云甫、尧甫

按：王氏现存族谱并不完整，此表据族谱资料及《惠安王忠孝公全集》编辑而成。

---

① 王忠孝：《沙堤王氏谱序》，《惠安王忠孝公全集》，南投：台湾省文献委员会，1993年，第17–19页。

个人的命运与家族的命运往往密切相连，而他们都受制于一个大时代的影响。明末清初尤其是清军入闽以后，王氏家族即处在风雨飘摇之中，战乱、离散、失去亲人的痛苦，成为这个家族及同时代成千上万人的共同命运。

王忠孝在参与抗清之前，尽管屡受打击，仕途不顺，但在一个乡村社会里，一个出了进士的家庭毕竟倍受尊重，并由此带来很多常人无法取得的利益。这可以从王忠孝的三个子侄都娶有两个太太看出来。换句话说，如果没有较好的生活环境和经济条件，根本就无法想象会出现如此显赫的婚姻安排。

王忠孝复出抗清以后，家产很快就荡析殆尽。隆武二年（1646）他请假回家"治装"，据洪旭说，实际上是"斥卖田园，以为行资"，即为隆武帝出征筹措钱款①。次年（1647）王忠孝在惠、莆竖起义旗，他的儿媳林氏甚至连头簪耳环都拿出来"以资敌忾"，表明王氏家族为此付出了巨大的努力②。随后，举事失败，王氏族人渡往厦门避难，田产丧失殆尽矣。

当时与王忠孝一起避居厦门的除了自己一家外，还有仲兄国植一家。长兄国模入仕后就在江西当官，其儿孙仍留在老家③。

战乱带来的漂泊生活是很痛苦的。《槐台公圹志》说："丙戌之变，余（指王忠孝）不度智勇，举事无成，田舍勿复论，家族惴惴焉。仲毁家卫族戚，絜（挈）眷荒礁，傱数椽颓屋，风雨时侵，鹡鸰鸣摇无悔也。"④王宪章《祖母林孺人圹志》也说："无何，沧桑变乱，风鹤日惊，而先王父（指王忠孝）孤忠自矢，鸠一旅从事。其间，孺人（指王忠孝儿媳）悉脱簪珥以资敌忾，无间言。迨时不可为，乃挈家于鹭门、浯岛间，靡有室宇。孺人偕府君体其百折不回之心，佐理经画，随处帖然，流离颠沛亦足以少慰二人也。"⑤ 当时与王忠孝一起在厦门居住的兄弟两房三代人，至少

---

① 洪旭：《王忠孝传》，《惠安王忠孝公全集》，南投：台湾省文献委员会，1993年，第259页。

② 王宪章：《祖母林孺人圹志》，见《光绪蟹谷王谱》，王楚书手抄本。

③ 如国模的一个孙子王坊，于丙申年（1656）九月初七日"遭兵混杀"，见《蟹谷王氏族谱》。

④ 王忠孝：《槐台公圹志》，《惠安王忠孝公全集》，南投：台湾省文献委员会，1993年，第21页。

⑤ 王宪章：《祖母林孺人圹志》，《光绪蟹谷王谱》，南投：台湾省文献委员会，1993年，王楚书手抄本。

二十人以上。而田产尽弃，其间的生活状况如何可以想见。王忠孝曾有一封信"复诸乡亲"，谈到他们在厦门的生活及思念家乡的情感：

> 此间村屋借住，薯园赁犁，老厮张网，痴儿课锄，虽曰流寓，略成土著，诸亲知者，咸共见闻。易旅之六二日，旅次即怀其资，一旦舍去，从头经营，向之轻弃其乡者，今转怀土矣①。

除了耕种薯园、张网捕鱼之外，王忠孝还有一条小船从老家借来，但不时被郑军插借，因此他还专门写信给"万兄"（当指万礼），希望放回：

> 小舟经两次插借矣，日荷鼎许，回即放归，今未见驾回，且此舟系敝乡借来，久稽实有未便。

> 贵部如林之众，一叶所载几何？鹭江樯桅如织，谅不斤斤小舟也②。

在厦期间，王忠孝的仲兄、嫂先后去世，后来都回原乡安葬，"幸用汉衣冠含殓，虽颠沛乎，启手足得正矣"③。王忠孝觉得这还是值得宽慰的事。再往后几年，仲兄的儿媳潘氏也病故，王忠孝还专门替她的五个儿子写了悼念文章④。

金、厦失守后，王氏家人原来可以亲人团聚的日子也就结束了。永历十七年（1663）十月，清军攻入厦门、金门，"二岛遂失，居民掠杀甚惨"。此时王忠孝知事不可为，乃"遣儿携孙及老妻入山，余南下铜山，二老妾从焉。侍行者，从侄孙亥、族侄环，及仆婢而已"⑤。从此，家人离散，王忠孝住台湾，妻儿老小住大陆，族人分隔两岸。

回到惠安的王忠孝家人如何生活，已经很难详述了。当时清朝已在沿海实行迁界，"大兵"又两次洗掠沙格，族人逃散，面目全非。王忠孝的侄孙王钟鸣写道："顺治岁丙申（1656），大兵按沙，杀伤受掳者如许。辛

① 王忠孝：《复诸乡亲书》，《惠安王忠孝公全集》，南投：台湾省文献委员会，1993年，第137页。
② 王忠孝：《与万兄书》，《惠安王忠孝公全集》，南投：台湾省文献委员会，1993年，第167页。
③ 王忠孝：《槐台公圹志》，《惠安王忠孝公全集》，南投：台湾省文献委员会，1993年，第19-22页。
④ 王忠孝：《代山甫长甫章甫臣甫坚甫等拟母氏行状》，《惠安王忠孝公全集》，南投：台湾省文献委员会，1993年，第4-6页。
⑤ 王忠孝：《自状》，《惠安王忠孝公全集》，南投：台湾省文献委员会，1993年，第39页。

丑年（1661）奉迁，星散逃亡者又如许……壬子（1672）腊月归过仙之邑城，暨田头、华郊，皆吾族子播从之地。"① 可见王氏族人当时遇害者不少，也有不少人逃往仙游避难。如今在沙格还留有万善堂、苦坑、哭店（今称"许店"）等遗址。王氏族人犹能讲述当年清军入乡的路线、经过，以及族人被杀的惨状。在万善堂等两处祭祀点的后面是一条现已封闭的地道，族人说当年很多人都躲在地道内，后来被发现族人均遭杀害，里面白骨累累，还有一些散落的日用品等。

在这种情况下，王忠孝的妻儿老小"入山"是不可能回到沙格的，只能寻找其他临时避难所，也难以过上正常人的生活。而这时王忠孝从台湾传来他即将"终于地下"的消息，希望他的家人能把他接回去安葬。

王忠孝的《遗嘱（一）》云：

> 此新年（指永历十九年，1665）多病，幸饮啖如常，老人如风雨烛，况病乎？豫书数字，嘱尔曹执去，速携诸从行以归，与族党姻知，商确取一焐身，或海澄，或泉，求其当而已。
>
> 遣小舟来接大舟，此中收拾，尔断断勿来，旧衣巾履未至，开不得丧，至日开丧，焐家礼。取我旧衣，于江干挂着，眷顾魂归，至七旬而止。遣人犹迟，开丧不妨，勿作佛事，或尔曹心上不过，择寺中修斋诵经而已②。

次年（1666）四月的《遗嘱（二）》又云：

> 万一不测，尔当与亲朋商一水居舡，三四载者，来扶我归，即力不能，亦须向知己相援也。此边人泛泛耳，言之似赘。
>
> 又须于当道处，明投一呈，内云"父某自己丑年云游四方，多在舟山之间，去年舟山之变，附舟南下，闻在澎湖结茅而居，年已七十四矣，近云裏理扶归，谨呈"，明大意如此。托大力者送之，必当于愿兄发一令票，雇他一押舡，跟官系我所见识者，同舡来此边，亦遣一舟护送至界而返，庶水次无虞，我老骨可遂

---

① 王钟鸣：《蟹谷王氏家谱序》，作于康熙十二年（1673）三月，《蟹谷王氏族谱》，乾隆重修本。

② 王忠孝：《遗嘱（一）》，《惠安王忠孝公全集》，南投：台湾省文献委员会，1993 年，第41-42 页。

首丘之怀也，当费此勉为之①。

这两份《遗嘱》，对于了解当时的两岸关系及海上交通状况是很有帮助的。《遗嘱》中说的"当道"，即指清朝在闽南的当权者。而王忠孝希望儿子和家人能透过各种关系，不管从海澄还是泉州，取得官方发给的"炤身"（身份证明）和"令票"，然后雇船到台湾来接他。值得注意的是，王忠孝教儿子递交呈请时要写"闻（父）在澎湖结茅而居"，而不写在台湾，显然是从策略上考虑。

当时两岸交通已经基本断绝②，清政府实行迁界，但沿海居民偷越往来的例子仍然存在。如王忠孝有一个侄孙及甫，在此期间就先后往来台湾三次：第一次在永历十七年（1663）三月至七月，入台"开垦"，"为一门食指计"；第二次在永历十八年（1664）三月至次年正月，陪同王忠孝"入东宁"；第三次在永历十九年（1665）五月至次年三月，又到台湾陪侍王忠孝直至先期病逝。王忠孝为此痛心疾首写了一篇《哭侄孙及甫文》③。王忠孝的侄孙能够往返两岸，说明当时民间偷越的渠道仍然存在，这也是王忠孝能够经常与家人通信的外部环境，但要通过官方公开扶柩还乡就不是一件容易的事。

王忠孝的遗嘱传到家人手中，其妻儿老小的悲怆与焦虑之情可想而知。当时负责料理家事的是王忠孝儿媳林氏。据王宪章写的《祖母林孺人圹志》云：

> 阙后，先王父抗节寄寓台湾，无禄即世。府君谋迎榇归未遂，晨夕哀号；王母陈淑人复见背，形枯骨立，未及大祥，遂尔终天报痛。孺人水浆不入口，几不欲生。禾英（按，即石甫）等以祖榇未回，儿辈幼孤，泣谏勉庀丧事。至壬子六月，迎祖榇回里，卜葬于惠北松亭之原，而府君附焉，孺人始辗然喜也④。

---

① 王忠孝：《遗嘱（二）》，《惠安王忠孝公全集》，南投：台湾省文献委员会，1993 年，第 43-44 页。

② 邓孔昭：《明郑时期台湾海峡海上交通问题的探讨》，《台湾研究集刊》，2001 年第 4 期。

③ 王忠孝：《哭侄孙及甫文》，《惠安王忠孝公全集》，南投：台湾省文献委员会，1993 年，第 39-41 页。

④ 王宪章：《祖母林孺人圹志》，《光绪蟹谷王谱》，王楚书手抄本。

王忠孝的灵柩被迎回惠北安葬在永历二十六年壬子（1672）六月①。而在此之前，他的妻子陈氏、儿子孔仁都因过度悲痛先后过世。一家三口，在短短几年间相继离开人间，不能不说是历史的悲剧。

至于王忠孝如何被迎回，史无记载，但据族人云，相传是通过施琅帮助迎回来的。当时施琅在北京，不过，福建尤其是闽南地区仍有很多他的部下，从情理推测，通过施琅的帮助运回王氏祖椟是完全可能的。如今王氏族人对施琅仍怀感激之情，甚至有口传故事云，当年施琅能躲过郑成功的追杀，实际上是王忠孝暗中相救的结果。这种故事，与其说是一种"事实"，不如说是在表达族人情感的一种历史记忆。

三、祭海习俗与王氏族人的历史记忆

特殊的历史遭遇往往会改变或重塑民间习俗，从而形成长久不衰的文化传统和生活习惯。

如今，在王忠孝的故乡，每年端午节仍保留有祭海的习俗。这个活动从农历四月初一就开始，而至五月初五以迎妈祖赛龙舟结束。所谓"四月初一开鼓请，五月初五龙舟行"，即是指此。又，关于游神路线参见附图（王振珪先生绘制）。

"四月初一开鼓请"简单而隆重。当天上午，当地村民到村内一座最主要庙宇——始建于元朝（或说宋朝）的"灵慈宫"祭拜妈祖，由请来的师公做法事后，数百人敲锣打鼓，吹着唢呐，挑选两个长者扛着一对平时供于案桌上的龙头，到"忠孝社"上香祭拜。而后继续前行，顺时针绕村来到海边，"由妈祖向海放龙到海峡彼岸，敬请王忠孝忠魂乘龙回家"②。

"忠孝社"是一个石头构建的社坛，里面供有四尊神像，其中右边最小的一尊是土地公，另有三尊较大的，其一是王忠孝。村民们说，以

---

① 此外，据洪旭《王忠孝传》云："东人"送王忠孝公柩归里在癸丑，即1673年（《惠安王忠孝公全集》，南投：台湾省文献委员会，1993年，第261页）。洪旭去世于1669年（夏琳《海纪辑要》），又一说去世于1666年（《台湾外记》卷六），可见，《王忠孝传》的这条资料是后人添上去的，因此王忠孝归葬的时间当以王氏家族史料记载为准。

② 沙格王忠孝研究会筹备组：《泉州沙格纪念王忠孝收复台湾三百多年的"四月初一开鼓请"传统活动》，打印稿。（"四月初一开鼓请"游内圈，"五月初五龙舟行"游外圈。）

前"忠孝社"就有这些神像。社坛在华南民间到处都有，但以"忠孝"命名的社坛只有这个地方，而且从清末一本手写的《王氏族谱》来看，当年就已经有"忠孝社"的地名了，可见它的设立至少在清朝末年，或许更早。

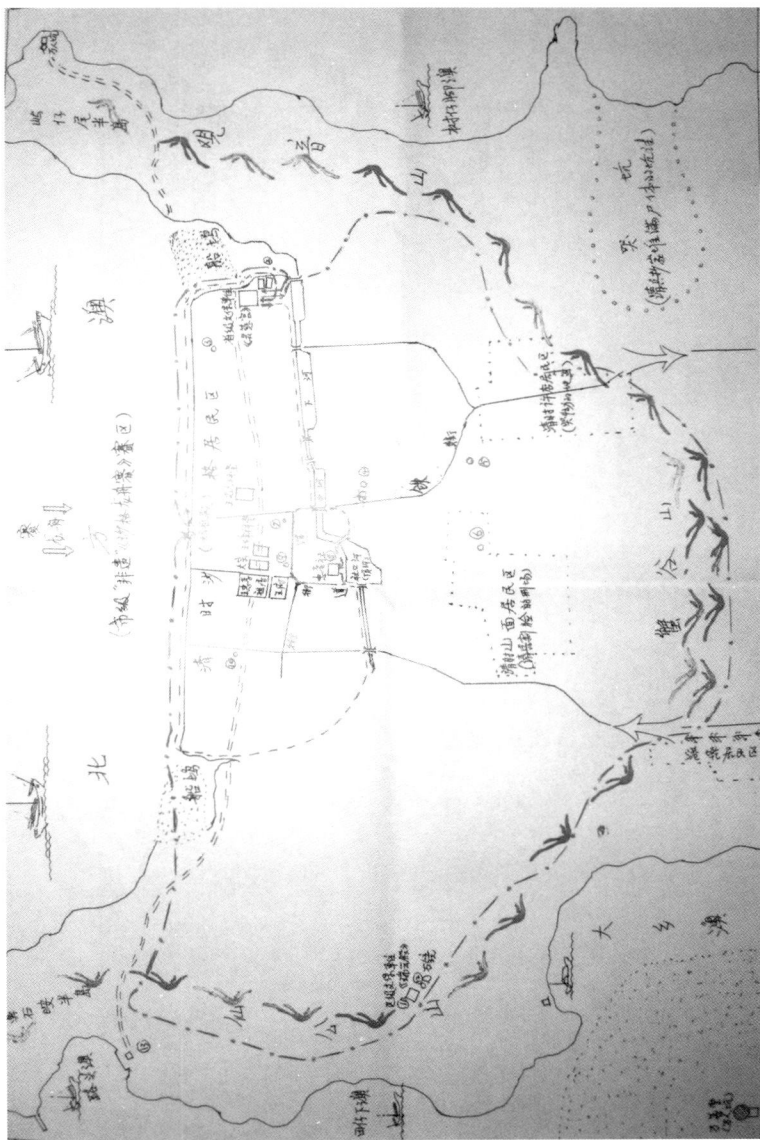

沙格王氏端午节游神路线图

"五月初五龙舟行"是整个祭祀活动的另一个重要环节。这天上午，村民们经过精心准备，扛抬着"灵慈宫"供奉的妈祖、注生娘娘、注花娘娘、武安尊王（张巡）、司马尊王（许远）出巡。全村人或参与巡游，或沿街祭拜换香，处处都是鞭炮、香火。游神队伍绕境一周，临近中午到达海边"妈祖行宫"，即安坐，让村民去祭拜。下午就在"行宫"前举行龙舟比赛。这是泉州地区很有名的一个龙舟赛场，观者如云，交通因之阻塞，多时游客数以万计。次日初六日上午，再举行决赛。此前，村民们便携带供品到海边祭祀。三牲、果品敬献给妈祖诸神，而沿着海堤向海一侧则是摆放菜饭，以祭祀航海死难的孤魂，据说也包括祭祀王忠孝在内。下午活动结束，妈祖等神明又回到"灵慈宫"安奉。

端午赛龙舟是中国人传统的习俗，很多地方都有。而祭祀海难的孤魂在沿海地区也很普遍，并不奇怪。值得注意的是，沙格这地方四月初一的活动居然与五月初五联系在一起，使端午节的习俗变得丰富多彩，且与众不同。

在闽南人的习俗里，亲人在外死亡，家人就要为他举行招魂仪式。王忠孝的遗嘱也谈到要"取我旧衣，于江干挂着，眷顾魂归，至七旬而止"，并且交代要等旧衣巾履到后才能开丧，如果"遣人犹迟，开丧不妨"①。当时王氏家人在接到这样的遗嘱后肯定是照办的。但事情并不那么简单。王忠孝的灵柩迟迟未归，于是年年的招魂仪式就不仅是单纯的宗教活动，而成为亲人寄托哀思的一种悼念和期盼。简单的仪式在特殊的历史情景下变成了习俗。四月初一的日子究竟是怎么定下来的已很难查考②，但可以肯定的是，它已经不是最初招魂仪式的简单重复，而是经过历史沉淀后形成的一种象征。

据当地老人讲，以前四月初一的祭祀只有几十个人偷偷进行，不敢声

---

① 王忠孝：《遗嘱（一）》，《惠安王忠孝公全集》，南投：台湾省文献委员会，1993 年，第 41 页。

② 当地的文人认为四月初一是郑成功收复台湾的日子，王忠孝是支持郑成功复台的文臣，因此这个日子具有纪念意义。笔者认为这样的解释比较牵强。可能的一个解释当是王氏家人接到第一份遗嘱（作于三月初六日）之后，加上有人传说王忠孝已死（见《惠安王忠孝公全集》，第 43 页），于是在既不可能去台湾、又不可能见到亲人的悲恸时刻，招魂就开始了。但真正的日子不可能刚好是四月初一，这也许是后来经过修正的结果，正如同仪式的内容和过程也经过修改一样。

张，到"忠孝社"和海边祭祀就是为王忠孝招魂。显然，这时的所谓"招魂"已经和刚开始时的招魂仪式有很大不同，已经不是拿旧衣服到水边挂着，拼命呼喊死者的名字，也不是七七四十九天（即"七旬"），而是一种在某天举行的宗教性民俗活动，带有怀念和寄托哀思的象征意义。

一方面，这种象征性的仪式，与村内社坛被改称为"忠孝社"是紧密相连的。王忠孝因抗清而闻名，人们把更改社名、到社坛祭祀和扛龙头招魂等系列活动组合起来，从清代开始就在表达强烈的抗争意识和对这段历史的集体记忆。这种集体记忆是整体的、延续的，它不仅体现在日常的仪式上，也出现在众多遗址中和不断重复加工的传说故事里。年复一年，不断重复的仪式、传说故事及其他生活中的场景，都在不断增强着人们的历史记忆。

另一方面，这种祭祀活动又与祭祀妈祖、安抚孤魂、端午赛龙舟等民间传统结合起来。历史事件逐步演变成民俗节庆，或者更准确一点说，是在民间节庆的基础上增加了新的记忆历史的内容，从而使得这个节庆活动变得更具有地方文化的独特色彩。

端午节祭祀王忠孝与很多地方悼念屈原在精神实质上是一致的。三百多年前的王忠孝以其悲剧性角色被人们记忆着，但这种记忆不是在重复历史细节（实际也不可能），而是延续一种人文精神，一种由历史形成的文化传统。就这一点而言，历史仍然活着，它以一种民俗的形式承载着对过往的记忆，从而形成今天的乡土知识和不断丰富发展的历史文化遗产。

（本文原载于张海鹏、李细珠主编《台湾历史研究》第一辑，北京：社会科学文献出版社，2013 年）

"台干班"与光复初期的闽台社会

——以"云鹏家书"为中心

　　闽台缘博物馆藏有 9 封署名"云鹏"写给父亲的家信。从内容判断，这些家信作于 1946—1947 年，作者是当时在基隆市警察局任职的一名青年。后来经过考订，得知作者系王云鹏，福建省晋江县人，属台干班学生队的成员，1945 年 10 月赴台参与接收台湾。因此，这些家信对于我们了解光复初期的台湾社会，尤其是台干班成员赴台接收警务工作及其与家乡亲友的联系等方面，都是不可多得的第一手资料。本文拟以"云鹏家书"为中心（整理稿详见附录），结合台干班成员的相关档案、回忆录，以及田野调查所得资料，就台干班设立的背景、作者成长历程，以及光复初期的闽台关系进行一些探讨。

一、台干班的设立

　　这里所说的"台干班"，全称是"中央警官学校第二分校台湾警察干部训练班"①。它的设立，与第二次世界大战即将结束、准备接收台湾有直接的关系。

　　1943 年年底，《开罗宣言》发表后，为了做好接收台湾的准备，一方面蒋介石指示在中央设计局成立台湾调查委员会，以陈仪兼任主任委员，草拟台湾接管计划并研究相关问题；另一方面开始培训储备干部，在"中央训练团"举办民政、财政、建设、教育、交通、司法等类行政人员的训

---

　　①　又有一种"台干班"，称"台湾干部训练班"，与本文探讨的"台湾警察干部训练班"不同，特此说明。

练，同时又在"中央警官学校"开办台湾警察干部训练班，于 1944 年 8 月 1 日设立，9 月 28 日开始调训第一期讲习班学员。此为培训台湾警察干部的缘起。

当时中央警官学校设在重庆。为了扩大台湾警察干部的储备，1944 年 9 月 1 日国民政府军事委员会电令中央警官学校在福建省长汀县设立第二分校，并将原设于湖南的东南警官训练班裁并，中央警官学校台湾警察干部训练班的业务亦归属第二分校办理。此后，福建省成为培训储备台湾警察干部的一个重要基地。1945 年 3 月，第二分校又从长汀县迁往三元县（今三明市）的梅列新校址，在那里开班受训。

当时，台湾尚在日本统治之下。而福建与台湾隔海相望，在历史、血缘、文化等方面关系特别密切。因此要接收台湾、维护社会稳定，首先需要有一支素质良好、能够与台湾民众沟通的警察队伍，尤其是警察干部队伍，福建及其周边省份正是招收这方面人才的重要区域。中央警官学校第二分校台湾警察干部训练班（以下简称"台干班"）在福建举办，正是基于当时的时代背景及福建的地理历史因素。

台干班自成立以后即开始紧张运作，共分四个层次招收训练台湾警察干部：

（1）讲习班。抽调曾受二年以上警官教育并服务警官三年以上的现任警官到校培训。第一期抽调 36 人，于 1944 年 9 月在重庆受训；第二期 28 人，1945 年 3 月于梅列受训。讲习时间 3 个月。授课内容除一般警察课程外，侧重于台湾情况与外语训练，如台湾概况、台湾历史、台湾地理、日语会话等。结业以后，讲习班成员先留在第二分校担任训练工作（重庆的第一期成员大部分滞留当地）；光复后赴台参与接收，分任台湾各级警察单位或业务主管。

（2）学员队（亦称学员班）。招收曾受警官教育并服务警官一年以上，具有高中以上文化程度并精通闽南语或客家语、英语或日语的现任警官，共 76 人，受训 6 个月，于 1945 年 9 月结业。培训期满后，学员队成员继续留在学校训练或少数担任区队长工作，直至赴台参与警察事务的接收。

（3）学生队（亦称学生班）。招收高中以上并精通闽南语或客家语、英语或日语的毕业生，分两批，共 250 人，学制一年。第一批录取的学生于 1944 年底至次年初先后抵达长汀开始军事训练，第二批于 1945 年 3 月下旬到达梅列新校区，均于 4 月 1 日与学员队一起补行开学典礼，继续进行正训期学术科教育。同年 10 月 10 日举行毕业典礼，开赴台湾。未完成的学业于台北新设立的警官训练班分批调训，补足一年后毕业。

（4）初级警察干部教导总队（亦称初干班）。招收初中以上毕业生，以能讲闽南语或客家语、英语或日语者为主，共分设 5 队，招收 542 人，施予 6 个月警察教育。报到后先参加入伍期军事训练，4 月 1 日开始进行正训期学术科教育，10 月 13 日离校赴台。较迟报到的学生后来又在台湾继续参加警官训练班调训，以补足教育①。

由此可见，上述四个层次共招收台湾警察干部 932 人②，其中讲习班、学员队人数较少，仅 140 人，都来自现任警官；而学生队、初干班招收人数近 800 人，录取的都是高、初中毕业生。以大量年轻的中学毕业生经过短期培训进入警官或警员队伍，这是当时为适应形势需要迅速储备台湾警察干部而采取的一项重要措施。

为了在社会上广招合格生员，第二分校在闽南、粤东、浙西各地都设有招生点，发布招生简章，并组织考试、体检，进行资格审查、录取等工作。招收对象为学员队、学生队和初干班，名额不限。以下引录一则招生简章作为参考：

中央警官学校第二分校续招台湾警官学员生、警员教导总队简章

第一条　本分校为储备台湾警察干部人才起见特订本简章。

第二条　招考名额：（1）警官班学员　百名，（2）警官班学生　百名，（3）警员队学生　百名。

第三条　投考资格：凡品性端正、思想纯洁、身体健康、素无不良嗜好，精通台湾语（即闽南语）或英语、日语，年在十八岁以上、三十岁以下之男性（学员为三十五岁以下），而有左列资格之一者得分别参加考试：

（1）警官班学员曾受警官教育、担任或曾任委任警官一年以

---

① 《台湾警察干部训练班始末》，福建省档案馆、厦门市档案馆编《闽台关系档案资料》，厦门：鹭江出版社，1992 年，第 803-806 页。

② 按：此数字（932 人）为招收数，实际毕业为 920 人，其中学员班 75 人、初干班 531 人，其余与招生数相同。另一说，毕业人数 921 人，其中初干班改为 532 人，其余不变。参见《台湾警察干部训练班小史》及附件一，《闽台关系档案资料》，第 806-808 页。

上，而有高中程度持有证明文件者。

（2）警官班学生曾在高中以上学校（或同等学校）毕业持有毕业证书者。

（3）警员队学生曾在初中以上学校（或同等学校）毕业持有毕业证书者。

第四条　报名手续：投考人须于投考前携带毕业证书或证明文件、最近二寸半身正面脱帽照片三张，亲赴各地报名处填写报名书报名，并须领体格检查表听候检查（体格检查表向报名处领用），报名费五十元（报名后未参加考试或录取与否概不退还）。

第五条　考试地点：（1）警官班——

　　　　　　　　　　（2）警员教导总队——

第六条　报名日期：自三十四年　　月　　日起至　　月　　日止。

第七条　考试日期：自三十四年　　月　　日起至　　月　　日止。

第八条　考试程序：

（1）检查体格依左列标准行之：

甲、身长一六五公分以上、体重五十二公斤以上、胸围约为身长之半、呼吸差在六公分以上；

乙、握力在七十度以上、视力在八公尺距离能识三公分以上宽度之笔划；

丙、五官四肢无残缺及赘生物或畸形，并无体格检查表中所列记病症之一者；

丁、言语精神无特殊异状者。

（2）资格审查：审查投考人所缴之证件，如发现有假冒伪造情事时不予参加考试，已录取入校者勒令退学。

（3）笔试科目：一、学员班——国父遗教、国文、警察法、警察实务、史地。二、学生班——国父遗教、国文、理化、史地、数学、外国文（英日语任择其一）、智力测验（生活调查）。

（4）口试标准另定之。

第九条　各招考区初试成绩在六十分以上者为合格，录取名额不受限制。

第十条　揭晓：（1）录取学员生于考试后五日内在考试地点

揭晓。

（2）警官班学员生录取后由校酌给津贴。

（3）警员队学生录取后由校酌给津贴。

第十一条　初试录取学员生须于　月　日前携带证件

第十二条　应缴文件：警官班学生录取后应依照规定格式填志愿书，并取具荐任职（或相当荐任职）以上公务员之保证书；警员队学生取具该管警察局所或乡镇公所之保证书，于开学前报到入班（队）。

第十三条　修业期限：警官班学员定为六个月，学生为一年；警员队学生训练期间定为六个月（必要时得缩短或延长之）。

第十四条　待遇：学员生入校后之服装、膳宿、讲义等项由校供给，并每月酌予津贴，但应自带下列各件：（1）被盖全套（棉被、棉褥及白被单各一条），（2）白色衬衣裤二套、素色毛线衣一件，（3）黑色皮（布）鞋两双，（4）盥洗用具全套，（5）文具（钢笔、日记簿、墨盒等），（6）参考书籍（不得超过十本）。

第十五条　任用：学员生毕业后依左列标准由校呈请分发台湾任用：

（1）警官班学员生以委任职任用。

（2）警员队学生以委任待遇任用。

第十六条　本简章自呈准公布日施行。如有未尽事宜，随时修正，呈报核备①。

该简章于 1944 年 10 月 16 日经军事委员会核准，此后即开始在各地招生，至同年 12 月间，第一批在闽南考区招收的学生就已到达长汀报到，次年 1 月初粤浙考区招收的学生亦到达长汀，而第二批招收的学生于 1945 年 3 月也陆续到达梅列新校区，可见当时招考速度之快。

为了适应赴台工作的需要，招收学生以闽南籍和粤东、闽西等客家地

---

①　引自《"中央"警官学校台干班简史》，台北："中央"警官学校台干班互助基金会编印，1987 年，第 26 页。按，该简章有个别地方错漏，如第三条原文为"投考资格名额"，"名额"二字多余；第十条（2）（3），在"津贴"之后都有一个"向"字。以上三处四字在抄录时径删。其余均原文照录。

区为主。我们在民国档案中发现有学员队、学生队完整的入学名册、分发名册及毕业成绩册，根据这些名册可以整理统计出学员、学生的籍贯如表 1：

表 1 台干班学员队、学生队分别籍贯统计表

籍贯	学员	学生	籍贯	学员	学生	籍贯	学员	学生
福建：福州	4	0	福建：长泰	1	1	广东：揭阳	0	1
林森	8	8	漳浦	2	1	普宁	1	1
闽侯	0	2	云霄	1	5	澄海	0	2
福清	2	2	诏安	6	7	开平	0	1
长乐	0	1	东山	0	1	浙江：宁海	0	3
永泰	1	2	长汀	4	3	永嘉	0	1
莆田	7	21	上杭	3	1	平阳	0	3
仙游	5	5	武平	3	1	余姚	0	2
晋江	5	40	永定	0	1	上虞	0	1
惠安	2	33	宁化	1	0	瑞安	0	1
南安	5	19	漳平	0	1	东阳	2	0
安溪	0	8	广东：梅县	6	33	诸暨	1	0
永春	0	14	兴宁	0	5	湖南：岳阳	0	1
德化	0	1	平远	0	2	江苏：盐城	0	1
同安	0	2	五华	0	3	安徽：巢县	1	0
厦门	0	2	饶平	0	2			
龙溪	5	3	潮阳	0	2	合　计	76	250

资料来源：中国第二历史档案馆、海峡两岸出版交流中心编：《馆藏民国台湾档案汇编》第 194 册，北京：九州出版社，2007 年，第 83-198 页。

从表 1 资料可见，学员队共招收 76 人，其中福建省 65 人，占总数的 85.5%，其余广东省 7 人、浙江省 3 人、安徽省 1 人。学生队招收 250 人，其中福建省 185 人，占总数的 74%，广东省 52 人，占总数的 20.8%，其余浙江省 11 人、湖南省 1 人、江苏省 1 人。福建、广东是台干班学员队、学生队的主力，尤其是福建省，人数占绝大多数。

再从具体县份看，学生队招收高中以上毕业生，其中属于闽南籍的以泉州所辖各县为最多，晋江40人、惠安33人、南安19人，包括安溪、永春、德化、同安，达到117人，几乎占总数250人的一半。而属于客家语系的以广东梅县为最多，达33人。反过来，如果是学员队，招收一年以上现任警官，则以福州地区、漳州地区为最多，泉州地区反而较少。因此可见，如果说报考台干班是当时中学毕业生寻找出路的一条捷径，那么这个需求似乎泉州地区来得更迫切一些，积极参与报考的青年学生也最多。

这些从各地招来的学生先后抵达第二分校入训。1945年8月10日，日本投降的消息传到梅列校区，全校彻夜沸腾。10月10日，即举行毕业典礼。10月13日，全校师生千余人从梅列出发，开赴福州。23日，又从福州乘坐24艘美国军舰渡往基隆，次日清晨抵达，下午即换乘火车进入台北。10月25日，在台北市公会堂（即中山堂）举行隆重的台湾光复仪式。此后，台干班成员即着手进行接管警察事务的工作。王云鹏所在的基隆市警察局亦于11月15日正式成立。

二、王云鹏的家族及其个人成长经历

王云鹏是福建省晋江县清濛乡人，属台干班学生队的成员。清濛乡地处泉州城南门外，现在这里已是一片开发区，清濛的村民还留有一块古老居住地，变成了"城中村"。

清濛原来是一个农业区，占地1.4平方公里，现在人口2300多人。估计在王云鹏年轻的时候，这个村子的人口最多不会超过1000人。全村现有16个姓氏，人口较多的是郑姓（800多人）、张姓（约800人）、王姓（300多人）、沈姓（100多人），此外还有卢、吴、杨、黄、陈、曾、蔡、林、洪、何、廖、欧等小姓。据传当地有"一潘二卢"说法，是指在清濛开发的历史上，潘姓来得最早，但现已无人。卢姓其次，人口也很少。后来还有张姓，大约明朝初年迁入清濛开基，至今约五六百年的历史①。

清濛王姓分成数支，有"金青王""街顶王""塔仔脚王""后头王"

---

① 张启欣：《侨乡风情——清濛历史钩沉》，北京：中国文联出版社，2004年，第2页；2010年8月2日笔者于清濛村田野调查笔记。

等，其中"金青王"即王云鹏所在的支派。该派原繁衍于南安县金坑乡，清朝乾隆年间从金坑迁往清濛开基，始迁祖为金坑王氏十世祖王以荒①，从他算起，至王云鹏已繁衍六代。"金青王"现在没有族谱，但在道光二十三年（1843）则于清濛建有一座宗祠，咸丰九年（1859），他们的族人还参与金坑"四方堂"庙宇的兴建，并立有题捐碑记。因此，"金青王"至今仍有较清晰的家族脉络可寻。据1997年重修金青王氏宗祠的《族史》碑记载：以荒公"于清乾隆年间携妻陈氏移居清濛村"，"以荒独子燕察，育有奕金、奕板、奕彬、奕再、奕超、奕沃、奕池等七子"②，因而分成七房。再繁衍三四代，已是族人济济。

清末民国初年，金青王氏开始向海外各地迁移，其中最有名的是三世祖王奕彬及其后代。王奕彬于道光年间前往菲律宾谋生，娶当地人为妻，生子西曼。王西曼又生五子，其次子即是菲律宾有名的侨领罗曼·王彬（原名王罗曼）。至今在马尼拉市仍有一条以他命名的"王彬街"，还有一座纪念碑，上面塑着罗曼·王彬的全身铜像③。由于王氏在菲律宾发展甚好，因此很多族人都前往海外，以菲律宾居多。如今在清濛村到处都可以见到民国时期建造的洋房、洋楼，以及成片的红砖瓦房。王云鹏从小就生活在这样一个与海外有着密切联系、紧邻泉州而不缺乏向外发展经验的乡村环境里。

王云鹏生于1924年12月7日。据他于1940年填写的一份《登记表》，他的父亲王妈甚，母亲已故，育有二男一女。哥哥王云深、姐姐王淑锦，王云鹏是排行最小的④。父亲王妈甚在村中颇有地位。他的曾孙曾回忆说，太爷爷王妈甚是当年金青王氏的"族长"⑤。20世纪30年代由先贤王纯序

---

① 《金青传芳——晋江清濛村金青王氏宗史概况纪念册》，晋江：清濛村金青王氏宗亲会，2008年，第26页。又据1997年重修金青王氏宗祠所立的《族史》碑记，王以荒为金坑王氏十七世祖。

② 《族史》碑记，嵌于金青王氏宗祠大殿墙上。

③ 《金青传芳——晋江清濛村金青王氏宗史概况纪念册》，晋江：清濛村金青王氏宗亲会，2008年，第33—38页；张启欣：《侨乡风情——清濛历史钩沉》，北京：中国文联出版社，2004年，第25—27页。

④ 1940年4月4日王云鹏填写《甲种入团登记表》，藏福建省档案馆，编号83.3.482。

⑤ 王努务：《怀念我的奶奶——"老阿姨"》，《金青传芳——晋江清濛村金青王氏宗史概况纪念册》，晋江：清濛村金青王氏宗亲会，2008年，第57页。

出面向金青王旅菲华侨筹资，支持王妈甚在清濛创办"晋江私立金青学校"①。这间学校就在王氏宗祠的对面，现已毁，但基址尚存。我们在调查中还听当地人说，王云鹏家原来就是"拿笔的"，显示他们在当地人的印象中家境不错，非一般村民可比。如今，我们还可以看到王云鹏家是一座带围墙、院落的宽大瓦房，当年许多族兄弟都在这座大房子里共同生活。据说云鹏的哥哥王云深年轻时在香港任英文翻译官，娶清濛附近的"御赐桥"村一个书香才女为妻。后来王云深因患病无法继续外出工作，其妻黄彩繁力持家务。1958 年，黄彩繁还在政府及侨胞的支持下，为主创办了"清濛幼儿园"并担任园长，30 多年来为清濛的幼教事业倾入了大量心血，在当地享有很高声誉②。

王云鹏小时候的生活不算太坏。他从小读书，1938 年毕业于父亲创办的"金青小学"，1940 年 4 月已是永春蓬壶培元中学第二校"初三上"的学生③。从他自己填写的这个读书经历看，王云鹏到培元读初中应该在 1938 年年初。也就是说，从"金青小学"毕业到升入"培元中学"都在 1938 年年初完成。培元中学是泉州一所有名的教会学校，创办于 1904 年。抗日战争爆发以后，这所中学于 1939 年 2 月从泉州迁往永春蓬壶开办第二校，1942 年 7、8 月间又从永春迁到南安九都继续办学④。因此，王云鹏到培元中学读书，实际上是经历了抗战时期不断迁校的过程。按学制推算，王云鹏从培元高中毕业大约在 1943 年冬。

毕业以后的王云鹏正值抗日战争进入最困难的阶段，社会凋敝，满目疮痍，一个高中毕业生如何能在这样的社会环境中找到安身立命的工作，确实是很大难题。1944 年冬季，"中央警官学校第二分校"在闽南招生，因此王云鹏就报名参加了台干班学生队。此时，与王云鹏同样毕业于培元中学的许多学生也都走上了这条路。据笔者统计，在台干班学生队于泉州

---

① 《金青传芳——晋江清濛村金青王氏宗史概况纪念册》，晋江：清濛村金青王氏宗亲会，2008 年，第 41 页。

② 王努努：《怀念我的奶奶——"老阿姨"》，《金青传芳——晋江清濛村金青王氏宗史概况纪念册》，晋江：清濛村金青王氏宗亲会，2008 年，第 57-58 页；又参见张启欣：《侨乡风情——清濛历史钩沉》，北京：中国文联出版社，2004 年，第 49-50 页。

③ 1940 年 4 月 4 日王云鹏填写《甲种入团登记表》，藏福建省档案馆，编号 83.3.482。

④ 2010 年 9 月 9 日，笔者于永春县蓬壶乡调查记录。

招收的 117 个学生中，就有 50 个毕业于培元中学。其中晋江招收 40 个，有 33 个是培元高中毕业；惠安招收 33 个，有 13 个毕业于培元高中；南安招收 19 个，2 个是培元高中毕业生；永春招收 14 个，也是 2 个培元高中毕业生①。晋江所占的比例最大，该县参加台干班学生队的有 82% 以上都是来自培元中学，可见当时寻找工作的压力很大。

王云鹏于 1944 年 12 月下旬到达长汀，此后就进入了紧张的军事训练。1945 年 3 月又从长汀迁往梅列新校区，继续在那里受训和教育。台干班成员在长汀、梅列的生活是十分艰苦的。有一个学生后来回忆说：当时前方战事吃紧，原来的晨操变成了军训，每天 8 小时的军事训练，80% 以上都患了胃病。蚊虫叮咬，虱子成群，有一天大家把搭在祠堂走廊上的通铺横梁抬出来摔在地上，"只见那密密麻麻形同晒谷场上会移动的黑芝麻堆，由此可见一斑"。吃的是填不饱肚子的主食，"天天都是一木盆空心菜汤"，连"油影子都找不到"②。一个负责生活的伙食委员说：甚至在 10 月 10 日毕业典礼那天，他还在为全队的午饭发愁。因为"长久以来都是领一天米，吃一天，库无余粮"。那天上午他和伙夫领到的只是谷子，为了把谷子碾成米再下锅做饭，他们是吃尽了苦头③。王云鹏在写给父亲的信中也提到："儿何尝□□长汀之苦行、训练之艰困"（见附录之八），可见他是从长汀受训开始的，当时的艰苦生活给他留下了很深的记忆。

1945 年 10 月 24 日抵达台北以后，王云鹏也参与了台湾光复、接管警务等过程。当时接管警务工作从台北开始。11 月 1 日，台干班成员集中在台北驻地（原日本警官练习所）举行讲习会，讲习接管法令与如何办理手续等问题。11 月 8 日，按照事先确定的方案，台干班成员分别发往各地进行接收④。王云鹏被分往基隆市。与他一起到基隆的共有 24 人，其中专员

① 1947 年 2 月《"中央"警官学校第二分校台湾警察干部训练班学生队入学名册》，中国第二历史档案馆、海峡两岸出版交流中心编《馆藏民国台湾档案汇编》第 194 册，第 83-110 页。

② 梁福材：《忆往事》，《"中央"警官学校台干班简史》，台北："中央"警官学校台干班互助基金会编印，1987 年，第 414-416 页。

③ 刘达安：《得来不易的毕业午"饭"》，《"中央"警官学校台干班简史》，台北："中央"警官学校台干班互助基金会编印，1987 年，第 419-421 页。

④《"中央"警官学校台干班简史》，台北："中央"警官学校台干班互助基金会编印，1987 年，第 74 页。

8 人、管理员 10 人、佐理员 6 人，王云鹏属于管理员之列①。根据目前能看到的台干班资料，在 10 个管理员中，有 5 个是学员队成员、5 个是学生队成员，他们的年龄和籍贯分布如表 2 所示。而佐理员是更低一层次的，属初干班成员；专员则高一层次，应为讲习班成员。

表 2　接管基隆警务管理员一览表

序号	姓名	年龄	籍贯	属何班次	序号	姓名	年龄	籍贯	属何班次
1	黄友安	29	惠安	学员队	6	黄伯机	20	南安	学生队
2	马南通	22	龙溪	学员队	7	陈桂泉	24	惠安	学生队
3	郭雄钧	25	福清	学员队	8	林逢辰	22	晋江	学生队
4	林章礼	20	林森	学员队	9	王云鹏	22	晋江	学生队
5	林飞虎	30	梅县	学员队	10	徐桂荣	20	梅县	学生队

资料来源：中国第二历史档案馆、海峡两岸出版交流中心编：《馆藏民国台湾档案汇编》第 194 册，北京：九州出版社，2007 年，第 83-110、189-198 页；《中央警官学校台干班简史》，台北：中央警官学校台干班互助基金会编印，1987 年，第 82 页。

另外，据林逢辰、黄伯机回忆，接管基隆的成员并不是一起去的。10 月 30 日晚，林、黄等人就被先行召集了，分成两组，第二天（11 月 1 日）就分别前往基隆、宜兰去进行宣导。其中到基隆的一组由黄友安领队，成员有陈桂泉、林逢辰、黄伯机、徐桂荣等四人②。而其他人员则于 11 月 8 日统一前往。11 月 15 日基隆市警察局成立。

三、从"云鹏家书"看光复初期的闽台关系

王云鹏抵达台湾以后就多次给父亲写信，现在我们还能看到的"云鹏家书"共有 9 封、15 纸，其中有 3 封、5 纸写于"台湾省基隆市警察局用笺"上。这些信都只书有月日而没写年份，不过从内容判断，可以知道大

①　《台北州接管警务人员配置表》，《"中央"警官学校台干班简史》，台北："中央"警官学校台干班互助基金会编印，1987 年，第 81-82 页。
②　林逢辰《基隆宣导组工作概况》、黄伯机等《接管回忆拾锦》，《中央警官学校台干班简史》，台北："中央"警官学校台干班互助基金会编印，1987 年，第 368-370、457 页。

部分都是 1946 年的，只有一信作于 1947 年。因此可以根据信的内容和落款日期排出先后顺序，并整理出来。这些家信作为当事人不经意间留下的历史资料，让我们可以更真切地了解当时的两岸通信、王云鹏在台湾的工作生活，以及闽台之间的往来等方面的情况。

（一）两岸通信

光复初期，两岸交通已经恢复，但民间通信往来仍十分不便。王云鹏于 1946 年 3 月 15 日的信中说："儿自去年十月廿四日到台湾以来，先后□信数封，或因交通未便，难以全数收到。前接大人□□□寄来信，别后一切聊获安慰"（附录之一）。4 月 11 日又说："自二月前接奉大人一信后，于今时久未再接悉来示"（附录之二）。16 日再说："本月寄家信数封，未审大人收到否?"（附录之三）可见从 1945 年 10 月 24 日抵台以后王云鹏就急切地跟家人联系，不断寄信回家，可是直至第二年 3 月中旬，他才收到父亲一封信。将近半年，仅获一书，足见当时通信状况之恶劣。

至 6 月下旬，这种状况有了明显改善。此后，王云鹏寄回的信件基本都可以收到，父亲在每封信上都批有收信日期。如第五封 1946 年 6 月 28 日信，7 月 12 日到（用 14 天）；第六封 7 月 19 日信，7 月 30 日到（11 天）；第七封 8 月 30 日信，9 月 17 日到（18 天）；第八封 9 月 6 日信，9 月 22 日到（16 天）；第九封 1947 年 8 月 14 日信，9 月 7 日到（23 天）。大约每次从基隆寄信回清濛老家，长则 23 天，短则 11 天，大都在半个月左右。

比照当时其他地方的通信状况。1946 年 5 月 13 日，陈仪用航快寄信给许寿裳，从台北到南京，5 月 25 日到，耗时 12 天。下半年，许寿裳从台北寄信给上海的朱文叔，航空，四封信分别用 3 天（9 月 27-30 日）、4 天（9 月 30 日-10 月 4 日）、4 天（10 月 8-12 日）、5 天（10 月 11-16 日）。但与此相反，从福州寄往台北的航空信，高光远 10 月 11 日寄出至 18 日才收到，用了 7 天；甚至有一封信 8 月 6 日寄出，9 月 12 日才到，从福州到台北走了一个多月！① 由此可见，同样是航空信，寄福州比寄上海慢得多，不同城市的航空条件是不一样的，福建与台湾的通信速度反而更

---

① 黄英哲、许雪姬、杨彦杰：《台湾省编译馆档案》，福州：福建教育出版社，2010 年，第 4-5、235、258、262、260-262 页。

慢。而从基本面看，下半年的状况比上半年好一些，同样是南京、上海这样的大城市，5月寄南京的信（12天）与9、10月间寄往上海的信（4天），所需时间多出好几倍。王云鹏家信反映的情况与上述相似。不过，他用的是平信邮寄，这是一般百姓所能接受的通信手段。在1946年下半年，基隆、晋江之间平信每次需半个月左右，其他地方由于距离更远，所需时间可能就更长了。

（二）王云鹏在台湾的工作生活

王云鹏家书对自己在台北、基隆的工作没有详细的描述，很多书信仅提"儿在外工作，□□努力"，"处事谨慎"，"承蒙师长同学垂爱，工作尚为顺□"等。但是，凡有工作上的提升变动都会告诉父亲，以让老人家高兴。如1946年6月3日信云："儿原派基隆市警察局巡官，最近已蒙上峰调升督察之职。服务于今，内心稍获安慰，亦可告慰于大人者"（附录之四）。1947年8月14日信又云："儿于八月一日调往本局司法科科员，主办刑事案件审讯。任职以来，颇觉愉快"（附录之四）。通过这两处记载，可以知道王云鹏刚到基隆时担任的是巡官，第二年5月底或6月初已改任督察员，至1947年8月1日又调任司法科科员。不到两年，调动三次，足见当时这些年轻警官调任的频繁。

按照光复初期基隆市警察局的编制，该局设有巡官5人、督察员3人、科员7人，均属委任职①。台干班学员队、学生队成员毕业以后就是以委任职任用②。所不同的是巡官属于"外部组织"，而督察员、科员则是在局里办公，属"内部组织"。因此，王云鹏的"调升"，实际上是从外勤转入本局内务，工作岗位变动，担负的工作任务也更加专业和重要。

台干班成员抵台之初，他们以千人的队伍接收日本1.3万人的警务工作，压力是很大的。这批受过教育的青年人往往白天维护社会治安、处理警察事务，晚上还要开办补习班，教当地民众学习国语国文。由于这些台干班学员生都懂得闽南话或客家话，因此他们与当地百姓的沟通十分顺畅。与此同时，很多台干班学生原定的学业尚未结束，他们也需

---

① 《台湾省各市警察局编制表》，《"中央"警官学校台干班简史》，台北："中央"警官学校台干班互助基金会编印，1987年，第124-125页。
② 参见前引台干班招生《简章》。

要抽空补习，以进一步充实提高。王云鹏在信中经常谈到这方面的情况。如1946年6月3日说："儿自来局工作，谨慎勤笃，不失青年本志，唯觉学问之需要，且时加阅读有关书籍，以资扶植……虽光明尚远，自知把握时间，不至虚度"（附录之四）。7月19日又说："儿在外身体平安，每日清晨阅读《曾文正公家书》，以冀修养"（附录之六）。8月30日："最近公务较忙，日间无暇自修，夜间阅读各种报志书□，以冀进步"（附录之七）。至1947年2月，王云鹏已经从台干班学生队补足学历毕业。据该班的《毕业成绩册》记载，他第一学期成绩79.76分、毕业总成绩81.45分，名列全班250人的第38位[①]。可见1946年王云鹏的工作生活确实很紧张，他奋发进取的积极状态与当年许多渡台年轻人的精神面貌是一样的。

（三）闽台之间的亲友往来

在"云鹏家书"中，很多地方都谈到家乡的亲友到台湾来找他，有的是探望，更多的是找工作，甚至连他的老父亲也有到台一游的念头。特别是1946年6月以后，由于王云鹏已经跟家人接上了关系，到台湾找他的亲友就特别多。6月3日，王云鹏在信中说："最近嘉德等一行三人近日安抵基隆，现正在谋职中"（附录之四）。28日他又说："最近乡中亲友相继来台者数人，经儿与怀忠各方介绍，稍得工作以维生活。现天宝叔在基隆市信义区公所任职，郑太昌在怀忠处任办事员，嘉德在本局工作。最近广宏、文鹏、广太亦来台湾，现正分头谋职中"（附录之五）。此后，有关亲友来到台湾及找工作的情况，屡见于他给父亲的书信中。

这些到台湾找工作的亲友，大都要靠同乡亲友的帮忙。而当时在台湾找工作也不容易，这对于许多怀揣梦想的亲友来说临行前是无思想准备的，因此王云鹏多次提到此事："台湾在国内似乎新鲜，如亲到过此者，即感谋职实非易事，非经专业之训练或相当之介绍，各方均有困难，故事先未得妥当之职业者，切不可轻易来台。今后乡友如有意来台，大人可将此意转告之"（附录之五）。又云："月来乡友来此多人，各种招待费用较大，此亦礼所当然也。惟憾者，彼等少数思想已赶不上时代矣。有些工作

---

① 1947年2月《中央警官学校第二分校台湾警察干部训练班学生队毕业成绩册》，中国第二历史档案馆、海峡两岸出版交流中心编《馆藏民国台湾档案汇编》第194册，第140-167页。

恐难胜任，故难遇人都可安插也"。"台湾谋职艰难，如事先未觅妥职业，切勿轻易来台，以免往返之苦，花费之巨"（附录之六）。王云鹏的这些话是他的亲身感受，从中也可以看出当时从福建到台湾找工作的人很多，而且仍是以亲友关系相互牵引赴台的，这是长久以来闽台人员流动的一个基本特征。

尽管王云鹏一再提醒，但是想到台湾找工作的亲友仍然不绝。8 月 30 日，王云鹏给父亲写信说："来示询及振楚一事，查振楚于基隆辞别后，曾谓决意返里，嗣后据乡友云：彼仍暂留台中朋友处，至今□况何如，无从获悉。振法弟欲来台一节，希□进行，盖目下台湾谋职不易，广太来此已久，尚无妥职"（附录之七）。父亲身在清濛老家，他对于这些亲友在台湾的求职情况也很关注。

当时到台湾找王云鹏或与王云鹏一起渡台的人不少，经整理在书信中出现的人名有天宝叔、怀忠、嘉德、郑太昌、广宏、广太、文鹏、振楚、振法等。这些人经过调查基本可以确定都是王云鹏的同乡，更多的是同姓族人。如天宝叔，他比王云鹏高一辈，家就住在云鹏家的后面、王氏宗祠右后侧。即从王云鹏家出来，要先经过天宝叔的房子，再到王氏宗祠和金青小学。振法与王云鹏是族兄弟，他的父亲王妈捷与云鹏的父亲王妈甚是同辈，从小就生活在云鹏家这座大房子里，后来振法的弟弟振玉也到了台湾。而怀忠姓沈，与王云鹏一起渡台，他的家就在清濛村东北角，离"沈氏小宗"祠甚近，旁边还有一座"青龙寺"，为全村人信仰中心。郑太昌也是清濛村人，沈、郑、王都是该村人口较多的姓氏。至于振楚、文鹏、广宏、广太，他们都是金青王的族人（详后）。值得注意的是，这些当年到台湾找工作的亲友，后来大都落脚在台湾了，只有沈怀忠、郑太昌两人1949 年之前又回到大陆，没有再返台。

（四）与亲人的关系及其他

王云鹏在写给父亲的信中，除了时常挂念父亲的身体，希望父亲多加保重之外，还提到与他最亲近的家人、亲戚。云鹏赴台时，他的哥哥王云深已经成家，并且身患疾病，姐姐王淑锦亦出嫁多年，王云鹏时常想念。1946 年 8 月 30 日云鹏在信中说："儿离乡已久，时抱远怀。至家兄之病疾，时以悬念。家姊相别将近十载，抱念殊深。前家兄姊所照之六寸半身像片各乙张，咖啡色，务祈检出由邮寄下，以慰远念"（附录之七），可见他对兄姊的情感之深。在此之前，王云鹏还从乡友口中得知"二婶"生活困难，特别在信中表示慰问之意："最近据乡友谈及二婶生活至为贫苦，儿深表同情，此意希大人为儿转达"（附录之四）。这里的"二婶"即振法、振玉的母亲庄乌裕，她原来生活在香港，抗战前回乡后因战事无法再返回，生活一直很拮据，与云鹏一家关系特别密切。20世纪90年代，当王云鹏得知"二婶"已经去世的消息，还特别题词"敬悼二婶大人在天之灵，永感慈恩！"以表示对这位一直关心呵护他成长的亲人的无尽哀思和悼念之意。

王云鹏的家庭关系比较简单。他到台湾任职以后，对家中生活开支也有一些帮助。1946年4月16日，王云鹏还专门写信询问台湾汇寄的"国内眷属费用"收到没有（附录之三）。这笔费用是由台湾警务处按月统筹汇出的，以补助台干班成员在大陆亲属的生活开支。王云鹏父亲收到儿子第一封信后，就在信的旁边按月记下了若干收款数额："三月份1.82万，三月份1.815万，5月13日1.862万，5月23日2.55千，9月19日2.345万"（附录之一）。上述这些数字原用苏州码书写。从中可见，3月份王云鹏父亲共收到两笔汇款，每笔国币1.8万余元，其中一笔当属补寄的。也就是说，台干班的大陆亲属生活补助费直至1946年年初才开始发放，但由于当时交通困难，有些月份并不是当月收到。5月份又有两笔，合计2.1万余元，此时王云鹏"调升督察之职"，补助费用似乎也略有增加。至9月份达到2.3万余元国币。

除此之外，王云鹏有时也会寄钱回家。如1947年8月14日信云："再者，儿前所寄之款，希详列告知以便查对"（附录之九）。显然，他自己汇款回家不止一次。上年7月，王振楚到台湾求职不成准备回乡，但由于川资缺乏，王云鹏"即付台币伍百元，折合国币乙万元借彼"，并写信给父亲希望能"提及以充家费"（附录之六）。有趣的是，当时台币与国币的兑换率为1：30①，而王云鹏的折算却是1：20（台币500元折成国币10000元）。如果不是王云鹏对市场行情不了解，就是他有意减低兑换率以减轻王振楚的负担。

---

① 1946年5月13日《陈仪致许寿裳信》，《台湾省编译馆档案》，第5页。

四、余论

　　"云鹏家书"的可贵之处，即从亲人通信的角度，较真实地反映了光复初期台干班成员在台湾的工作生活，尤其是他们与家乡亲友的往来互动与情感交流。这对于我们在 60 多年后的今天，能够从细部了解当时的闽台社会与闽台关系是十分宝贵的材料。

　　王云鹏从 1945 年赴台到改革开放之前，时间跨越近半个世纪，一直没有回来，他对家乡亲人的思念之情是可想而知的。20 世纪 90 年代初期，王云鹏回来了。据清濛的乡亲们说，当时由于他有台湾警察的背景，回乡之路并不平坦，回来以后只停留了两个小时，看看原来生活过的老房子，走过金青"王氏宗祠"及宗祠前面、他就读过的"金青小学"校址。2001 年 2 月 15 日，这位历经沧桑的老人在台湾去世，享年 78 岁①。

　　当年，与王云鹏一起在台湾的亲友后来也都回来了，有不少人还为家乡重修祠堂、庙宇捐款。1997 年金青王氏重修宗祠，据当年 9 月立的《重建志》题捐碑记载：王振法的夫人何金钗及其子君儒捐人民币 2 万元，王天宝捐港币 4000 元、美元 200 元，文鹏捐港币 2000 元，振康、毓章、毓涵各捐港币 1000 元，振康又捐美元 100 元，毓莉、淑芬、韵蓉各捐港币 500 元，振楚捐港币 200 元，广宏、广太各捐台币 5000 元，振玉捐美元 375 元②。2008 年重修祖墓，振玉捐人民币 5000 元、港币 1000 元③。此外，1997 年清濛村重修"青龙寺"，参与捐款的台胞中，属王氏的有王天宝捐美元 100 元、台币 2000 元，振康美元 100 元、台币 2000 元，广宏、广泰各捐台币 2000 元，振法人民币 700 元，振玉献石柱一对造价人民币 1300 元，又捐人民币 3500 元参与塑造佛像金身④。上面反复提到的天宝、

---

　　① 《"中央"警官学校台干班师生来台六十周年纪念专辑》，台北：台干班同学会编印，2005 年，第 479 页。

　　② 1997 年 9 月宗祠重建会立《重建志》，该碑在金青王氏宗祠。按："文鹏捐港币 2000 元"一条，在 2008 年清濛村金青王氏宗亲会编印的《金青传芳——晋江清濛村金青王氏宗史概况纪念册》中，变成"王云鹏捐港币 2000 元"（见该书第 30 页）。

　　③ 2008 年 11 月金青王重修祖墓筹委会立《祖墓重修志》，该碑在金青王氏宗祠。

　　④ 以上见 1997 年立于青龙寺的"重修清濛宫'青龙寺'捐资芳名""捐献石柱芳名""捐资塑造请佛金身等芳名"三块碑记。

振楚、振法、振玉、文鹏、广宏、广太（泰）等，大多是"云鹏家书"出现的相关人物。这些人当年到台湾寻找工作，相隔半个多世纪后还能回到故乡捐资重修祠堂庙宇。从这些捐助名单再回头细读"云鹏家书"所描述的当年赴台情景，不能不令人感叹，这就是50多年来闽台关系演变的一个缩影。

附录：

云鹏家书

整理原则：

1. 原文照录，用现代标点断句。

2. 因年代久远，凡属虫蛀腐蚀无法辨识之字，用"□"代替。

3. 收信人批注的文字，以"【批注】"标示之。

4. 凡用苏州码书写的数字，为录入方便，一律改为阿拉伯数字。

5. 原件第一封信用公文纸书写，第二、三、七共3封信用"台湾省基隆市警察局用笺"书写，其余用一般信纸书写，不另注。

（一）

父亲大人尊前：

儿自去年十月廿四日到台湾以来，先后□信数封，或因交通未便，难以全数收到。

前接大人□□□寄来信，别后一切聊获安慰。大人来台一事，当俟交通便利□儿当上书奉告。儿在外工作，□□努力，付诸学术进修，亦时加训勉。兹欣逢万师来台，特专函奉告，并付上相片二纸，希即收存。

谨此敬祝

福安！

儿 云鹏 敬上

三. 十五

【批注】三月份1.82万，三月份1.815万，

5月13日1.862万，5月23日2.55千，9月19日2.345万

（二）

父亲大人膝下：

　　敬禀者，自二月前接奉大人一信后，于今时久未再接悉来示。前万先生由台返泉，儿曾修书托其持往□濛一行，访见大人，籍以面陈儿□外□况，未知万先生最近有否来乡？闻天宝叔于前月启□□台，于今未见到达，此消息未审确否？儿有一信上廖先□，但彼最近地址无从得知，希大人查询有关友朋代为寄递。儿在外处事谨慎，身体安好，承蒙师长同学垂爱，工作尚为顺□，大人毋庸锦注。

　　肃此敬祝

　　福安！

儿 云鹏 上
四. 十一 基隆

马□□谨此道候，恕不另柬。

（三）

父亲大人膝下：

　　敬禀者，本省全部警界同仁国内眷属费用，均由本省警务处统筹汇寄，闻已寄出，浙江方面经已汇到，□南各地未知到达否？吾家及怀忠家有否收到款项？□□示知。本月寄家信数封，未审大人收到否？儿在外□体安好，希勿锦注。大人玉体善自珍摄为盼。即祝

　　福安！

儿 云鹏 上
四. 十六

（四）

父亲大人尊前：

　　敬禀者，最近嘉德等一行三人近日安抵基隆，现正在谋职中。儿自来局工作，谨慎勤笃，不失青年本志，唯觉学问之需要，且时加阅读有关书籍，以资扶植。儿原派基隆市警察局巡官，最近已蒙上峰调升督察之职。服务于今，内心稍获安慰，亦可告慰于大人者，儿乃于艰难穷困中所锻炼也。虽光明尚远，自知把握时间，不至虚度。然时以大人年高体弱，不胜系念，万望玉体善自珍重。最近据乡友谈及二婶生活至为贫苦，儿深表同

· 350 ·

情，此意希大人为儿转达。谨此敬请

　　福安！

儿 云鹏

六．三

（五）

父亲大人膝下：

　　最近乡中亲友相继来台者数人，经儿与怀忠各方介绍，稍得工作以维生活。现天宝叔在基隆市信义区公所任职，郑太昌在怀忠处任办事员，嘉德在本局工作。最近广宏、文鹏、广太亦来台湾，现正分头谋职中。台湾在国内似乎新鲜，如亲到过此者，即感谋职实非易事，非经专业之训练或相当之介绍，各方均有困难，故事先未得妥当之职业者，切不可轻易来台。今后乡友如有意来台，大人可将此意转告之。儿自来台后身体尚称健康，工作亦感顺利，毋庸锦注。谨此敬祝

　　福安！

儿 云鹏 上

六．廿八

【批注】7 月 12 日到。

（六）

父亲大人膝下：

　　敬禀者，前奉上乙禀，未知收到否？至念。

　　最近振楚来基隆，因觅无妥善职业，决意再行返里，想不日即可到乡。彼因缺乏川资，儿即付台币伍百元，折合国币乙万元借彼，大人可顺便向其提及以充家费。儿在外身体平安，每日清晨阅读《曾文正公家书》，以冀修养。对于款项亦甚俭约，不敢浪费。月来乡友来此多人，各种招待费用较大，此亦礼所当然也。惟憾者，彼等少数思想已赶不上时代矣。有些工作恐难胜任，故难遇人都可安插也。

　　肃此敬祝

福安！

儿 云鹏 禀

七．十九

台湾谋职艰难，如事先未觅妥职业，切勿轻易来台，以免往返之苦，花费之巨。乡友若有意来台，大人可以此语告之。

【批注】7月30日到。

（七）

父亲大人膝下：

来示询及振楚一事，查振楚于基隆辞别后，曾谓决意返里，嗣后据乡友云：彼仍暂留台中朋友处，至今□况何如，无从获悉。振法弟欲来台一节，希□进行，盖目下台湾谋职不易，广太来此已久，尚无妥职。最近公务较忙，日间无暇自修，夜间阅读各种报志书□，以冀进步。儿离乡已久，时抱远怀。至家兄之病疾，时以悬念。家姊相别将近十载，抱念殊深。前家兄姊所照之六寸半身像片各乙张，咖啡色，务祈检出由邮寄下，以慰远念。□此敬祝

福安！

儿 云鹏 敬上
八．卅

【批注】9月17日到。

（八）

父亲大人膝下：

叩禀者，今午接奉来示，敬悉一是。怀忠君寄去款项、手表，儿事前并不知详。内云怀忠欲与乌软来台之□，□儿与□□议，此语或系外传，不足为信。□□□□至今，与怀忠只有公之关系，甚少私之往来，虽□□□隆之近，初到台湾，较有来去，□□□事日繁，□□□□月未往台北□□。关于怀忠之□□□□不予任何表示或过问，儿何尝□□长汀之苦行、训练之艰困，德业未□，何有空余谈此问题乎？除忙碌工作外，□□□于书籍，此乃儿在外专心力学做事，此外毫无用心于其他。虽台湾社会之浮华，儿时刻未受所动。□□家庭□□烦怀，惟恐烦虑过多，有碍身□，□□心修养精神与身体，何暇顾及东西？儿在训练□□□友之爱戴，现在服务尤获长官之□□，是儿苦心□□□，□涉轨外也。□□可以此籍得安□，□□儿在外奋□有所安心。秋节即□，□□善为保重。顺付

· 352 ·

证件乙纸，希□□收，见示为盼。

　　肃此敬祝

福安！

儿 云鹏 敬上
九.六

【批注】9 月 22 日（到）。

（九）

父亲大人膝下：

　　叩禀者，前读来示，敬悉□切。儿于八月一日调往本局司法科科员，主办刑事案件审讯。任职以来，颇觉愉快。儿心地光明，无奈大人以往之训示，司法工作须以道德为基础，以法律做指针，良善百姓不至于冤屈，凶徒莠民亦难逃法网，讯办分明，处□适当，毫无糊涂。儿在外公正做事，可告慰于大人耳。秋节瞬至，□体善自珍重是盼。再者，儿前所寄之款，希详列告知以便查对。肃此敬请

　　福安！

儿 云鹏 敬上
八.十四

【批注】9 月 7 日（到）。

　　（本文原载于杨彦杰主编《光复初期台湾的社会与文化》，福州：福建教育出版社，2011 年）